1165

La Chine populaire

essentiel

Alain Roux

La Chine populaire

Tome I :
les fondations
du socialisme chinois
1949-1966

éditions sociales

Ce volume reprend pour l'essentiel le livre publié par les Éditions Sociales en 1980, *le Casse-Tête chinois*. On y a simplement apporté un nombre limité de révisions.

La Chine populaire, Tome I, 1949-1966, sera suivie d'un second volume traitant de la Chine de 1966 à nos jours.

Maquettes de couverture :
Les 4 cavaliers François Féret
d'après photo de Mao Zedong
(Photo Keystone)

Tous droits de reproduction, de traduction
et d'adaptation réservés pour tous pays.

© 1983, Éditions Sociales, Paris.

ISBN 2-209-05516-4

SOMMAIRE

SOMMAIRE

NOTES SUR LE SYSTÈME
DE TRANSCRIPTION DES NOMS CHINOIS

L'usage se répand de plus en plus de prendre la transcription officielle de Pékin, dite *pinyin,* comme base de référence. Nous nous y plions donc, bien que cela puisse parfois dérouter le lecteur français.

La prononciation de certaines lettres de l'alphabet est en effet différente de la prononciation française. Les principales surprises peuvent venir de :

c qui se prononce *ts* aspiré ;
ch qui se prononce *tch ;*
g qui est toujours dur ;
h qui se prononce comme le *ch* allemand, ou la jota espagnole ;
i qui se prononce un peu comme le *j* anglais de *jeer,* sorte de *t* suivi rapidement d'un *ch* prépalatal ;
q qui se prononce *tch* aspiré ;
n qui n'est jamais nasalisé en finale ;
r qui se prononce *j ;*
u qui se prononce *ou,* et *ü* qui se prononce *u ;*
x qui se prononce comme le *ch* doux allemand de *Ich ;*
z qui se prononce *dz ;*
zh qui se prononce *dj ;*
ui enfin, qui se prononce *oueï.*

INTRODUCTION

Ecrire « Chine » sur la couverture d'un ouvrage, cela prend toujours l'allure d'une invitation au pays des merveilles... Déjà, Marco Polo projetait sur la Chine mongole le rêve politique d'un Etat juste et efficace assurant la prospérité des marchands. Plus tard, c'est en Chine que Voltaire imaginera un gouvernement dirigé par la raison et les philosophes.

Depuis lors, combien d'auteurs ont, plus ou moins consciemment, utilisé la Chine pour dépeindre le socialisme imaginaire qu'ils portaient en eux, voyant dans les fermes collectives des phalanstères et dans les universités, les abbayes de Thélème du socialisme... Ainsi, depuis longtemps, la Chine est le lieu d'un voyage politique en terre d'utopie. Et, bizarrement, cette singularité s'est accentuée alors même qu'il devenait plus aisé de la visiter.

La démarche que je propose ici n'est pas celle du rêve : j'invite plutôt le lecteur à chercher à comprendre la Chine, à jeter un regard lucide sur le socialisme chinois. Depuis plus de trente ans, les Chinois constrtuisent une Chine nouvelle. Il est clair que les résultats de leurs efforts sont inégaux, que succès et échecs s'y entremêlent.

Autant le dire d'entrée de jeu : nous n'irons pas au paradis, nous ne nous embarquerons pas pour les îles parfumées de toutes les utopies ; mais la Chine a déjà réussi l'essentiel de ce que voulait son peuple en 1949 : elle a décollé de la zone de la famine, de la misère absolue, et des maladies endémiques. Je pense (et j'essaierai de l'établir) que c'est dû au socialisme.

Je prendrai donc parti dans cet ouvrage qui n'est pas un exposé académique, une histoire, même abrégée, de la République populaire de Chine. Il s'agit plutôt d'un guide du socialisme chinois. Ceci en quatre étapes essentielles, après avoir d'abord décrit ce qu'était la Chine avant 1949.

● *1949-1957* : on jette les bases du socialisme en terre de Chine. Les maîtres mots d'alors sont révélateurs des objectifs assignés : *Xin Hua* « Chine nouvelle », une Chine toute neuve au pays des traditions et de la vénération de la vieillesse ; *Jiefang* « libération » et non révolution : un pays qui a brisé ses liens, « le peuple chinois s'est dressé... plus jamais les Chinois ne seront un peuple d'esclaves », a déclaré le Président Mao le 1er octobre 1949 ; *Fanshen* enfin, ce mot intraduisible et pourtant si important : « retourner son corps », c'est-à-dire changer sa vie, son destin, ne plus avoir faim, ne plus être humilié. *Fanshen le mei you ?* (As-tu ou non *fanshen* ?), ainsi s'abordaient les paysans durant la réforme agraire... ce qui signifiait à la fois : « As-tu reçu de la terre ? », « Vis-tu mieux ? », « Manges-tu enfin à ta suffisance ? »...

Cette étape est aussi, parallèlement, celle des premières interrogations, des premiers échecs, des premiers doutes sur le modèle soviétique que l'on avait choisi. Nous insisterons donc sur la crise de 1956-1957, assez bien connue, où l'on voit apparaître toutes les questions auxquelles depuis lors la Chine cherche réponse.

● *1958-1966* : Mao Zedong, dont l'autorité devient tyrannie et culte, veut frayer une voie chinoise vers le socialisme dans l'improvisation et l'enthousiasme romantique. Le rêve prométhéen du Grand Bond en avant débouche sur la catastrophe des « Trois années amères », mais aussi sur la rupture de la Chine avec la quasi-totalité des pays socialistes. Une politique plus réaliste s'ébauche à partir de l'hiver 1960-1961 que Mao, d'abord résigné, combat de plus en plus. Les tensions au sein de l'équipe dirigeante s'exacerbent tandis que les contradictions apparues au sein du peuple depuis la fin de la première étape favorisent les manipulations maoïstes.

● *1966-1976 :* cette troisième étape est la décennie de la Révolution culturelle. Le socialisme, déjà éprouvé par l'étape précédente, est durablement mis à la question. Bouleversements et drames, bruit et fureur, chaos et guerres civiles locales se succèdent. A la fin de la tragédie, l'année 1976 ressemble aux récits traditionnels des fins de dynastie : soulèvements populaires — comme le « mouvement du 5 avril » Place Tiananmen à Pékin et dans une dizaine de villes chinoises — tremblement de terre à Tangshan coûtant la vie à plusieurs centaines de milliers de chinois, mort de divers grands hommes, dont Zhou En-lai, Zhu De et enfin le Grand Timonier lui-même, Mao Zedong. La Bande des Quatre s'effondre en quelques jours comme ces dérisoires empereurs en perdition des siècles passés.

● *D'octobre 1976 à septembre 1982 :* la quatrième étape se précise avec ses marches et contremarches pour aboutir à un congrès ouvert sur l'avenir, le 12e Congrès du Parti communiste chinois. Elle se présente comme celle des « quatre modernisations » : modernisation de l'agriculture, de l'industrie, des sciences et des techniques, de la défense nationale. En fait, elle est aussi une tentative de défrichage d'une authentique voie chinoise vers le socialisme.

Certains d'ailleurs parlent du besoin d'une cinquième modernisation, celle de la démocratie. En effet, le surgissement des masses chinoises sur la scène de l'histoire le 5 avril 1976, la campagne tumultueuse d'affiches à Pékin de l'hiver 1978-1979, les diverses manifestations de victimes d'injustices sont là pour souligner cette exigence. Cela me rappelle l'un des derniers écrits de Lénine, daté du 6 janvier 1923, et intitulé « De la coopération » :

« Nos adversaires, écrit-il, nous ont dit maintes fois que nous entreprenions une œuvre insensée, en voulant implanter le socialisme dans un pays insuffisamment cultivé, mais ils se sont trompés : nous n'avons pas commencé par où il aurait fallu le faire selon la théorie (des pédants de toute sorte).

« La révolution politique et sociale a précédé la révolution culturelle qui, maintenant, s'impose à nous.

« *Aujourd'hui, il suffit que nous accomplissions cette révolution culturelle pour devenir un pays pleinement socialiste.* »

Le socialisme chinois est encore inachevé, incomplet. Aussi chercherai-je les éléments apparus déjà çà et là de l'indispensable révolution culturelle chinoise dont l'exigence se fait sentir chaque jour davantage, ce qui porta naguère cette appellation n'en ayant été pour l'essentiel qu'une caricature.

En juillet 1949, Mao déclarait :

« Ce que nous avons accompli, la victoire dans la guerre révolutionnaire, n'est que le premier pas dans une longue marche de 10 000 li. »

J'essaierai de baliser quelque peu cet itinéraire difficile. J'invite donc le lecteur à un effort de réflexion et d'information, au refus du jugement sommaire ou de l'emballement superficiel, à un long jeu de patience en quelque sorte. Je pense à ces étranges assemblages de bois ou de métal, appelés couramment casse-tête chinois. Au premier abord il y prévaut un aspect insolite, une confusion totale. Par la concentration et après avoir subi maints insuccès on y dégage peu à peu une structure, et l'objet se constitue, beau volume identifiable, parfois même forme familière que nous ne savions apercevoir dans la confusion initiale de ses éléments constituants.

La Chine est lointaine, différente, difficile d'accès, il

faut pour l'aborder procéder à un effort de mise au point, d'accommodation préalable.

Mais la Chine est socialiste ; par là même, elle nous interpelle, nous est proche ; « Cina e vicina », disaient naguère les Italiens. Ce voyage au bout du monde sera donc aussi un voyage autour de notre chambre ou de notre hexagone, car ce dépaysement nécessaire serait un facteur d'illusion s'il n'était accompagné d'un effort simultané de « repaysement ». D'où les trois précisions liminaires qui vont suivre.

S'ACCOMMODER AU TEMPS CHINOIS

Tout se passe un peu comme si l'avion qui nous conduit en Chine était une machine à remonter l'histoire : il n'y a pas sept heures de décalage entre Paris et Pékin mais souvent deux siècles. Ce décalage est d'ailleurs reconnu par les dirigeants actuels de la Chine lorsqu'ils insistent sur son *retard,* son archaïsme, son sous-développement.

Si des secteurs de pointe, si des hommes politiques ou des savants chinois se situent déjà dans les perspectives de l'an 2000, l'essentiel du pays vit encore plutôt au XVIIIᵉ siècle.

La notion du temps, le rythme des travaux et des jours, le calendrier des fêtes mais aussi celui des « peurs » et des « émotions populaires » nous semblent, en effet, proches de l'univers mental des paysans français à l'orée de la révolution industrielle.

Le rythme de vie

Il est celui du soleil. Levés tôt, vers cinq heures, couchés tôt, vers vingt et une heures, utilisant peu l'éclairage artificiel, les Chinois ne dérogent à ce rythme journalier que pour les fêtes, les sorties au spectacle, les réunions politiques. Les restaurants ferment avant vingt heures et la nuit, l'immense Chine est plongée dans les ténèbres.

En Chine du Nord, durant l'été 1956, certains cadres de la province du Shaanxi, dans leur zèle, ont voulu pousser les paysans au travail de nuit, « à faire de la nuit le jour et de la lune une lampe électrique ». Ils ont échoué.

Le calendrier paysan est lui aussi séculaire, contraignant, et parfaitement adapté à une culture ayant atteint sa perfection dès le XVIIIe siècle et qui ne connaîtra de bouleversements techniques qu'au début des années 1960, plus de dix ans après la victoire des communistes. Nous en donnons ici un exemple : celui de l'organisation du travail des champs dans une région à triple récolte annuelle de la province de Canton.

Récolte	Tâche agricole	Date coutumière	Ultime date possible
Premier riz	on ensemence la pépinière	5/6 mars	
	repiquage	5/6 avril	5/6 mai
	moisson de la première récolte	fin juin mi-juillet	
Second riz	on ensemence la pépinière	6/7 juin	21/23 juin
	repiquage	23/24 juillet	7/8 août
	moisson de la seconde récolte	fin septembre	novembre
Blé d'hiver	semailles	7/8 novembre	22/23 novembre
	moisson du blé	21/22 mars	

Ce tableau[1] montre trois périodes d'intenses activités : le printemps avec l'ensemencement des pépinières, la moisson du riz et, sitôt celle-ci achevée, la préparation de ce qui va redevenir une rizière (labour, mise en eau, hersage, épandage d'engrais). Il ne faut pas perdre de temps en effet pour repiquer le riz, sous peine d'une chute très sensible du rendement : un riz repiqué en juillet donne 500 *catties*[2] par *mu* (soit 45 quintaux à l'hectare environ) ; repiqué le 10 août, il ne donnera plus que 200 *catties* par *mu*. Ce qui suppose aussi qu'il ait plu à temps pour mettre en eau la rizière et que le gel n'étant plus à craindre et la moisson de blé d'hiver ayant pu être faite, on ait eu la possibilité de laisser pousser les plants dans les pépinières, environ trente jours. L'été est aussi une saison où toute journée perdue peut entraîner des conséquences désastreuses.

Il en est de même de l'automne : plus tôt le blé est semé, et moins grand sera le risque qu'une récolte tardive interfère sur le premier repiquage du riz qui lui succède.

Cet exemple concerne une province au climat doux, assez privilégiée. Mais pour avoir deux récoltes de riz dans les provinces surpeuplées de Chine centrale (Jiangsu, Anhui...), on ne dispose que de 210 jours par an (de la fin mars à la fin octobre) sans risque de gel ou de vent trop froid. Et deux récoltes de riz nécessitent précisément entre 190 et 215 jours pour leurs deux cycles végétatifs ! Etroite marge de manœuvre entre une récolte suffisante et la disette...

On voit, au passage, combien un calendri~ ussi serré peut être gravement perturbé par des initiatives intempestives prises à Pékin par un bureaucrate dont la vision d'une rizière est un peu trop théorique !

Peu de temps donc pour les loisirs, sauf un bref répit

---

1. WALTER (R.K.) : *Organization of Agricultural Production*, in Eckstein Alexander. Galenson Walter, Liu Ta-chung, ed Economic Trends in Communist China. Edinborough 1968.

2. La catty *(jin)* vaut actuellement 500 grammes et le mu équivaut à peu de chose près à 1/15e d'hectare.

l'hiver, vers la fin de janvier et le début de février. C'est alors la grande fête chinoise traditionnelle, la fête du « nouvel an lunaire », à laquelle le grand écrivain contemporain Lu Xun a consacré l'un de ses récits les plus émouvants : *Le Sacrifice du nouvel an*. Pendant une dizaine de jours, on mange, on boit, on veille. C'est une flambée de joie dans la grisaille de l'hiver et la succession maussade des journées de travail. Les enfants portent des habits colorés, les trains sont bondés : les couples séparés par le travail se retrouvent, les « jeunes instruits envoyés à la campagne » regagnent leur ville d'origine, les jeunes travailleurs rendent visite à leurs vieux parents à l'autre bout du pays. Aucune autre fête, ni le 1er octobre, date anniversaire de la Chine nouvelle, ni les dates rituelles du mouvement ouvrier international dont le régime se réclame (le 1er mai, l'anniversaire de la Révolution soviétique d'Octobre), ni les dates du calendrier « occidental » à valeur quasi universelle (comme le 1er janvier), n'ont supplanté cette date traditionnelle.

Cependant, il y a parfois, l'été, quelques jours de relatif répit en juillet quand la première récolte a été rentrée et qu'elle est abondante. Par contre, au début du printemps, en mars-avril, il faut peu de chose pour que la tension soit forte dans les campagnes : c'est l'époque de la soudure où l'on a consommé les grains de l'année précédente et où il faut attendre de longues semaines avant d'avoir le grain nouveau.

Une maladresse gouvernenentale dans le domaine des subsistances, un prélèvement trop fort de grain par un fonctionnaire trop zélé, un secrétaire du Parti trop désireux de se distinguer et il peut y avoir des troubles. Ce fut le cas, nous le verrons, au printemps 1955. Et il n'est pas certain qu'en mars 1979, certaines émeutes urbaines à Changsha, à Chengdu, mal connues et rapidement attribuées à des manifestations de « jeunes instruits » qui, après leurs congés de nouvel an ne voulaient pas retourner dans de lointains villages, n'aient pas tout autant à voir en fait avec ces très classiques « émotions paysannes ». On parle d'ailleurs de paysans parmi les manifestants et de mise à sac de dépôts de grains...

Cet épisode évoque, bien évidemment, les émeutes des céréales en France sous l'Ancien Régime, pendant la Révolution et jusqu'au règne de Louis-Philippe...

La Chine du passé vit ainsi toujours sous nos yeux. Cela est dû, bien sûr, à la faiblesse du développement des forces productives : l'outillage paysan demeure traditionnel, les outils les plus élaborés remontant souvent au xviiie siècle. La traction humaine de lourds charrois est encore très répandue. Le halage des pesantes jonques se fait à la main, et les paysans pédalent des heures durant pour faire monter l'eau dans les rizières en utilisant d'ancestrales roues à godets.

Ce n'est qu'à partir de 1960 environ que le développement des forces productives modernes a commencé à introduire en Chine les éléments d'une révolution agricole : pompes électriques, engrais chimiques, motoculteurs, sélection des semences, riz et maïs hybrides. Nul doute que cet archaïsme ne soit le terrain sur lequel se sont maintenues, malgré tous les efforts, des superstitions dont la dénonciation périodique confirme la persistance.

Ainsi, la radio de la province du Jiangsu — province où se trouve Nankin — dans son émission du 23 mars 1979 donne cet étonnant fait divers concernant le *xian*[3] (sous-préfecture) de Haimen (de l'autre côté du Yangzi à 90 km au nord de Shanghai...) : on vient d'arrêter une sorcière qui a repris ses activités superstitieuses en se déguisant en « déesse pour prendre les démons ». Avec un complice, elle aurait battu et brûlé à mort deux enfants...

---

3. La Chine actuelle est divisée en 22 provinces (dont Taiwan), 5 régions autonomes peuplées de minorités nationales, 3 municipalités spéciales. La circonscription administrative essentielle est le *xian* que l'on traduit par sous-préfecture. Il en existe 2 135. Plus bas il y a le *xiang,* groupe de villages naturels, bourg ou chef-lieu de canton, si l'on veut. Il en existe 220 000 en 1954, 70 000 en 1958 après des regroupements qui vont, finalement, les intégrer dans la nouvelle circonscription administrative qu'est la « commune populaire ». La Constitution de 1982 les restaure.

La Chine n'est pas figée

Cependant, il faut être attentif à ne pas se laisser aller sur une voie sans issue : présenter une Chine archaïque, où le nouveau régime ne serait qu'un masque appliqué sur une réalité séculaire, une Chine immuable qui serait un avatar des anciens empires.

Ce serait commettre au moins deux erreurs. L'une historique : la Chine n'a jamais été ce monde figé dans le respect de la tradition que l'on évoque parfois. Le succès exceptionnel de la Chine dans les siècles passés (qui explique notamment son étonnante expansion démographique), provient au contraire de la profonde capacité d'innovation de ce pays. La Chine aux XIᵉ et XIIᵉ siècles, en des temps où l'Europe occidentale commençait à grand-peine un développement bientôt compromis par les terribles mortalités des pestes noires, adoptait le riz à maturation précoce mis au point au sud de l'actuel Vietnam (90 à 110 jours, contre 180 à 240 pour le « grand riz », aux rendements meilleurs, il est vrai) et connaissait ainsi une première révolution agricole qui lui permettait de faire face à la croissance de sa population. A nouveau, aux XVIᵉ et XVIIᵉ siècles, la Chine procédait à une seconde révolution agricole, en adoptant les plantes « américaines » venues depuis Manille alors espagnole : maïs et pommes de terre allaient lui permettre de mettre en valeur des terres inaptes au riz et de faire face à la forte et constante poussée démographique. Ainsi, sans même faire appel aux grandes découvertes célèbres du passé (la soie, l'imprimerie, le papier, la boussole...), la Chine a maintes fois prouvé sa capacité à se moderniser [4].

L'autre erreur serait de voir uniquement l'incontestable archaïsme et d'ignorer la formidable accélération de l'histoire vécue par les Chinois depuis une trentaine d'années.

_____

4. Voir HO PING-TI : *Studies on the Population of China 1368-1953*, Harvard University Press, 1958.

En effet, si sur plus d'un point, la Chine en est restée quelque part au niveau de nos xviie ou xviiie siècle, par contre, sur tant d'autres points, elle a bondi de l'avant, brûlant les étapes, rattrapant le temps perdu ! Et elle se propose de continuer. Le 24 avril 1970, la Terre fut survolée par un satellite entièrement conçu et réalisé par des ingénieurs et techniciens chinois.

Ces dirigeants qui, le 1er octobre 1949, sur le portique pourpre de la place Tiananmen à Pékin, proclamaient la République populaire de Chine, sont des « forceurs » d'histoire. Grâce à eux, la Chine a parcouru en trente ans ce que d'autres pays ont accompli en deux siècles. Zhu De, Dong Biwu, qui siégeaient ce jour-là sur cette tribune, ont réussi dans leur jeunesse aux premiers concours d'une carrière de mandarin. Ils ont participé à la révolution bourgeoise de 1911, puis milité au sein du mouvement révolutionnaire animé par les communistes et lutté pour la victoire d'une révolution qui ouvrait la voie au socialisme.

C'est comme si, nés sous l'Ancien Régime, ils avaient contribué à le renverser et, qu'après avoir pris la Bastille, ils aient participé à la Commune de 1871, puis à Octobre 1917 ! C'est un peu le résumé de leur vie politique...

Voilà de quoi griser les esprits les plus solides et leur faire croire que, parfois, tout est possible !

Mao Zedong soulignait cet aspect de l'histoire chinoise dans un discours prononcé en janvier 1962, lors d'une réunion de 7 000 cadres à Pékin :

« Au xviiie siècle, un certain nombre de pays européens étaient déjà engagés dans le processus du développement capitaliste. Il a fallu trois cents ans aux forces productives capitalistes pour atteindre leur niveau actuel.

« Le socialisme est supérieur sous bien des aspects au capitalisme et le développement économique de notre pays peut être beaucoup plus rapide que celui des pays capitalistes.

« Mais la Chine a une vaste population, nos ressources sont maigres et notre économie est retardataire si bien que, selon moi, il sera impensable de développer nos forces productives assez vite pour rattraper et dépasser les pays capitalistes les plus avancés en moins de cent ans.

« Si cela ne prend que quelques décades, par exemple seulement cinquante ans (c'est ce que pensent certains), alors ce serait une chose splendide dont il faudrait remercier le ciel et la terre.

« Mais je voudrais vous avertir qu'il est préférable de penser plutôt aux difficultés et ainsi d'envisager qu'il faille pour cela une longue période.

« Il a fallu trois à quatre cents ans pour bâtir une grande et puissante économie capitaliste ; qu'y aurait-il de mal si nous construisions une grande et puissante économie socialiste dans notre pays en cinquante ans ? »

S'ACCOMMODER A L'ESPACE CHINOIS

La Chine est immense, près de 10 millions de kilomètres carrés, soit l'Europe *géographique* tout entière, du 50ᵉ degré de latitude nord (la frontière franco-belge) au tropique du Cancer (le sud du Sahara algérien). 4 000 kilomètres du nord au sud, autant de l'est à l'ouest. Certaines provinces sont plus grandes que la France. Il faut un jour et demi de train de Pékin à Canton [5].

La variété du pays est donc nécessairement extrême, allant des pistes caravanière aux rizières, de la luxuriance tropicale à la taïga sibérienne.

Cette diversité doit nous mettre en garde contre les généralisations abusives : la vie politique et économique

---

5. Tout ce qui suit sur « l'espace chinois » provient de — Etienne (G.) : *La Voie chinoise*, Presses Universitaires de France, 1974 — Gentelle (P.) : *La Chine* (collection Magellan), PUF, 1974 — Buchanan (K.) : *L'Espace chinois, sa transformation des origines à Mao Zedong*, Collection U. Armand Colin, 1973.

chinoise se passe d'abord au niveau de la province et telle décision de Pékin se perd parfois dans le long trajet qui doit la convoyer au bout du monde chinois.

Maintenant encore, seule une minorité de Chinois peut connaître l'essentiel de leur immense pays : les cadres de haut niveau, les militaires selon les hasards de leurs cantonnements, les « jeunes instruits » envoyés à la campagne, des intellectuels. Les paysans, par contre — soit trois Chinois sur quatre — à l'exception de quelques dirigeants ou « modèles de travail », demeurent confinés dans le cadre traditionnel : le chef-lieu politique proche et la vingtaine de villages qui l'entourent ; Pékin demeure à leurs yeux un site prestigieux, un peu fantastique, qu'ils ne verront jamais. Le début de la Révolution culturelle a été ainsi l'occasion inespérée pour des millions de jeunes, transportés gratuitement et sans contrôle, de découvrir leur pays. Il importe donc, pour faciliter la compréhension du lecteur, de dégager sommairement quelques grands traits de l'espace chinois.

Tout d'abord, une évidence : il existe un contraste fondamental entre la Chine de l'Est, peuplée et intensément mise en valeur, et la Chine de l'Ouest, formée de steppes, de déserts, de hauts plateaux et de puissantes montagnes. Même en ajoutant aux 3 500 000 km² de la vieille Chine historique des « 18 provinces » les 800 000 km² de la Mandchourie, les 9/10es de la population sont concentrés sur 40 % du territoire.

Les divers paysages chinois sont composés de cinq grandes régions :

La Chine du Nord, c'est le berceau du peuple chinois, le centre historique où se trouvent la plupart des antiques capitales : un vaste ensemble de plaines alluviales à l'est (la plaine du fleuve Jaune couvre 325 000 km², soit plus que la superficie de l'Italie), dénudées, de couleur grise ou jaune, fait place à l'ouest à des plateaux de lœss dominés par d'arides chaînes de montagnes où un arbre est une fortune, un mince filet d'eau une bénédiction.

Le climat est continental, les vents glacials de Sibérie

balayent, l'hiver, la région de Pékin où la moyenne de janvier est de − 5 °C. L'été est chaud. Il pleut surtout en juin, juillet, août (624 mm d'eau par an à Pékin, en moyenne) ; mais l'influence de la mousson est très atténuée à ces latitudes et il peut y avoir une variation des précipitations de 30 % d'une année à l'autre. Or, 400 mm d'eau, c'est le seuil fatidique en dessous duquel la récolte est perdue ! C'est trop peu pour le blé et pis encore pour le maïs.

Si les précipitations sont inférieures à ce seuil, ce ne sont plus les barbares qui envahissent la Chine, mais la poussière, le sable du désert, escortés des spectres de la famine et de l'épidémie.

Le géographe Pierre Gourou remarquait naguère qu'en Chine du Nord, l'isohyète 400 mm correspondait au tracé exact de la Grande Muraille, qui, depuis des siècles, sépare la Chine des agriculteurs sédentaires de celle des pasteurs nomades.

Quant au fleuve Jaune, coulant sur ses alluvions à plusieurs mètres au-dessus de la plaine, il menace constamment de créer de graves inondations durant l'été. La même région peut ainsi, la même année, être sinistrée deux fois, par la sécheresse puis par l'inonda-tion. La Chine du Nord compte, en 1966, 217 millions d'habitants — 7 500 000 pour la capitale Pékin et 6 280 000 pour le gros port industriel relativement pro-che de Tianjin ; en 1979, ce chiffre doit être de 290 ou 300 millions d'habitants.

Le nœud ferroviaire de Zhengzhou, capitale du Henan et la ville industrielle en expansion de Xian, capitale du Shaanxi, ont toutes deux dépassé le million d'habitants. L'industrie est donc importante, mais la majorité de la population reste évidemment rurale, cultivant le blé de printemps à l'ouest, le blé d'hiver, le maïs, voire même le riz à l'est, le soja et le coton.

La Mandchourie est une région profondément origi-nale : 79 millions d'habitants en 1966 (100 millions au moins en 1979) sur 800 000 km^2 ; cela donne en effet une densité modérée, exceptionnelle dans la Chine des provinces historiques.

Si le nord est couvert d'immenses forêts, percées néanmoins près de la frontière soviétique par les vastes exploitations pétrolières pilotes de Daqing, la plaine centrale est un riche terroir agricole jalonné de grosses cités industrielles, où dominent la sidérurgie, l'extraction minière, la métallurgie de transformation. Shenyang dépasse les deux millions d'habitants, Anshan, Changchun, Haerbin, Lüda, le million. Soja, kaoliang (une sorte de sorgho), blé de printemps s'exportent vers le reste du pays.

La Chine centrale, par contre, est un monde surpeuplé qui correspond davantage à notre imagination. Plus de 230 millions de Chinois y vivaient en 1966 (320 millions en 1979), dont 69 millions dans le seul Sichuan (100 millions en 1979).

L'axe en est le grand fleuve, le Yangzi, qui roule ses 29 000 m³/s mais peut parfois atteindre ou dépasser 60 000... Il permet avec ses multiples affluents — ainsi la Xiang, chère à Mao, qui arrose la capitale du Hunan, Changsha — l'irrigation et la navigation : des navires de 10 000 tonnes peuvent atteindre Wuhan, la triple ville (Han Kou, Hanyang et Wuchang) capitale du Hubei. Des chalands de 2 000 tonnes passent les gorges en amont et atteignent Chongqing au Sichuan, la capitale de guerre, entre 1938 et 1945, de Chiang Kai-shek.

Le climat doux et humide (1 200 mm d'eau) permet de riches cultures où coexistent production des régions tempérées et production des régions tropicales : blé, riz (avec parfois double récolte), coton, thé, etc. De nombreuses grandes villes (ainsi Nankin, la capitale du Sud qui fut aussi celle du régime républicain de Chiang Kai-shek en temps ordinaire) sont d'anciens centres de commerce et d'industrie.

A part, énorme, la ville ambiguë, encombrante, nécessaire et suspecte, Shanghai, 12 millions d'habitants. Elle porte la marque évidente de l'impérialisme naguère dominant, avec le Bund, le long du fleuve Huangpu, les vestiges du confort colonial britannique ou français, l'horloge de l'hôtel de Pékin qui, jusqu'à la révolution culturelle, égrenait les notes du carillon de

Big Ben... Une ville un peu maudite dont on voulut souvent ralentir la croissance. Shanghai : des Chinois pas comme les autres, actifs, débrouillards, ne détestant pas les combinaisons un peu hardies ; un monde de clandestins sous la Chine policée, mais un prolétariat, fier de ses traditions de luttes, encadré par de puissantes dynasties ouvrières qui tiennent quasi héréditairement les postes les plus qualifiés dans telle ou telle usine, et aussi des intellectuels curieux du reste du monde. Ville bourgeoise mais aussi ville « radicale » : la « bande des quatre » était connue, avant sa dénonciation, sous le nom significatif de « groupe de Shanghai ».

Ville du modernisme aussi, avec d'excellents ingénieurs, des équipes de recherche de pointe, des contacts multiples avec l'étranger. Ville nécessaire donc pour le succès des « quatre modernisations » et qui d'ailleurs est maintenant de plus en plus à l'honneur.

Le Sud commence déjà : on approche du tropique. Cette région est moins peuplée que l'on pourrait croire, le lessivage des sels minéraux par les fortes pluies (on est dans l'Asie des moussons) ayant rendu impossible la culture sur de nombreuses collines imprudemment dépouillées de leurs arbres depuis des siècles.

160 millions d'habitants y vivent, dont près du tiers dans la province de Canton. Les langues y sont autres ; les minorités nationales (ainsi les Zhuang près du Viêtnam) sont nombreuses. Y résident notamment ces Chinois venus du nord dans le lointain passé, mal accueillis dans le sud par la population plus ancienne, nommés les « hôtes » (hakkas) qui ont donné naissance à des communautés remuantes, promptes à la rébellion. Combien de chefs révolutionnaires en sont issus, du maréchal Zhu De au maréchal Ye Jianying !

La population s'entasse dans les vallées alluviales et notamment dans le delta du fleuve de l'ouest, la Rivière des Perles, où l'on compte entre 1 000 et 1 400 habitants au kilomètre carré. La température la plus froide étant comprise entre 0° et + 6°, les cultures tropicales sont présentes le long des côtes : bananes, ananas, litchis, canne à sucre, tandis que l'on peut obtenir trois récoltes de céréales par an.

Canton dépasse le million d'habitants : ville depuis toujours ouverte au monde extérieur, où ont séjourné très tôt les marchands arabes puis européens et américains. C'est de là que partaient les coolies allant se louer dans les plantations de canne à sucre des îles de l'océan Indien ou du Pacifique pour se rendre à Cholon, Batavia, Singapour, Manille, San Francisco... C'est ainsi qu'à la fin du XIXe siècle, le jeune Sun Yat-sen quitta sa province natale pour rejoindre un oncle, planteur de canne à sucre près d'Honolulu... Un réseau familial complexe rattache ces « Chinois d'outre-mer » (les Hua Qiao, les « Hoas » des Vietnamiens) à leur famille, à leur ville ou village d'origine : Canton est au centre du réseau.

D'autant plus qu'à une heure de train, il y a Hong Kong, colonie anglaise peuplée de Cantonais, refuge, miroir aux allouettes, vitrines du « monde libre »... Ses lumières, la nuit, se voient de très loin...

Enfin, sur la périphérie, dans un vaste arc de cercle autour de ces régions peuplées, s'étendent les marches antiques de l'Empire chinois où se rassemble l'essentiel de ces 5 % de la population chinoise classés comme « minorités nationales » : la Mongolie intérieure avec 6 millions d'habitants comprenant une minorité — 1 million environ — de Mongols éleveurs semi-nomades et une majorité de colons chinois ; l'ensemble des territoires du Turkestan et du « corridor du Gan Su », avancée ultime, à l'est, de l'Islam, avec 22 millions d'habitants dont le tiers vit dans « les nouvelles frontières » (Xin Jiang), peuplant les oasis de la vieille route de la soie ; le Tibet (Xi Zang) et le Qing Hai, provinces reculées, sous-peuplées (3 500 000 habitants), la « région autonome » du Tibet acceptant mal d'ailleurs une assimilation maladroite et reconnaissant son identité nationale dans son bouddhisme lamaïque.

Bien évidemment, nous ne dirons rien de Taiwan qui, depuis 1949, demeure séparée de la Chine : c'est une vaste île de 36 000 km^2 et de 13 millions d'habitants dont une dépendance, l'île de Quemoy (Jin Men), est à quelques encablures à peine de la côte chinoise.

Donc, la Chine est un monde varié où les conditions de vie sont dures, soit du fait de la nature, soit du fait de la surpopulation. Un monde fragile aussi ; l'agriculture chinoise, aussi perfectionnée soit-elle, est *une agriculture des limites :* des limites de la sécheresse en Chine du Nord, des limites de l'inondation du Yangzi, du fleuve Jaune ou de leurs affluents, dépendant des caprices de la mousson et, dans le Sud, menacée par les typhons.

Des limites surtout de l'occupation du terroir par les hommes. Les chiffres de population l'ont fait apparaître : la Chine est surpeuplée, autre aspect de son immensité.

La Chine comptait entre 100 et 150 millions d'habitants à la moitié du xviie siècle, 350 à 400 un siècle plus tard, 580 lors du recensement de juin 1953, à une époque où l'Europe, de taille identique, comptait aussi environ 600 millions d'habitants. En 1966, la Chine est passée à 700 millions d'habitants et le rapport présenté le 27 juin 1979 sur « l'exécution du plan économique national pour 1978 » par le bureau d'Etat des statistiques indique, pour la fin de l'année un chiffre de 975 230 000 avec un taux d'accroissement naturel de 12 pour mille. Le recensement opéré en juin-juillet 1982 a donné le chiffre de 1 008 175 288 citoyens de la RPC.

Comme l'a précisé, en 1979, devant l'Assemblée nationale populaire, le ministre Yu Qiuli, la Chine doit nourrir 23 % de la population mondiale sur 7 % des terres cultivées. En effet, la surface cultivée, que certains évaluaient naguère au chiffre déjà modeste de 120 millions d'hectares, n'est en fait, d'après un article du 15 mai 1979 du *Quotidien du Peuple,* que de 100 millions d'hectares. La France en compte 33 655 000 pour une population 18 fois inférieure.

Par exemple, le terroir qui fait vivre les 1 000 habitants environ (soit 200 familles...) d'un village de Chine du Nord n'excède pas 400 hectares, ce qui est la surface exploitée par une seule famille de paysans américains du Middle West ! On comprend mieux ainsi que deux

Chinois venant à se rencontrer, au lieu de notre banal : « Comment allez-vous ? » échangent une formule lourde des angoisses passées : « Avez-vous mangé ? »

Pendant la Révolution culturelle, on reprocha à certains cadres de trop manger. Cet univers entrevu de cadres gras et de paysans maigres a quelque chose de notre Moyen Age...

L'IMAGINAIRE COLLECTIF
DU PEUPLE CHINOIS

Les historiens et les sociologues actuels s'intéressent de plus en plus à cet ensemble complexe de représentations collectives, à ce kaléidoscope d'idées reçues, à cette iconographie diffuse avec ses bons et ses méchants, ses exploits et ses vilenies, que chaque communauté humaine considère le plus souvent comme autant d'évidences qui la guident dans ses actes.

Il est donc important pour notre propos d'avoir une certaine idée de l'imaginaire collectif chinois au moins sur quelques points essentiels. Tout d'abord, il nous faut constater combien nous sommes loin, sur ce terrain, de nos propres évidences. Prenons un exemple : si l'on ouvre un dictionnaire chinois, au caractère *si* qui signifie personnel, privé, on voit aussi apparaître les sens suivants : égoïste, secret, illicite, illégal. Si l'on regarde le caractère *gong*, public, collectif, on rencontre comme autres sens : commun, d'intérêt général, équitable, juste impartial.

Que l'on songe, par contre, aux connotations françaises de ces deux mêmes mots : collectif évoque le collectivisme, les « partageux », la contrainte ; ce mot déprécie tout ce qu'il touche. Par contre, « personne » renvoie à des notions appréciées : personnalité, personnalisme. Cela embaume la liberté, les droits de l'individu, l'idéal... Piège certain des mots quand on croit parler de la même chose à Paris et à Pékin. Nous proposons donc quatre explorations partielles de ce domaine secret, pour faire comprendre certaines réactions quasi spontanées du peuple chinois.

L'Empire du milieu ?

Le plus simple à explorer, c'est la vision du monde des Chinois. Elle a tendance à se modifier depuis deux ou trois ans et une pièce chinoise qui connut en 1979-1980 un certain succès. « L'Autre Rivage » se passe à Genève, comprend des héros qui sont noirs, présente une espionne soviétique... C'est très conventionnel et suscite souvent le rire sans l'avoir recherché. Néanmoins, les spectateurs, pendant quelques heures, ont été invités à vivre en imagination hors de Chine. Evolution décisive qui s'amorce ainsi, mais ne change pas, pour le moment, le profond sinocentrisme des Chinois.

La Chine s'appelle en chinois « Zhong Guo », c'est-à-dire le pays du milieu. Elle est tenue, en effet, pour le centre du monde, seul lieu protégé par le ciel, par les dieux, le reste de l'univers habité (les « quatre mers ») étant hors de cette protection, donc peuplé de monstres, privé de la civilisation. La Chine est à soi seule toute la civilisation. L'empereur, porteur du mandat céleste (le Tian Ming), fait bénéficier des bienfaits de cette civilisation les peuples qui viennent à Pékin solliciter son aide et lui porter tribut. Bien sûr, tout cet édifice s'est écroulé depuis près d'un siècle. Mais qui peut dire combien il marque encore le peuple chinois ?

Son legs, c'est un certain paternalisme dans les rapports avec les voisins de la Chine, d'autant plus marqué que ceux-ci (c'est le cas du Viêt-nam, de la Corée...) ont été profondément imprégnés naguère de civilisation chinoise. C'est aussi une certaine méfiance envers ce qui est étranger, une volonté de ne recevoir d'ailleurs que ce qui semble utile sans pour autant modifier sa vision du monde. On refuse l'autre ou on l'intègre et le sinise. Sur ce plan, la Chine est parfois une autre planète où tout déroute et d'abord ce qui semble connu. Ainsi de cette antique mosquée de Pékin, rue de la Vache, avec ses pavillons rouges, sans le moindre minaret, que seuls quelques caractères arabes et une série soigneusement rangée de seaux en bois pour les ablutions rituelles distinguent d'un temple chinois. L'Islam a été toléré... parce que l'on avait besoin de mercenaires venus du Turkestan musulman, mais on lui a imposé une architecture chinoise.

N'est-ce pas l'Europe qui a découvert la Chine et non l'inverse ?

Confucius est-il bien mort ?

La deuxième exploration sommaire portera sur le domaine de la morale et des règles de la vie sociale. Le confucianisme occupe, sur ce point, une place essentielle. En 1974, une campagne de « critique de Confucius » était lancée, tant était grande encore l'influence de cette idéologie. Nous n'ignorons évidemment pas les aspects de manipulation politique de cette campagne. Il n'en reste pas moins qu'elle a pu avoir lieu. On ne mobilise pas des dizaines de millions d'hommes contre le néant.

De fait, la plupart des hommes politiques chinois du XXᵉ siècle sont imprégnés de cette pensée : Chiang Kai-shek bien évidemment, mais aussi Liu Shao-qi ou Mao Zedong lui-même ; le peuple aussi, jusqu'à une date récente.

Dans son autobiographie, le grand homme de lettre, Guo Moruo[6], décrit au Sichuan, à la fin du siècle dernier, des cérémonies dont l'influence s'est fait long-temps sentir. Une ou deux fois par mois, au bourg, les jours de marché, les notables, rassemblés dans une « Association confucéenne », donnaient aux paysans un spectacle gratuit. Un conteur, juché sur une estrade dominée par le « Saint Edit » d'un empereur mandchou qui résumait l'organisation de la société attribuée à Confucius, commentait le texte et jouait des récits, des

---

6. Kouo Mo-jo : *Autobiographie : mes années d'enfance*, Galli-mard, Connaissance de l'Orient, 1970.

« moralités », exaltant le loyalisme, la piété filiale, la vertu des femmes qui ne se remariaient pas après leur veuvage, appelant à ne pas aider les rebelles. On pleurait beaucoup. Une littérature populaire était née. Pour l'essentiel, en effet, et sans doute malgré bien des aspects authentiquement novateurs de l'enseignement de Confucius, le confucianisme était devenu cela : apprendre la soumission du fils au père, de la femme au mari, du cadet à l'aîné, de tous au Prince.

L'écrivain Pa Jin (Pakin), dans son roman *Famille* [7] — écrit en 1928 et toujours réédité — restitue l'ambiance étouffante d'une grande famille de Chengdu tyrannisée par le grand-père devant qui, tous, même adultes, sont d'éternels mineurs ; les fils sont mariés sans être consultés, les femmes, dont le sort est pitoyable, sont souvent tentées par le suicide. Un monde intolérable que, le 4 mai 1919, quelques milliers d'étudiants de Pékin avaient contesté publiquement pour la première fois (nous y reviendrons).

Au plan plus largement politique, le confucianisme est une doctrine aristocratique qui s'appuie non sur une élite de gens bien nés mais sur une élite de gens bien éduqués (mais est-ce tellement différent, surtout avec le terrible système des examens qui absorbe toute la vie d'un candidat, sans rien lui rapporter pour vivre jusqu'à la trentaine, voire même la quarantaine ?).

Quelques citations très célèbres feront mieux comprendre le système. Elles proviennent des recueils classiques des propos du Maître. Ainsi cette exaltation de la vieillesse :

« A quinze ans, je m'appliquais à l'étude de la sagesse ; à trente ans, je marchais d'un pas ferme dans le chemin de la vertu ; à quarante ans, j'avais l'intelligence parfaitement éclairée ; à cinquante ans, je connaissais les lois de la providence ; à soixante ans, je comprenais sans avoir besoin d'y réfléchir tout ce que mon oreille entendait ; à soixante-dix ans, en suivant les désirs de mon cœur, je ne transgressais aucune règle. »

---

7. PAKIN : *Famille*, Flammarion, 1979.

Ainsi se définit le « gentilhomme », l' « honnête homme » *(Jun Zi),* idéal proposé pour les seuls gens instruits, le peuple étant contrôlé par un simple jeu de récompenses et de châtiments :

« Le peuple est comme l'herbe, le prince comme le vent. »

Le comportement du Maître lui-même relève de cette vision hiérarchique de la société et vante le « li », c'est-à-dire l'art délicat de savoir être à sa place :

« Quand Confucius était dans son village natal, il vivait avec simplicité, comme s'il n'avait pas de don oratoire. Mais quand il était dans le temple des ancêtres, ou à la Cour, il s'exprimait avec clarté et aisance, même avec quelque froideur.

« A la Cour, quand il discutait avec les grands, il parlait avec respect. Quand il discutait avec les petits, il leur parlait avec arrogance. Quand il franchissait la porte du Palais, on le voyait se prosterner. Quand il se hâtait à l'intérieur, il le faisait en prodiguant toutes les marques du respect. Quand le prince lui ordonnait de recevoir un visiteur, son expression semblait changer [8]. »

Combien de petits Confucius parmi les cadres du Parti communiste chinois !

Comment douter, en effet, que cet ensemble de codes, de comportements, de préceptes, n'ait pas laissé une marque profonde sur la Chine ? Par exemple, comment ne pas établir un rapport entre le mandarin lettré, expert en livres confucéens, et de ce fait, omnicompétent et le cadre communiste habile à toutes les tâches, devenu maître dans l'art de manier une langue artificielle, hérissée de citations, de formules stéréotypées ? D'autant que, le plus souvent, ce cadre est, lui aussi, un lettré des temps actuels, un intellectuel.

---

8. Il existe un roman chinois du XVIIIᵉ siècle qui est une satire de ce monde des lettrés confucéens : le *rulin waishi, la forêt des lettrés* de WU JINGZI, traduit en 1978 sous le titre *Histoires indiscrètes des mandarins,* chez Gallimard (collection Connaissance de l'Orient), 2 volumes.

Force est de constater que cet héritage confucéen ne prépare guère à un climat démocratique, l'administré étant invité à l'obéissance, à être au mieux le respectueux disciple d'un maître détenteur de la science des rites sociaux. Ajoutons que le mépris pour le travail manuel marqué par la tradition confucéenne n'est sans doute pas non plus sans avoir laissé des traces.

Le rebelle chinois

Une troisième exploration sommaire s'impose d'un autre aspect de cet imaginaire collectif : le modèle de la révolte, le type du rebelle. La littérature chinoise populaire (le roman) en connaît de nombreux exemples.

Relayés par le théâtre, notamment l'opéra de Pékin, appuyés sur des proverbes, hantant des œuvres plus modernes et notamment les œuvres de Mao, popularisés par les bandes dessinées, les héros du *Roman du bord de l'eau (Shui Hu)* sont connus de millions de Chinois[9]. C'est au point qu'en 1975, une campagne politique fut lancée par la Bande des Quatre pour dénoncer le comportement « capitulard » de Song Jiang, le chef de ces 108 brigands justiciers dont les exploits nous ont été contés par des auteurs du xive siècle, à partir de faits réels remontant au xiie siècle...

Ces rebelles, réfugiés autour du lac Liangshanpo où ils sont fortement retranchés, ont tous été victimes d'injustices de la part de grands de ce monde. Certains sont frustes, tel Li Kui, l'homme à la double hache qui pourfend tous ceux qui lui font face, même éventuellement ses amis ; d'autres sont des ivrognes comme Lu Da, « Sagesse profonde », bonze tatoué qui répand la confusion dans les temples bouddhistes. Pittoresques, ils défient le pouvoir, ridiculisent les mandarins et les potentats locaux, aident les pauvres gens... et finissent néanmoins par se rallier à l'Empire.

---

9. Le roman, écrit par SHI NAIAN et LUO GUANZHONG, vient d'être traduit en deux volumes à la bibliothèque de la Pléiade, NRF 1978.

Ces personnages sont d'autant plus présents dans les imageries populaires qu'ils s'incarnent, périodiquement, dans tel ou tel héros réel et que l'on croit retrouver les épisodes aimés de ces récits libérateurs dans telle ou telle péripétie historique. Le soulèvement Tai-ping, par exemple — qui contrôla toute la Chine centrale de 1853 à 1864, prit Nankin, créa un royaume concurrent de celui des Mandchous — a compté des dirigeants de ce type, grands chevaucheurs, épris de panache, choisis pour chefs par les masses paysannes : ainsi Shi Dakai. Zhu De, le futur chef de l'Armée rouge a connu l'histoire de cette rébellion des Tai-pings par les récits d'un tisserand ambulant qui prophétisait qu'un jour, Shi Dakai, à la tête de légions célestes, reviendrait pour chasser les tyrans.

Le même Zhu De, durant la Longue Marche, parvint, non sans mal, à franchir un fleuve redoutable qui avait vu, trois quarts de siècle plus tôt, la défaite et la mort de Shi Dakai : il dit son impression ce jour-là de remporter un grand succès sur le destin.

L'iconographie paysanne chinoise est pleine de Robin des Bois, de Mandrin et de Pancho Villa. Mao, plusieurs fois dans sa vie, évoqua l'idée qu'il pourrait lui aussi partir au Liang-shanpo… prendre le maquis, devenir un rebelle.

La peur chinoise

Il existe, cependant, une composante moins héroïque de l'imaginaire chinois qui nous paraît revêtir une grande importance : celle de la peur de la catastrophe, jointe à la conscience de la brutalité du passé récent. On ne peut comprendre autrement que, malgré des injustices, des erreurs graves, des décisions impopulaires, le nouveau pouvoir chinois n'ait jamais été, à ce jour, fortement contesté par le peuple chinois : il a réussi à faire reculer cette peur séculaire et on lui en sait gré.

La Chine actuelle n'a rien du paradis, mais la Chine d'avant 1949 avait bien des traits de l'enfer. Et les peintures tibétaines sont là pour rappeler qu'en matière d'enfer, le bouddhiste vaut bien le chrétien par son horreur !

De ce point de vue, les « récits d'amertume » des vieux paysans dont les visiteurs de la Chine sont si souvent les témoins ne doivent pas être pris pour un simple rite. Ils jouent un rôle capital car ils ravivent des souvenirs, les systématisent, les intègrent à la vision politique présente. Ces récits que l'on entend partout, marqués par l'opposition rituelle entre « avant la libération » de 1949 et « après la libération », récits d'exploitation, de famine et de misère, sont vrais pour l'essentiel. Au moins comme un roman naturaliste du XIXe siècle : sans la vérité, ils ne tiendraient pas, même si le réel y est fortement recomposé.

Nous reviendrons plus longuement par la suite sur la crise de la société chinoise et sur les tensions sociales qui y règnent, mais nous insisterons ici sur ces « fléaux médiévaux ». Leur souvenir est en effet vivace dans tous les esprits.

Le journaliste suédois Myrdal, interviewant onze paysans dans un village du Shaanxi en 1960 [10], constate que sept d'entre eux parlent de la grande famine de 1928 durant laquelle ils avaient « mangé de l'amertume ». Ce fait domine leurs récits : à eux qui ont eu faim ou dont les parents ont eu faim ou sont morts de faim, le nouveau régime a apporté une conquête fondamentale : la garantie de la survie.

On peut chiffrer ce sentiment : entre 1931 et 1937 (par la suite, du fait de la guerre avec le Japon puis de la guerre civile, la situation s'est aggravée), chaque Chinois disposait par an de 275 kg de céréales (bruts) ou de 180 kg (nets). C'est là l'estimation la plus basse. Une estimation optimiste, portant sur les riches régions du bas Yangzi, donnait respectivement 370 kilos et 236 kilos. Mais tout pousse à accepter comme véridique la première estimation pour la Chine du Nord, terre de la famine. Pour survivre, on estime que le minimum est

---

10 MYRDAL (J.) : *Un village en Chine populaire*, Gallimard, 1964.

de 2 100 calories par jour et par personne, ce que donnent sur un an 185 kilos de grains (nets). On était donc un peu en dessous. En 1974, la fourchette de la disponibilité de céréales par Chinois est de 306 à 324 kilos bruts (ou 202 à 208 kilos nets) : on dépasse donc le minimum de 12 %. En 1978, on obtient un chiffre analogue (305 kilos bruts par tête soit un peu moins de 202 kilos nets). C'est bien peu... mais c'est en même temps considérable... Doit-on préciser, à titre comparatif, que l'excellente récolte indienne de l'année 1978 ne donne comme disponibilité par Indien que 195 kilos nets de céréales ?

La survie est bien difficile dans la Chine d'avant 1949. La terrible famine de 1878-1879, au Shanxi-Shaanxi, au pays du lœss, a tué entre 9 et 13 millions de personnes et affecte encore maintenant le profil démographique de ces provinces. Plus près de nous et de mémoire d'homme, au moins trois grandes vagues de famines sont attestées.

Famines du xxᵉ siècle

Durant l'hiver 1920-1921, la sécheresse frappe la Chine du Nord et la famine touche 48 600 000 personnes. Parmi elles, 19 700 000 sinistrés qui seraient tous morts sans les secours que le réseau de chemin de fer tout neuf permet d'acheminer mais dont un nombre appréciable a dû mourir quand même ou fuir vers d'autres provinces. En 1921-1922, le second fléau classique frappe la Chine : les affluents du Yangzi débordent. C'est au tour de la Chine centrale d'être ravagée : 4 millions de sinistrés au nord Jiangsu, 3 dans l'Anhui ; 1 200 000 au Zhejiang, 1 500 000 au Hunan, autant au Hubei. A la même époque, le fleuve Jaune déborde à son tour sinistrant 3 millions de personnes atteintes l'année précédente par la sécheresse.

Pourquoi ? La nature est cruelle certes, mais les hommes y ajoutent du leur : les digues sont mal entretenues. Les paysans sont dépourvus de toutes réserves et ne peuvent donc faire face à aucune difficulté, car la rente foncière qu'ils doivent verser aux propriétaires, ainsi que les taxes et exactions diverses du gouvernement et des militaristes leur prennent même le strict nécessaire.

Aussi la plupart des observateurs tiennent-ils la famine comme un simple degré supérieur d'une situation ordinaire de disette grave, endémique. En 1920, un missionnaire visitant un district sinistré du Hebei remarquait :

« Ici la famine est une situation quasi permanente. L'observateur en arrivant dans de tels districts est tenté de s'écrier : mais ceci n'est que la situation normale ! ».

Le fléau reparaît en 1928 et quand il s'efface, il est relayé en 1931 par une crue catastrophique du Yangzi. La mortalité en 1928-1929 semble assez élevée : on a parlé de 3 millions de morts pour le Shaanxi, ce qui est exagéré, mêlant les morts et les abandons de fermes par des centaines de milliers de paysans. La population de la province perd néanmoins 13 % de ses 9 400 000 habitants. Les secours ne parviennent qu'assez mal, les rivalités entre seigneurs de la guerre paralysant les trains. On signale du cannibalisme dans le Gansu où une garnison assiégée est dévorée par ses vainqueurs. Dans le Shanxi, on nous dit que les paysans vendaient leurs femmes et leurs filles pour survivre ; on nous parle même d'un convoi de 18 000 femmes sur les routes du Shanxi. En 1943, une nouvelle famine tuera 3 millions de personnes au Henan, soit un habitant sur treize.

Recettes de survie

Ainsi se conservent dans les mémoires paysannes et dans les livres toutes sortes de recettes de survie, comme cette minutieuse description des « aliments de famine », soit 414 espèces (dont une mortelle) répertoriées dans un étrange herbier datant de 1406, réédité encore en 1946. On y trouve la recette des crêpes de coton, des crêpes de chanvre (meilleures...), des « vermicelles de pierre » faits avec de la poudre de pierre et de l'argile, les racines, les écorces diverses... Tout cela donne au mieux 1 500 calories par jour et rencontre vite des limites car la Chine du nord est dépourvue d'arbres...

Avec la famine, viennent les « fièvres des famines » ; typhus, dysenterie s'ajoutent aux épidémies endémiques : en 1950, 5 % des Chinois ont la malaria, 10 millions souffrent de bilharziose, 50 à 100 millions d'ankylostomiase...

*
* *

Dès lors, on comprend que le poids terrible de ce passé récent pèse encore, de nos jours, sur l'esprit chinois.

La Chine d'hier est encore présente.

C'est en ayant à l'esprit ces images, ces faits, ces drames qu'il faudra aborder l'histoire chinoise à partir de 1949. On ne peut promener sur la Chine son regard d'Occidental vivant dans le dernier quart du xxe siècle, sans procéder en permanence à ces mises au point.

PREMIÈRE PARTIE

La Chine avant 1949

Chapitre premier

LA CRISE CHINOISE

Au mois de janvier 1929, écrivant à l'un de ses lieutenants, Lin Biao, Mao Zedong concluait :

« L'essor révolutionnaire est semblable au navire dont la cime des mâts est déjà visible à l'horizon lointain ; il est semblable au disque solaire dont les rayons ardents percent déjà les ténèbres de l'Orient et sont visibles du sommet de la haute montagne ; il est semblable à l'enfant qui frémit déjà dans le sein de sa mère et qui verra bientôt le jour. »

A cette date, Mao, à la tête de quelques milliers d'hommes mal armés, accompagné entre autres de Zhu De et de Peng Dehuai, venait à peine de quitter son premier refuge, les monts Jinggang et avait établi une nouvelle base révolutionnaire, un peu moins précaire, dans le cœur sauvage et difficile d'accès du Jiangxi. Depuis décembre 1927, il avait commencé une longue guerre civile dont le succès prendra vingt ans.

Beaucoup plus tard, durant l'été 1965, alors qu'il s'apprêtait à déclencher la Révolution culturelle, Mao revint visiter le berceau de la Révolution chinoise, ces monts Jinggang, ces sites des premières batailles victorieuses contre le Guomindang de Chiang Kai-shek. Il écrivit alors l'un de ses derniers poèmes, méditation sur ces deux ou trois décennies de tumulte :

Depuis longtemps, j'avais le désir de toucher aux nuages

En gravissant une fois le mong Jinggang

De mille li, je suis venu à cette terre ancienne

Dont le vieux visage a pris des traits nouveaux

Partout chantent les loriots, dansent les hirondelles

Et court l'eau en murmurant.

De grands arbres trouent les nuages de leurs têtes

Passées les gorges de Huang Yang Jie

Il y a danger, ne vous penchez pas pour voir !

Vents et tonnerres alors s'étaient mis en branle

Drapeaux et bannières vibraient d'enthousiasme

Le pays recouvrait son assise...

Trente-huit années depuis sont passées

Le temps d'un claquement de doigts

On peut monter jusqu'au neuvième ciel pour embrasser la lune

On peut descendre dans les cinq océans pour prendre des tortues

Reviennent les dialogues joyeux et les chants de victoire

En ce monde rien n'est difficile

Il suffit d'avoir la volonté de s'élever[1].

De fait, comme l'indiquent ces textes, les communistes chinois sont les vainqueurs d'une longue guerre

---

1. MAO ZEDONG : *Cahiers de l'Herne*, 1968, p. 433 (traduction Guy Brosollet). Yuang Yang Jié est le nom d'une des premières victoires remportées par l'Armée rouge.

civile. En proclamant le 1er octobre 1949, place Tiananmen à Pékin, la fondation de la République populaire de Chine, le président Mao Zedong rendait au pays ses « assises » perdues.

La Révolution chinoise victorieuse termine une sanglante tragédie. Un spécialiste américain d'origine chinoise, Ho Pingti[2] chiffre les pertes de la guerre civile et de la guerre anti-japonaise, entre 1937 et 1949, de 15 à 20 millions de morts... Il importe d'en connaître le décor — la crise générale nationale, économique, culturelle, politique, sociale... qui frappe le pays tout entier depuis plusieurs décennies — ainsi que les protagonistes, nationalistes et communistes.

Il m'a semblé utile d'insister sur le dernier acte de l'affrontement entre 1946 et 1949 : la Chine nouvelle en effet commence, dès avant la victoire, à se construire dans les plateaux de lœss et les collines dénudées qui bordent le fleuve Jaune et ses affluents, ainsi qu'en Mandchourie. Les premières fondations du socialisme chinois sont déjà creusées, les ouvriers des futurs chantiers sont déjà formés ; soldats de l'Armée rouge, devenue Armée populaire de Libération, militants communistes et dirigeants prestigieux du Parti, tous ensemble entrent dans les villes de Chine à la fois en libérateurs et en vainqueurs.

« Si nous persistons à rêver de nos dynasties passées, notre peuple sera placé hors du XXe siècle et réduit à vivre comme les esclaves et les bêtes. »

Ainsi s'exprimait en 1919 un intellectuel chinois, Chen Duxiu. Pour lui en effet et pour un grand nombre de ses compatriotes d'alors, la Chine était en train de se laisser distancer par les puissances qui incarnaient le dynamisme du nouveau siècle, le progrès, l'avenir de l'humanité. La Chine était en retard de plusieurs décades, voire de quelques siècles.

---

2. Voir la note 4 de l'introduction.

LE RETARD

Ce thème du retard à rattraper, nous l'avons déjà signalé chez Mao Zedong dans une déclaration de 1962. Nous le rencontrons aussi dans le thème des « quatre modernisations » repris sans cesse par Zhou En-lai, Deng Xiaoping, Hua Guofeng... Il mérite donc que l'on y insiste quelque peu. Ce sera le premier repère que je placerai, avant même de baliser les trente-huit années tumultueuses qui séparent la chute de l'Empire mandchou de l'avènement d'une Chine nouvelle.

Ce retard, dramatique par ses conséquences, est récent.

Nous l'avons vu dans notre introduction : vers la fin du XVIIIe siècle, la Chine, comme engourdie, arrête sa marche en avant. Pourquoi ?

Certains avancent des raisons politiques : l'Empire chinois, confucéen, méprise les activités marchandes. Le marchand est officiellement placé au bas de la société, dominée par les lettrés, suivis par les paysans et les artisans. L'idée même du profit est rejetée par une philosophie politique dont l'idéal est de produire le nécessaire, sans plus.

De fait, les marchands enrichis, fréquents dans l'histoire de Chine, connaissent souvent un sort peu enviable : les empereurs Mings, à la fin du XVIe siècle, confisquent leurs biens et certains négociants sont contraints, pour préserver leur fortune, à passer dans l'illégalité, devenant hors-la-loi, pirates. Les autorités impériales qui les traquent avec peine sur les mers du Sud, les présentent d'ailleurs comme... des pirates japonais ! Les Mandchous, usurpateurs récents, avaient chassé les Mings en 1644 en profitant de jacqueries momentanément victorieuses en Chine du Nord ; ils sont d'autant plus soucieux de la tradition, que leur légitimité fait problème. Les activités commerciales et proto-industrielles sont strictement contrôlées par l'Etat ; le commerce extérieur est placé sous stricte surveillance à Canton où il est le monopole de grandes familles marchandes dont la fortune sert à se garantir des exactions des mandarins. Mieux : pour lutter contre les pirates au début du xviiie siècle, on déporte la population côtière de Chine du Sud à dix miles à l'intérieur des terres et on évacue les îles.

Ainsi à l'époque où l'Europe commence sa révolution industrielle, alors que « les bourgeois conquérants » commencent à lancer leurs vaisseaux sur toutes les mers du globe, l'immense Chine tourne le dos à la mer que sillonnent ses futurs agresseurs...

A ces explications politiques au sens large, on peut joindre l'attitude de la bureaucratie impériale, toujours prête à dépouiller les marchands de leurs biens. Rien d'étonnant à ce que les riches commerçants chinois n'aient d'autres ambitions que de s'intégrer, par achat de titres, à la classe dirigeante et à permettre à leurs fils, grâce à de coûteuses études, d'être des mandarins. On n'investit pas dans l'économie mais dans la société et la politique...

L'évolution capitaliste du type occidental, seule susceptible de stimuler la production à cette époque, était ainsi entravée car, qui dit capitalisme dit aussi accumulation primitive de capitaux. La Chine stagne alors que sa population croît et que la terre se fait plus rare. On rejoint sur ce point un autre type d'explication du retard qui est d'ordre économique et démographique.

En effet, ces explications sont nombreuses, mais quelque peu déroutantes du fait de leurs contradictions criantes. Ainsi, un économiste américain, Dwight Perkins[3], soutient que la Chine a connu depuis le xive siècle une croissante continue, quasi linéaire avec deux ralentissements seulement, l'un en 1850, l'autre en 1950. D'après cet auteur, du temps des Mings aux débuts de la République populaire de Chine, il n'y aurait pas eu, contrairement à ce qu'il pourrait sembler, de crise profonde.

La révolution chinoise se verrait ainsi reléguer au rang modeste d'accident de parcours, simple épiphéno-

---

3. PERKINS (D.H.) : *Agricultural development in China 1368-1968*, Chicago-Aldine, 1973.

mène de peu d'importance devant la rigueur implacable
de la courbe économique établie : la population aurait
crû de huit fois environ pendant ces six siècles, le terroir
mis en culture de 4 fois seulement, mais la productivité
agricole ayant crû de 2 fois, la croissance aurait été
garantie. Quant aux luttes, à l'histoire, elles n'ont plus
qu'à se retirer devant les statistiques, forme moderne du
destin. Doit-on ajouter que de très nombreux auteurs,
plus proches des travaux précis des historiens japonais,
ont fait voler en éclats ces généralisations fragiles ?

Weins[4], par exemple, a pu établir l'existence de serfs
(kehu) sous les Mings dans les provinces essentielles du
bas Yangzi et ce, jusqu'en 1728. Leurs luttes obstinées
leur ont permis de devenir des tenanciers libres : ce type
de croissance ne doit rien au déterminisme économique !

Mark Elvin[5], lui aussi, décrit les luttes de classe
traversant la société chinoise. Il construit de plus une
courbe très différente de celle établie par Perkins. Il
croit pouvoir établir une tendance inexorable au rendement décroissant de la production à la campagne,
ralentie au XVIe siècle et au XVIIIe siècle, mais accen-
tuant son effet par la suite et qui serait due à la poussée
démographique et à la fin des innovations technologiques. En effet, la perfection technologique atteinte était
— d'après lui — insurmontable sans une véritable
révolution industrielle. Or rien ne poussait à celle-ci,
bien au contraire, du fait du faible coût et de l'extrême
abondance de la main-d'œuvre, du fait de la modestie de
la consommation intérieure, du fait du faible revenu par
tête. On avait donc atteint un équilibre qui était aussi un
piège.

Quant aux historiens de Chine populaire, ils para-
phrasent sans fin une analyse fondamentale : elle est
contenue dans un cours présenté par Mao Zedong aux
cadres du Parti lors d'une « école centrale » réunie à

4. WEINS MI-CHÜ : *On the origins of Chinese landlordism*, Seattle,
1973.
5. ELVIN (M.) : *The pattern of the Chinese Past*, Stanford, 1973.

Yanan en décembre 1939 et publiée depuis dans ses *Œuvres choisies* sous le titre : « La Révolution chinoise et le Parti communiste chinois [6]. »

Mao et les historiens qui l'ont conseillé décrivent « le régime féodal qui a duré environ 3 000 ans en Chine ». Il se caractériserait par une économie naturelle de petits paysans exploités par les propriétaires fonciers, la noblesse et l'empereur, qui prélevaient à eux tous entre 40 et 80 % des récoltes. « En fait, ces paysans étaient des serfs » et l'État n'était que « l'organe qui protégeait ce système d'exploitation ».

La Chine connaissait donc une contradiction essentielle entre ces paysans et la classe des propriétaires fonciers. Et Mao énumère la longue liste des soulèvements paysans en Chine depuis 209 avant Jésus-Christ jusqu'à la puissante insurrection des Tai-pings.

Mais, parvenu à ce point de l'exposé, l'auteur bute sur un obstacle : ces luttes, dit-il, « sont les véritables forces motrices dans le développement de l'histoire » car « elles donnent chaque fois une impulsion » plus ou moins grande au développement des forces productives ; « cependant, comme il n'y avait alors ni forces productives nouvelles, ni nouveaux rapports de production, ni nouvelle force de classe, ni parti politique d'avant-garde, les insurrections et les guerres paysannes manquaient d'une direction juste. » Elles échouaient, écrasées par le pouvoir, ou, parvenant à vaincre, elles mettaient en place une dynastie nouvelle tout aussi oppressive que l'ancienne, et instaurée à son profit par le chef paysan victorieux. Il en est ainsi, par exemple, du fondateur de la dynastie des Mings, en 1368, Zhu Yuanzhang.

Mais précisément, pourquoi ces lacunes ? Une des lois de la dialectique historique n'est-elle pas que les contradictions de la lutte des classes font apparaître la nouvelle classe sociale qui assume le pouvoir après l'éviction de la classe dominante précédente ? Puisque l'on parle de

---

6. *Œuvres choisies* de MAO Zedong, t. II, p. 325 sqq., éd. française.

féodalisme, où est donc, dans ce schéma, la bourgeoisie chinoise ?

Perkins, Elvin et les historiens de l'Ecole américaine ne nous convainquent pas avec leurs courbes, d'ailleurs contradictoires. On sait, par ailleurs, qu'une explication purement politique, par la présence d'une dynastie étrangère ou par le caractère particulièrement corrompu et parasitaire du corps des mandarins, décrit plus qu'elle n'analyse les causes du blocage chinois.

Certes, en aval de cette reconstitution théorique de la société chinoise traditionnelle par les historiens de Chine populaire, on aboutit à une vision cohérente : il existait, disent-ils, des « bourgeons » *(mengya)* de capitalisme au sein de ce féodalisme. L'agression coloniale anglo-française des « guerres de l'opium » a détruit ces bourgeons.

Les « traités inégaux » (1842-1860), imposés par les vainqueurs occidentaux rejoints bientôt par les Américains et les Russes, mettent la Chine dans une situation qui favorise le pillage colonial et empêche l'accumulation de capitaux nécessaires à tout développement capitaliste.

Ainsi s'accélère l'hémorragie d'argent de la Chine vers le reste du monde : alors que, jusqu'en 1820 environ, le commerce extérieur chinois était bénéficiaire (10 millions de taels entre 1800 et 1820[7]), ce courant s'inverse : la Chine perd 10 millions de taels entre 1831 et 1833[8].

L'importation massive d'opium du Bengale, rendue licite à l'issue de ces guerres, est un facteur décisif de cette dégradation économique. Par ailleurs, l'obligation faite à la Chine de ne pas frapper les importations d'un droit supérieur à un montant de 5 % de la valeur estimée est un handicap insurmontable pour la production chinoise livrée sans défense aux cotonnades de

---

7. Le tael *(liang)* est une unité de compte qui pèse 38 grammes d'argent. La Chine conserve jusqu'en 1935 l'étalon argent.

8. Description classique de cette crise in GERNET (J.), *Le Monde chinois*, Armand Colin, 1972 p. 461 à 509.

Manchester, aux quincailleries de Birmingham... D'autant plus que le percement du canal de Suez en 1869, l'amélioration de la marine à voile et le développement de la navigation à vapeur, la réalisation des liaisons intercontinentales par câbles sous-marins, accélèrent le développement du commerce avec la Chine.

La bourgeoisie chinoise, ainsi étouffée dès sa naissance, n'apparaît que vers 1872-1885, soit sous une forme dépendante des firmes étrangères — bourgeoisie compradore — soit à partir de la classe des lettrés fonctionnaires et donc sous la protection du pouvoir central.

Les historiens marxistes chinois retrouvent aussi les cinq étapes de l'histoire de toutes les sociétés humaines attribuées à Marx mais dues, pour l'essentiel, à l'esprit simplificateur de Staline : commune primitive, société esclavagiste, société féodale, capitalisme et, enfin, socialisme.

Il n'empêche qu'un féodalisme de 3 000 ans, c'est bien long !

Vers 1960, des historiens marxistes en Europe ont relu Marx, à l'instar des historiens soviétiques des années 1930-1931. Ils ont dégagé l'idée que la commune primitive ne donne pas nécessairement naissance à l'esclavagisme de type gréco-romain, mais peut aboutir à un « mode de production asiatique » que Marx décrit pour l'Inde et dont les traits essentiels semblent bien se retrouver en Chine. Il s'agirait du maintien prolongé des communautés villageoises, sans distinction nette entre agriculteurs et artisans, sans différenciation de classes à l'intérieur et directement placées sous la dépendance d'un pouvoir public à caractère despotique.

Donc : pas de domaines privés, pas de propriété transmissible, pas d'accumulation interne de capitaux et de biens, l'Etat ayant tendance à spolier au maximum ces communautés. Marx parle même à leur sujet d' « esclavage généralisé ». La classe dirigeante, extérieure au monde paysan, est formée de fonctionnaires monopoleurs de façon globale de la production, véritables exploiteurs de l'ensemble des communautés réelles de villages asservis.

En somme, alors que nous sommes habitués à l'existence de classes bâtissant un Etat à leur profit, à des classes Etats, nous aurions ici une sorte d'Etat classe. Cette société peut évoluer, mais lentement, car nulle classe sociale nouvelle ne s'y fait jour. A la longue — et certains auteurs comme le Hongrois Ferenc Tokei ou le Français Jean Chesneaux en hasardent l'hypothèse — certains fonctionnaires peuvent confisquer à leur profit la terre de ces communautés et un féodalisme peut alors s'établir, mais un féodalisme précaire, surveillé de près par un Etat despotique, une sorte de féodalisme d'Etat ou de féodalisme bureaucratique, selon la formule de Needham, à l'évolution ralentie. Ce serait le cas de la Chine médiévale. Les conséquences de ce type de développement sur la société, à partir d'un mode de production asiatique, sont particulièrement importantes et jettent les bases de réponses plus convaincantes à divers problèmes déjà entrevus et résumés un peu vite par le mot de « retard[9] ».

Ainsi, la bourgeoisie chinoise a le plus grand mal à s'affirmer en tant que classe. Elle ne naît pas, en effet, des contradictions de la société féodale, mais des besoins de l'Etat (qui concède tel ou tel monopole à un groupe de marchands) et de la classe dirigeante. Elle vise donc — menacée sans cesse de spoliations, victime de la tradition confucéenne méprisante à l'égard des activités mercantiles et soumise à l'arbitraire d'un Etat tout-puissant — à s'intégrer à l'élite dirigeante dont elle évite au maximum de se différencier.

Certes, au XVIIᵉ siècle, elle commence à se constituer au plan idéologique une vision propre, anticonfucéenne ou, à tout le moins, non confucéenne : des auteurs, parfois condamnés comme hérétiques, écrivent des romans où le grand sinologue Etienne Balazs discerne

---

9. Sur le mode de production asiatique et la Chine voir CHESNEAUX (J.), *La Pensée,* avril 1965 et *Recherches internationales à la lumière du marxisme :* premières sociétés de classe et mode de production asiatique nº 57-58, 1967, (articles de Ferenc TOKEI, hongrois ; de LEWIN G., RDA ; de POKORA Timoteus, tchèque).

« une influence essentiellement bourgeoise [10] ». Mais ce n'est là que feu de paille : la base sociale est trop faible et le pouvoir central trop fort.

Autre conséquence : l'État chinois est typique du « despotisme asiatique » ; c'est un Etat véritablement totalitaire qui dispose de ses sujets dans tous les domaines, où l'arbitraire le plus absolu est la seule loi. Voilà un bien lourd héritage…

Autre conséquence encore, très liée à la précédente : cet Etat est représenté sur place par toute une hiérarchie de lettrés fonctionnaires. En Chine, en effet, ces derniers sont recrutés par un système complexe et contraignant d'examens que seuls peuvent réussir les gens ayant le loisir de suivre des études longues, difficiles et hasardeuses, ce qui entraîne une tendance à l'auto-recrutement de cette caste. Ces fonctionnaires — 30 000 environ à la fin de la dynastie des Qings (les Mandchous) — forment une intelligentsia intégrée omnicompétente, dont la seule fonction indispensable est de diriger, d'administrer les autres. Il y a donc une séparation radicale entre les intellectuels dirigeants et les travailleurs manuels dirigés.

Deux citations particulièrement éclairantes le montrent. Ce texte de Mencius, tout d'abord, un des grands sages confucéens :

« Les occupations des hommes de qualité ne sont pas celles des gens de peu. Les uns se livrent aux travaux de l'intelligence, les autres aux travaux du corps. Ceux qui s'appliquent aux travaux de l'intelligence gouvernent les autres. Ceux qui travaillent de leur force sont gouvernés par les autres. Ceux qui sont gouvernés entretiennent les autres. »

En écho, plus de deux millénaires plus tard, cette confidence de Mao Zedong dans son discours du 2 mai 1942 à Yanan, sur « la littérature et l'art » :

« Je peux vous faire part de mon expérience sur les

---

10. Voir notes 8 et 9 de l'introduction et BALAZS (E.) — *La bureaucratie céleste*, NRF, 1968.

transformations de mes propres sentiments. Je suis un homme qui est passé par l'école et j'y avais acquis les habitudes d'un étudiant ; devant la foule des étudiants qui n'auraient pas pu porter quoi que ce soit sur leurs épaules ou dans leurs mains, j'aurais cru manquer de dignité en faisant le moindre travail manuel, comme de porter moi-même mes bagages sur l'épaule. En ce temps-là, il me semblait que seuls les intellectuels étaient propres, et que, comparés à eux, les ouvriers et les paysans étaient toujours sales... »

Enfin, s'il est vrai que la société « féodale » chinoise n'est pas, à la différence de celle qu'a connue l'Occident, issue d'un mode de production esclavagiste antérieur de type gréco-romain et qu'elle s'est constituée sur la base du mode de production asiatique (donc à partir des communautés villageoises préservées) comment ne pas se poser la question de certaines conséquences inattendues d'une réforme agraire radicale ?

Celle-ci, en effet, brise totalement les pouvoirs d'une classe oppressive formée par les propriétaires fonciers qui extorquent la rente foncière, mais en même temps détruit sans les remplacer les indispensables liens de solidarité contenus dans la communauté villageoise. Si bien que cette présentation de la société traditionnelle chinoise qui peut paraître loin de notre propos, débouche ainsi sur des problèmes brûlants auxquels il n'a pas toujours été trouvé une bonne solution.

LES CINQ ACTES
DU DRAME CHINOIS AU XXᵉ SIÈCLE

Le « retard » de la Chine, quelles qu'en soient les causes, est bien évidemment la préoccupation de tous ceux qui, après l'effondrement en 1911 de la dynastie mandchoue, proposent leurs solutions pour « sauver la patrie » *(jiu guo)*. On est ainsi placé au cœur du drame chinois qui, de 1911 à 1949, se déroule en cinq actes de plus en plus sanglants[11].

Premier acte
Echec de la révolution bourgeoise, 1911-1920

1911-1916 : La dynastie mandchoue est renversée et la République chinoise est proclamée. Mais les forces victorieuses — notables ruraux et urbains du Sud, officiers des armées nouvelles (modernisées à l'imitation du Japon), intellectuels tentés par l'Occident, capitalistes des grandes villes du bas Yangzi et du Sud, militants de la « Ligue Jurée » dirigée par Sun Yat-sen ne peuvent bâtir une république solide.

Très vite, le pouvoir est confisqué par le militaire le plus ambitieux, soutenu par les puissances impérialistes et les notables traditionnels, bientôt rejoints par une indécise bourgeoisie qui a peur des troubles. Cependant ce général, Yuan Shi-kai, ne parvient pas à fonder une nouvelle dynastie. La révolution de 1911 a donc clos l'époque impériale, si elle n'a pas réussi à créer une Chine nouvelle.

Dès la mort de Yuan en 1916, les divers chefs militaires luttent par les armes pour le pouvoir, pillent les provinces qu'ils contrôlent. C'est l'époque des « seigneurs de la guerre ». On peut remarquer que, en fait, cette époque ne finira qu'en 1949, car le Guomindang unificateur apparent de la Chine en 1928 ne donnera pas naissance à un pouvoir tellement différent et, surtout, laissera subsister de nombreux militaristes maîtres absolus de leur province. Ainsi, au Shanxi, au Sichuan, au Xin Jiang...

Le mouvement du 4 mai 1919

Il s'agit d'une véritable révolution culturelle bourgeoise et du premier grand mouvement anti-impérialiste

---

11. Au moins deux livres essentiels pour cette question. BIANCO (L.) : *Les origines de la Révolution chinoise,* Gallimard, 1967 ; CHESNEAUX (J.) et LE BARBIER (F.) ; *La Chine : la marche de la Révolution 1921-1949,* Hatier, 1975.

de masse en Chine. 1 500 étudiants de Pékin, appuyés par un grand nombre de leurs professeurs, manifestent ce jour-là à Pékin contre la signature par la Chine des traités de Versailles.

Succès sur ce point : les délégués chinois ne signent pas le traité. Il est vrai que le mouvement est très puissant, relayé dans les grandes villes par la bourgeoisie chinoise qui appelle au boycott des produits japonais et à la promotion des productions nationales. Les premières grèves éclatent à Shanghai dans ce contexte.

En même temps, l'idée prévaut que l'humiliation de la Chine vient de l'archaïsme de sa civilisation, du confucianisme, du refus superbe des valeurs nouvelles apparues en Occident. Une critique en règle du confucianisme est entreprise par la revue de Chen Duxiu, *La Jeunesse*. Mao y écrit ses premiers articles : il y exalte l'éducation physique dans un pays où l'on méprisait le corps et les activités physiques et s'indigne de la condition féminine à l'occasion du suicide d'une jeune fille contrainte par sa famille à un mariage dont elle ne voulait pas.

De l'Occident ainsi érigé en exemple, viennent pêle-mêle les idées de la révolution française, le réformisme social anglo-saxon, quelques thèmes anarchistes et aussi, bien que tard venu, le marxisme, amplifié par les échos de la révolution d'Octobre.

La jeune Union soviétique renonçant aux « traités inégaux » et affirmant sa volonté d'établir des relations égalitaires avec les autorités chinoises rencontre un vif courant de sympathie parmi les jeunes chinois qui veulent « sauver leur pays [12] ».

---

12. Sur la bourgeoisie chinoise — BERGÈRE (M.-C.) : « Capitalisme national et Impérialisme, la crise des filatures chinoises en 1923 », Cahier du Centre Chine, 1980 : *La Bourgeoisie chinoise et la Révolution de 1911*, Mouton, 1968.

Deuxième acte
Communistes et nationalistes, 1921-1927

Les deux formations politiques essentielles de cette époque naissent dans le prolongement de ce mouvement.

Le Parti communiste chinois tout d'abord. Il est fondé à Shanghai en juillet 1921. Il naît à partir de petits cercles d'études marxistes qui éditent depuis 1920 des revues dans les principales villes de Chine. Ce parti est encore minuscule : il compte une cinquantaine de membres. Il est fortement aidé par l'Internationale communiste. Il prend immédiatement une initiative importante en créant le Secrétariat du Travail, petit collectif de militants qui cherchent à créer des syndicats ouvriers révolutionnaires. Ces étudiants qui vont au Peuple, rencontrent un accueil souvent très réservé sauf auprès des cheminots de Chine du Nord, des marins de Hong Kong, des mineurs de Chine centrale (complexe de Han Ye Ping). C'est dans ce dernier lieu que Mao Zedong cherche à organiser les mineurs de Pingxiang-Anyuan, non loin de son Hunan natal.

Deuxième formation politique : le Guomindang (Parti national, héritier de la ligue Jurée). Il est fondé à Canton, en janvier 1924, sous la direction de Sun Yat-sen. En fait, il s'agit d'une réorganisation des forces nationalistes existantes. Sun Yat-sen est alors en très bons termes avec l'Union soviétique qui fournit à son gouvernement républicain établi dans la province de Canton la seule aide internationale.

Un accord a été passé entre Sun Yat-sen, le jeune parti communiste chinois et son secrétaire général Chen Duxiu. Les communistes peuvent adhérer individuellement au Guomindang et même y exercer des responsabilités. On trouve ainsi au Comité central exécutif de ce parti, Chen Duxiu, Li Dazhao, autre universitaire prestigieux, et Mao Zedong qui inaugure ainsi sa carrière politique au niveau national. Les « trois principes du peuple » de Sun Yat-sen deviennent, réinterprétés pour tenir compte des circonstances nouvelles, la Charte de ce parti : lutte anti-impérialiste (et amitié avec l'URSS), « démocratie pour le peuple », socialisme par « l'égalisation des droits sur la terre ».

Des volontaires soviétiques (ainsi le général Galen alias Blücher) aident à la création à Huangpu, près de Canton, d'une armée révolutionnaire que commande Chiang Kai-shek. A la mort de Sun Yat-sen (mars 1925) ce dernier joue un rôle prépondérant dans le Guomindang. Il est vrai que, invité en URSS, il y avait acclamé la révolution socialiste mondiale !

30 mai 1925
La montée d'un mouvement anti-impérialiste de masse

A Shanghai, la police anglaise ouvre le feu sur une manifestation d'ouvriers et d'étudiants qui protestent contre le meurtre d'un ouvrier chinois par un contremaître dans une des cotonnières japonaises. Il y a des dizaines de victimes.

Une grève général paralyse l'énorme cité : 160 000 grévistes sont appuyés par les étudiants et, au début, par la bourgeoisie chinoise. Le mouvement rencontre un puissant écho dans les villes chinoises. Il est même connu de la paysannerie de Chine centrale et en Chine du Sud. A Canton, le 26 juin, une manifestation de solidarité est mitraillée par des soldats anglais et français. Il y a plus de 50 morts. En protestation, une des plus grandes grèves de l'histoire éclate et les ouvriers abandonnent Hong Kong dont le boycott est organisé : il y aura 50 000 grévistes, jusqu'au mois d'octobre 1926 qui ont l'appui du gouvernement républicain de Canton. C'est l'amorce d'une démocratie ouvrière parmi les grévistes, mais c'est aussi finalement un échec au niveau des revendications formulées.

1926-mars 1927
L' « expédition du nord » et la poussée révolutionnaire

A partir de l'été 1926, les forces armées sudistes « montent » vers le nord pour détruire le pouvoir des divers seigneurs de la guerre et réunifier le pays. Ce mouvement s'accompagne d'une véritable mobilisation populaire en Chine du Sud et du centre ; les intellectuels, les ouvriers, les paysans apportant leur soutien à une armée assez vite victorieuse.

Dès octobre, le gouvernement animé par le Guomindang et où bientôt entrent deux ministres communistes, installe sa capitale provisoire à Wuhan sur le Yangzi. Des syndicats se créent partout. Les unions paysannes regroupent plusieurs centaines de milliers de paysans dans la province de Canton (animées par Peng Pai) et du Hunan (animées par Mao Zedong). Le Parti communiste chinois passe de 1 000 à 30 000 membres en quelques mois. Un syndicat ouvrier général panchinois essaie d'orienter la forte combativité ouvrière contre les patrons étrangers et de mettre en place, avec les autorités gouvernementales, des procédures d'arbitrage pour tempérer les conflits du travail dans les usines chinoises. De plus, des succès sont obtenus dans la lutte anti-impérialiste : à la suite de grèves et de manifestations, la concession anglaise de Hankou (une des trois villes formant Wuhan) est restituée à la Chine. C'est le premier recul imposé à l'impérialisme depuis les guerres de l'opium et il est dû à la pression populaire.

Mais le succès lui-même crée les conditions de la défaite. La tension monte entre ouvriers et capitalistes à la ville ; dans les villages surtout, la poussée paysanne s'en prend aux notables ruraux. Dans son célèbre « rapport sur le mouvement paysan au Hunan », Mao, envoyé comme enquêteur en janvier-février 1927 au double titre de responsable du Parti communiste et du Guomindang (il animait depuis un an environ à Canton un Institut de formation d'organisateurs du mouvement paysan) est le témoin enthousiaste de l'action des unions paysannes : les notables ruraux sont dépouillés de leurs pouvoirs, chassés, humiliés, voire exécutés ; leurs riches demeures sont envahies par des foules paysannes qui abattent les porcs et ripaillent enfin à satiété : les fermages sont réduits du tiers ou de la moitié, les dettes annulées. Un rêve millénaire est en train de se réaliser.

Mais les notables réfugiés à la ville appellent à l'aide.

Les capitalistes chinois ont des biens à la campagne et c'est aussi contre eux que s'opère le mouvement. Les officiers républicains, pour révolutionnaires qu'ils s'affirment, n'en sont pas moins issus des élites rurales souvent hunanaises, d'autant plus que la victoire a entraîné le ralliement massif aux vainqueurs des soldats et officiers des armées des militaristes locaux.

L'internationale communiste définit la base de classe qui soutient l'unité entre communistes et Guomindang comme reposant sur un « bloc des quatre classes », bourgeoisie, classe ouvrière, petite bourgeoisie et paysans. Staline parle du Guomindang comme du « parlement de la révolution ». Mais le bloc se fissure au fur et à mesure qu'il approche des buts qui l'ont rassemblé, et ce « parlement » voit s'affirmer une droite véhémente ainsi qu'un centre, occupé par Chiang Kai-shek. Les impérialistes, qui ont réuni à Shanghai 20 000 hommes et une centaine de vaisseaux de guerre, hésitent devant les risques de l'intervention directe (leurs canonnières bombardent néanmoins Nankin en mars 1927). Des intrigues complexes se nouent. La bourgeoisie chinoise, inquiète, recherche l'ordre, la sécurité. De 1919 à 1923, elle a connu une période de prospérité économique, qui est pour beaucoup dans sa temporaire audace. Frappée par la crise à partir de 1923, elle cherche le compromis avec l'impérialisme, et elle refuse les concessions salariales qui lui sont demandées. Son rêve de 1789 se dissipe et elle se met en quête d'un Bonaparte.

12 avril 1927
La « tragédie de la révolution chinoise »

Shangai, le 23 mars, est aux mains des ouvriers chinois insurgés. Du moins, la partie sous administration chinoise de la ville, les concessions internationales et françaises étant en état de siège, entourées de barbelés et parcourues par des patrouilles de soldats étrangers. L'enjeu est formidable : un défi à l'impérialisme et le contrôle de la plus grande partie de la fortune commerciale, bancaire et industrielle chinoise. Chiang Kai-shek, ayant rassuré les puissances impérialistes sur ses intentions, financé par les banquiers chinois de Shanghai (10 millions de yuans... dont les 2/3 après l'exécution du « contrat ») lance, le 12 avril, 3 ou 4 000 gangsters de la Bande Verte, société secrète dont il est membre et qui contrôle les bas-fonds de la ville, sur les militants communistes et les syndicalistes révolutionnaires.

Les troupes mitraillent une manifestation de cent mille travailleurs. C'est le massacre. Il en est de même dans toutes les villes de Chine tenues par les armées fidèles à Chiang Kai-shek. Après quelques semaines d'hésitation durant lesquelles le mouvement paysan dans le Hunan est écrasé, le gouvernement Guomindang de Wuhan qui, au début, avait désavoué Chiang Kai-shek, met à son tour les communistes hors la loi le 14 juillet 1927. Les conseillers soviétiques expulsés dont le train quitte la gare de Wuhan voient avec horreur les cadavres des communistes pendus aux poteaux le long de la voie ferrée. Il y a des dizaines de milliers de victimes.

Dans les villages, la soldatesque éventre, dépèce, décapite durant des jours et des jours. C'est la terreur blanche et la tragédie après la brève euphorie. Pourquoi ?

L'opportunisme de la direction du Parti communiste chinois a été dénoncé. Il est vrai que ce dernier se cramponne jusqu'au bout à l'alliance conclue en 1924 et, pendant trois ans, si féconde... Ceci malgré l'avertissement donné déjà le 20 mars 1926 à Canton par Chiang Kai-shek qui, sous un confus prétexte, avait arrêté des centaines de communistes (dont Zhou En-lai) et des conseillers soviétiques relâchés ensuite après que le « malentendu » eut été dissipé. D'ailleurs, Chen Duxiu, inquiet, avait souhaité alors prendre ses distances avec le Guomindang. L'Internationale s'y était opposée. L'idée qui prévalait était celle des deux révolutions : il fallait aider au succès de la révolution bourgeoise puis, dans un second temps, y greffer la révolution socialiste. Vision plutôt mécaniste qui, appliquée avec un opportunisme certain (absence de toute précaution militaire, aucun effort pour différencier au plan politique le Parti communiste de ses douteux alliés...) ne fournissait aucune alternative à une situation de plus en plus dangereuse.

Mao, interviewé sur ce drame en 1936 par le journaliste américain Edgar Snow dira qu'il ne croyait pourtant pas que « la contre-révolution eût été battue en 1927, même si les communistes avaient suivi une politique plus agressive et créé des armées communistes d'ouvriers et de paysans avant la scission avec le Guomindang. Mais les soviets auraient pu avoir un immense essor dans le Sud et y posséder une base, où ensuite, ils n'auraient jamais été détruits... »

En somme, les communistes en 1927 n'ont pas su qu'il existait une alternative à leur stratégie mise en échec... Ils vont l'apprendre, peu à peu, dans les années à suivre.

Autre leçon du drame : les directives de l'Internationale communiste peuvent être erronées. Un doute se glisse — que les consignes aventuristes des années suivantes vont renforcer — sur les aptitudes de cet organisme dominé de plus en plus en ces temps-là par le Parti communiste d'Union soviétique et par Staline. Les années de la coopération heureuse et confiante des communistes chinois et soviétiques s'achèvent [13].

Troisième acte
L'effacement apparent du Parti communiste, 1927-1937

« *La décade de Nankin* »

Pendant dix années, Chiang Kai-shek, qui a choisi Nankin comme capitale, unifie la Chine, arrache quel-

---

13. Sur le drame de 1927 — CHESNEAUX (J.) : *Le mouvement ouvrier chinois 1919-1927*, Mouton, 1962. BROUÉ (P.) : *La question chinoise dans l'Internationale communiste*, EDI, Paris, 1965, ISAACS (H.) : *La tragédie de la révolution chinoise*, Gallimard, 1967. Voir sur l'Histoire du Parti communiste chinois plus généralement — GUILLERMAZ (J.) : *Histoire du Parti communiste chinois*, t. I, 1921-1949, Payot, 1968. HARRISON (J.-P.) : *The Long March to Power : an History of the Chinese communist party. 1921-1972*, Mac-Millan, Londres, 1973.

ques concessions aux puissances impérialistes. La Chine recouvre sa pleine souveraineté douanière en 1933. Au début des années 1930, on peut même parler d'un certain développement économique fragile et limité. En fait, le régime ne contrôle vraiment que les régions de Chine centrale, mène constamment la guerre contre des révoltes provinciales, entretient une armée ruineuse et a le plus grand mal à réduire la dissidence armée communiste qui crée même une zone soviétique en novembre 1931.

Aucune réforme agraire n'est tentée et les tendances fascistes du régime se précisent avec l'importance prise par le mouvement des « chemises bleues », la campagne de la « vie nouvelle » et les agissements de la police secrète du général Dai Li.

Les succès remportés face aux impérialistes sont bien modestes : les concessions étrangères ne seront rendues à la Chine qu'en 1942-1943 et les nouveaux rapports qui s'établissent entre la Chine et les puissances impérialistes, notamment l'Angleterre et les Etats-Unis, n'ont rien d'égalitaires !

La balance commerciale chinoise demeure déficitaire, la Chine vendant assez mal des produits alimentaires et des matières premières et achetant l'essentiel des produits industriels dont elle a besoin : l'industrie de la machine ne représente que 1 % de la pourtant modeste production industrielle chinoise. Les banques étrangères contrôlent le commerce extérieur.

Ce qui s'inaugure en Chine comme nouvelles relations entre Etats est bien plutôt le néo-colonialisme. De surcroît — et c'est bientôt le problème essentiel — le Japon exerce une pression grandissante sur la Chine. En septembre 1931, une brève guerre lui permet d'arracher à la Chine la Mandchourie devenue protectorat japonais, base d'industrie lourde et colonie de peuplement. A partir de cette base, le Japon grignote la Chine du Nord, contrôlant la région de Pékin en 1935. En Chine du Sud, à partir de sa colonie de Taiwan, le Japon exerce aussi une forte pression sur le Fu Jian.

Un mouvement de « salut national » rassemble des

milliers de Chinois face au péril : déjà l'attaque japonaise sur Shanghai en janvier 1932 avait suscité la
résistance des étudiants, des intellectuels, des ouvriers
et des soldats de la 19e Armée. Le 9 décembre 1935, de
puissantes manifestations étudiantes à Pékin demandent
que l'on résiste aux Japonais et critiquent le gouvernement Guomindang pour son apathie et son attentisme.
Surtout, l'anticommunisme prioritaire de Chiang Kai-
shek (« Unifier d'abord, résister ensuite », soit éliminer
les communistes avant de lutter contre les Japonais)
irrite. On lui attribue un mot révélateur : « Les communistes sont une maladie de cœur ; les Japonais ne sont
qu'une maladie de peau. »

Janvier 1935
La conférence de Zunyi

Le Parti communiste, pendant ce temps, s'est retiré
dans l'intérieur des terres, à la recherche d'une stratégie
nouvelle. Il a, entre décembre 1927 et l'été 1930, sous la
direction de Qu Qiu-bai, puis de Li Lisan, accumulé les
erreurs, souvent sur les conseils de l'Internationale.

C'est l'époque en URSS de l'élimination de l'opposition trotskiste et de la « dékoulakisation » à la campagne.

Les communistes chinois multiplient les tentatives
insurrectionnelles (qui sont autant d'échecs ruineux en
hommes) et transforment ainsi la défaite de 1927 en
déroute totale, surtout à la ville : insurrection du
1er août 1927 à Nanchang (où est fondée l'Armée
Rouge), insurrection de la « moisson d'automne »,
commune de Canton.

Cette dernière aventure, particulièrement désastreuse, coûte la vie à quelque 6 000 militants chinois.
Elle conjugue l'aventurisme romantique des traditions
chinoises et les calculs étroits de Staline. Ce dernier put
profiter du bref succès du soulèvement pour « réfuter »
par les faits les prétentions de Trotski à critiquer « sa »
politique chinoise, dès l'ouverture du 15e Congrès du
PCUS. La situation en Chine demeurait révolutionnaire, puisqu'une révolution venait d'y réussir ! Donc la

défaite de 1927 n'était pas aussi totale que le disait Trotski !

Il est vrai que les critiques de Trotski à l'égard de la politique de l'Internationale communiste en Chine, témoignent d'une lucidité bien tardive. Ne voyait-il pas, dans le dossier chinois qu'une occasion de critiquer Staline ? Il avait d'ailleurs, en 1926 encore, assumé la co-responsabilité de la politique chinoise de l'Internationale et, en avril 1927, il demandait à Radek des informations sur la Chine dont il avouait ne rien connaître. Par ailleurs, son obstination à retrouver en Chine la révolution russe de 1905 n'avait guère contribué à clarifier la politique chinoise de cet étrange prophète tourné vers le passé...

Mais, pour l'heure, le Parti communiste chinois dilapide définitivement tout un héritage de luttes ouvrières : en août 1930 a lieu à Changsha la dernière tentative de soulèvement à la ville. Désormais, il ne restera dans les villes chinoises que quelques dizaines de militants communistes clandestins, quelques centaines à Shanghai. Le Parti communiste perd contact avec la classe ouvrière. Son comité central, d'ailleurs, se réfugie au Jiangxi en 1932.

Depuis décembre 1927, en effet, quelques poignées de survivants de ces insurrections manquées se sont réfugiées dans les montagnes isolées du Jiangxi. Surtout dans les Jingganshan (les monts Jinggang), autour de Mao et d'un général nationaliste rallié, Zhu De. En janvier 1929, une zone plus large est tenue par les communistes au sud du Jiangxi.

Le 7 novembre 1931, les diverses zones soviétiques, en Chine du Sud et en Chine centrale, réunissent des délégués dans la ville de Ruijin au Jiangxi et fondent une république soviétique de Chine dont Mao Zedong est président. 5 à 6 millions de Chinois se trouvent dans ces territoires et l'Armée rouge passe de 50 000 à 100 000 hommes environ.

D'âpres luttes internes divisent les dirigeants communistes. Certains, récemment rentrés de Moscou où ils ont fait leurs études, suivent étroitement la ligne de l'Internationale communiste. Ils préconisent notamment une variante chinoise de la politique « classe contre classe », c'est-à-dire une réforme agraire très radicale, une politisation systématique des luttes ouvrières ; ils ne désespèrent pas de pouvoir appuyer le Parti essentiellement sur la classe ouvrière et se désignent eux-mêmes comme les « Internationalistes ». Mao leur donne, par dérision, le surnom de « 28 Bolchevicks ». Leur dirigeant le plus connu est Chen Shaoyu (Wang Ming).

Mao et divers dirigeants (dont quelques survivants du Parti à la ville, mais surtout des cadres du mouvement paysan) voudraient au contraire une politique modérée plus susceptible de réunir de larges forces, et axée sur la paysannerie.

Au plan militaire, les premiers poussent à mener une guerre frontale alors que Mao prône une stratégie plus souple de guérilla. Mao et ses partisans sont vaincus politiquement en 1933-1934.

Pendant ce temps, la situation des zones soviétiques devenait économiquement, politiquement et militairement intenable alors que le Guomindang lançait contre elles sa cinquième campagne d'extermination. Le 1er octobre 1934 commence la *Longue Marche :* les communistes (130 000 soldats et cadres) quittent le Jiangxi et, après de furieux combats, entament leur marche de « 10 000 li » qui se terminera pour les survivants (30 000 hommes environ) en Chine du Nord, au nord Shaanxi. Il s'agit, au départ, d'une fuite devant l'extermination menaçante, en quête d'un refuge [14]. C'est durant la marche même qu'en janvier 1935, au soir d'une bataille, une réunion exceptionnelle des principaux responsables politiques et militaires a lieu à Zunyi : Mao Zedong rallie à ses positions la majorité

---

14. HUDELOT (C.) : *La Longue Marche,* Col. Archives, Julliard, 1971. Voir aussi WALTER (G.) HU CHI-HSI, *ils étaient 100 000 : La Longue Marche,* J.-C. Lattès, 1982, 522 p. et *La Longue Marche,* Mao Zedong, texte de Hu Chi-hsi, dessins de Dupuis, Ed. Dargaux.

des présents, fait adopter une résolution politique très critique à l'égard de la lignc suivie les années précéden- tes et devient le « Président » de cet étrange parti itinérant, noyau dirigeant d'une armée en retraite. L'Internationale communiste n'est pas consultée pour confirmer cette nomination, contrairement à ses statuts. Il est vrai que, quelques mois auparavant, la police de la Concession française avait saisi dans une maison de Shanghai le poste émetteur-récepteur qui assurait les derniers et fragiles contacts entre l'Internationale et le Parti communiste chinois à partir de Vladivostock. Désormais, même si Wang Ming et les « Internationalis- tes » contestent encore sa ligne, Mao Zedong dirige le Parti communiste chinois. La Longue Marche se ter- mine à l'automne 1935 en Chine du Nord où les communistes rejoignent de petits soviets établis par Gao Gang.

Décembre 1936
Le front uni anti-japonais

Quand Chiang Kai-shek cherche à contraindre les troupes du maréchal Zhang Xueliang chassées de Mand- chourie par les Japonais à se battre non pas contre ces derniers mais contre les communistes établis désormais en Chine du Nord (autour de la ville de Yanan au Nord Shaanzi), il est fait prisonnier par le maréchal et ses officiers dans la ville de Xian le 11 décembre. Après des négociations qui demeurent en partie obscures et peut- être sous la pression directe de Staline, soucieux de rassembler toutes les forces chinoises contre l'impéria- lisme japonais menaçant pour la Sibérie, Chiang est relâché. Mais, en février 1937, le Guomindang accepte de fait une trêve proposée par les communistes et un accord tacite pour lutter avec eux contre les Japonais. C'est le « second front uni », fort différent du premier (1924-1927).

Quatrième acte
La guerre de résistance anti-japonaise, 1937-1945

En juillet 1937, le Japon engage des hostilités générales contre la Chine : cette guerre est un désastre pour l'armée du gouvernement Guomindang. En 1938, toutes les grandes villes chinoises sont perdues et Chiang Kaishek s'est réfugié au Sichuan, faisant de la ville de Chongqing la capitale de guerre de la Chine « libre ». Il arrive à mettre sur pied une armée de 310 divisions avec l'aide américaine mais n'engage guère ses troupes contre les Japonais préférant organiser le blocus des régions tenues par les communistes. L'inflation, la corruption et l'incapacité gouvernementales irritent la population et effritent la popularité, pourtant grande pendant quelque temps, du généralissime. Un gouvernement fantoche, au service des Japonais, avec des dissidents du Guomindang autour de Wang Jingwei, s'installe à Nankin. L'existence de ce régime concurrent portant les couleurs du Guomindang contribue au discrédit du gouvernement de Chongqing qui perd le tiers de ses recrues entre leur conscription et leur arrivée au front : désertions, destructions de convois par les Japonais, épidémies... Il est vrai que les jeunes recrues, enrôlées de force, sont conduites enchaînées jusqu'à la caserne !

Deux événements aggravent encore la situation : en janvier 1941, les forces du Guomindang, peu redoutables pour les Japonais, détruisent une armée communiste sur les bords du Yangzi, la « quatrième armée nouvelle ». Cette douteuse victoire apparaît d'autant plus sinistre quand, en juin 1944, une dernière offensive japonaise détruit les défenses Guomindang et menace le Sichuan lui-même, dans la panique générale [15]...

Pendant ce temps, les communistes participent avec efficacité au combat anti-japonais durant les premières

---

15. JOHNSON (C.) : *Nationalisme paysan et pouvoir communiste*, Payot, 1969 (trad.).

années du conflit (offensive des « 100 régiments » en automne 1940). A partir de 1942, ils renforcent leur Parti et améliorent l'administration des régions qu'ils contrôlent. C'est l'époque du « mouvement de rectification » *(zheng feng)* qui dure jusqu'au 7e Congrès du Parti communiste chinois réuni à Yanan en avril 1945 et qui introduit la « pensée Mao Zedong » aux côtés du marxisme-léninisme, comme base théorique du parti[16].

Quand le 14 août 1945, le Japon capitule, les communistes ont étendu leur influence sur 950 000 km^2, peuplés de 100 millions d'habitants. Le Parti communiste chinois compte 1 210 000 adhérents et l'Armée rouge (portant, de façon de plus en plus fictive, des numéros d'identification de l'armée nationaliste, VIIIe et IVe armées) est forte de 910 000 soldats. Le Parti communiste est désormais capable d'aborder l'épreuve de force qu'il sait inévitable avec les « nationalistes » de Chiang Kai-shek.

Cinquième acte
La victoire des communistes, 1945-1949

De la douloureuse histoire des années que nous venons d'évoquer, le peuple chinois retirait trois aspirations essentielles : l'indépendance nationale, la paix civile, la reconstruction économique du pays. Le Guomindang, en moins d'une année, va successivement les décevoir toutes trois...

Dès juin 1946, la guerre civile a repris dans le pays tout entier sans d'ailleurs avoir jamais vraiment cessé. Le « gouvernement de coalition » (communistes, nationalistes, diverses forces démocratiques) proposé par les communistes à leur 7e Congrès n'a pu voir le jour malgré la spectaculaire rencontre entre Chiang Kai-shek et Mao Zedong à Chongqing en octobre 1945.

Les Etats-Unis, après quelques hésitations au début de la mission en Chine du général Marshall, soutiennent de plus en plus le régime de Nankin. Les instructions données par le secrétaire d'Etat Dean Acheson sont

16. BOYD (C.) : *Party Reform Documents 1942-1944*, Seattle, 1966.
Boyd Compton

d'ailleurs claires : « S'efforcer d'éviter la guerre civile par un compromis entre les deux parties, tout en aidant les nationalistes à établir leur autorité sur une portion de la Chine aussi vaste que possible. » Il ne s'agit donc pas d'une « médiation américaine ». L'aide américaine à Chiang Kai-shek se fera d'autant plus complète que, à partir de 1947, la « guerre froide » a commencé.

Dès le mois de décembre 1946, les étudiants chinois manifestent violemment contre les brutalités des fusiliers marins américains encore présents à cette date dans les principales villes chinoises. Le poids de l'économie américaine sur la Chine devient massif : 51 % des importations chinoises et 55 % des exportations se font avec les Etats-Unis. Chiang Kai-shek apparaît comme l'homme qui transforme la Chine en un protectorat américain.

Enfin, le Guomindang se comporte comme le pillard des richesses trouvées dans les villes côtières débarrassées des Japonais et se révèle être un très mauvais gestionnaire de l'économie nationale.

Les massives fournitures américaines en nature et en argent inondent le marché chinois, tandis que la planche à billets finance pour les deux tiers le budget de l'Etat.

L'inflation est à la fois la traduction de la crise et une de ses composantes essentielles : pour un indice des prix de 100 en 1937, on aboutit à l'indice 75 000 en 1944, 625 210 en fin 1946, 10 340 000 fin 1948 ! Les salariés sont ruinés, il y a des émeutes de la faim à Shanghai en mai 1947, la bourgeoisie chinoise est asphyxiée.

Les communistes, pendant ce temps, s'imposent à plusieurs titres comme les sauveurs de la Chine.

Ils font la réforme agraire, modérée en mai 1946 puis, à partir de l'hiver 1946-1947, radicale. 100 millions de paysans reçoivent ainsi de la terre en 1947.

Ils incarnent l'indépendance nationale. Ce que la faiblesse de leurs rapports avec l'Union soviétique confirme aux yeux du peuple chinois.

Ils multiplient les initiatives politiques favorables au rassemblement de toutes les forces politiques opposées au Guomindang dont ils demandent le renversement en février 1947.

Enfin, après des difficultés militaires momentanées (perte de Yanan en mars 1947), leur armée, devenue depuis juillet 1946 Armée populaire de libération, passe à la contre-offensive à partir d'octobre 1947 et ne cessera plus d'aller de succès en succès. Durant l'hiver 1948-1949, d'abord en Mandchourie autour de Shenyang, puis dans la grande plaine centrale entre le fleuve Jaune et le Yangzi (bataille de Huai-Hai), l'armée Guomindang est anéantie. Les villes essentielles sont libérées au printemps 1949. Chiang Kai-shek, après de pitoyables manœuvres de dernière heure, s'enfuit avec ses fidèles à Taiwan en décembre 1949. Le 1er octobre 1949, la République Populaire de Chine est proclamée [17].

Ce résumé rapide situe le cadre de la crise politique chinoise entre 1911 et 1949. Elle n'est qu'un aspect, qu'une manifestation, d'une crise beaucoup plus vaste qui en constitue la profondeur.

17. BELDEN (J.) : *La Chine ébranle le monde,* Gallimard, 1951 (trad.). LOH PICHON (P. Y.) : *The KMT debacle of 1949 : Conquest or Collapse ?,* Boston, 1961.

Chapitre 2

LA CHINE
EN PERDITION

La crise est générale, englobant tous les domaines, remettant en cause toute une conception du monde ; lézardant un édifice séculaire déjà fortement ébranlé. L'existence de la Nation chinoise est menacée. Crise nationale, crise culturelle, crise économique, crise sociale, crise politique, tout s'entremêle confusément et apparaît tout d'abord comme un amas de décombres, un monde en train de se dissoudre ; Mao, en y distinguant l'annonce d'un monde nouveau, jetait un regard d'une acuité bien étonnante...

SAUVER LA CHINE

Une crise nationale

Cette crise est d'abord une *crise nationale*. C'est son aspect le plus aigu : la Chine, ce vieux monde qui a civilisé naguère ses voisins, est menacée dans son existence même en tant que nation. Déjà, entre 1844 et 1860, les « traités inégaux » imposés par les colonialistes vainqueurs au pouvoir mandchou préoccupé surtout d'anéantir l'insurrection Taiping, avaient porté gravement atteinte à la souveraineté chinoise. La Chine avait dû céder des parties de son territoire ou des régions conquises par ses armées depuis longtemps ; ainsi de Hong Kong, colonie de la couronne britannique ; ainsi d'un million et demi de kilomètres carrés cédés à la Russie tsariste au Turkestan (région de l'Ili ; Alma Ata était, au XVIIIe siècle, dans l'Empire chinois) et en Sibérie (les provinces maritimes où les Russes fondent Vladivostock et la rive gauche de l'Amour jusqu'aux monts Iablonoï, autour de Khabarovsk).

La Chine perd aussi ses royaumes « tributaires » avec lesquels elle maintenait des rapports lointains mais dont elle veillait à empêcher le contrôle par une grande puissance quelconque : Viêt-nam, Laos, Thaïlande, Birmanie, Assam, Népal, Sikkim, Bhoutan, Corée... Une carte scolaire éditée en 1954 à Pékin énumérera avec quelque nostalgie ces royaumes arrachés à l'Empire céleste par les divers impérialistes...

Les années de la fin du siècle furent encore plus cruelles : la Chine connut ce que l'on appela alors le « break up », c'est-à-dire la dissolution de son unité territoriale, un dépècement. Des « concessions » (les deux concessions de Shanghai, l'internationale [en fait, anglaise] et la française) échappent à son autorité ; des territoires à bail comme le Liaodong autour de Port-Arthur sont « loués » à l'étranger. Des garnisons diverses campent dans le « quartier des légations » à Pékin. Des zones d'influences sont découpées entre puissances impérialistes qui s'y font réserver des « droits spéciaux » : construction de chemins de fer, exploitations minières, privilèges commerciaux, exemptions de toutes taxes.

En 1905, la Russie et le Japon se font la guerre pour savoir qui contrôlera la Mandchourie... pourtant province chinoise !

A partir de 1895, l'impérialisme étend son contrôle sur toute l'économie chinoise, le traité de Shimonoseki permettant aux étrangers de fonder des usines et des entreprises en Chine dans les « ports ouverts ». Le montant des investissements étrangers en Chine, directs ou indirects, demeure l'objet d'évaluations contradictoires. Donnons néanmoins quelques points de repère. Vers 1931 entre 10 et 17 % des investissements directs en Chine sont le fait d'entreprises étrangères, pour l'industrie prise dans son ensemble. 93 % du réseau ferroviaire est contrôlé directement ou indirectement par les groupes bancaires impérialistes, 75 % du transport moderne par eau. En 1936, 65,7 % de la production des mines, 29 % des filés de coton, 64 % des cotonnades, 58 % des cigarettes, 55 % de la production d'électricité sont aux mains de l'étranger.

Pis peut-être : les banques impérialistes monopolisent le commerce extérieur et dominent la monnaie nationale. L'Etat chinois ne dispose même pas librement de ses finances... En effet, les « consortiums bancaires » groupant les principales banques investissant en Chine (la Shanghai and Hong Kong Banking Corporation, la Yokohama Specie Bank, la Banque d'Indochine...) ont exigé des garanties pour le versement des intérêts et le remboursement du capital prêté.

Les douanes chinoises sont sous surveillance britannique : plus de la moitié de leurs revenus sont versés d'abord aux différents banquiers étrangers, l'Etat chinois ne percevant que le reste. Encore est-ce après une décision politique sur la légitimité de tel ou tel régime, favorable par exemple au dictateur militaire Yuan Shikai en 1912 et défavorable au dirigeant « démocrate-bourgeois » Sun Yat-sen en 1919 ! Il en est de même pour la gabelle...

Le taux de change de la monnaie chinoise, le tael, est fixé à Londres puis, après 1918, à Wall Street. Une terrible crise financière secoue le pays en 1934, aboutissant l'année suivante à l'abandon de l'étalon argent, jusqu'à présent adopté par les Chinois et à son rempla-

cement par l'étalon or[18]. L'Etat américain a en effet
favorisé les achats d'argent par le trésor fédéral afin...
d'assurer au candidat à la réélection présidentielle les
voix des électeurs vivant de l'extraction du métal blanc
dans les montagnes Rocheuses ! D'où une intense spéculation sur l'argent qui fuit hors de Chine... C'est hors de
Chine que se décide le destin économique du pays...
L'Empire du milieu devient une banlieue pauvre et
délaissée du monde.

Crise économique
Sous-développement et dépendance économique

La Chine est tragiquement sous-développée. Quelques chiffres suffiront à étayer cette affirmation ; ils
datent de 1933, une des meilleures années avant 1949
Sur une population d'environ 500 millions de personnes,
la Chine compte 73 % d'agriculteurs ; les habitants de la
campagne, les ruraux, étant bien sûr plus nombreux et
comprenant en plus des artisans, des coolies, des
mineurs : 85 % du total, sans doute ! L'agriculture
représente 65 % du produit national.

L'industrie emploie alors, au mieux, en y joignant
l'artisanat urbain, 2,83 % de la population et donne
10,5 % du produit national. Le reste comprend le
commerce (9,4 % des revenus), les transports
(5,6 %)...

Si on met à part le secteur moderne de l'économie, on
constate que, toutes branches réunies, celui-ci ne donne
que 12,6 % du revenu national.

La Chine est donc essentiellement un pays d'économie traditionnelle et partant, à faible rendement : le
paysan chinois, en moyenne, produit 1 200 kg de grains
par an, à une époque où le paysan américain en
produit... 20 tonnes. Et ce, malgré un travail intensif qui
a des allures de jardinage : il faut trente jours de travail

---

18. FEUERWERKER (A.) : *The Chinese Economy 1912-1949*, Ann-
Arbor, 1968. BERGÈRE (M.-C.) — in Léon (P.) : *Histoire économique
et sociale du monde*, t. V, Armand Colin, 1977.

pour bêcher à la houe un hectare de terre ; il faut tourner la noria pendant dix jours pour répandre dix centimètres d'eau sur un hectare. Les deux tiers des foyers ruraux n'ayant pas d'animaux de trait et les instruments étant ceux que l'on trouve déjà décrits dans les plus antiques traités d'agronomie, tout cela se fait à la main. Les rendements sont dérisoires par rapport à l'effort fourni : 10 quintaux à l'hectare pour le blé, 22 pour le riz, chiffres atteints dès le XVIIIᵉ siècle et qui ne seront dépassés qu'en 1960...

On a évalué la valeur de la production annuelle de ces 205 millions de travailleurs des champs à moins de 19 milliards de yuans d'alors, soit 7 yuans (dollars argent) par mois, à une époque où le strict minimum vital pour un ouvrier à la ville oscillait entre 15 et 20 yuans par mois.

Un économiste américain, Alexander Eckstein, évalue à 50 dollars américains par tête le produit national brut chinois en 1949, soit moins que dans l'Angleterre préindustrielle. La Chine de 1949 est bien, au plan économique, encore au XVIIIᵉ siècle [19] !

Misère totale d'une paysannerie qui cultivait entre 100 et 120 millions d'hectares de champs, soit un demi hectare par personne en moyenne, d'où elle tirait surtout des céréales : 138 700 000 tonnes de cultures vivrières les bonnes années auxquelles il faut joindre 850 000 tonnes de coton.

Les transports sont eux aussi archaïques et de ce fait coûteux : sur 133 villages du bas Yangzi, objets d'une enquête en 1930, 61 utilisent surtout le transport à dos d'homme, 20 la brouette, 69 les animaux de trait, 25 les voies d'eau, 2 les camions... Rien d'étonnant si, dans ces conditions, 8 % seulement de la production quitte cette sous-préfecture ! Pour transporter une balle de coton par exemple, de la vallée de la Wei (en Chine du Nord, au Shaanxi) au Sichuan, il faut cinquante jours pour effectuer ces 1 200 kilomètres, au prix de 106 yuans par

---

19. Voir note 1 de l'introduction.

tonne. Le même transport par chemin de fer aurait coûté 15 yuans...

La Chine ne compte que 131 000 kilomètres de routes en état, un parc automobile de 30 000 véhicules et 26 000 kilomètres de voies ferrées avec 44 000 wagons de marchandises et 3 335 locomotives. L'industrie est, dans ce contexte, assez faible et concentrée en fait en Mandchourie (que les Japonais arrachent à la Chine à partir de 1931, en créant un « royaume indépendant " étroitement " protégé » par leurs troupes) et dans le bas Yangzi (près de 50 % des machines, de la production et des investissements). Industries côtière donc, à l'image de l'influence étrangère sur le pays, c'est-à-dire marginale et drainant les richesses.

L'industrie est dominée (comme dans tout pays assujetti à l'impérialisme) par les industries extractives et les industries légères de transformation. Si le pays produit 893 000 tonnes d'acier et 1 990 600 tonnes de fonte dans les meilleures années avant 1949, c'est à cause de la Mandchourie — Anshan, Benxi (843 000 tonnes d'acier et 1 700 000 tonnes de fonte) — dont les Japonais font une base de guerre : toutes les aciéries chinoises localisées ailleurs (ainsi l'ensemble de Han Ye Ping sur le moyen Yangzi) périclitent, faute de capitaux. L'industrie de la machine n'existe guère (et bien peu) qu'à Shanghai. La Chine produit surtout des cotonnades (avec 5 millions de broches et 58 000 métiers à tisser), des soieries, des cigarettes, des allumettes, des aliments. L'énergie est d'ailleurs rare, assurée par 61 880 000 tonnes de charbon et 6 milliards de kilowatts-heure d'électricité : ce qui est bien peu pour un pays de 500 millions d'habitants.

L'agression culturelle

Le choc est terrible pour un peuple au grand passé quand les étrangers font pénétrer avec eux, leurs mœurs, leurs coutumes, leurs idées, leurs enseignants, leurs missionnaires. On parle de nos jours à ce sujet d'une « agression culturelle » dont la Chine aurait été victime.

Dans son grand roman *Minuit,* situé à Shanghai en 1930, Mao Dun[20] nous décrit la venue en ville d'un notable rural fort âgé, invité par son fils industriel. Il lit des préceptes bouddhistes et se réfugie dans un coin de la voiture automobile — une Citroën ! — qui l'a pris à l'embarcadère : les lumières électriques, le vacarme de la grande ville, le parfum de sa brue trop décolletée, tout l'étourdit et il meurt : symbole...

Lu Xun, dans un de ses plus célèbres récits[21], nous présente un pauvre hère, Kong Yiji, lettré à l'ancienne, réduit peu à peu à la mendicité qui, tourné en dérision par les consommateurs populaires d'un débit de boissons, maudit ses persécuteurs avec des formules confucéennes en chinois classique que nul n'entend plus.

Désormais les gens de bonne famille envoient leurs enfants dans les collèges et universités modernes fondés par les Jésuites (comme la célèbre université « l'Aurore » à Shanghai) ou plus souvent, par les diverses missions ou universités anglo-saxonnes. Ainsi Harvard a-t-elle créé Harvard-Yenjing dans la banlieue nord de Pékin. Zhou En-lai a fait ses études au collège universitaire de Nankai à Tianjin, établissement moderne qui doit beaucoup à l'YMCA[22]. Ensuite, comme tant d'autres étudiants chinois, il est allé au Japon, à l'université Waseda. D'autres étudient en Europe, aux Etats-Unis.

Vers 1920, 30 000 étudiants ont fait leurs études au Japon, 2 à 4 000 en Europe ou aux Etats-Unis. Une nouvelle élite apparaît, vêtue à l'occidentale, férue d'idées libérales, méprisant l'arriération du pays, ce qui accentue encore le désarroi global : une civilisation chancelle.

---

20. Mao Dun : *Minuit,* Editions de Pékin, 1962.

21. Beaucoup des ouvrages de Luxun ont été traduits en français. Citons notamment : *La véritable histoire d'A-Q, Contes anciens à ma manière, Contes et récits...* Ed., de Pékin.

22. Young Men Christian Association : organisation d'aide sociale protestante. Aussi Young Women Christian Association YWCA.

LA CRISE SOCIALE, AU VILLAGE

Nous touchons ici à ce qui est plus profond : la crise générale de la société chinoise. Cette société, ensemble structuré naguère, est en train de se désagréger, tandis que l'ancien monde et le nouveau monde s'y heurtent dans le contexte d'une révolution bourgeoise avortée.

Les notables

Au village, l'ancienne Chine se survit. Deux classes sociales s'y distinguent avec évidence : les notables ruraux et les paysans. On serait tenté de dire : ceux qui travaillent de leurs mains et ceux qui vivent noblement. Ce « découpage » présente un sérieux danger car il nous renvoie à une réalité autre que chinoise : le noble campagnard français du XVIIIe siècle, le *squire* anglais des romans de Fielding... Total contresens : le notable chinois est tout autre, même si, sur certains points, il se rapproche un peu de ces types sociaux bien connus.

Les expressions chinoises employées pour désigner cette classe sociale témoignent, dans leur complexité, de son caractère composite : on la désigne de noms variés parmi lesquels deux prédominent : les *shenshi* et les *dizhu*. Le premier terme renvoie au monde confucéen dominé par l'élite des lettrés, seuls aptes à diriger car détenteurs de la sagesse écrite : le notable est donc un héritier culturel, un homme dont le prestige social est la somme des études poursuivies, et des fonctions publiques exercées ou susceptibles de l'être. Vêtu d'une longue robe noire, coiffé de la petite calotte tradition- nelle, il orne sa demeure de quelques calligraphies ou de vénérables maximes rappelant les « cinq relations » de soumissions au souverain, au père, au mari, aux aînés, aux amis plus puissants... De fait, ce notable continue à exercer des fonctions honorifiques, mais également fort lucratives. Chef du clan (le village chinois naturel est formé des membres d'un ou deux clans), il administre les terres du clan : avec les « anciens » et les autres notables, il répartit les impôts entre les propriétaires, omettant souvent de taxer une part de ses propres terres ; il arbitre les conflits et sert de médiateur auprès des autorités officielles. Il lève la milice (*le min tuan*) pour défendre le village contre les bandits ou les soldats... Toutes ces activités sont favorables aux pots-de-vin, aux abus de pouvoirs, aux exactions.

L'autre désignation insiste sur sa réalité économique : c'est la classe des *dizhu*, des « maîtres de la terre ». Des hobereaux donc ? Mais combien pauvres ! Sun Yat-sen déclarait un jour qu'en Chine il n'y avait pas des pauvres et des riches, mais deux classes seulement, ceux qui sont très pauvres et ceux qui le sont moins. Car le notable possède en moyenne avec sa famille une bien modeste propriété, dont la superficie est souvent de 2 ou 3 hectares et dépasse rarement 10 hectares. Une statistique de 1945 évalue cette classe à 3 % de la population rurale — soit 2 à 3 millions de familles — et lui attribue 26 % des terres, soit 25 à 28 millions d'hectares avec, en fait, des domaines plus vastes en Chine du Sud — il y a de grandes propriétés de plusieurs centaines d'hectares dans la région de Canton et dans le bas Yangzi — et des terroirs souvent très exigus en Chine du Nord. Il a peu de terre donc, au plan de la richesse absolue, mais beaucoup trop en termes de justice, d'égalité.

Si on joint à cette catégorie sociale celle, qui s'en distingue à peine, des « paysans riches », séparée des notables ruraux par un moindre prestige et une participation partielle aux travaux des champs, on a 10 % de la population rurale possédant 51 % des terres (évaluation sans doute légèrement sous-estimée). On reconnaît là une situation classique dans les pays sous-développés : une minorité accapare la terre, à partir de quoi elle renforce son emprise économique sur le village.

Le notable rural perçoit sur ses terres la rente foncière que lui versent ses fermiers. Elle est payée pour l'essentiel en nature. Il est donc lui-même ou un membre proche de sa famille, marchand de grains. En ces terres de famine, ce trait fait de lui un spéculateur périodiquement haï.

Le jeune Mao Zedong a été ainsi témoin, au début du siècle, des émeutes de la faim dans son bourg natal où de pauvres hères s'opposaient à son père, paysan riche, qui voulait vendre son grain hors du village en des lieux où la famine était déjà plus accentuée, donc où les prix étaient plus élevés... Le fermier, lors des mauvaises années (une sur trois en moyenne...) doit emprunter du grain au notable pour survivre. Celui-ci se fait donc aussi usurier, soit directement, soit par l'entremise d'un mont de piété qu'il contrôle.

Les taux d'intérêt sont inexorables : 3 à 5 % par mois, 100 % par an... Prêter à 20 ou 25 % est un acte de philanthropie digne d'être enregistré dans l'histoire du clan...

On perçoit nettement ce pouvoir complexe des notables ruraux dans un livre dont nous parlerons à diverses reprises. Il s'intitule *Fanshen*[23], mot dont nous avons dit qu'il signifie, à la campagne, faire la réforme agraire et participer à la révolution. Son auteur est un Américain, William Hinton, qui fut témoin de la révolution dans un village de Chine du Nord en 1947-1948, le bourg de la Grande Courbe, au sud-est du Shanxi, non loin du village de Dazhai tant célébré pendant la Révolution culturelle.

A la Longue Courbe, 1 200 habitants vivent sur 3 ou 400 hectares de mauvaises terres. Les notables et les paysans riches (peu distincts) représentent 7 % de la population. Ils ont 31 % des terres et 33 % des bêtes de somme. Le plus riche, Sheng Jinghe a 10 hectares. Il emploie deux ouvriers agricoles à titre permanent et des ouvriers temporaires lors des grands travaux. Il possède une distillerie d'alcool de grain et a placé de l'argent dans celle d'un autre notable. Il enfouit chaque année ses lingots d'argent dans des cachettes, après avoir

23. HINTON (W.) : *Fanshen*, Plon, Paris, 1971 (trad.).

vendu le grain fourni par ses fermiers ou obtenu directement sur ses terres. Il est usurier. Par ailleurs, étant quelque peu « médium », il gère les biens d'un hectare du temple bouddhiste. Il anime avec d'autres notables de la sous-préfecture (le *Xian*) une association confucéenne qui répand les justes idées de vertu et de concorde. Il a plusieurs fois été chef du village et il a adhéré au Guomindang. C'est une puissance locale, mais reposant sur une base économique bien étroite et dont la transformation en entrepreneur agricole capitaliste semble bien improbable...

D'autant plus que, confrontés à la crise économique générale — les prix de la terre auraient baissé de 30 à 80 % entre 1929 et 1933, après quoi la guerre avec le Japon et la guerre civile n'ont pu qu'aggraver la situation — menacée par l'érosion de leurs pouvoirs extra-économiques indispensables au maintien de leur statut, ces notables ruraux ont répondu à cette menace, surtout entre 1945 et 1949, par une sorte de réaction semi-féodale ; ils sont cramponnés à leurs privilèges et n'acceptent pas le plus petit compromis.

Une illustration en est fournie par les événements dramatiques survenus au printemps 1947 en Chine du Nord. En ces temps-là, le Guomindang, engagé dans la guerre civile contre les communistes, avait remporté d'éphémères succès militaires. Ses armées étaient parvenus à reconquérir des territoires où les communistes avaient pratiqué la réforme agraire modérée qui était leur ligne d'alors. Or que se passe-t-il ? Les notables ruraux, revenus de la ville où ils s'étaient réfugiés, pratiquèrent le « règlement des comptes » : sous la menace des armes, ils contraignirent les fermiers à leur payer une rente foncière avec des arriérés pour les années passées.

La récolte de l'automne 1947 étant très mauvaise, cela tourna au désastre : tandis que les paysans ruinés abandonnaient les fermes, la terreur policière était

24. Tchao Chou-li : « Le matin des villageois », in *L'Humanité en marche,* Ed. Martinsart, 1973.

instaurée dans les villages, des amendes très lourdes frappaient tous ceux qui avaient pris des responsabilités aux temps des communistes. On demandait un tael d'or pour « pardonner » la faute... on enterrait vivants les récalcitrants.

L'ancien régime restauré n'avait rien appris, rien compris et abolissait tout ce qu'une réforme agraire — guère plus radicale que celle imposée à la même époque par les Américains aux Japonais — avait commencé à apporter. Une classe parasitaire, purement exploiteuse, n'apparaissant dans le procès économique que pour prélever la rente foncière à son profit, détentrice de peu de richesse, mais de beaucoup de pouvoir coutumier, se révélait ainsi comme incapable d'évolution. Et l'on comprend la rumeur qui peu à peu s'élève, partout où les guérillas communistes s'installent. Elle est vulgarisée par les conteurs populaires qui répandent leurs histoires et leurs chansons de village en village en Chine du Nord, comme le plus connu d'entre eux, Zhao Shuli[24] : la misère, la famine, les injustices sont entièrement l'œuvre de ces exploiteurs. Les calamités naturelles sont de peu de poids face aux « calamités humaines ». Les notables ruraux renversés, la route du bonheur sera enfin ouverte. Cela ne veut pas dire que le pouvoir de ces notables soit aisé à détruire : il pèse sur les villages jusqu'en 1949 (sauf là où l'Armée populaire de Libération les a chassés), fort des traditions, fort de la peur séculaire de la répression qui a toujours frappé jusqu'alors les rebelles, fort du vieux prestige du lettré, de l'officiel.

A la Longue Courbe, quand les détachements vainqueurs de l'Armée populaire réunissent les villageois afin de dénoncer publiquement les méfaits des notables, nul ne se lève parmi la foule pour commencer l'« exposé d'amertume », pour dire ce que chacun sait : les exactions des notables, leurs cruautés, la collaboration avec les Japonais. Il faut qu'un militant politique fasse le

---

24. TCHAO CHOU-LI : « Le matin des villageois », in *L'Humanité en marche*, Ed. Martinsart, 1973.

premier geste : il jette à terre l'un des notables. Alors, à la vue du pouvoir coutumier ainsi abattu, les paysans commencent à parler et leur colère devient vite terrible.

Les paysans

Car en face, il y a, dans les villages, tous les autres, les paysans, ceux qui travaillent et qui souvent ont faim. Ensemble complexe, aux intérêts partiellement divergents mais que l'aggravation de la crise rassemble peu à peu contre le pouvoir et ses représentants locaux. Au sommet, la paysannerie touche à la classe des notables, avec les paysans riches déjà évoqués plus haut.

Une des pierres d'achoppement de toutes les réformes agraires communistes tiendra précisément à la définition du paysan riche ? Jusqu'où peut-on tolérer le recours au travail salarié d'autrui pour demeurer un « paysan moyen » ? A partir de quelles proportions d'exploitation de la force de travail devient-on « paysan riche » ?

En 1933, le Parti communiste chinois édite une sorte de vade-mecum de l'activiste de la réforme agraire, inspiré par Mao, pour aider au catalogue des catégories paysannes. Il va de soi que cette savante arithmétique traduit une politique claire : plus la barre remonte, en étendant la catégorie des paysans moyens vers le haut et plus on a une réforme agraire modérée ; plus on enfle la catégorie des paysans riches, presque aussi suspecte que les notables ruraux et plus on a une réforme agraire radicale, égalisatrice.

Tout en bas, dans les villages, il y a la foule (variable) des ouvriers agricoles, des errants venus d'ailleurs (chassés par la faim ou la guerre), la foule des déclassés, soldats estropiés ou démobilisés, vagabonds, prostituées, diseurs de bonne aventure, sorciers de village. Ce sont les « gueux » que Mao décrit, dès ses premières œuvres, vivant de façon précaire, souvent membres de ces vieilles organisations d'autodéfense paysanne que sont les sociétés secrètes (la Triade dans le sud, le Gelaohui en Chine centrale, les Piques Rouges au

Henan, la Voie de l'Unité foncière dans la région de Pékin) : ils errent dans les villages « avec des chaussures percées, portant des parapluies cassés et vêtus de robes bleues, en s'adonnant au jeu et au mah-jong ».

Lu Xun, dans sa *Véritable Histoire de Ah Q* nous présente la courte vie d'un de ces déclassés : il n'a même pas droit à un nom, car celui qu'il croit être le sien appartient aussi à un puissant notable qui lui interdit, sous la menace des coups, de partager son patronyme... ; il vit de travaux occasionnels, rêve du grand bouleversement social qui lui permettrait de supplanter les notables qu'il admire et se laisse finalement exécuter pour l'exemple, sans même comprendre ce qui lui arrive, en oubliant de chanter un air d'opéra avant d'être fusillé... La crise sociale multiplie ces marginaux qui deviennent souvent brigands ou soldats.

La plupart des paysans (80 à 85 %) se situent entre ces deux extrêmes : paysans « moyens », c'est-à-dire n'exploitant pas le travail d'autrui et vivant de leurs biens (22 % du total avec 25 % des terres) ; paysans pauvres, c'est-à-dire insuffisamment propriétaires, et fermiers pour tout ou partie de leurs terres (68 % du total avec seulement 22 % des terres). Avec ces derniers, on touche à l'absolue misère : leur terre a la taille d'un jardin, entre un dixième et un cinquième d'hectare.

Le fermage est donc assez répandu, mais sa répartition géographique est inégale. 30 % des paysans chinois en moyenne sont des fermiers totaux. Ils versent au propriétaire 50 % environ de leur récolte et lui doivent aussi des dons coutumiers : un repas de fête lors du versement de la rente, un cadeau lors du mariage des fils du maître, des travaux gratuits à telle ou telle occasion.

En période de troubles, ils sont requis pour fortifier et garder la maison du propriétaire ; ils sont porteurs de palanquins pour conduire le maître et sa famille au bourg ou sur les hauteurs voisines loin des fortes chaleurs... L'allure féodale de ce type d'exploitation est évidente.

24 % des paysans sont des fermiers partiels : 46 % cependant sont des propriétaires purs. Le fermage est

surtout dominant en Chine du Sud et au Sichuan (près de 60 % des paysans). Par contre, il est relativement rare en Chine du Nord (entre 5 et 12 %), la Chine du Nord étant une zone de petits paysans propriétaires pauvres. Ce dernier trait aura de sérieuses conséquences sur les mots d'ordre des communistes durant la guerre civile : « La terre à ceux qui la travaillent » est un slogan peu écouté sur les plateaux du Shanxi où, par contre, l'idée d'une égalisation de la propriété de la terre est plus populaire.

Car l'inégalité rend la misère encore plus insupportable : le rapport entre la terre cultivée par une famille de paysans pauvres et par une famille de paysans riches est de 1 à 11, d'après des enquêtes. La différence entre un dixième d'hectare et un peu plus d'un hectare est celle qui sépare la famine et la disette de la quasi-suffisance alimentaire. C'est donc une véritable frontière biologique, fondamentale. Elle sépare le risque de mort à chaque printemps de la survie presque assurée.

Cependant l'injustice du système politique frappe la paysannerie tout entière, unifiant ce monde pourtant si divers. Les taxes et les impôts frappent tous les propriétaires ; certaines contributions occasionnelles frappent tout le monde.

A première vue, l'impôt n'est pas lourd. Mais les abus de sa perception en ont fait un fardeau écrasant : des frais de perception multiplient son montant de 2,5 fois en moyenne. Les impôts sont perçus à l'avance dans telle ou telle province : en 1933, une sous-préfecture du Sichuan lève les impôts de... 1971 et telle autre ceux de... 1974 ! Les deux tiers des sommes prélevées de la sorte sont détournés par les fonctionnaires ainsi que par les militaires contrôlant les provinces.

On aboutit à une exploitation absolue de la paysannerie, qui ne peut plus ni se prémunir contre les calamités (ce qui en aggrave les méfaits) ni investir, tout lui étant ôté dans l'arbitraire le plus total.

Un journal de Shanghai publie le 1er août 1946 le « livre de compte » d'un paysan aisé du Wuxing, dans le bas Yangzi. Voici les taxes qu'il a dû payer en août 1946,

dans une zone tranquille et acquise en gros au Guomindang : taxe pour l'emprunt de la victoire, tace pour
l'emprunt d'épargne, taxe en nature pour l'administration de la sous-préfecture, ainsi que pour celle du bourg
(*Xiang*), taxe pour payer le riz et les uniformes des
forces de défense locale, riz pour les travailleurs enrôlés
pour les gros travaux, riz pour le personnel supplémentaire de la police, riz pour les soldats blessés, riz comme
garantie des fusils distribués, taxe pour les munitions,
taxes pour recevoir les soldats qui passent dans la
région... Tenir un budget équilibré dans un tel contexte
est un exercice bien aléatoire [25] !

Faut-il ajouter que, pour faire rentrer ces impôts et,
au-delà, accroître le contrôle policier sur la population,
le Guomindang a rétabli, dans les campagnes et les
bourgades, le principe antique de la responsabilité
collective, le *baojia,* regroupant les familles sous la
responsabilité des chefs de familles, puis de chefs de
groupes de familles : on doit, sous peine de graves
sanctions, tenir à jour la liste affichée devant chaque
maison d'habitation, de tous ses occupants. Nouvelles
sources d'abus, d'extorsion de fonds... Ceci alors que
tout ce qui rendait ce système moins odieux dans le
passé disparaît : l'administration n'est plus capable de
porter secours aux victimes des calamités naturelles. Au
Hunan par exemple où les réquisitions japonaises de
1944-1945 avaient créé une grave pénurie de grains,
l'armée Guomindang victorieuse réquisitionne à son
tour et la famine éclate en 1946. l'ONU envoie des
secours : la farine est vendue par les officiers et les
fonctionnaires qui en font un objet de spéculation.

Sporadiquement des insurrections éclatent donc, non
pas tant contre les propriétaires fonciers, mais plutôt
contre les chefs de village, les chefs de *baojia,* les
percepteurs d'impôts, les fonctionnaires. On a çà et là
des émeutes antifiscales ou des « guerres des farines »
comme dans la France de l'Ancien Régime.

---

25. Pfpppr (S.) : *Civil War in China : the Political Struggle 1945-
1949,* U of California Press, 1978.

La société rurale semble donc une société éclatée qui ne tient plus guère que par la force de l'habitude et qu'une secousse extérieure peut abattre aisément.

On sait d'ailleurs que c'est à la campagne, au sein des convulsions de ce vieux monde, que tout va se décider. Le pouvoir y est arraché au Guomindang par l'Armée populaire de Libération, appuyée par la foule anonyme des paysans pauvres insurgés pour changer leur destin (*fanshen…*).

LA CRISE SOCIALE A LA VILLE : LA BOURGEOISIE

Cette situation souligne l'anomalie majeure : les nouvelles classes sociales citadines — 15 % de la population vit alors dans les villes — c'est-à-dire la bourgeoisie et la classe ouvrière, porteuses en d'autres lieux des révolutions symbolisées par 1789 en France et 1917 en Russie, ne jouent qu'un faible rôle dans cette histoire qui, pourtant, devrait être la leur.

Les communistes ne se définissent-ils pas, en effet, comme « le parti de la classe ouvrière » et leur tâche n'est-elle pas, depuis de longues années, de mener à son terme la « révolution démocratique bourgeoise » avortée en 1911 ? Etrange tragédie, donc, où les protagonistes attendus ne jouent que les seconds rôles. Sont-ils trop mal vêtus pour le spectacle, ignorant des répliques à donner et manquant de voix ?

Quelle bourgeoisie ?

Des historiens et des économistes de Chine populaire ont publié à Shanghai en 1978 un petit livre intitulé *Les Rapports de production capitalistes dans la Chine ancienne*[26] (c'est-à-dire avant 1949), complété par quel-

---

26. *jiu Zhongguode zibenzuyi shengchan guanxi* : « *Les rapports de production capitalistes dans l'ancienne Chine.* » Pékin Mars 1977. Voir

ques articles sur la bourgeoisie chinoise parus dans la revue *Recherches historiques*. Les auteurs insistent sur le caractère récent de la bourgeoisie chinoise. Certes, il existait bien, dès l'an 1000 environ, une classe marchande avec ses guildes et ses corporations, ses fastes et sa richesse, mais « l'état féodal chinois a entravé le développement » de ces « bourgeons de capitalisme ».

La lente accumulation primitive de capital était encore insuffisante quand la brutale agression du capitalisme étranger, les pillages et les privilèges qui en sont résultés ont interrompu ce processus. La bourgeoisie chinoise ne naît vraiment, en tant que classe distincte, que dans les dernières années du XIXe siècle, essentiellement dans les « ports ouverts » dominés par l'impérialisme.

N'est-ce pas ce qu'avait entrevu avec talent Jules Verne dans son roman *Les Tribulations d'un Chinois en Chine* ? Son héros vit à Shanghai dans une maison dotée des dernières découvertes de la civilisation, tire ses revenus de ses investissements dans des entreprises modernes et monte une audacieuse escroquerie sur l'assurance-vie, au détriment d'une firme anglaise.

Plus austères, les historiens chinois poursuivent leur analyse : ils exposent les diverses composantes de cette bourgeoisie, précisant avec Marx dans le Tome I du *Capital* que « l'accumulation primitive du capital n'a rien d'une élégie, mais qu'elle est une histoire écrite dans le sang et le feu ».

Au départ, une partie des commerçants, des propriétaires fonciers et des bureaucrates ont commencé, vers 1880 et surtout après 1895, à investir dans des industries modernes. Ce sont ces « vice-rois » d'alors (gouverneurs de deux provinces), comme Li Hongzhang, Zuo Zongtang, Zhang Zhidong qui, à partir des fonds publics, créent des arsenaux, des usines textiles (pour tisser les uniformes…), des compagnies de

---

aussi dans la remarquable revue éditée en anglais par l'académie des Sciences sociales à Pékin, *Social Sciences in China*, 1981 n° 4, l'article de Li Shu *Re-evaluating the 1911 Revolution*, p. 84 à 123.

navigation à vapeur, des banques d'investissements. Il y a là quelques traits qui rappellent le démarrage de l'industrie en Russie dans l'Oural au temps de Pierre le Grand. La prévarication, le népotisme, ainsi que, par définition, la soumission étroite au pouvoir central sont de rigueur. On est là aux origines de ce « capitalisme bureaucratique » typique du Guomindang et sur lequel nous reviendrons.

A ces hauts fonctionnaires investisseurs, s'ajoutent assez vite des propriétaires fonciers, des notables ruraux du bas Yangzi, comme par exemple, Zhang Jian [27], plusieurs fois ministre dans les vingt premières années du xxe siècle, d'abord secrétaire particulier d'un vice-roi. Riche d'une propriété exceptionnelle de 86 hectares, il créa des filatures de coton, mit en culture de façon moderne plus de 10 000 hectares à coton et fonda à Nantong une ville neuve où tout était modèle, même la prison. Il serait d'ailleurs important de suivre l'émergence lente, dans la Chine profonde et pas seulement dans les régions privilégiées que sont les zones portuaires, de ces propriétaires fonciers d'un nouveau type, notables traditionnels par bien des traits, collecteurs de rente foncière, commercialisant leurs produits, mais aussi inaugurant une gestion de type capitaliste de leurs domaines.

Ce bouleversement interne de la Chine traditionnelle, accompagné de l'installation à la ville de notables ruraux fuyant les troubles, cherchant une vie plus confortable, est mal connu. Il est certain que ce monde encore semi-féodal est déjà hanté par les rapports de production capitalistes, partout où le développement du marché intérieur et des voies de communications le permet...

La troisième origine de la bourgeoisie chinoise est à rechercher, plus naturellement, parmi les marchands eux-mêmes. Usuriers, gérants de monts de piété, petits détaillants, banquiers traditionnels, ils sont bientôt à la tête de grandes fortunes, comme la puissante famille

---

27. BASTID (M.) : *Aspects de la réforme de l'enseignement en Chine au début du xxe siècle d'après des écrits de Zhang Jian*, Mouton, 1971.

Rong qui possède neuf filatures de coton et douze minoteries en 1932 soit un capital de près de 30 millions de yuans (dollars argent) et qui tire sa fortune d'un grand-père fermier de l'octroi et petit banquier.

Les « compradores » forment le quatrième type d'investisseurs : ce furent d'abord des Chinois employés par des firmes étrangères : ils leur ouvrent le monde complexe du commerce chinois. Ce sont donc, au sens littéral, des « serviteurs de l'impérialisme ». Peu à peu, plusieurs d'entre eux, maniant des fonds importants et instruits des spéculations rentables, travaillent pour leur compte et constituent des enclaves chinoises dans les firmes étrangères, puis des firmes chinoises indépendantes, voire même concurrentes des firmes étrangères.

Enfin, un dernier type de capitaliste est constitué par ces « hommes nouveaux » que l'on dit sortis de rien, « arrivés nu-pieds à Shanghai » et devenus millionnaires. En fait, il s'agit de spéculateurs en bourse, d'agents immobiliers, de petits aventuriers à l'instar de ces grands aventuriers étrangers, venus, d'Angleterre ou de Bombay, s'enrichir à Shanghai par n'importe quel moyen y compris la drogue, les trafics et le gangstérisme.

Il y aurait à réfléchir sur cette bourgeoisie marginale, vivant de trafics illicites, que l'autoritarisme impérial d'antan a sans doute favorisée par ces contrôles tatillons sur toute activité commerciale ou financière. Le groupe des banquiers du Zhejiang, important dans l'histoire économique et politique de la Chine du Guomindang, doit beaucoup aux trafics du sel, de l'opium…

Un des capitalistes les plus célèbres de Shanghai jusqu'en 1949 en est un bon exemple. Il s'agit de Du Yuesheng. Au départ, c'est un petit mendiant des docks de Shanghai devenu homme à tout faire dans une « maison fleurie » (bordel et fumerie d'opium). Il devient membre de la « Bande Verte », société secrète très influente dans la pègre du grand port. A la même époque, le jeune Chiang Kai-shek, commis d'agent de change à la bourse, en devient membre lui aussi. Adhérent de la « loge des huit piliers », Du se spécialise dans le contrôle du trafic de l'opium depuis le sud... En 1925, précisent nos historiens chinois, Du Yuesheng, recommandé par les chefs shanghaiens de la « Bande Verte », dont Huang Jinrong alias « le grêlé »... chef des inspecteurs chinois de la police française de Shanghai, fait de la concession française de cette ville la base de son trafic. A ces activités, il joint le jeu : il contrôle tous les tripots de la « Concession », que des journalistes américains surnomment alors le « petit Chicago ». Chaque mois nous dit-on, Du Yuesheng, pour se couvrir, verse 180 000 yuans au Consul général de France et 50 000 au maire Guomindang de Shanghai. Il est d'ailleurs conseiller municipal chinois de la concession française... Chef d'une secte, entouré de disciples et s'affichant comme philanthrope, il ajoute à ses activités le kidnapping avec demande de rançon : les milliers de petits gangsters dont il est le maître vont prendre des « billets de viande » (c'est-à-dire des gens susceptibles de rapporter une riche rançon) dans tout le bas Yangzi. Tel « roi de l'immobilier » chinois dut donner à Du 200 000 yuans pour le « remercier » d'avoir servi de « médiateur » lors de l'enlèvement de son petit-fils. Enfin, Du Yuesheng fournit depuis 1925 son appui à Chiang Kai-shek : c'est lui qui, le 12 avril 1927, fournit les 3 ou 4 000 mille gangsters armés de *Mauser* qui abattent plusieurs centaines de militants communistes et de syndicalistes révolutionnaires à Shanghai, lors de la tragique rupture entre communistes et Guomindang. Il demeurera un spécialiste de la lutte anticommuniste jusqu'au bout. Il a d'ailleurs rang de général dans l'armée nationaliste. Administrateur de plus de 70 sociétés, président-directeur général de 35 banques, 17 cotonnières, 21 compagnies de navigation... ce gangster est bien l'un des fleurons de la bourgeoisie chinoise. Il serait néanmoins caricatural de le tenir pour représentatif de cette nouvelle classe sociale tout entière.

Vers 1930, avant d'être frappée par la crise économique mondiale, et l'attaque japonaise (en septembre 1931 en Mandchourie, en janvier 1932 à Shanghai même), cette classe présente, en général, un visage plus avenant. Elle s'arrache peu à peu à sa gangue originelle, à cette « bourgeoisie d'Ancien Régime », pourrait-on dire en reprenant la formule de Régine Robin appliquée à une bonne part de la bourgeoisie française à la veille de 1789 : c'est une bourgeoisie qui vit de ses fonctions publiques, investit dans la terre, exploite la paysannerie parfois plus férocement que les notables ruraux et fait du négoce. Cette nouvelle bourgeoisie chinoise, en effet, s'illustre de plus en plus à travers l'image des « managers » de type moderne, combatifs, nationalistes, imaginatifs comme le héros du roman de Mao Dun, *Minuit :* patron d'une usine de soie, il cherche à investir, à lutter contre la concurrence étrangère et à promouvoir des produits chinois. La publicité chinoise se fait agressive : lors d'inondations dans la région de Canton, la grande firme chinoise de cigarettes Nan Yang affrète des canots à moteur pour porter secours aux naufragés : les bateaux sont revêtus de calicots : « fumez chinois. » Des « rois » industriels chinois font leur apparition : roi du sucre, roi du coton.

C. C. Nie (Nie Qijue), issu d'une famille de hauts fonctionnaires, petit-fils par sa mère du vice-roi qui écrasa naguère le soulèvement des Taipings, fils d'un « préfet de circuit », possède un excellent anglais, fonde plusieurs usines de coton, organise et dirige l' « association des filateurs chinois » qui lutte contre « l'association des filateurs étrangers ». Nationaliste et homme d'affaires, il est millionnaire.

Mu Ouchu : fils de marchand de coton, il va au Texas de 1909 à 1914. Il a 33 ans lors de son départ et vient de démissionner de son emploi dans les douanes lors d'un mouvement de boycott anti-américain. Il apprend la gestion à l'américaine et modernise les entreprises textiles qu'il fonde à partir de 1914. Devenu industriel, il anime le marché du coton, crée des bourses d'études pour les Etats-Unis, promeut l'industrie au Hunan et en Chine intérieure. C'est un personnage moderne, dynamique, occidentalisé qui néanmoins, se fait tirer les sorts dans un temple avant une spéculation hasardeuse en 1923...

Le rôle de la bourgeoisie chinoise

Cependant, derrière cette brillante façade, derrière les discours de ces hommes si semblables à des hommes d'affaires américains, derrière les références à des penseurs chinois à la mode, épris du modèle américain et en qui ces industriels reconnaissent leurs idées, force est de reconnaître que cette classe fait illusion : elle parle et pense « au-dessus de ses moyens »,pour reprendre l'expression de Marie-Claire Bergère, chercheur français qui l'a étudiée[28]. A de rares périodes près, en effet, la bourgeoisie chinoise a accumulé les échecs depuis 1919.

Lorsqu'en 1911 s'effondre la monarchie mandchoue, la bourgeoisie semble pouvoir jouer son rôle historique. Elle rêve de 1789 et en parle dans ses journaux. Elle a une force réelle : entre 1 et 2 millions de membres, soit 0,5 % de la population totale ; elle s'appuie sur 794 chambres de commerce et a pu çà et là organiser des milices, prendre en main la gestion locale, entreprenant d'abattre les vieilles murailles et de créer des compagnies de transports urbains. Elle reconnaît en Sun Yat-sen son leader.

Pourtant, deux ans plus tard, c'est presque sans réagir que la bourgeoisie chinoise voit Yuan Shikai, un militaire, établir un régime autoritaire. Et bientôt, commence la série tumultueuse des « seigneurs de la guerre », généraux pillant les provinces à leur profit, jusqu'à ce qu'en 1928 Chiang Kai-shek unifie superficiellement le pays. Ensuite, c'est la guerre avec le Japon. La bourgeoisie rêvait d'ordre et de paix... Elle n'y est guère parvenue.

Une éclaircie cependant au milieu de la tourmente : entre 1919 et 1923, la bourgeoisie chinoise connaît un fugitif âge d'or.

La guerre mondiale, en effet, a vidé la Chine de ses maître impérialistes : la bourgeoisie chinoise va d'autant

---

28. BERGÈRE (M.-C.) voir note 12.

mieux occuper la place que la hausse de toutes les matières premières et des métaux précieux entraîne un doublement entre 1914 et 1919 de la valeur de l'argent. La réévaluation de fait de la monnaie chinoise favorise les achats de biens d'équipement. En 1919, la Chine équilibre presque son commerce extérieur et développe toutes ses industries légères et alimentaires. Cette prospérité s'accompagne d'une exigence politique nouvelle : selon les chambres de commerce, les marchands doivent s'occuper des affaires de l'Etat et donc renoncer aux vieilles idées confucéennes du marchand confiné dans sa boutique. On souhaite une politique de reconquête des divers attributs de la souveraineté nationale perdus devant les étrangers ; on parle contrôle des douanes, monnaie unifiée, intérêt du pays tout entier.

Sun Yat-sen rêve d'un développement général de l'industrie et du commerce qui ferait décoller la Chine loin de la misère. On retrouve les thèmes des nationalistes chinois de la fin du xixᵉ siècle qui prônaient le *fu-qiang* : une Chine « prospère et forte », mais avec en plus un productivisme d'allure saint-simonienne. Il faut unir tous les « producteurs », ouvriers et patrons, dans un même combat contre les parasites pour « sauver le pays ».

Et de fait, il y a lutte : quand le 4 mai 1919, les étudiants de Pékin manifestent contre les traités de Versailles qui reprennent le Shandong, province chinoise, à l'Allemagne pour... la transférer au Japon, les capitalistes de Shanghai participent au mouvement et un vaste boycott des marchandises japonaises est lancé. Or, tout cela échoue bien vite. Les seigneurs de la guerre bouleversent l'économie, détruisent les communications, extorquent des fonds, pillent tout le monde. La dépression économique commence en 1923 et ne finira guère qu'en 1928 pour être relayée, après une brève accalmie, par la crise mondiale de 1929.

Par ailleurs, la bourgeoisie chinoise, après avoir participé à nouveau au mouvement anti-impérialiste de mai-juin 1925 à Shanghai et à Canton, se montre de plus en plus inquiète devant le rôle qu'y jouent les masses populaires, les syndicats ouvriers, les communistes. La montée parallèle du mouvement paysan en Chine du Sud et en Chine centrale lèse souvent ses intérêts. Cette bourgeoisie est très liée au monde des notables ruraux et ne peut se résigner à leur dépossession.

Finalement, le 12 avril 1927 Chiang Kai-shek réussit d'autant mieux son coup de force contre les communistes qu'il a reçu l'appui financier des capitalistes et banquiers de Shanghai. Tout alors paraît simple : le Guomindang, c'est la bourgeoisie chinoise au pouvoir, assurée de l'ordre, recouvrant quelques bribes de la souveraineté chinoise, appuyant un régime autoritaire qui favorise ses intérêts.

Bourgeoisie et Guomindang

De fait, durant les dix années (1927-1937) où Chiang Kai-shek contrôle à peu près la Chine ou, tout au moins, les riches provinces du bas Yangzi, on assiste à un certain développement économique même si les chiffres demeurent très modestes. Cependant les rapports entre le Guomindang et la bourgeoisie chinoise sont loin d'avoir été aussi bons qu'il a été si souvent écrit, notamment en Chine populaire.

Deux exemples pour illustrer cette affirmation. Chiang Kai-shek et ses gangsters de la Bande Verte ont touché en tout dix millions de yuans pour éliminer les communistes en avril 1927. Mais, ils ne s'en tiennent pas là et instaurent entre 1928 et 1931 une véritable mini-terreur contre les plus riches familles de Shanghai : placements obligatoires des bons du trésor, extorsions directes avec kidnapping des récalcitrants, mise à sac des locaux de la chambre de commerce de Shanghai en avril 1929 (où le roi du textile Mu Ouchu avait esquissé un semblant de résistance...). Tous les moyens sont bons pour établir un étroit contrôle sur les milieux d'affaires et organiser un fructueux racket à leurs dépens. Un chercheur américain a évalué à cinquante millions de dollars américains les sommes d'argent ainsi extorquées dans la seule ville de Shanghai [29] !

Or, second exemple, ce racket recommence après la guerre, entre 1946 et 1949. Le Guomindang, vainqueur des Japonais, se comporte à Shanghai de telle façon qu'il dilapide en quelques semaines le capital de sympathie dû précisément à la victoire et à l'horreur de l'occupation japonaise. La spéculation sévit : on vend aux enchères les biens saisis aux Japonais sans les rendre à leurs légitimes propriétaires, dépouillés naguère par l'ennemi pour avoir fui avec le gouvernement au Sichuan ; le taux de change entre la nouvelle monnaie et celle des zones occupées est tel qu'il constitue une véritable spoliation des « biens du peuple et de la classe bourgeoise du bas Yangzi », écrit un journal modéré de Shanghai, dès le 24 octobre 1945.

On dirait que le Guomindang cherche à détruire la bourgeoisie chinoise. L'inflation galopante ruine le niveau de vie de tous les salariés, paralyse toutes les activités économiques. En août 1948, le lancement d'une nouvelle monnaie ne fait qu'accentuer la crise : le 6 novembre, les prix à Shanghai s'en trouvent multipliés par dix.

Tout est désorganisé : la perte de confiance bourgeoise envers le Guomindang est totale. L'idée prévaut que n'importe quoi vaut mieux que ce gouvernement d'incapables, de prévaricateurs et de fous.

En fait, des Chinois s'enrichissent. Trafiquants en tous genres, spéculateurs et, dominant le tout, les « quatre grandes familles » (en fait essentiellement les gens des grandes banques liés aux deux magnats financiers du Guomindang, T.V. Soong et H.H. Kung) tiennent le haut du pavé !

D'après les historiens chinois déjà cités, à la veille de la Libération, ces quelques banquiers liés au pouvoir contrôlaient les 2/3 de tout le capital industriel chinois :

---

29. COBLE PARKS (M.) : « The Kuomintang Regime and the Shanghai Capitalists 1927-1929 » in *The China Quartely*, Mars 1979, N° 77.

80 % de tout le capital des entreprises modernes, 67 % de la production électrique, 33 % des charbonnages, 90 % de la capacité sidérurgique, 100 % des raffineries et de la production des métaux non ferreux, 38 % des broches, 60 % des métiers à tisser, presque tout le réseau ferroviaire et aérien et 44 % du tonnage de la flotte. Ceci en monopolisant l'aide américaine, en profitant des interventions gouvernementales qui sont aussi, de fait, les leurs et en confisquant les biens des « ennemis ».

Doit-on ajouter que même à l'époque apparemment plus brillante de la « décennie de Nankin », la bourgeoisie que l'on qualifie de nationale portait déjà en elle les marques d'une maladie très grave, sinon mortelle : on estime ainsi que, vers 1931, 50 % des capitaux de Shanghai sont placés en « bons d'Etat » qui nourrissent de vaines spéculations, comme celles des héros de *Minuit* de Mao Dun, et contribuent à l'absence de fonds de roulement dans toutes les usines chinoises : on a coutume d'emprunter chaque mois à la banque la somme nécessaire pour payer les salaires. Cet argent gelé, désinvesti, est évalué entre 1931 et 1936 à 1,75 milliard de « dollars ».

Ce qui amène A.V. Meliksetov[30], un chercheur soviétique, à des conclusions intéressantes dans un récent ouvrage publié à Moscou en 1977. D'après lui, le Guomindang est apparu dans les années 1920 en tant que représentant des intérêts de la grande bourgeoisie et des militaristes modernes, unis dans un même nationalisme. Mais, très rapidement, ayant conquis le pouvoir, le Guomindang s'est séparé de ses origines et a constitué un groupe dirigeant autonome par rapport à son origine de classe, devenant une couche sociale prompte à défendre ses propres intérêts et à poursuivre ses propres objectifs.

Le Guomindang se serait érigé en une superstructure indépendante de sa base formant une entité bureaucrati-

---

30. MELIKSETOV (A. V.) : « Sotsial'no-ekonomicheskaia politika Gomin'dana v Kitae, 1927-1949 », Nauka, Moscou, 1977.

que, se substituant ainsi à la classe sociale qui l'a fait naître ou plutôt, devenant à lui seul un « substitut de classe sociale ». Phénomène que l'auteur rapproche d'exemples analogues dans d'autres pays du tiers monde, comme la Turquie, le Mexique...

Devenu un substitut de classe bourgeoise, le Guomindang instaure un capitalisme d'Etat qui fonctionne sur la base d'un appareil formant une « bourgeoisie bureaucratique ». D'où le gonflement constaté du secteur étatique (les « quatre grandes familles » en sont une illustration), ce secteur permettant d'atteindre un certain nombre d'objectifs satisfaisants pour le nationalisme chinois : il y a de réels succès dans ce domaine lors de la « décennie de Nankin » comme par exemple le recul du capital étranger en Chine.

La guerre a aggravé la nature malsaine de ce régime coupé de sa base sociale : réfugié au Sichuan, dans une des régions les plus archaïques de la Chine, le Guomindang a de plus en plus été un substitut de classe, aux effectifs gonflés par la guerre. Après la victoire, ses fonctionnaires se sont précipités avec avidité sur les riches provinces recouvrées et ont considéré ces richesses comme des prises de guerre. Le divorce avec la bourgeoisie est alors devenu dramatique.

Citons, à ce propos, l'une des phrases clefs de notre auteur : « Un régime militaire et bureaucratique tel que le Guomindang pouvait se stabiliser uniquement dans une situation où aurait prévalu une société amorphe et où, d'une part, les ennemis de classe auraient été fragmentés et où, d'autre part, l'unité interne au sein de la couche dirigeante aurait existé. Ni l'une ni l'autre de ces conditions n'existaient dans la deuxième moitié des années 1940. »

D'après cet auteur, et cela me semble convaincant, la bourgeoisie aurait donc été ainsi réduite dans son existence politique, à l'appareil militaro-policier du Guomindang, né à partir d'elle, réalisant une partie de ses objectifs initiaux, mais la menaçant d'asphyxie et de disparition à partir de 1946.

En retour, le Guomindang, rétréci à sa base, devient

de plus en plus fragile. A la campagne, son appui se réduit à la classe des notables ruraux minée par la marée montante de la paysannerie insurgée, qui suit le rythme des victoires militaires communistes. A la ville, ses soutiens bourgeois se retirent dans l'expectative.

Les intellectuels ont eux aussi abandonné peu à peu le Guomindang.

Les intellectuels et le Guomindang

On peut suivre les rapports du régime avec les milieux intellectuels occidentalisés, liés idéologiquement à la bourgeoisie moderniste, à partir de la revue libérale de Shanghai *Guangcha* (l'Observateur) de Chu Anping.

De la critique des abus du régime en 1946, ce mensuel, lu par plusieurs centaines de milliers de citadins cultivés, passe en 1947 à la critique de la terreur policière, de l'incompétence et de la corruption. La revue dénonce la parodie d'élections législatives de novembre 1947, publie des pétitions de professeurs pour le respect des droits de l'homme, décrit la misère des intellectuels (en 1948, à cause de l'inflation, un tireur de pousse-pousse gagne plus qu'un professeur d'université... et c'est pourtant bien peu !). Elle dénonce la guerre civile qui, si elle n'est indispensable qu'au maintien d'un tel régime, n'en vaut vraiment pas la peine !

En 1947-1948, une vague idée d'un socialisme différent de celui pratiqué en URSS et de celui instauré par les communistes dans les « territoires libérés » se dégage. Un auteur écrit :

« Il faudrait prendre le mieux de la démocratie économique soviétique et de la démocratie politique américaine, le riz et le bulletin de vote. »

La revue est interdite en juillet 1948, alors qu'elle s'interroge sur la possibilité d'une troisième force en Chine, d'un « pont entre le PCC et le GMD »[31], dont

---

31. *Guomindang* s'abrège en GMD et l'autre transcription *Kuomintang* en KMT.

les bâtisseurs seraient les intellectuels. En décembre 1948, Chu Anping quitte Shanghai pour rejoindre les « zones libérées ». Il traduit ainsi l'isolement croissant du Guomindang.

On peut rattacher cette évolution à celle, plus spectaculaire, des étudiants. Des « vagues » successives d'agitation traduisent la montée de leur mécontentement. Le « Mouvement du 1ᵉʳ décembre 1945 » dénonce la répression sanglante des activités étudiantes à Kunming au Yunnan. Il s'agissait de s'en prendre aux « survivances » d'un certain militarisme : on espérait encore que le régime y remédierait. C'est à cette occasion qu'un général du Guomindang avait déclaré au président de l'université concernée : « Vos étudiants ont la liberté de parler ; mes soldats ont la liberté d'user de leurs armes... »

Une autre vague de mécontentement étudiant se déroule durant l'hiver 1946-1947 : elle fait suite au viol d'une étudiante chinoise de Pékin par des fusiliers marins américains. Elle a comme mot d'ordre l'exigence du retrait des 50 000 militaires américains encore présents en Chine.

En mai-juin 1947, un troisième mouvement se développe à Shanghai et Nankin, parmi les étudiants et les professeurs, « contre la faim et la guerre civile ». Les étudiants n'ont à manger que du millet et des choux ; les diplômés sont chômeurs ; le budget de l'enseignement ne représente que 4 % de celui de la guerre.

D'avril à juin 1948, un nouveau mouvement, le quatrième, connaît une grande ampleur « contre la répression, la faim et l'aide américaine au réarmement du Japon ». Les étudiants, comme la grande masse des intellectuels, abandonnent donc nettement le régime, mais sans se rallier pour autant aux communistes. Des sondages effectués en décembre 1948 nous donnent quelques indications sur ce point : 72 % des étudiants et des professeurs consultés sont favorables à un « gouvernement de coalition », 15,9 % à l'élimination des communistes, 8,4 % à une partition du pays, 3,7 % à la venue au pouvoir des communistes. Un autre sondage

indique que 46 % des étudiants sont favorables à des
fermes coopératives, 34 % à remettre « la terre aux
travailleurs », 51 % à la nationalisation de l'industrie
lourde et des services publics, 51,1 % à un gouvernement de coalition, 39,7 % enfin, disent vouloir « un
parti indépendant des libéraux chinois »...

Il manque, à ce tableau, un acteur nouveau...

LE MOUVEMENT OUVRIER CHINOIS

La classe ouvrière chinoise, autre classe nouvelle
apparue en Chine à la fin du XIXe siècle, partage — et
c'est assez logique — plus d'un trait du destin de la
bourgeoisie chinoise. Elle aussi, avant de s'effacer,
connaît quelques années flamboyantes.

Unité et hétérogénéité de la classe ouvrière

Le drapeau rouge flotte sur des grèves qui sont parmi
les plus puissantes que le monde ait connues : grève-
boycott de Hong Kong-Canton qui dure de juin 1925 à
octobre 1926, grève insurrectionnelle de Shanghai en
mars 1927 qui entraîne peut-être 600 000 grévistes. Un
bref triomphe, dont les acteurs ont confusément
conscience de la fragilité.

Un roman, *Le Parti des sans-culottes,* écrit par un
militant communiste, Jiang Guanci, et remis à l'éditeur
à Shanghai le 6 avril 1927, illustre cette inquiétude
secrète, cette fébrilité des ouvriers victorieux[32]. Un des
héros, ouvrier, critique la direction du Parti communiste. Il ne veut pas d'étape intermédiaire, pas « d'un
gouvernement démocratique, mais directement le socialisme, comme en Russie ». Et il ajoute : « Ah ! vous
avez toujours le mot " lentement " à la bouche. Si vous

---

32. Traduit (pour l'essentiel) par C. LAMOUROUX, Mémoire de
maîtrise, 1971, Université de Paris-VIII-Vincennes.

connaissiez la vraie vie d'enfer des ouvriers en usine, encore plus terrible qu'en enfer ! Moi, Li Jingui, voilà pas mal d'années que je suis ouvrier, alors ne sais-je pas de quoi je parle ? Pourrait-on réussir un seul jour plus tôt, que ce serait un jour de moins en enfer ! » A quoi un dirigeant communiste lui rétorque le soir du meeting célébrant la victoire du prolétariat shanghaien, le 23 mars : « Il ne faut pas trop se réjouir ! La classe des impérialistes, des seigneurs de la guerre, des capitalistes, des compradores, tous les réactionnaires ne peuvent-ils pas encore maintenant comploter notre destruction ? Ils sont encore nombreux les combats auxquels il faudra faire face ! »

De fait : le 12 avril est proche. La défaite du prolétariat révolutionnaire chinois, en effet, ne me semble pas « devoir s'interpréter en termes de stratégie politique », comme l'écrit Jean Chesneaux dans son ouvrage fondamental sur le mouvement ouvrier chinois [33]. Certes, les erreurs de l'Internationale communiste, celles du Parti communiste chinois et de ses dirigeants ont puissamment contribué au désastre. Mais ce dernier n'a-t-il pas aussi donné la mesure exacte des forces ouvrières, gravement surestimées par tant d'auteurs, depuis Harold Isaacs réglant son compte avec Staline dans *la Tragédie de la révolution chinoise*, jusqu'à Malraux emporté par le romantisme de l'aventure dans *la Condition humaine* ?

Nos deux héros du *Parti des sans-culottes*, l'impatient et l'inquiet, avaient nettement conscience de l'essentiel : il avait fallu un concours de circonstances exceptionnellement favorables pour permettre aux ouvriers de Canton et de Shanghai de jouer un rôle aussi éminent. Car bien fragile était la classe porteuse des espérances révolutionnaires chinoises !

En effet, la classe ouvrière chinoise, avant 1949, est numériquement peu nombreuse — 2 millions d'ouvriers d'usine environ —, concentrée dans six ou sept centres, dont deux seuls (Wuhan sur le moyen Yangzi et, entre

---

33. CHESNEAUX (J.) : Le mouvement ouvrier...

1938 et 1945, Chongqinq, la capitale de guerre du Guomindang) sont situés à l'intérieur des terres. Le tiers des effectifs ouvriers se trouve à Shanghai.

Cette classe ouvrière, un peu marginale par rapport à la Chine profonde, aisément isolée, peut certes exercer localement une pression considérable, mais elle a le plus grand mal à jouer un rôle au niveau national. Elle est de plus très hétérogène ; on peut y distinguer plusieurs cercles concentriques.

Un noyau de 5 à 10 % des effectifs est formé par les ouvriers qualifiés. Ils sont souvent cantonais, les premiers ouvriers d'industrie étant apparus dans les réparations navales britanniques toutes proches de Hong Kong. Les premières familles ouvrières se sont établies en Chine du centre et du nord au fur et à mesure que s'ouvraient des usines modernes. Fiers de leur habileté, transmettant leur place à leurs enfants (il y a ainsi de véritables dynasties ouvrières), regroupés en puissantes amicales régionales, les ouvriers sont surtout des « mécaniciens » dispersés dans de très nombreuses industries et rassemblés en un syndicat puissant à Canton, le « syndicat des mécaniciens », qui est un syndicat de métier et non d'industrie, aux traditions corporatistes, très anticommunistes, lié au Guomindang jusqu'au bout. L'un de ses fondateurs, Ma Chaojun, sera le maire Guomindang de Nankin en 1945. Cependant, il faut noter que c'est aussi parmi les ouvriers qualifiés que les communistes conquerront leur première audience ouvrière, notamment auprès des cheminots du réseau nord et du centre.

Autour de ce noyau, nous trouvons les ouvriers semi-qualifiés que sont « les ouvriers permanents » : formés sur le tas, très peu instruits, lisant au mieux entre 1 000 et 2 000 caractères, jeunes (25 ans en moyenne), ils sont plus ou moins sûrs de conserver leur emploi ou d'avoir des indemnités en cas de licenciement : ce qui représente un réel privilège dans la Chine d'alors.

A la périphérie du cercle, sans qualification, il y a les ouvriers « temporaires » ou « payés à la tâche » : souvent des femmes (la majorité des ouvriers de

Shanghai sont des femmes), parfois encore des enfants (fréquent dans les années 1930, ce phénomène est devenu plus rare après 1945). La quasi-totalité de ce personnel est illettré. C'est d'ailleurs en fondant des « clubs ouvriers » pour les loisirs et l'alphabétisation que les étudiants communistes du « Secrétariat du Travail », dans les années 1921-1923, ont eu les premiers contacts profonds avec la classe ouvrière. Les ouvriers déchiffraient les caractères chinois qui dépeignaient leur exploitation et appliquaient leurs premières leçons en fondant un syndicat et en menant une grève. Ce fut le cas, notamment, parmi les mineurs d'Anyuan-Pingxiang au Jiangxi, sous l'impulsion de Mao Zedong, de Li Lisan, de Liu Shaoqi[34].

Mais cela ne doit pas masquer combien ces ouvriers sont difficiles à organiser. Un militant communiste parlant en mai 1922 lors du premier congrès panchinois du travail tenu à Canton, déclare : « Les travailleurs n'ont pas de patrie, pas même régionale ou provinciale ! »

Réel problème, en effet, que suggère cette variation sur une célèbre formule : ces ouvriers sont des ruraux déracinés, car seuls les ouvriers qualifiés sont d'origine urbaine. Ils connaissent surtout leur petite patrie d'origine, unis entre eux par des dialectes, des coutumes, des amicales régionales. Ils ont fréquemment retrouvé à la ville le cadre ancestral des sociétés secrètes qui leur garantit un emploi, une assurance contre la maladie et le chômage, une protection. Souvent, sur les quais de Shanghai, de sanglants conflits opposent les dockers originaires du nord et ceux de Canton ou de Ningbo. Le recrutement indirect — par des « entrepreneurs de main-d'œuvre à forfait », les *baogong tou,* qui fournis-

---

34. MAC DONALD (A.) : *Urban origins of Rural Revolution 1911-1927, (Hunan)* U of California Press, 1978, SHAFFER (L.) : « Mao Zedong and the Changsha Construction Workers' Strike (Marxism in Preindustrial China) » in *Modern China*, vol. 4, n° 4, oct. 1978. LI RUI : The early Revolutionary Activities of Comrade Mao Zedong, trad. et introduction de SCHRAM STUART R., ME Sharpe, New York, 1977.

sent des équipes d'ouvriers aux patrons, les logent, les nourrissent, prélevant jusqu'au tiers de leur maigre salaire — est très répandu, surtout dans les mines et les cotonnières de Shanghai. Les gangsters sont tout proches : briseurs de grèves, proxénètes, truands de la Bande Verte de Du Yuesheng, ils « arbitrent » tous les conflits sociaux dans la concession française de Shanghai.

Ce monde ouvrier est néanmoins privilégié, malgré sa condition très précaire, par rapport à la grande masse des travailleurs chinois sans emploi fixe que sont :

— Les manœuvres embauchés occasionnellement, comme dans cette usine de cigarettes de Tianjin où les contremaîtres jetaient par-dessus la porte chaque matin autant de fiches de bambou qu'il y avait d'emplois. Les chômeurs les plus robustes, pressés devant les grilles, travaillaient ce jour de chance. Mais demain ?...

— les coolies, innombrables, chassés de la campagne par les malheurs des temps ; débardeurs, tireurs de pousse-pousse, obligés chaque jour de payer une somme égale au tiers de leurs gains au loueur de leur véhicule. Des millions de miséreux investissent ainsi en permanence les îlots de travail que sont les usines.

La crise mondiale qui frappe la Chine à partir de la fin 1931, jointe aux ravages de l'attaque japonaise sur les quartiers ouvriers de Shanghai, en janvier 1932, aggrave encore la situation. Il y a, en moyenne, environ 400 000 chômeurs à Shanghai, soit autant ou plus que les ouvriers employés.

La conscience de classe, dans ce contexte, n'est pas très claire. Il s'agit plutôt d'une conscience de détresse commune (journée de douze heures assurant tout juste la survie) avec, de temps en temps, lors d'une exagération du malheur vécue comme une injustice intolérable, une brutale réaction de colère. La grève est rapide et courte. Elle s'accompagne encore souvent de destruction de matériel, de mise à sac d'ateliers. Beaucoup d'ouvriers sont des révoltés qui refusent leur condition plus qu'ils ne luttent pour la modifier. Ainsi ces mineurs du Shandong qui détruisaient fréquemment les lampes suspendues dans les galeries des mines, menaçant ainsi leur propre sécurité.

Les luttes ouvrières jusqu'en 1945

Cependant, les luttes ouvrières sont fréquentes, même après le déchaînement de la terreur blanche en 1927. Elles sont de deux types : des luttes ponctuelles, quasi-réflexes, et de vastes mouvements d'ensemble, rares mais spectaculaires.

Il n'est en effet guère de semaines sans grèves ouvrières à Shanghai, à Tianjin-Tangshan ou à Canton. Une certitude s'impose donc : les militants communistes qui, à partir de 1921, ont patiemment cherché à transplanter dans le prolétariat chinois une partie de l'héritage révolutionnaire européen, ont pleinement réussi. L'analyse marxiste fondamentale — celle notamment de *l'ABC du communisme* de Nicolas Boukharine, base en ces temps-là des écoles de cadres du PCC — est passée dans de nombreuses consciences ouvrières et a permis d'entrevoir le mécanisme d'une exploitation qui ne paraît plus fatale.

La nécessité de l'organisation sur une base de classe a été souvent acceptée et l'art de la grève, de la négociation et de la revendication a été maîtrisé par des responsables et expérimenté par des milliers de travailleurs. Cela demeure un acquis, résistant à la répression après 1927, tout au moins à Shanghai. La classe ouvrière, malgré la disparition de ses instituteurs en combat de classe qu'étaient ces premiers militants communistes, s'est dotée d'un efficace outil de lutte, qu'elle conserve.

Les mouvements d'ensemble revêtent une autre signification. Ils ponctuent l'histoire des années flamboyantes 1925-1927 : grandes luttes de mai-juin 1925, formidable poussée ébranlant les forces militaristes et impérialistes durant l'hiver 1926-1927 ; ils reparaissent parfois après : mouvement de salut national antijaponais en février 1932, en 1938 et mouvement pour la protection des usines et le redémarrage de l'économie nationale en automne 1945.

Chaque fois, une constante : les ouvriers inscrivent leurs luttes dans un ensemble plus vaste, où ils se trouvent aux côtés d'autres forces sociales chinoises. Il n'y a pas de grèves nationales d'une industrie, pas de grèves générales nationales ouvrières, mais une participation ouvrière à un mouvement panchinois dont la classe ouvrière n'a pas vraiment la direction ou qui, à tout le moins, dépasse les limites de ses propres combats de classe.

On peut, certes, se remémorer à ce propos, les remarques de Marx sur le danger de l'isolement pour la classe ouvrière, « dont le solo devient bien vite un chant funèbre ». Mais, nous semble-t-il, il y a plus. L'un de ces étudiants, devenu syndicaliste révolutionnaire, Deng Zhongxia, écrit dans un article à la fin de l'hiver 1926-1927 : « L'essentiel (pour le mouvement ouvrier chinois) est la conquête des classes intermédiaires, paysans et petits bourgeois : iront-ils vers le capitalisme ou vers le socialisme ? La voie de la révolution chinoise n'est ni purement capitaliste, ni purement prolétarienne. Elle prend une troisième forme : pour le succès de la révolution, il faut nécessairement fonder une dictature démocratique unie de la classe ouvrière, de la paysannerie et de la petite bourgeoisie. Il faut fonder un pouvoir politique révolutionnaire du front anti-impérialiste. Avec un tel pouvoir, la révolution ne tombera pas aux mains des capitalistes... »[35].

Ce responsable communiste est conscient de la fragilité du mouvement ouvrier et suggère une stratégie d'alliance dans laquelle Jean Chesneaux voit avec raison, l'amorce de celle que développera plus tard Mao Zedong dans sa nouvelle démocratie. Mais peut-être y a-t-il plus encore : n'est-ce pas la prise de conscience que le mouvement ouvrier a besoin de garanties pour se lancer dans la lutte et qu'il lui faut avoir de son côté des

35. Cité par CHESNEAUX (J.) : *Le mouvement ouvrier...* p. 542.

gens qui touchent à la classe dirigeante, en quelque façon des notables bienveillants ?

Les ouvriers appelaient les militants communistes venus les organiser, « messieurs les bons étudiants ». Mao, se rendant à Anyuan auprès des mineurs, portait la robe longue du lettré : ambiguïté de la confiance ouvrière envers ces notables devenus rebelles, faite de respect et de distance.

Ceci explique des étrangetés ultérieures : j'ai pu trouver d'assez nombreux cas à Shanghai en 1928-1930, où des grévistes arrêtaient leur patron chinois ou tel ou tel « jaune » et le conduisaient devant les autorités du Guomindang pour qu'il soit châtié comme « traître ». Ils s'adressaient ainsi au « Parti », ensemble indistinct qu'ils avaient vu à leur côté en 1925-1927 quand il était formé de l'alliance communiste-nationaliste, dont ils n'avaient pas bien compris l'évolution depuis l'élimination brutale des communistes après le 12 avril 1927... Confusion dont joue, avec un certain succès, le Guomindang durant la « décade de Nankin », mêlant des slogans nationalistes, des appels à la collaboration « capital travail » pour « sauver la Chine » menacée par les divers impérialismes (dont le russe...), à la répression brutale directe ou exercée par les gangsters des sociétés secrètes.

L'amorce d'un mouvement autonome

Après 1945, du moins à Shanghai, on assiste au début hésitant d'un mouvement ouvrier qui prend ses distances par rapport au pouvoir et qui cherche à s'affirmer en force autonome étroite, corporatiste, défendant ses intérêts de classe immédiats, sans grandes perspectives d'ensemble, mais avec une étonnante vigueur.

Malgré l'œuvre de pionnier d'une américaine, Suzanne Pepper[36], ces faits sont encore mal connus. On peut cependant établir quelques traits essentiels : le mouvement ouvrier retrouve sa force, tout d'abord en

---

36. Voir note 25.

1946, année au cours de laquelle on dénombre
2 538 conflits du travail dans la seule ville de Shanghai.
Le pouvoir doit reculer sous la pression, alors qu'il
s'engage dans la guerre civile. Ensuite, en février 1947,
il bloque les prix des produits essentiels destinés à
l'alimentation et au chauffage et livre aux entreprises
des fournitures vendues ainsi à prix réduit. Les bénéficiaires de ces mesures sont les ouvriers et eux seuls.

Le 1er mai 1947 se déroule une manifestation de
plusieurs dizaines de milliers d'ouvriers qui obtient
l'établissement d'une sorte d'échelle mobile des salaires,
supprimée, puis rétablie après des grèves en 1948. Les
547 000 adhérents des 503 syndicats officiels de
Shanghai, comme le dit avec amertume un industriel
chinois à un journaliste en 1948, « ne sont certainement
pas contrôlés dans nos usines par le gouvernement ».
Autre fait établi que confirment les démêlés orageux du
gouvernement de Nankin avec l'Association chinoise du
travail.

Ce syndicat général, naguère créé sous les auspices
gouvernementaux, dirigé par Zhu Xuefan, militant
syndical des postes, « disciple » du redoutable Du
Yuesheng et d'un anticommunisme robuste, est passé
peu à peu à la contestation. Le 6 août 1946, des voyous
et des policiers en civil mettent à sac les locaux de
l'Association. Zhu Xuefan doit s'enfuir et le Guomindang n'arrivera plus à contrôler que les sphères supé-
rieures de l'Association réorganisée par ses soins. Quant
à Zhu Xuefan, on le retrouve en août 1948 aux côtés des
communistes.

Le dernier élément de certitude concerne le nombre
de communistes : il existe des militants clandestins dans
le mouvement ouvrier : peut-être 800 à Shanghai en
1948. Des communistes dirigent certaines grèves. Quatre ou cinq cellules ouvrières fonctionnent à Shanghai,
notamment à la Compagnie française des tramways et
de l'électricité. Mais, dans l'ensemble, le rôle du PCC
est faible dans ce secteur. La tâche des militants semble
bien plutôt de réunir des renseignements pour l'Armée
populaire de Libération, de rassembler et de transporter

des médicaments, des fournitures, nécessaires à la guerre, que de préparer une participation de masse de la classe ouvrière aux combats en cours. Les communistes contribuent donc peu à rattacher ces luttes ouvrières nombreuses mais corporatistes et étriquées, au vaste mouvement d'ensemble qu'ils ont su susciter.

On a ainsi un mouvement ouvrier plutôt marginal, autonome par rapport au Guomindang, mais aussi par rapport aux communistes et qui inscrit ses luttes dans les perspectives d'une Chine industrialisée qui n'existe pas encore.

*
* *

Faut-il s'autoriser une conclusion ?

En fait, on voit bien à travers tous ces éléments que le Guomindang incapable dans la guerre antijaponaise, incapable dans la paix, fauteur de guerre civile, n'est plus soutenu que par une poignée de profiteurs du régime en 1948. Il y a du Somoza en Chiang Kai-shek et la victoire des communistes sur le Guomindang revêt un aspect de guerre de libération nationale contre un régime dépendant de l'étranger et opprimant toutes les forces vives du pays. C'est ce que traduit le nom que lui donnent, en 1949, les communistes : la « libération », *jiefang*.

Chapitre 3

le portrait
du vainqueur

Quel est donc ce Parti communiste chinois dont j'ai
déjà été amené, maintes fois, à évoquer l'action victorieuse sans jamais le décrire ? L'étude des forces sociales
en présence nous a permis de connaître un peu le
cortège du vainqueur. Il importe désormais d'en souligner les traits essentiels qui se précisent lors de son
7e Congrès en avril 1945 et dans son action jusqu'en
1949.

LE VIIe CONGRÈS DU PCC
ET LA LIGNE GÉNÉRALE EN 1945

Du 23 avril au 11 juin 1945 se réunit à Yanan le
7e Congrès du PCC. Le congrès précédent a eu lieu à
Moscou en août 1928. Le prochain ne se réunira que
onze ans plus tard, en septembre 1956, à Pékin. C'est
dire l'importance de ce congrès pour connaître les

vainqueurs de la guerre civile imminente, qui seront aussi les bâtisseurs de la Chine nouvelle.

Les 544 délégués titulaires et leurs 208 suppléants représentent 1 210 000 membres du PCC. Sur ces 752 personnes, nous savons que 324 sont des militaires et que 401 appartiennent à l'intelligentsia. C'est une indication intéressante sur la composition sociale du Parti, quoi qu'il faille garder à l'esprit que la grande majorité des militaires est d'origine paysanne.

A la veille du congrès, le 20 avril, le Comité central avait adopté une résolution « sur quelques questions concernant l'histoire de notre Parti ». Ce texte consacrait la victoire totale de Mao Zedong sur ses adversaires, lors du mouvement de « rectification du style de travail », *Zheng feng,* qui se déroulait depuis 1942 et dont on annonçait la poursuite. Nous y reviendrons.

Le congrès fut donc dominé par une glorification sans précédent de Mao Zedong. Liu Shaoqi le souligne : « La principale tâche actuelle est de mobiliser le parti tout entier pour étudier les Pensées de Mao Zedong, les diffuser et s'en servir pour armer les membres de notre parti et les révolutionnaires. »

Dès la première réunion du nouveau Comité central, Mao est élu président du Comité central, titre nouveau, qui sera désormais le sien : on l'appellera le « Président », le *Zhuxi*. A Zunyi, en janvier 1935, il avait déjà reçu ce titre mais comme Président du « Comité des affaires militaires du Parti ». Il est vrai que, durant la Longue Marche, c'était la seule instance réelle du Parti...

Les 14-15 mai, le rapport de Liu Shaoqi sur les « nouveaux statuts du parti », est, à cet égard, très net : les principes de base qui guident les communistes découlent des « théories du marxisme-léninisme et de la pensée de Mao Zedong ». Ce « dirigeant éminent » a su en effet « adapter la théorie marxiste aux réalités chinoises » et à la pratique. Liu Shaoqi indique que de « nombreux événements historiques dans le passé ont montré que chaque fois que la révolution était dirigée par Mao Zedong et sa théorie de la révolution chinoise, elle réussissait et se développait mais que, chaque fois qu'elle divergeait de cette direction, elle échouait ou devait battre en retraite ». Donc Mao Zedong reçoit le statut privilégié de garant de la juste ligne révolutionnaire, de la pensée correcte.

L'autre rapport important fut celui du général Zhu De sur la situation militaire. Il insiste sur la nécessité de vaincre l'envahisseur japonais et « d'écarter tous les obstacles pouvant empêcher la Chine de devenir une nation indépendante, libre, démocratique, unifiée et prospère ».

Le principal rapport fut, bien sûr, celui de Mao Zedong, connu sous le titre « Du gouvernement de coalition » et prononcé dès le 24 avril. Bien plus qu'un rapport d'activité, Mao précise la ligne générale qui, remontant à son rapport sur « La nouvelle démocratie » en janvier 1940 et se prolongeant jusqu'à son discours « De la dictature démocratique populaire » du 30 juin 1949, est celle des communistes chinois.

Cette ligne est marquée au coin du bon sens. La révolution chinoise suit deux étapes : celle du socialisme — non décrite — qui fera suite à une étape préalable, indispensable, de « nouvelle démocratie ».

Il s'agit d'un type de pouvoir original : ce ne sera ni la démocratie de type occidental (« la vieille démocratie ») qui n'est que « la dictature de la seule bourgeoisie », ni la démocratie socialiste, de type soviétique, idéal « impossible à atteindre pour le moment ». Le pouvoir de démocratie nouvelle doit être une « dictature de quatre classes unies pour l'exercer, le prolétariat, la paysannerie, la petite bourgeoisie, la bourgeoisie nationale » (c'est-à-dire la bourgeoisie sans les compradores et la clique bureaucratique des « quatre grandes familles »).

« A la tête de cette dictature conjointe se trouve le prolétariat chinois ». Cette phase de la révolution est donc bourgeoise par son contenu : *expansion économique* libérant le pays de l'arriération et de la dépendance à l'égard de l'impérialisme, accompagnée « d'un développement approprié du capitalisme » ; *réforme agraire*

(« la terre à ceux qui la travaillent »), donc *liquidation des vestiges féodaux* et maintien des paysans riches, même si une phrase ambiguë de Mao parle d' « égalisation des droits sur la terre et de coopératives » ; *promotion d'une culture nationale,* véritable « révolution culturelle » dans le droit fil des luttes du 4 mai 1919, ce qui nécessite la lutte contre la culture « féodale » et « sa sœur jumelle », la « culture impérialiste ». Mais cette phase de la révolution ouvrira la voie au socialisme et, étant placée sous la direction de la classe ouvrière, elle se rattachera, dès ses origines, « à la révolution socialiste mondiale ». Est-il besoin de préciser que ces deux phases sont logiquement successives mais peuvent ne pas être séparées par des cloisons étanches ?

Pour Mao, il est bien clair que la première étape doit être dépassée, donc ne doit pas être consolidée de façon à rendre ce dépassement quasi impossible. Accuser Mao d'opportunisme sur ce point, c'est mal lire son texte et le couper abusivement de la pratique, ceci malgré les avertissements de l'auteur ! Or, précise Mao dans son rapport au 7e Congrès, la Chine est placée devant un choix fondamental pour son avenir :

Ou bien le Guomindang, qui a montré son incapacité à mener la guerre antijaponaise, persiste dans son attitude anti-populaire et refuse d'établir un « gouvernement de coalition » avec les communistes, qui sont les représentants authentiques du peuple ; et alors la Chine nouvelle sera impossible à bâtir et la dictature d'une « clique dirigeante représentant seulement les intérêts des grands propriétaires fonciers, des grands banquiers et des grands compradores » devra être renversée (et le sera, suggère le discours, qui insiste sur la puissance de l'Armée rouge et l'importance des zones libérées).

Ou bien le Guomindang accepte les propositions communistes et la démocratie nouvelle deviendra une réalité comme elle l'est déjà, précise Mao, dans les « territoires libérés ».

Mao, conscient de l'isolement du régime de Chiang Kai-shek, transforme ainsi la crise profonde de la société chinoise — et notamment la défaite subie par la bourgeoisie chinoise dans ses rapports avec le Guomindang — en un piège pour un régime discrédité et miné de l'intérieur : cette ligne simple, populaire, susceptible d'isoler encore davantage un adversaire auquel on propose un accord impossible au point de décomposition où il est parvenu, l'accule à se soumettre ou à prendre l'initiative d'une guerre civile impopulaire. Encore faut-il que cette ligne soit mise en œuvre. Car, paraphrasant Napoléon parlant de la guerre, ne peut-on dire que la politique est un art simple où tout est dans l'exécution ?

LA VOIE DE YANAN
ET « LA PENSÉE MAO ZEDONG »

C'est là que nous rencontrons ce que nous avons plusieurs fois évoqué sans jamais pousser l'analyse, « la ligne de Yanan », le « mouvement de rectification du style de travail du parti », ou, en chinois, le mouvement *Zheng-feng*. Le présenter avec quelques détails éclairera sur l'originalité du PCC tel qu'il est en 1945, tel qu'il sera encore en 1949 et tel que Mao aurait voulu qu'il demeurât par la suite.

Les raisons immédiates du mouvement

Ce mouvement a été lancé pour deux raisons immédiates. La première raison c'est la pression japonaise : irrités et durement touchés par « l'offensive des 100 régiments » lancée contre eux par les soldats de Peng Dehuai en août 1940, les Japonais répliquent avec une extrême brutalité en juillet 1941 et pratiquent dans les zones contrôlées par les communistes les « trois tout » (tout tuer, tout brûler, tout piller). La « VIIIᵉ armée de marche » (communiste) passe de 400 000 à 300 000 hommes et les territoires sous contrôle de Yanan de 44 à 25 millions d'habitants. A quoi il faut joindre le sévère blocus économique organisé par les troupes du Guomindang qui gêne considérablement un territoire par ailleurs très pauvre. Il faut donc redonner de l'ardeur aux combattants, aux militants et à une population épuisés et doutant de la victoire.

L'autre raison est directement politique : le Parti communiste chinois vient de traverser de graves crises. Les « Internationalistes », groupés autour de Wang Ming, représentant du PCC à Moscou auprès de l'Internationale communiste, tiennent encore des positions solides dans la direction du parti et contestent la politique de Mao Zedong.

Par ailleurs, le parti est structurellement peu homogène : 90 % de ses 800 000 membres sont des petits bourgeois, intellectuels ou paysans. On dit couramment à cette époque qu'il existe trois partis : le parti des militants clandestins à la ville, le parti des intellectuels révolutionnaires, le parti du mouvement paysan. Il faut unifier cet ensemble disparate si l'on veut vaincre ou même seulement survivre.

Le « mouvement de rectification » est lancé officiellement par Mao Zedong lui-même le 1er février 1942. Il connaîtra son apogée en 1942-1943, puis se poursuivra de façon plus discrète jusqu'en 1949.

Une circulaire du Bureau de propagande du Comité central, en date du 3 avril 1942, permet d'en décrire l'aspect... pédagogique. Nous insistons sur ce point, car nous touchons là à une originalité du PCC par rapport, par exemple, au PC d'Union soviétique d'alors : le rôle essentiel donné à ces fréquentes campagnes d'éducation (et donc de rééducation qui, nous le verrons, peuvent s'accompagner de répression), ne se réduit jamais à une enquête « policière » à l'intérieur du parti.

La circulaire du 3 avril 1942 distingue trois étapes dans la campagne : une première étape d'étude en petits groupes (stages et séminaires) des dix-huit textes de base, durant deux ou trois mois. Une deuxième étape d'enquête critique sur le travail du parti de l'unité de base (*danwei*) concernée, qui peut être indifféremment une unité de production, d'éducation ou une unité militaire. Un travail sur le terrain donc, qui permet d'appliquer les résultats de la première étape. Une troisième étape, enfin, consacrée au bilan, où l'on cherche notamment à juger collectivement des qualités et des défauts des militants et des cadres. Cette étape, bien conduite, doit aboutir à la confession publique d'erreurs commises, à l'autocritique et à l'engagement public de se modifier (pièce décisive que l'on joint pour toujours au dossier personnel du militant). La rééducation des militants défaillants sera donc obtenue après ce processus long et complexe.

Une brève présentation des dix-huit textes ainsi enseignés aux 800 000 membres du PCC nous fera mieux comprendre leur contenu.

Deux textes seulement sont d'origine non chinoise : l'article de Staline sur « La bolchevisation du Parti » et la conclusion de l'édition d'alors de l'histoire du Parti communiste d'URSS. Six textes sont des articles de Mao : « Préface aux enquêtes à la campagne » (avril 1941) ; « Pour un style de travail correct dans le Parti » (1er février 1942) ; « Contre le style stéréotypé dans le Parti » (8 février 1942) ; « Discours prononcé à l'assemblée de la région frontière » (21 novembre 1941) ; « Réformons notre étude » (mai 1941) et « Contre le libéralisme » (7 septembre 1937). Sept autres textes sont des instructions du PCC pour la campagne en cours, reprenant l'esprit et les formules essentielles des rapports de Mao [37].

On trouve aussi un rapport de Kang Sheng, responsable des services de sécurité du parti, redoutable spécialiste des combats souterrains [38]. Un texte de Chen Yun, seul dirigeant à cette date d'origine ouvrière (il a été typographe aux Presses commerciales de Shanghai), explique « comment être un membre du PCC ». Les

---

37. Mao Zedong : *Œuvres* t. III, Boyd Compton o.c. Harrison o.c.

38. Kang Sheng, depuis sa mort en 1975, est l'objet de critiques de plus en plus violentes de la part du PCC. En octobre 1981 il est exclu du parti à titre posthume pour divers crimes et sa complicité avec Jiang Qing.

militants étudient enfin un article de Liu Shaoqi, qui est un long passage de son livre de 1939, connu sous le titre *Comment être un bon communiste ?*

La prépondérance de Mao est évidente, ainsi que la totale absence d'écrits de ses adversaires d'alors, les « Internationalistes ». Le mouvement a bien deux aspects : une épuration politique et l'affirmation de la prééminence de la « pensée Mao Zedong ».

L'épuration politique

Elle vise nettement les Internationalistes, avec d'autant plus d'efficacité que la dissolution de l'Internationale communiste, le 15 mai 1943, leur ôte un dernier atout. Mao les dénonce comme des dogmatiques, imbus de science étrangère, récitant des leçons apprises ailleurs (Sous-entendu à Moscou). Il les compare à « des roseaux (plantés) sur les murs », « leur tête est lourde, leur pied faible, leur racine mince » et il leur oppose les militants de terrain, liés aux problèmes réels, semblables « au bambou qui s'élève sur les monts. Sa pointe est acérée, son écorce épaisse, sa tige creuse »...

Mao va d'ailleurs — et on retrouve là ses origines paysannes — jusqu'à la grossiéreté rabelaisienne pour exalter face à ces tenants d'un marxisme académique et étranger, un marxisme du réel. Il déclare : « Selon la doctrine de Marx, pour vivre et lutter, il faut avant tout que quelque chose entre par là et que quelque chose sorte par là... » et de joindre les gestes à la parole.

« Lorsque je parle ainsi, ajoute-t-il, il y aura sans doute des gens qui s'indigneront et qui diront « A t'entendre, Marx aussi (c'est-à-dire comme les « dogmatiques » critiqués) ne fut qu'un demi-intellectuel ! » Je réponds « C'est exact, Marx, premièrement, ne savait pas tuer un cochon et, deuxièmement, ne savait pas cultiver la terre. Mais il a participé au mouvement révolutionnaire et il a également étudié la marchandise. »

Le problème, c'est que ce robuste humour paysan cache des réalités souvent plus sinistres. Une véritable campagne d'épuration a frappé le parti en 1943 : 140 000 militants et 20 000 cadres, placés sous la direction de l'inquiétant Kang Sheng, soumettent à des enquêtes quelque 35 000 militants « suspects ». Ce mouvement touche au-delà 10 à 20 % des effectifs du parti. On démasque 2 000 « agents secrets » du Guomindang à Yanan, 4 000 dans la région. Il y a des exécutions, des suicides. Kang Sheng déplore que les récalcitrants aient été parfois contraints à l'aveu de leurs prétendues fautes par la torture.

Il est certain que le Guomindang avait des agents... Mais l'amalgame instauré entre la nécessaire vigilance en période de guerre et le rassemblement de tout le Parti autour de la « pensée Mao Zedong » crée un malaise. De « bons camarades ont été injustement persécutés » avoua Kang Sheng. Des écrivains aussi. Nous y reviendrons.

La « *pensée Mao Zedong* » [39]

L'histoire de l'émergence de la pensée de Mao Zedong comme fondement théorique de l'action du PCC est longue et sinueuse. Elle est révélatrice des hésitations de cette génération d'intellectuels chinois qui ont fait le « mouvement du 4 mai 1919 » et dont le but fondamental était de « sauver » leur pays. Mao, né en 1893 près de Changsha, la capitale du Hunan, est d'une origine sociale un peu moins élevée que la plupart des dirigeants du PCC (peu différente de celle des dirigeants du Guomindang). Il est fils d'un paysan devenu riche, ayant investi ses gains de militaire de carrière dans la terre et ne répugnant pas à spéculer sur les grains. Plus tard, il fera de ce père — avec lequel il eut de nombreux conflits — le symbole du « pouvoir » et de sa mère, douce et effacée, fervente bouddhiste, le prototype du « peuple », victime de l'oppression et réceptacle de

---

39. Durant la Révolution culturelle les Editions de Pékin ont décidé de traduire « Pensée-maozedong » ce que l'on traduisait jusqu'alors « pensée de Mao Zedong ».

toutes les vraies vertus. Le jeune Mao arrache par la lutte la possibilité d'étudier. Mais, alors que son père voit dans l'obtention par son fils de diplômes quelques avantages pour la tenue des livres de comptes et les relations avec l'administration, Mao dévore les romans classiques, se prend de passion pour les preux du *Roman des trois royaumes,* pour les rebelles défenseurs des opprimés du *Roman du bord de l'eau.* Il admire les grands héros du passé chinois Qin Shi-huang, le premier empereur, Han Wudi, Tai Zong des Tangs, Tai Zu des Songs... On retrouvera ce trait beaucoup plus tard, comme dans son poème de 1936, *Neige.* A ces grands guerriers, il ajoute des hunanais célèbres dans son panthéon personnel, comme Wang Fuzhi, penseur chinois du XVIIe siècle qui refusa de se rallier aux conquérants mandchous et défendit avec une intransigeance farouche la tradition culturelle chinoise (*Han*), face aux intellectuels amateurs d'honneurs officiels et faiseurs de compromis[40].

Deux traits fondamentaux de son caractère et de sa pensée sont ainsi déjà fixés dès ses premières années d'études : un nationalisme vigoureux et une exaltation des vertus militaires. Pour comprendre, il faut se rappeler l'humiliation nationale de la Chine d'alors, asservie par l'impérialisme et ses complices.

J'ai parlé à ce propos d'une « Chine en perdition ». La situation était en effet vécue comme telle par le peuple chinois et surtout par les intellectuels. Ce nationalisme fondamental de Mao, cet appel aux armes, cet éloge de l'éducation physique comme apte à préparer à « l'héroïsme militaire », dans son premier écrit en 1917, n'est, dans son essence, ni du bellicisme, ni du chauvinisme. Cela s'apparente plutôt aux sentiments d'Aragon écrivant en 1942-1944 *La Diane française* et

---

40. Sur Mao Zedong il existe une énorme littérature. On peut consulter facilement CHEN (J.) : *Mao et la révolution chinoise,* Mercure de France, 1968 ; SCHRAM STUART : *Mao Zedong,* Penguin Books, 1967. WILSON (D.) : *Mao, 1893-1976,* les éditions Jeunes Afrique, 1980, 565 pages.

redécouvrant le Moyen Age et les profondeurs du peuple français pour appeler à la Résistance.

Pour le moment, Mao cherche... Elève de l'école normale de Changsha, un peu raillé pour ses allures rustiques, il suit avec ferveur deux maîtres : l'un, « Yuan à la grande barbe », lui apprend le chinois classique, la pureté dans la composition des écrits. C'est avec lui que Mao pénètre encore davantage dans la grandeur du passé de son pays. L'autre, Yang Changji, lui fait découvrir la philosophie occidentale et, surtout, lui apprend les très grandes lignes de la dialectique hégélienne. Mao lit passionnément dans un certain désordre : il parle encore, en 1917, du socialisme de Bismarck, le socialisme étant pour lui confondu avec l'intervention de l'Etat dans les affaires sociales. Surtout, durant l'hiver 1918-1919, il est aide-bibliothécaire à Pékin à la prestigieuse université de Beida. Cherchant toujours sa voie, il est séduit par le brillant doyen de la Faculté des lettres, Chen Duxiu et discute les articles de la revue iconoclaste *La Jeunesse,* à laquelle il contribue.

Il se retrouve dans la dénonciation du confucianisme, dans la présentation de « Monsieur Science » et de « Monsieur Démocratie » qui peuvent sauver la Chine et partage l'attrait de Chen Duxiu pour la Révolution française. Il suit lui aussi avec un vif intérêt les confuses nouvelles de la Révolution d'octobre en Russie dont il dira plus tard que « les slaves ont apporté le marxisme-léninisme en Chine ». Sans doute a-t-il quelques réticences devant des affirmations de Chen quand ce dernier écrit : « Je préfèrerais la ruine de l'essence nationale (de la Chine) à l'extinction de la race chinoise dans le présent et le futur à cause de son inaptitude à survivre »... Son vif sentiment national n'accepte pas ce nihilisme culturel.

Aussi écoute-t-il, avec de plus en plus d'intérêt, un autre professeur prestigieux, moins brillant, moins imprégné d'idées étrangères, plus ancré dans le terroir chinois : Li Dazhao. C'est lui qui, entre 1918 et 1920, écrit les premiers articles en faveur de la révolution bolchevique ; c'est lui qui présente aux étudiants, avec quelques réticences, les fondements du marxisme[41].

Dans un texte étonnant de février 1919, Li Dazhao vante le populisme russe : il invite la jeunesse instruite de Chine à « aller vers les villages » à son imitation. En effet, écrit-il, la paysannerie souffre : c'est un « enfer ». Les intellectuels, « pauvres, inquiets, ayant perdu leur chemin, vagabondent comme des fantômes ». Qu'ils plient bagage, renoncent à un vain savoir et aillent dans les villages éduquer le peuple : le monde rural sera plus harmonieux et les intellectuels en paix avec eux-mêmes. Déjà, en 1916, Li Dazhao avait parlé de la nécessaire régénération nationale qu'il présente désormais comme naissant de la rencontre entre la paysannerie souffrante et l'intelligentsia aliénée. Il voyait alors les civilisations avancées ne plus être, selon sa formule « que des voyageurs du passé dans la caravane de la civilisation humaine ». La paysannerie, plus pure, profitait ainsi du privilège de l'arriération... Que de thèmes, on le voit, qui imprimeront une influence définitive dans l'esprit du jeune Mao !

C'est dans ce contexte, durant l'été 1920, que ce dernier commence à se tourner, à l'image de ses maîtres à penser Chen Duxiu et Li Dazhao, vers le marxisme. Cette doctrine est très peu connue en Chine. Seul le *Manifeste du Parti communiste* a été traduit dans le *Min Bao* de Sun Yat-sen en 1906 et l'essentiel de *Salaire, prix et profit* a été publié dans les années suivantes. Entre 1919 et 1921, les traductions sont plus nombreuses ainsi que les présentations des idées essentielles de Marx et d'Engels : préface du *Capital*, chapitre 3 de l'*Anti-Duhring*, préface de Marx à la *Contribution à la critique de l'économie politique*, *Socialisme utopique et socialisme scientifique* d'Engels, un écrit de Kautsky sur *Les Idées économiques de Marx* ; les présentations les plus systématiques du *Capital* dans son ensemble sont l'œuvre de

---

41. Le texte cité ci-dessous de Li Dazhao est tiré de BERGÈRE (M.-C.) et TCHANG FOU-JOUEI : « Sauvons la patrie », *Le Nationalisme chinois et le mouvement du 4 mai 1919*, Publications orientalistes de France, 1977.

Hu Hanmin et de Dai Jitao (qui seront bientôt les chefs de file du Guomindang de droite) [42].

Mao lit, discute, écrit : il est rédacteur en chef en juillet 1919 d'une revue du Hunan où il publie son premier article de fond sur « La grande union des masses populaires ». Il ne procède à aucune analyse de classe rigoureuse et décrit le peuple chinois comme un vaste ensemble indifférencié : les ouvriers, les paysans, les étudiants, les femmes, les artisans, les soldats... opprimé par une poignée de profiteurs, de militaristes et de riches étrangers. Qu'ils s'unissent et la Chine connaîtra « un nouvel âge d'or »...

Commence alors l'expérience révolutionnaire de Mao : directeur de l'école primaire annexe de l'école normale de Changsha, puis gérant d'une librairie, animant des mouvements d'éducation populaire, Mao devint adhérent du PCC dès l'été 1921 et responsable pour le Hunan du Secrétariat du Travail. Il mène donc un travail militant auprès des ouvriers, aide à la création de syndicats (ainsi à Anyuan), dirige des grèves. Il écrit peu alors et, conscient de la faiblesse du jeune PCC, s'enthousiasme de la politique d'alliance avec le Guomindang. Jusqu'en février 1926, il répète que le prolétariat urbain est la force essentielle de la révolution. En fait, depuis quelque temps, il s'intéresse à la paysannerie et aux efforts de Peng Pai (un intellectuel communiste lui aussi) pour organiser les paysans de Hai Feng et Lu Feng (près de Swatow dans la province de Canton) en unions paysannes imposant aux grands propriétaires des réductions du fermage. De mai à octobre 1926, Mao dirige la 6ᵉ promotion de l'Institut de formation des cadres pour le mouvement paysan fondé à Canton par le Guomindang. Il y analyse, dans ses conférences, les classes de la société chinoise et, surtout, en septembre 1926, y élabore un article : « La révolution nationale et le mouvement paysan » où il écrit : « La question paysanne est la question centrale de la révolution chinoise [43]. »

Mao, désormais, est un organisateur révolutionnaire de la paysannerie. D'où sa célèbre « Enquête sur le mouvement paysan dans la province du Hunan » en janvier 1927. Ce texte est décisif. On peut en discuter la pertinence. En fait, ce mouvement est moins ample et puissant qu'il n'est suggéré dans ce rapport et Mao a tendance à extrapoler bien trop vite. De plus, ce mouvement paysan charrie bien des scories et certains notables s'y rallient pour mieux le détruire un peu plus tard...

On peut aussi en nier l'originalité : c'est vrai que les directives qui s'en dégagent sont très semblables à celles données par l'Internationale communiste à partir de 1923 et surtout à l'automne 1926. On peut même y voir une manœuvre de Chen Duxiu dans les luttes internes du PCC : amplifier la force du mouvement paysan permettait de minimiser la force du mouvement ouvrier et de s'opposer au courant qui le magnifiait.

L'essentiel, pourtant, est ailleurs : il est dans le romantisme du texte, l'exultation de l'auteur devant le soulèvement populaire. Il est dans le refus de la ligne concrète du Parti (et de l'Internationale communiste) qui aurait voulu s'opposer aux « excès » du mouvement paysan. Il se trouvait en effet des dirigeants pour vouloir (avec un parti qui comptait quelques centaines d'adhérents à la campagne, dispersés « sur l'immense surface de l'océan paysan » comme disait Staline) diriger néanmoins ce mouvement et l'amener à modérer ses exigences, pour ne pas rompre la fragile alliance avec le Guomindang. N'y parvenant pas, ils s'affolent.

Mao, quant à lui, va à l'essentiel : les masses paysannes soulevées inventent leurs formes de lutte qu'il décrit avec satisfaction. Ce souci de la spécificité de l'action

---

43. VOLINE (M.) : A propos de l'article de Mao Zedong « sur les classes de la société chinoise » in *Recherches Internationales à la lumière du marxisme* n° 61, 1969. Quelques problèmes du socialisme en Chine.

paysanne placée au cœur des luttes révolutionnaires, restera l'un des pivots de la pensée de Mao Zedong. La terrible répression qui met fin au mouvement ajoute une autre donnée, elle aussi permanente : la nécessité de la lutte armée, de la création d'une armée révolutionnaire.

Réfugié dans les Jinggangshan, Mao réfléchit sur des conditions permettant à un « pouvoir rouge » de subsister et de s'étendre en Chine. L'Armée rouge est au cœur de ses réflexions. Une bonne part des écrits de Mao à cette époque, remis en forme dans les premières années de Yanan, traite de l'Armée rouge, de la guérilla, de la tactique des rapports entre l'armée et le peuple.

Finalement, l'Armée rouge des Soviets était une armée comme les autres, mais au service de la révolution soviétique. Mao veut forger une armée autre, une armée révolutionnaire et non pas seulement une armée de la révolution.

En 1942, cette armée existe, émanation du peuple et plus précisément de la paysannerie pauvre ; elle est disciplinée, respectant la population, cultivant dès que possible la terre. C'est donc le second aspect de la pensée de Mao Zedong avec son corollaire : on doit créer des « bases rouges » armées où s'élabore la révolution agraire et qui s'élargissent au rythme de celle-ci. Une paysannerie en armes, disposant de la terre qu'elle cultive, dans des régions protégées par ses armées, voilà l'acquis essentiel vers 1942. A quoi Mao a ajouté un ensemble d'écrits théoriques et philosophiques en 1937.

Les textes les plus importants sont « De la pratique » et « De la contradiction ». Si on lit ces exposés rapides sans chausser de lunettes déformantes, force est de reconnaître une certaine banalité dans le propos : il faut, dit Mao, soumettre la théorie à l'épreuve de la pratique. C'est un peu le pont aux ânes du marxisme élémentaire. Quant à cette vision du monde, formée du flux ininterrompu des contradictions qui le hantent, c'est du Hegel revu à la lumière de la vieille dialectique métaphysique chinoise du yang (le principe mâle, positif) et du ying (le principe femelle, vide...). A tout cela on ajoute une certaine éthique : il faut servir le peuple, se dévouer à la collectivité.

Mao dira plus tard que de tous les titres dont on l'accable, le plus beau à ses yeux est celui de « grand éducateur ». De fait, pour les masses arriérées de la région de Yanan poussant jusqu'à la caricature la pauvreté et le dénuement culturel, tout ce mouvement peut se traduire par la découverte, auprès des cadres rééduqués ou dans les meetings ouverts auxquels tous participent, d'une explication rationnelle élémentaire des phénomènes de ce monde, d'une logique enchaînant les événements. Une lente acculturation s'opère qui dépasse l'exiguité du monde paysan : on apprend des mots nouveaux : cadres (*ganbu*) et non plus fonctionnaires, mandarins ; les masses (*qunzhong*) c'est-à-dire eux-mêmes, une force si elle est unie ; les classes et non plus le clan, la lignée dominée par les notables. Mao, à ce niveau, prend les traits de l'Instituteur du Peuple, auxquels il joint ceux du libérateur et bientôt ceux du triomphateur. Cela rappelle un peu ces empereurs de légende (après tout, le tombeau de l'un d'entre eux, l'Empereur Jaune, est tout près de Yanan) qui, à la tête de leurs rudes guerriers apportaient avec eux un monde plus juste, mieux organisé, aux digues bien entretenues, aux récoltes suffisantes, un monde dominé par des hommes sages et vertueux...

UN SOCIALISME
AUX COULEURS DE LA CHINE ?

Le mouvement *zheng feng* est donc bien autre chose que les écrits qui en balisent le cours. En apparence, rien de très neuf : on pourrait même expliquer les principales décisions prises comme une application des directives de l'Internationale communiste : le 7ᵉ congrès de l'Internationale en 1935 ne recommandait-il pas aux communistes des « pays coloniaux et semi-coloniaux » (avec une référence particulière à la Chine) de « travailler à la création d'un front populaire anti-impérialiste » ?

Siniser le marxisme

Mais en fait, plus que dans sa stratégie d'ensemble, l'originalité du mouvement réside dans son principe même : il se propose de « siniser » le marxisme. A une époque où le PC d'Union soviétique élabore les lois universelles du marxisme, d'encyclopédies en articles d'académicien, les dirigeants chinois suggèrent, tout au contraire, le caractère contingent de ces lois, l'obligation pour un parti communiste conséquent de les adapter aux conditions nationales de son développement. C'est d'ailleurs sur ce point précisément que Vladimirov [44], le témoin soviétique de cette époque, réagit violemment : à ses yeux, le marxisme de Mao n'est qu'un vulgaire pragmatisme... Il est vrai que cette affirmation d'une voie chinoise originale dans la conduite des luttes révolutionnaires s'accompagne de réactions qui ne peuvent plaire à L'URSS. Déjà, dans une interview de 1936 à Edgar Snow, Mao avait déclaré : « Nous ne luttons certainement pas pour l'émancipation de la Chine afin de remettre le pays à Moscou ! »

Lors de la dissolution de l'Internationale communiste, le 15 mai 1943, le comité central du PCC ne cache pas, dans la résolution qu'il vote le 26 mai [45], sa vive satisfaction devant une décision qui rencontra beaucoup plus de réserves de la part d'autres partis communistes. La lutte contre les « 28 bolchevicks » ou les « Internationalistes » qu'est, pour une bonne part, le mouvement *zheng feng* où l'on dénonce leur dogmatisme de bons

---

44. VLADIMIROV (P.) : « *La région spéciale de Chine* », Ed. Novosti, Moscou, 1973, trad.

45. *Cahiers de l'Institut Maurice-Thorez*, n° 22, 1977 : ROUX (A.) « Documents : le Parti communiste chinois et la dissolution de l'I.C. ».

élèves des instituts du marxisme-léninisme soviétiques, ne pouvait pas ne pas ricocher contre le PCUS lui-même.

Quand le 9 août 1945, l'URSS, conformément aux accords de Potsdam, chasse les Japonais de Mandchourie, les communistes chinois sont satisfaits. Ils sont par contre désagréablement surpris du traité d'amitié passé le 14 août entre l'URSS et le régime Guomindang. Tout ne fut pas limpide, d'ailleurs, entre les communistes chinois et les soviétiques durant l'assez longue occupation de la Mandchourie par l'Armée rouge qui suivit la capitulation japonaise. Et le dernier ambassadeur à rester auprès de Chiang Kai-shek en pleine débâcle en 1949 fut l'ambassadeur soviétique. Plus tard, Mao dira que Staline n'avait pas cru en la victoire des communistes chinois. Staline, d'après un auteur yougoslave, aurait d'ailleurs tenu sur ce point des propos autocritiques[46].

Pas d'erreur cependant : l'amitié entre le PCC et les dirigeants soviétiques n'est pas sans ombre, mais, pour l'essentiel, le PCC masque ces différends que seuls quelques experts américains, venus en 1944 à Yanan, ont pressentis. L'armée de Lin Biao en Mandchourie, récupère les armes japonaises grâce à l'aide discrète de l'Armée rouge et, dès qu'ils étendent leur influence à des villes importantes durant la guerre civile et ont besoin d'apprendre à administrer des ensembles économiques complexes, les communistes chinois traduisent en abondance des ouvrages soviétiques sur le sujet.

Ils cherchent un modèle, comme le reconnaîtra Mao lui-même en 1962 : le seul pays socialiste existant alors le leur fournit. Mais il existe un contentieux, une susceptibilité teintée de méfiance, que le dur réalisme de Staline dans la conception des relations entre l'URSS et les autres pays socialistes a contribué à renforcer.

Plus tard, le maréchal Chen Yi, dans une boutade, dira : « La Chine pèse trop lourd pour être un satellite. »

---

46. DEDIJER (V.) : *Tito Speaks*, Weidenfeld and Nicolson 1953, p. 331.

Disons, de façon plus juste, qu'il ne peut y avoir de pays socialistes satellites dépendant de l'URSS, pas plus la Chine qu'un autre. Les dirigeants chinois, d'un certain point de vue, ont sur ce point agi comme des pionniers en promouvant un socialisme aux couleurs de la Chine, mais en étant peut-être mus plus par la volonté de se hisser au même niveau que l'URSS que par celle d'instaurer entre partis communistes et entre pays socialistes des rapports égalitaires.

La ligne de masse

Mais force est de reconnaître que les bases du socialisme ne sont pas parfaitement assurées. Et c'est le second point de réflexion sur le mouvement *zheng feng* que je voudrais aborder.

Tout tourne autour du thème, qui revient dans de nombreux écrits d'alors, de « la ligne de masse ». Ces écrits insistent sur la nécessité d'un parti lié aux masses, plongé dans leur sein, capable de comprendre leurs exigences, apte à faire pénétrer la ligne susceptible de faire triompher leurs justes revendications. Ils prônent un processus complexe de va-et-vient, la direction du Parti lançant les idées-forces d'une campagne politique, après enquête minutieuse sur le terrain pour connaître la situation exacte du problème (et on cite sur ce point l'exemple de Mao au Hunan en janvier 1927) ; puis, après avoir établi un bilan précis des premières réactions, les instances dirigeantes du mouvement révolutionnaire reformulent les directives d'un mouvement dont les masses sont désormais capables de s'emparer.

Le PCC est ainsi une avant-garde capable de se laisser absorber par le gros des troupes avant de reprendre sa marche. On dénonce logiquement les risques de bureaucratie, d'autoritarisme et d'opacité du parti en face des « masses ». Déjà on pratique l'envoi périodique de cadres à la base, dans les villages (*Xia xiang*), pour qu'ils puissent « s'immerger » dans le peuple.

Et le problème surgit sur ce point : pourquoi un tel péril bureaucratique auquel on cherche ainsi à remédier, dès l'époque de Yanan, dans cette terre d'austérité et de vertu, où les observateurs américains ravis trouvaient comme un parfum des années héroïques rappelant leur propre lutte de libération en 1776 ? La raison n'est-elle pas à chercher dans les rapports complexes du PCC avec sa base révolutionnaire, la classe ouvrière et la paysannerie pauvre ?

C'est le 7 février 1940 (date anniversaire de la première grande vague de répression contre le mouvement ouvrier chinois en 1923) que Mao écrivit son seul article, fort court, consacré à la classe ouvrière, dans lequel il salue la sortie d'une revue du PCC l'*Ouvrier chinois*. Il déclare : « La classe ouvrière dirigée par son parti, le PCC, est devenue en vingt ans de combats héroïques, la partie la plus consciente du peuple, la force dirigeante de notre révolution. » Or, à cette date, il doit exister à peine quelques centaines d'ouvriers communistes dans les usines des « zones blanches » et il n'existe pas la moindre usine dans les zones tenues par les communistes ! En fait, le PCC s'affirme comme l'émanation concrète d'une classe ouvrière avec laquelle il n'a plus guère de contact réel. Partant du syllogisme : le marxisme est la philosophie de la classe ouvrière, or le PCC est marxiste donc il représente la classe ouvrière, le PCC se livre à une sorte de prosopopée : il fait parler la classe ouvrière, il parle en son nom, mais en son absence... On a remarqué que le syllogisme évoqué est un grossier sophisme.

De fait, il existe là un drame redoutable et qui pourtant ne semble guère émouvoir Mao : le PCC est né alors que la classe ouvrière chinoise n'était pas encore constituée en tant que classe. Il a consacré ses premiers efforts au développement d'un mouvement ouvrier organisé, intégré au mouvement révolutionnaire. Il était en passe d'y parvenir quand la terreur blanche, déclenchée à partir du 12 avril 1927, a brisé son effort. La ligne aventuriste du PCC dirigée par Qu Qiubai, Li Lisan, Wang Ming, a approfondi la cassure.

Le mouvement ouvrier chinois, privé de militants révolutionnaires, se replie sur le corporatisme des syndicats de métiers, multiplie les luttes isolées qu'enca-drent les syndicats Guomindang ou les sociétés secrètes. Les militants clandestins du PCC n'interviennent pas dans ces luttes de façon distincte et se confondent avec les autres animateurs du mouvement ouvrier. Or, cette situation qui aurait pu changer, se prolonge, pour l'essentiel, après 1945. Les militants communistes repa-raissent à Shanghai et dans les zones blanches, mais semblent ne pas pouvoir franchir les barrières corpora-tistes d'un mouvement ouvrier organisé sans eux et n'éprouvant nul besoin de leur apport. Dans les zones libérées à partir de 1947, il existe de plus en plus de grandes villes, à commencer par les puissantes cités industrielles de Mandchourie. Les communistes, après quelques tâtonnements, dénoncent les tendances gau-chistes d'un mouvement syndical renaissant qui croit que tout est possible : des augmentations de salaires de 100 % étaient demandées. A Shenyang, des ouvriers en conflit avec leur patron ont démonté les machines et organisé leur vente. Pis, à Anshan, en février 1949, les ouvriers non payés du fait de la guerre civile ont démonté les 210 000 pièces de la centrale électrique de la ville et les ont dispersées au gré des acheteurs : durant plus d'un mois la ville est sans électricité !

On pense à la démonstration de Rolande Trempé à propos des mineurs de Carmaux : il a fallu quarante ans pour que le prolétariat de cette ville, pourtant combatif et vivant dans un pays pénétré d'idées socialistes, passe d'une mentalité paysanne à une conscience de classe ouvrière. En Chine, le délai ne peut être moins long... Le mouvement ouvrier que retrouvent les communistes à partir de 1948, ne leur paraît pas digne de jouer le rôle dirigeant qu'ils lui assignent.

En 1948, il n'y a pas de grèves insurrectionnelles pour aider l'avance de l'Armée populaire de Libération ; les premières compagnies qui entreront dans Shanghai le feront de nuit, dans une ville qui ne les accueillera qu'après sa prise par des moyens exclusivement militai-res. Rien à voir avec le soulèvement libérateur mais éphémère de mars 1927 ! Le Parti communiste chinois en effet, a demandé à ses militants de consacrer leurs efforts à protéger les usines. Ils y parviennent fort bien à Shanghai, témoignant là des possibilités de mobilisation que le PCC a volontairement négligées. Juste ligne de sa part ? Prix à payer à la politique de « démocratie nouvelle », qui nécessitait que l'on ménageât la classe bourgeoise ? Erreurs d'une ligne militaire qui aurait prévalu alors ? La question n'a jamais été posée en Chine. Une évidence incontestable en tout cas : le Parti communiste chinois parle du rôle dirigeant de la classe ouvrière, mais il l'assume à sa place depuis ses origines, avec peut-être une exception entre 1925 et 1927. Étrange avant-garde que cette classe ouvrière qui a ainsi besoin d'un tuteur !

Aussi certains auteurs (par exemple Isaac Deutscher) ont-ils parlé de « substitution de classe », voyant dans le remplacement opéré par les communistes, de la classe ouvrière, comme force révolutionnaire dirigeante, par la paysannerie, la cause fondamentale des errements du PCC après 1949. Un auteur américain, Chalmers B. Johnson[47], estime que la substitution de classe se complète d'une substitution de stratégie. Les communistes, selon lui, l'ont emporté en masquant leurs véritables objectifs révolutionnaires : ils se sont drapés devant les paysans du drapeau nationaliste. Profitant de la carence du Guomindang face aux Japonais, les communistes auraient ainsi rallié à eux la paysannerie chinoise par une véritable tricherie. 1949 serait donc la victoire d'un mouvement nationaliste et non d'une révolution, les communistes opérant le transfert de l'ennemi japonais à l'ennemi Guomindang en utilisant le soutien américain à Chiang Kai-shek pour en faire un « valet des étrangers ».

Il me semble que cette thèse (qui apparaît aussi chez des auteurs soviétiques) selon laquelle les communistes chinois seraient de pseudo-révolutionnaires et de véritables nationalistes est fausse. Elle ignore l'essentiel : la dialectique établie précisément entre le mouvement de

47. Voir note 15.

libération nationale et la lutte révolutionnaire de la paysannerie. En ce sens, la révolution chinoise sera exemplaire pour de nombreux pays du tiers monde.

L'armée des communistes est une armée de paysans qui luttent d'autant mieux qu'ils savent ce qui est en train de changer dans les villages : réduction de la rente foncière, réduction des taux de l'usure, mise en place de structures politiques nouvelles qui érodent le pouvoir des élites paysannes traditionnelles.

Plusieurs enquêtes permettent d'établir que, de 1940 à 1945, le rôle des paysans moyens se renforce dans les villages tenus par les forces communistes et que le nombre des hobereaux tend à diminuer d'autant plus qu'ils sont souvent collaborateurs des Japonais ou des « fantoches chinois » de Wang Jingwei. La déstabilisation du monde rural au profit des paysans pauvres et des paysans moyens a commencé. Lutte de classe et lutte nationale sont ainsi indissociables.

Cependant, cette thèse a le mérite de mettre en lumière le fait que les communistes ne sont pas nécessairement bien accueillis dans les villages et qu'ils n'y sont pas aussi à l'aise que « des poissons dans l'eau ». Les tenants de l'idée d'une substitution de classe voient dans ces rapports ambigus entre les communistes et la paysannerie (fondamentalement petite-bourgeoise, tentée par la propriété de la terre et bien peu par le collectivisme), la base même du bureaucratisme menaçant dès l'époque de Yanan. Le Parti, qui n'est plus ouvrier et qui ne peut être véritablement paysan, se constituerait peu à peu en une couche sociale autonome. Après le « féodalisme bureaucratique » et le « capitalisme bureaucratique » on aurait inévitablement « le socialisme bureaucratique ». Et l'on peut voir pointer à l'horizon, comme une fatalité, le poids historique du mode de production asiatique et de son Etat classe.

Je ne pense pas que cette analyse décrive la situation en 1949. Simplement, il me paraît intéressant de comprendre les rapports ambigus entre le PCC et la paysannerie, que certaines présentations idylliques ont escamotés. Un chercheur français, Lucien Bianco, a solidement établi que la paysannerie chinoise n'a rien de spontanément révolutionnaire[48]. Ses réactions naturelles sont la prudente soumission au pouvoir avec parfois des soulèvements limités, sans grandes perspectives, suscités par une injustice brusquement intolérable. Elle tend à l'autodéfense, au combat horizontal, village contre village, clan contre clan, plus qu'à la lutte de classe, verticale, contre les notables. Prédominent aussi les luttes antifiscales, ce qui est fort traditionnel.

Le soutien paysan aux communistes est donc très conditionnel, méfiant, fragile. Un témoignage comme *Fanshen* de William Hinton, que nous avons déjà évoqué, confirme cette appréciation. En 1947, dans ce village du Shanxi, on a peur du retour victorieux des forces du Guomindang... La femme du principal cadre communiste vient proposer de travailler gratuitement comme servante chez l'épouse de l'ancien hobereau dont on a confisqué les biens, pour avoir sa protection au cas où...

Après l'évidente défaite sans retour du Guomindang, un autre problème surgit, tout aussi redoutable : on partage quelques terres, quelques maisons, quelques vêtements, on rassemble quelques biens saisis aux « riches ». Et l'on est toujours pauvre ! L'idée s'impose alors que cette pauvreté est due aux excès des nouveaux cadres communistes. De fait, certains abusent de leur pouvoir et se comportent comme des « petits chefs ». A la Longue Courbe par exemple la tension est telle que, dans le contexte plus général du mouvement de rectification (on voit que le *zheng feng* est devenu une pratique quasi permanente), une « équipe de travail » formée de militants solides, vient de la sous-préfecture pour enquêter et redresser la situation. Finalement, on charge l'association des paysans pauvres de juger, en quelque sorte, les 26 communistes du village. 22 sont blanchis et « franchissent » la porte, c'est-à-dire rede-

---

48. BIANCO (L.) : « Les paysans et la Révolution. Chine 1919-1949 » in *Politique étrangère* n° 2, 1968. BIANCO (L.) : « Les paysans et la Révolution » in *Regards froids sur la Chine*, Seuil, 1976.

viennent pleinement membres du Parti, 4 sont jugés coupables de divers abus et sont exclus du Parti.

Etrange procédé inconnu jusqu'alors dans la tradition communiste : les masses non communistes ont jugé les communistes... C'est un des aspects de la « ligne de masse » et de la lutte contre la bureaucratie. Non sans risque : la critique paysanne, étroite, est facilement injuste. Il y a pis : le Parti a besoin de l'appui prioritaire de la paysannerie la plus pauvre, mais il ne peut courir le risque de s'aliéner les paysans moyens. Or, derrière ces luttes confuses à la campagne, apparaît souvent chez la paysannerie pauvre, l'exigence d'une égalisation des terres, aux dépens de la paysannerie moyenne. Un cadre d'un autre village du Shanxi commente une situation analogue en 1948 : on a abusivement pris des terres à des paysans moyens : « Fondamentalement, c'est une erreur qui relève d'un égalitarisme extrême. C'est là un trait typique de l'idéologie de la paysannerie qui reflète le caractère de la production. Elle est révolutionnaire quand elle est orientée contre le pouvoir féodal des grands propriétaires fonciers et des paysans riches. Le point critique apparaît lorsque les paysans vont jusqu'à distribuer les biens des paysans moyens. L'égalitarisme devient alors une valeur réactionnaire. Notre expérience nous a montré que, chaque fois qu'on mobilise les paysans pour la lutte, ils vont vers un égalitarisme extrême et les cadres sont susceptibles d'être emportés dans la même direction[49]. »

Il ne faut pas oublier que la paysannerie est marquée par le maintien de structures familiales patriarcales, que les mariages sont arrangés par les familles, que les belles-filles sont traitées presque en esclaves dans leur nouvelle famille, que les superstitions fleurissent... Etranges rapports donc entre les communistes et la paysannerie faits de soutien réciproque mais aussi de critique, de méfiance et d'attentisme...

49. CROOK (D. and I.) : *Revolution in a Chinese Village,* Ten Mile In London Routledge and Kagan (P.) 1959.

Confucius ressuscité ?

La « ligne de masse » est donc mise en place pour pallier cette double carence, l'une quasi totale, l'autre simplement qualitative des deux classes dynamiques sur lesquelles repose la nouvelle démocratie. Sans elle, le risque bureaucratique serait grand et la dictature du prolétariat risquerait de ne pas être « la démocratie la plus large pour les masses populaires ».

Déjà, en 1942, à Yanan même, quelques écrivains avaient émis des doutes à ce sujet : la romancière Ding Ling, avec quelques réserves [50], Wang Shiwei, dans *Le lis sauvage,* sans aucune retenue. Ces écrivains dépeignaient les cadres supérieurs du PCC comme une élite privilégiée, bien habillée, profitant de la bonne chère et coupée des masses. La réplique a été parfois brutale : Wang Shiwei, emprisonné, est abattu par ses gardiens en 1947 dans la confusion qui suit la prise de Yanan par le Guomindang, crime regretté plus tard par Mao Tsétoung et que l'on porte au compte — de plus en plus lourd — de Kang Sheng.

On peut cependant espérer alors, que cela n'est que difficulté momentanée due à la guerre civile : désormais, en 1949, la classe ouvrière véritable, la paysannerie rassurée sur l'avenir, peuvent prendre toute leur part dans l'établissement d'une démocratie nouvelle. Le risque d'un parti tout-puissant et coupé des masses, d'un socialisme bureaucratique, ne semble donc pas bien grand...

D'ailleurs, le véritable risque n'est-il pas plus subtil ?

---

50. Voir la nouvelle de DING LING traduite in *Paris-Pékin,* n° 1, 1979 ; sur les difficultés rencontrées à Yanan pour la libération des femmes voir : HUA CHANGMING, « La condition féminine et les communistes chinois en action : Yanan 1935-1946 », *Cahiers du Centre Chine de Paris,*1981 (édition de l'Ecole des hautes études en sciences sociales) ; sur les difficultés de la réforme agraire à la même époque, voir : CLAUDE AUBERT, YING CHEN, « *l'Entraide agricole dans la Chine du Nord précommuniste* », *Publication orientaliste de France,* Paris, 1980.

Nous sommes en terre confucéenne, comme l'écrit le penseur vietnamien Nguyen Khac Vien, réfléchissant sur « *confucianisme et marxisme en Chine et au Viêt-nam* »[51]. Or, note-t-il :

« En terre confucéenne, le confucianisme déteint souvent sur le marxisme ; en terre confucéenne, la moralité révolutionnaire tend souvent à l'emporter sur la notion de loi du développement historique... Ce moralisme peut conduire parfois à une sorte de volontarisme qui veut que n'importe quelle tâche devienne possible dès que les hommes tendent suffisamment leurs ressorts... Le bas niveau des forces productives, le retard technique induisent à ne considérer l'évolution historique que sous l'angle moral. »

Moralisme, égalitarisme, volontarisme, tout cela se trouve en abondance du côté de Yanan ! L' « esprit de Yanan » peut glisser (avec son austérité forcée, son environnement écologique spartiate) d'une adaptation intelligente, nécessaire et momentanée aux circonstances — ce qu'il est fondamentalement — à la fonction de modèle, d'idéal à reconstituer dans d'autres conditions.

L'édification d'une société nouvelle est inévitablement difficile : l'esprit de Yanan peut prendre, lors d'une crise ou d'un échec, l'allure d'un âge d'or perdu, qu'il faut ressusciter. Piège de l'histoire qui fait resurgir devant Mao et ses amis ce même Confucius qu'ils avaient cru mort de leurs mains le 4 mai 1919...

51. KHAC VIEN (N.) : *Expériences vietnamiennes*, Editions Sociales, Paris, 1970, surtout p. 201 à 226.

DEUXIÈME PARTIE :

Les fondations du socialisme chinois, 1949-1958

Chapitre premier

LA NOUVELLE DÉMOCRATIE ET SON NÉCESSAIRE DÉPASSEMENT 1949-1953

En 1905, Sun Yat-sen déclarait qu'en « Chine le socialisme n'est plus dans les langes, [qu']il a déjà usé ses chaussures d'enfant ». Il se réclamait ainsi d'une longue tradition de mouvements populaires.

En 1949, il en est de même pour le Parti communiste chinois. Non seulement, en effet, ce dernier a 28 ans — l'âge adulte — mais surtout, il a déjà acquis une longue expérience de la gestion économique, administrative, gouvernementale, dans les « zones soviétiques », devenues ensuite « zones frontières » avant que d'être « zones libérées ».

Le PCC a été au pouvoir localement avant de l'être au niveau national. On peut même se demander si ce n'est pas précisément un des lieux où gît, encore caché, l'un des problèmes de demain : s'agit-il, pour les communistes chinois, en 1949, d'étendre à l'échelle nationale une expérience (celle de Yanan pour simplifier) déjà bien maîtrisée, en amorçant ainsi une « voie chinoise » originale ; ou bien le changement d'échelle n'impose-t-il pas de tourner la page, de faire du « neuf » par rapport à cette expérience, en imitant l'expérience du seul pays socialiste existant alors, l'Union soviétique ? Continuité donc, depuis les années héroïques du mouvement *Zheng feng*, ou solution de continuité « extérieure » et besoin pour ces cadres et ces militants de suivre de nouvelles écoles, de subir une nouvelle métamorphose ?

En 1958, le lancement du « Grand Bond en avant » s'accompagne de façon significative d'une insistance nouvelle sur « l'esprit de Yanan », soulignant l'importance du tournant que le PCC s'apprête à prendre alors. Il est vrai qu'après les trois ou quatre années de la « reconstruction » (1949-1951) on est bien vite passé à la phase de transition vers le socialisme (dès 1953) : le 8e Congrès du PCC en septembre 1956 clôt cette marche balisée qui semble sans histoire alors que s'ouvre bientôt une période originale, en 1957, où l'on découvre « les contradictions au sein du peuple ».

LA RECONSTRUCTION
D'UNE POLITIQUE ET D'UN ÉTAT

« La conférence consultative politique du peuple »

Pendant plus de trois ans, l'équipe dirigeante chinoise applique le Programme commun élaboré entre le 21 et le 30 septembre 1949 par les délégués de la « Conférence consultative politique du peuple ». Cette conférence n'est nullement une invention du nouveau régime : elle était prévue par le Guomindang pour mettre fin à la période de « tutelle politique » et s'était effectivement réunie en janvier 1946 pour n'aboutir à rien : la guerre civile était imminente. La conférence réunie à Pékin en 1949, reflète dans sa composition le nouveau rapport des forces et la politique de « front uni » prônée par le PCC, dont elle est la traduction institutionnelle. On y trouve 585 délégués désignés par divers organismes et partis politiques : soit 142 communistes, 102 représentants régionaux, 60 représentants de l'armée, 206 représentants divers (professions, associations culturelles, minorités nationales, Chinois d'outremer, associations syndicales...). La tâche qui se présente aux vainqueurs de la guerre civile et à leurs alliés est immense et urgente : elle nécessite ce rassemblement de toutes les forces vives du pays.

La ruine d'un pays déjà ruiné

La Chine, en effet, déjà très pauvre, a été encore appauvrie par douze ans de guerre : en 1949, sa production industrielle n'est plus qu'à 56 % du meilleur niveau d'avant-guerre (soit selon les secteurs, les années 1936-1937 ou 1942-1943). La production agricole en 1949 demeure de nos jours objet d'évaluations contradictoires, mais toutes reconnaissent l'effondrement : selon Zhou En-lai, la production de céréales serait tombée à 25 % de la production des meilleures années et celle de soja à 48 %. Des auteurs américains proposent un niveau égal à 75 % de la production antérieure. A cet égard, il faut se rappeler que la meilleure production d'avant 1949 ne suffisait pas à éviter disette et famine... La moitié du réseau ferroviaire est hors d'usage ; de nombreuses digues ont sauté, si bien que le douzième de la surface cultivable est sous les eaux. Des réfugiés sans ressources sont rassemblés par centaines de milliers dans les villes et l'inflation vertigineuse enlève toute crédibilité à la monnaie chinoise. La « reconstruction » commence donc aussitôt, au plan politique, économique et social tant à la ville qu'à la campagne. Une nouvelle société chinoise émerge.

Des textes et des principes : les idées du Président

La reconstruction politique du pays s'appuie sur un certain nombre d'idées contenues en germe dans l'exposé de Mao Zedong en janvier 1940 sur « la nouvelle démocratie », et précisées en 1949, notamment dans deux textes fondamentaux : le rapport de Mao du 5 mars 1949 devant la « deuxième session plénière du Comité central issu du 7ᵉ congrès du PCC » (à la veille du franchissement du Yangzi par l'Armée populaire de Libération), et l'article du 30 juin 1949 écrit par Mao à l'occasion du 28ᵉ anniversaire de la fondation du PCC et connu sous le titre : « De la dictature démocratique populaire. »

Remarquons tout de suite que les principes politiques sont élaborés et adoptés *d'abord par* le Parti communiste et *dans* le Parti communiste. Le rôle dirigeant de ce dernier ne fait de doute pour personne. La Chine n'a aucune tradition parlementaire et le problème de la démocratie chinoise, à cette époque, c'est d'abord de retrouver des conditions de vie élémentaires pour tous. Le véritable débat se situe donc ailleurs : dans les campagnes et les villes, au niveau des masses populaires et de leur intervention dans les grands mouvements qui balaient l'ancienne société. Cela est l'essentiel et sera mon centre d'intérêt privilégié.

A la base de ces textes de Mao, une idée-force : dorénavant on peut sauver le pays, on peut arracher la Chine à son arriération et lui donner, « dans un délai assez proche », la prospérité, tout en combattant la domination impérialiste.

Comment ne pas évoquer, à ce propos, les slogans nationalistes du début du siècle, produisant de puissants effets sur la génération qui allait faire le mouvement du 4 mai 1919 ? Deux mots dominaient alors : *Fu*, la prospérité et *Qiang*, la force. Ces deux mots peuvent servir à définir la politique prônée en 1949. On y est d'ailleurs autorisé... par l'auteur lui-même. Dans son beau texte de juin, Mao présente le drame de ces patriotes chinois qui, naguère, afin de sauver leur pays, ont cru trouver la vérité en Occident. Il en cite quatre : Hong Xiuquan, le chef des Taipings qui s'est tourné vers le christianisme et s'est présenté comme le « frère cadet du Christ », Christ jaune aux côtés du Christ blanc ; Kang You-wei, aux idées réformistes mises en échec en 1898, très marqué par le Japon occidentalisé du Meiji et socialiste utopique rêvant du monde sans classe du *Da Tong* (harmonie générale) ; Yan Fu, traducteur des philosophes utilitaristes anglais du XIXe siècle (Bentham, Herbert Spencer, Stuart Mill...), diffuseur des idées de Montesquieu, de Rousseau ; Sun Yat-sen, enfin, admirateur des démocraties occidentales et américaines, et persuadé qu'il aurait leur appui...

Tous se sont trompés dit Mao, ou plutôt ont été trompés par les impérialistes qui ont agressé leurs « élèves » chinois. Ce sont les communistes qui ont trouvé la véritable réponse, en occident certes, mais dans un tout autre contexte : en 1917, la Révolution d'Octobre a en effet apporté « avec ses salves » le marxisme-léninisme à la Chine, c'est-à-dire l'analyse de la nature de l'impérialisme, l'analyse de la nature de classe de la société chinoise et la stratégie mise en place par la troisième Internationale (révolution mondiale associant luttes de libération nationale des pays coloniaux et semi-coloniaux et luttes révolutionnaires opposant à leur bourgeoisie, les prolétariats des divers pays impérialistes). En Chine, le PCC avait pu être ainsi à la fois patriote et révolutionnaire, ouvert **aux** idées modernes et ancré au cœur des problèmes de la nation chinoise en lutte pour sa survie.

Mao en tire deux conséquences logiques : au plan de la *politique extérieure,* la Chine nouvelle doit « tomber d'un seul côté », c'est-à-dire rejoindre le camp anti-impérialiste dirigé par l'URSS. Mao précise même que, l'URSS étant le seul pays socialiste, il fait tenir le PCUS comme « le meilleur professeur auprès duquel nous (le PCC) devons nous mettre à l'école ».

Au plan de la *politique intérieure,* il faut unir toutes les forces populaires — le peuple étant considéré comme rassemblant la classe ouvrière, la paysannerie, la petite bourgeoisie et la bourgeoisie nationale — pour faire repartir au plus vite la production, sans pour autant boucher la route de l'avenir que Mao présente clairement comme devant être socialiste. A la ville, la base politique du nouveau régime sera donc la classe ouvrière qui doit rallier à elle « l'essentiel des intellectuels » et

« le plus possible de capitalistes nationaux ». A la campagne, le socialisme est indispensable comme solution d'avenir et il faut, en conséquence, « éduquer la paysannerie » pour l'en convaincre, ce qui demandera de la minutie et du temps.

Un parti communiste qui se sait mortel

Dans ces textes, par ailleurs sans surprise, deux développements retiennent cependant l'attention du lecteur : ils révèlent, à mon avis, la confuse inquiétude qui habite leur auteur. Dans le rapport de mars, on attendrait un passage sur les retrouvailles imminentes du Parti communiste et du prolétariat révolutionnaire : encore quelques semaines, et l'Armée populaire de Libération serait à Shanghai... Or, tout au contraire, Mao présente ce retour des vainqueurs à la ville comme rempli de pièges : la bourgeoisie va tirer sur les militants révolutionnaires des « balles enrobées de sucre ». Shanghai fait peur. Comment ne pas penser à ces deux Chine dont nous avons déjà parlé, entre lesquelles le PCC cherche à bâtir un pont ? Comment ne pas entrevoir, dans cette analyse des périls, une certaine méfiance dans les capacités révolutionnaires d'un prolétariat sans doute déjà frappé par ces balles « enrobées de sucre », engourdi par leurs délicieuses blessures et se limitant aux luttes économiques et corporatives ?

Une autre phrase surprend : elle se trouve dans le texte de juin. Ce texte célèbre un anniversaire. La coutume veut que ce soit l'occasion de prévoir pour celui que l'on fête — en l'occurrence le PCC — un avenir glorieux. Or ici... il est dit que, comme tout être vivant, le PCC, un jour, mourra. Ce sera alors le *Da Tong,* l' « harmonie générale », vieux rêve de tous les utopistes chinois : une société sans classe, sans Etat, un monde enfin affranchi des contraintes de toutes les dictatures, donc de celle que dirige le Parti dans le cadre de la « dictature du peuple ». Rêve bien rare à l'époque parmi les dirigeants communistes que celui du jour où le parti mourra ! Traduction de quelques craintes ? Sans doute : à Yanan, les premiers drames de l'autoritarisme et de la bureaucratie d'un parti tout-puissant se sont déjà produits.

Une dictature de démocratie nouvelle

Cependant, la Chine nouvelle bâtit son Etat. La conférence consultative politique et son comité permanent exercent le pouvoir législatif en attendant l'élaboration d'une constitution et l'élection d'une assemblée nationale. Le conseil du gouvernement central populaire, présidé par Mao Zedong assisté de six vice-présidents, est à la tête de l'exécutif. Un « conseil des affaires de l'Etat » est présidé par Zhou En-lai, avec trente ministères sous son contrôle. Mao Zedong préside aussi le très puissant Conseil militaire révolutionnaire du peuple.

Six grandes régions administratives divisent le pays dont les plus récentes correspondent aux zones d'intervention des quatre armées de campagne. La guerre civile, en effet, continue encore quelque temps : Canton n'est libéré que le 14 octobre 1949, Chengdu au Sichuan, le 27 décembre, Hainan, la grande île du sud, le 17 avril 1950 et il reste encore, à cette date, environ 400 000 soldats nationalistes en bandes dispersées dont les dernières finiront par s'installer au nord de la Birmanie, contrôlant le « triangle d'or » du trafic de l'opium, et y prolongeant, jusqu'à nos jours, le règne des « seigneurs de la guerre ». Par contre, l'absence de moyens aéronavals interdit au nouveau pouvoir toute tentative sur Taiwan qui reste à libérer.

Au niveau de l'administration locale, la Chine nouvelle respecte au maximum les vieux cadres historiques : vingt-deux provinces, cinq régions autonomes, trois municipalités spéciales (Pékin, Shanghai, Tianjin), deux mille *xian* (ou sous-préfectures) peuplés de 200 à 400 000 habitants chacun.

A chaque niveau de cette complexe pyramide, on trouve bien sûr une organisation correspondante du Parti, véritable colonne vertébrale de ce corps apparemment très lourd. A l'époque, l'armée joue aussi un rôle considérable dans l'administration : les premiers militants communistes, rencontrés par les populations nouvellement libérées de Chine centrale et de Chine du Sud, sont le plus souvent les officiers qui ont la responsabilité politique des diverses unités de l'armée chinoise.

Très vite des mesures financières et fiscales sont prises et les décrets se succèdent à partir de janvier 1950 : rationalisation et unification du système fiscal, mise en place d'un impôt sur le revenu à l'assiette clairement fixée, établissement d'une direction centrale des finances nationales, recensement des ressources de l'Etat... Cet ensemble de dispositions met fin aux abus les plus évidents de la gestion Guomindang, ouvre la voie à la planification (dont elle est un indispensable préalable) et forme des cadres financiers d'Etat.

Les premiers résultats sont spectaculaires : grâce à un strict contrôle sur les avoirs privés en devises et métaux précieux, à l'émission d'un emprunt d'Etat — qui devient bien vite un emprunt forcé sur les riches — à l'élaboration d'un budget d'Etat équilibré, on stabilise la monnaie dès mars 1950. Les légères tendances inflationnistes qui subsistent encore disparaissent très vite, même s'il faut attendre l'émission d'une nouvelle monnaie le 1er mars 1955 — une sorte de « *yuan* lourd » valant 10 000 *yuan* anciens — pour avoir une totale stabilité des prix.

UN ANTI-IMPÉRIALISME SANS FAILLE

La fin du temps des canonnières

La reconstruction de l'Etat s'accompagne très naturellement de la reconstruction de sa politique extérieure. Celle-ci s'opère très vite, dans les principes et dans les faits : dès 1950, la Chine, sortant de ses frontières pour secourir le peuple coréen, bouleversait le rapport des forces dans cette région du monde et ouvrait une ère nouvelle, comme le résumait clairement le général Peng Dehuai, commandant les « volontaires » chinois en Corée le 12 septembre 1953 : « C'est une leçon dont le sens international est vital. Elle prouve incontestablement que le temps où un agresseur occidental pouvait occuper un pays en disposant quelques pièces d'artillerie sur le rivage est pour toujours révolu. »

Dès le 7e Congrès du PCC, en avril 1945, Mao Zedong a défini les axes de la politique extérieure de la Chine. Pour ce faire, il raconte l'histoire légendaire du vieillard Yu Gong un vieux fou qui, ayant par malheur deux énormes montagnes devant la porte de sa maison, a entrepris de les raser. Questionné sur le caractère déraisonnable de l'entreprise (il lui faudrait des siècles...), il déclara que ses descendants réussiraient un jour et que son obstination était donc légitime. Ces deux montagnes, précise Mao, sont le féodalisme et l'impérialisme.

La ligne de Mao est en effet résolument anti-impérialiste : il reprend à Staline l'analyse des contradictions du Vieux Monde. Il y en a trois : celle entre le prolétariat et la bourgeoisie des pays impérialistes ; celle entre les divers pays impérialistes ; celle entre les pays coloniaux ou semi-coloniaux et les métropoles impérialistes. Mao estime donc que la Chine doit « tomber d'un seul côté », se placer dans le camp socialiste et anti-impérialiste dirigé par l'URSS.

« *Tomber d'un seul côté* »

De fait, dès la mi-octobre 1949, alors que le canon tonne encore dans les collines de Chine du Sud, Mao Zedong arrive à Moscou pour son premier voyage hors de Chine. Il y rencontre Staline et entame des négociations avec l'URSS, dont il résulte un traité d'alliance et d'amitié sino-soviétique, signé le 14 février 1950 et valable pour trente ans.

Trois points essentiels marquent ce traité :

● accord d'assistance militaire mutuelle entre les deux pays en cas d'agression du Japon « ou d'un pays allié du Japon » ;

● évacuation par les troupes soviétiques, au plus tard en 1952, de Port-Arthur et restitution à la Chine des installations portuaires de Daïren (Dalian) et de la gestion du chemin de fer de Mandchourie ;

● prêt à la Chine de 300 millions de dollars US pour dix ans, à 1 % d'intérêt et création de deux compagnies mixtes sino-soviétiques pour la mise en valeur minière et pétrolière du Xinjiang (Turkestan chinois).

A peine signé, cet accord qui créait des liens privilégiés entre la Chine et l'URSS (l'Association d'amitié sino-soviétique n'allait-elle pas compter en Chine 18 millions de membres ?) était mis à l'épreuve : le 25 juin 1950 en effet la guerre de Corée éclatait.

Il est possible que les dirigeants chinois aient été surpris par ce conflit, mais, dès le débarquement américain près du 38e parallèle, la Chine fit savoir qu'elle ne resterait pas inactive en cas de franchissement de cette frontière. Or les Américains la franchissent le 7 octobre et atteignent bientôt le fleuve Yalou ; de l'autre côté, c'est la Chine.

Entendu par l'ONU, un diplomate chinois posait, un peu plus tard, la question suivante : si, durant les premières années de l'existence des USA, un agresseur avait envahi le Canada, bombardé l'Etat de Michigan et déclaré que le Saint-Laurent n'était pas la frontière réelle entre le Canada et les Etats-Unis, est-ce que le peuple américain n'aurait pas accouru au secours de son voisin pour le défendre et aussi pour défendre ses propres foyers[1] ?

De fait, le 16 octobre, les « volontaires » du peuple chinois (ils seront bientôt 700 à 800 000, renouvelés constamment, car leurs pertes totales seront du même ordre de grandeur) interviennent en Corée. Après

1. LAWRENCE (A.) : *China's Foreign Relations since 1949*, Londres, 1975.

d'âpres combats, le front se stabilise autour du 38e parallèle permettant, à partir de juin-juillet 1951, la recherche d'un possible armistice. Il sera signé à Pan-munjom le 27 juillet 1953.

La Chine est bien « tombée d'un seul côté ». Alliée de l'URSS, elle devient même le soldat du camp socialiste. C'est d'ailleurs aussi l'époque où le gouvernement chinois reconnaît, le 18 janvier 1950, la République démocratique du Viêt-nam en lutte contre l'impérialisme français. L'aide chinoise d'alors est pour quelque chose dans les premières défaites infligées au corps expéditionnaire français.

Cependant, dès cette entrée remarquée sur la scène du monde, la nouvelle Chine connaît quelques déconvenues, portant sur ses rapports avec les USA et avec l'URSS.

Les USA : un tigre en papier...

Il est de fait que, en 1944-1945, les USA avaient reçu, de la part des dirigeants communistes chinois, un traitement qui ne laisse pas de surprendre. Le 4 juillet 1944, Mao lui-même rappelait la glorieuse tradition démocratique du pays de « Washington, Jefferson et Lincoln » et le 10 octobre suivant, il dénonçait la xénophobie » de Chiang Kai-shek qui, dans son ouvrage *Le Destin de la Chine,* dépréciait tout ce qui n'était pas confucéen et notamment le « matérialisme vulgaire » américain. L'ami de l'Amérique n'était donc pas celui que l'on attendait[2] !

Jusqu'au jour où il devint inévitable de « tomber d'un seul côté », les dirigeants chinois ont recherché l'impossible : appeler à la lutte contre l'impérialisme américain et, cependant, ne pas être totalement isolés de ce monde « libéral », « occidental ». Il ne faut pas oublier que la politique de « nouvelle démocratie » impliquait d'établir les meilleurs rapports possibles avec ces milliers

---

2. SCHRAM (S.) : *Mao Tse-toung, op. cit.,* p. 226. TANG TSOU : *America's Failure in China 1941-1950,* Chicago, 1963.

d'intellectuels chinois, nécessaires à la construction du pays, formés aux USA, admirateurs des USA, nourris de culture américaine. Le courant « occidentaliste » illustré par le mouvement du 4 mai 1919 a laissé des traces indélébiles dans la Chine libérée... Sur ce point, l'échec est total : les Etats-Unis sont les ennemis inexpiables de la Chine populaire et le 27 juin 1950, la 7ᵉ flotte américaine croise dans le détroit de Taiwan. L'île refuge de Chiang Kai-shek est transformée en une redoutable place forte destinée à la reconquête du « continent ». On cherche, du côté de l'administration Truman, à « endiguer » la « Chine rouge », à l'étouffer aussi : en décembre 1950, c'est le blocus économique et l'embargo commercial américain. Les alliés des Etats-Unis s'alignent sur cette politique. Le 1ᵉʳ février 1951, la Chine perd son siège à l'ONU.

L'impérialisme américain a été défini par Mao Zedong, en 1946, comme un « tigre en papier » : force est de reconnaître qu'il a de redoutables griffes économiques, et que son étreinte politique est dangereuse.

Reconnue par peu de pays (dont la Grande-Bretagne), la Chine n'a plus qu'une mince ouverture sur la mer : Hong Kong, « colonie de la Couronne britannique »... qu'elle se garde bien de revendiquer, pour éviter d'être totalement emmurée. Elle est contrainte de tourner le dos à la mer. C'est là qu'elle rencontre son alliée soviétique.

Quelques arpents de neige et déjà des problèmes

Nous l'avons dit : cette époque est celle des bons rapports sino-soviétiques. C'est vrai et ce sera vrai jusqu'en 1956-1958. Cependant, il importe d'analyser les premières difficultés survenues dès ces années heureuses dans les relations entre les deux Partis et entre les deux pays[3]. Il ne s'agit alors que d'un contentieux

---

3. BENNINGSEN (A.) : *Russes et Chinois avant 1917*, Paris, Flammarion. Questions d'histoire, 1974. LEVESQUE (J.) : *Le conflit sino-soviétique*, Paris, PUF, Que Sais-je ? 1973. BETTATI (M.) : *Le conflit*

historique gelé et de quelques malentendus... Les seuls grincements perçus en ces temps-là furent produits par les stylos de quelques théoriciens ou analystes politiques...

Le contentieux historique remonte aux XVIIe et XVIIIe siècles. Les trappeurs russes, poussés par l'Etat tsariste qui y trouvait son bénéfice, ont peu à peu colonisé la Sibérie (ils ont même atteint l'Alaska) dans leur quête de précieuses fourrures. Zibeline et renard argenté ont ainsi joué dans l'histoire de l'Asie un rôle considérable... Ces territoires quasi vides d'hommes ont été l'objet de défrichements ; des colonies de peuplement se fondent. L'Empire mandchou, même quand il était vainqueur militairement, se souciait peu de ces « quelques arpents de neige » : où la rizière ne peut exister, Confucius ne peut s'établir [4]...

La poussée impérialiste du XIXe siècle transforma cette négligence chinoise en désastre : la Russie tsariste prit toute sa part au dépècement de la Chine, concrétisé à partir de 1860 par des « traités inégaux ». De plus, la poussée de l'impérialisme anglais en Asie centrale à partir de l'Inde accentua la poussée inverse de l'impérialisme russe vers ces mêmes territoires ; au Turkestan aussi et dans le Pamir, la frontière chinoise recula. En tout, la Chine perdit alors une superficie de 1 500 000 km^2, ce qui appelle deux remarques : ces territoires perdus ne sont chinois que par droit de conquête. Ils ne font pas partie du monde classique des 18 provinces Han. Ils ne sont pas non plus russes...

L'existence, dans ces régions, d'un Etat indépendant comme la Mongolie, rappelle que l'histoire eût pu aboutir à d'autres frontières. D'où une remarque complémentaire de la première : l'histoire a tranché. La Sibérie est devenue profondément russe et les républi-

---

sino-soviétique, Paris, A. Colin, 1971. FEJTO (F.) : *Chine-URSS,* t. I. : *La fin d'une hégémonie,* Paris, Plon, 1964. t. II : *Le conflit,* Paris, Plon, 1966. ZAGORIA (D.) : *The Sino-Soviet Conflict,* Princeton, 1962.

4. *Sha E qin Hua shi* (« L'histoire de l'agression de la Russie tsariste contre la Chine »), 2 vol., Pékin, 1978.

ques d'Asie centrale sont volontairement et solidement soviétiques.

Vouloir remonter le cours de l'histoire est une entreprise vaine ou dangereuse. C'est ce qu'avaient compris les dirigeants chinois en 1949 : le contentieux territorial existait sans doute (quelques remarques ultérieures de Mao Zedong le font penser), mais il est laissé de côté. Mieux : l'URSS aide à la mise en valeur des régions aux frontières estimées plus tard discutables : le Xin Jiang et la Mandchourie sont deux poumons indispensables à la Chine quasi emmurée par l'impérialisme. Et l'oxygène est soviétique.

Les malentendus entre la Chine et l'URSS sont de trois ordres, l'un discret, l'autre public, le troisième différé dans son effet :

Discrète en effet, la déception devant la médiocrité de l'aide soviétique prévue par le traité de 1950 : on n'offrait pas plus à la Chine qu'à la Pologne. Mais l'URSS est totalement ruinée par la guerre et combat sur son propre territoire la famine menaçante : elle ne peut guère faire mieux. D'autre part, il semble bien (et là encore, ce sont des indiscrétions ultérieures de Mao qui le suggèrent) que Staline ait eu peu confiance en Mao, qu'il ait vu en lui une sorte de Tito asiatique. Et depuis 1948, l'on sait la lutte impitoyable et injuste menée par le Kominform (le Bureau d'information formé par les partis communistes d'Europe et dominé par le PCUS) contre les « déviations nationalistes (voire même « national-socialistes ») titistes ». Les temps ne sont guère favorables à l'affirmation d'une voie nationale vers le socialisme[5]...

C'est sur ce point précisément que l'on touche à un *malentendu public*. La Chine a conscience de l'originalité de sa démarche révolutionnaire. Liu Shaoqi, parlant en novembre 1949 devant une réunion convoquée à Pékin par la Fédération syndicale mondiale disait, sans ambages, que « La voie suivie par le peuple chinois... était la voie qui doit être suivie par les peuples de bien

---

5. Marcou (L.) : *Le Kominform (1947-1956)*. Paris, 1977.

des pays coloniaux et semi-coloniaux dans leur lutte pour l'indépendance et pour la démocratie populaire ». On retrouve la « voie de Yanan » et la « sinisation du marxisme ». Commentant la publication du premier tome des *Œuvres choisies du Président Mao,* en 1951, un théoricien, Hu Qiaomu (il joue de nos jours un rôle essentiel dans l'équipe dirigeante chinoise), écrivait que « la pensée de Mao Zedong était la forme la plus élevée ainsi que la forme nécessaire que doivent adopter les luttes paysannes dans un pays semi-colonial ».

Or, cette revendication à l'exemplarité, cette idée sous-jacente qu'il y a deux modèles de voies révolutionnaires (le soviétique valable pour les pays industrialisés, le chinois valable pour ce que l'on commence à appeler le « tiers monde ») ne plaît nullement aux Soviétiques : leurs auteurs écrivent, en 1950-1951, que Mao a « développé » et non pas « fait progresser » — comme l'écrivent Hu Qiaomu ou Chen Boda... — le marxisme-léninisme[6].

En novembre 1951, un colloque de l'Académie des sciences de l'URSS est plus net encore dans ses conclusions : « Il est dangereux de regarder la révolution chinoise comme une sorte de stéréotype pour les révolutions démocratiques populaires pour d'autres pays en Asie. »

Commentant ces déclarations, un orateur ajoute « qu'il n'existe pas d'autres enseignements que ceux de Lénine et de Staline ». En clair : l'élève Mao est un élève doué qui a la mauvaise habitude de se prendre parfois pour le professeur...

Et c'est précisément sur cette *notion d'élève* que repose une ambiguïté, riche de conséquences politiques. D'abord, parce que l'élève chinois s'estime élève en construction du socialisme, mais professeur en révolution. Je l'ai déjà montré. Mais aussi parce que Liu Shaoqi, déclarant en 1950 « que la route suivie par le

6. KEITH RONALD (C.) : « The relevance of Border region experience to nation-building in China, 1949-1952 » in *China Quarterly,* n° 78, Juin 1979.

peuple soviétique sera justement celle que devra suivre le peuple chinois », désigne par là même le piège dont le ressort va se tendre d'année en année : l'URSS actuelle est la Chine de demain. Fort bien si cette image est rassurante ; mais si elle est préoccupante ?

D'autre part, la formule même d'un modèle à suivre est particulièrement malheureuse : la Russie, en 1917, avait bien peu de similitudes avec la Chine en 1949 : d'un côté un pays sous-peuplé, de l'autre un pays surpeuplé ; d'un côté une puissance industrielle, de l'autre un pays totalement sous-développé, et l'on pourrait poursuivre la comparaison... Avec de telles analyses, la désillusion était inévitable...

Cependant, en 1953, l'essentiel est ailleurs. On le trouve dans les fiers propos cités plus haut du général Peng Dehuai : la Chine ne subira plus, désormais, la politique de la canonnière. Les dirigeants de la nouvelle Chine, dans l'enthousiasme de leurs vingt ans, avaient presque tous participé au mouvement du 4 mai 1919, à l'aube des luttes anti-impérialistes du peuple chinois. En 1953, un de leurs objectifs d'alors a été atteint : la Chine a restauré sa souveraineté nationale. Mais ils criaient aussi ce 4 mai 1919 : « A bas les vieilleries confucéennes ! Vive la nouveauté ! » Sur ces points aussi le bouleversement de la société dès l'époque de la « reconstruction » est en passe de réaliser leurs rêves d'antan.

A LA CAMPAGNE, LA ROUTE DU BONHEUR ?

La réforme agraire de juin 1950

Le vieux monde féodal est détruit dans ses bases par la réforme agraire. Cette puissante révolution paysanne a été le compagnon constant des luttes menées par les communistes chinois depuis les temps héroïques du soviet du Jiangxi. A Yanan, le mouvement s'était précisé tout en modérant ses objectifs. Depuis mai 1946, la dernière vague de la réforme agraire s'enfle progressivement. La victoire d'octobre 1949, jointe à la loi sur la réforme agraire du 18 juin 1950, la fait déferler sur la Chine tout entière. En moins de trois ans, 300 millions de paysans vont confisquer 700 millions de *mu* de terre (il y a 15 *mu* dans un hectare : il s'agit donc d'environ 46 millions d'hectares). 45 % de la surface cultivée chinoise sont ainsi redistribués. Ce prodigieux bouleversement s'accompagne de l'effondrement du pouvoir coutumier des notables, chefs de clans, grands propriétaires...

Les buts de l'opération sont clairement affichés. On les trouve dans le « Programme commun », la « Loi agraire » et le rapport de présentation qu'en fait Liu Shaoqi, ainsi que dans de nombreuses déclarations politiques. Il s'agit tout à la fois de « supprimer l'exploitation féodale » que l'on estime être la cause essentielle de la misère paysanne et de préparer la transformation socialiste de l'agriculture.

Mais ces objectifs s'inscrivent dans une perspective plus ample, qui est de développer les forces productives et de permettre ainsi l'industrialisation de la Chine. Sur ce point, il convient d'écarter les faux débats. La « Révolution culturelle » montera un procès truqué contre Liu Shaoqi, dont bien des pièces traînent encore dans les ouvrages publiés ici et là. Il s'agissait de faire de Liu le partisan d'une « voie bourgeoise » face à un Mao Zedong, rigide et clairvoyant, garant des objectifs révolutionnaires. On a beaucoup utilisé comme « preuves » les propos de Liu du 30 juin 1950 dans son rapport de présentation de la loi agraire devant le Comité national du Comité consultatif politique du peuple : il y demandait en effet que l'on « préservât une économie de paysans riches ». Or, Mao déclarait, le 6 juin 1950 devant la 3ᵉ session du 7ᵉ Plenum du Comité central du PCC : « Il faut modifier notre politique à l'égard des paysans riches, cesser de réquisitionner la terre et les propriétés en excès des paysans riches, pour préserver

une économie de paysans riches, afin d'accomplir le plus
tôt possible le rétablissement de la production dans les
zones rurales. »

Nous ne parlerons donc plus de ce procès truqué.
Cependant il me paraît utile de profiter de l'occasion
pour préciser un point capital : tous les dirigeants
chinois en 1949 ont en commun une idée fondamentale :
le développement de l'économie chinoise comme préalable nécessaire à tout progrès. Accroître la production
est en effet une absolue nécessité. Mao n'a rien d'un
partisan de la croissance zéro et l'écologie n'est pas son
fort : il faut éviter de croire que l'ancien Céleste Empire
soit devenu sous sa direction une république « éco-
céleste »[7] ! Les dirigeants chinois d'alors voient, sans
déplaisir aucun, de noires fumées d'usine souiller le ciel
bleu transparent de Pékin... Mieux : c'est pour eux un
rêve qui s'accomplit

Le jugement dernier

On décide donc de confisquer la terre des seuls *di
zhu,* ces propriétaires fonciers, notables ruraux ne
travaillant pas de leurs mains, que l'on tient pour des
féodaux. Ils sont 12 à 18 millions (avec leurs familles).
Pour eux commencent, dira l'agronome René Dumont,
les jours du « jugement dernier ». On leur laisse
néanmoins de quoi vivre et on ne touche pas à leurs
avoirs investis dans les usines car sur ce point, investisseurs dans des usines ou dans les entreprises capitalistes,
les *di zhu* sont une partie de la bourgeoisie nationale,
donc... du peuple.

Les paysans riches voient « réquisitionner » les terres
en excès qu'ils louent, dans la mesure où elles dépassent
celles qu'ils mettent en valeur eux-mêmes avec leurs
valets de ferme. Ce qui n'est pas très clair... Ces terres
« confisquées » ou « réquisitionnées » sont distribuées

---

7. La formule est de Lucien Bianco : « Comment connaissons-nous
la Chine ? » in *Esprit*, n° 11, Novembre 1972, p. 602.

aux paysans pauvres et aux paysans moyens. Pour accomplir cette tâche énorme, des associations paysannes sont créées, au niveau non pas du village mais du groupe de village, du bourg (le *xiang*) : les paysans pauvres doivent y jouer le rôle moteur, mais les paysans moyens doivent s'y sentir à l'aise. L'entraide peut s'organiser entre associations paysannes.

Dans un village, on nous décrit ainsi la venue des activistes du village voisin : portraits de Mao et de Zhu De, gongs, danses *yangge* (danses traditionnelles des repiqueurs de riz, illustrant par des pas simples des couplets volontiers satiriques, dirigés désormais contre les gros propriétaires...), mille participants avec des responsables locaux du parti qui animent la présidence où siègent des parents de volontaires partis pour la Corée, des héros locaux du travail... pétards, poussière. Le président demande que l'on chasse du meeting les « mauvais éléments ». La kermesse change alors d'aspect : brefs discours faits de citations de déclarations officielles et de proverbes paysans ; rappel des principes de la réforme agraire. On applaudit. Alors on élit le comité préparatoire de la nouvelle association paysanne. Nouveau spectacle de *yangge :* il illustre la joie de la réforme agraire et la félicité future ; le célèbre opéra *la Fille aux cheveux blancs* en est un bon exemple. 88 millions de paysans sont ainsi membres des associations paysannes en Chine de l'Est, du Centre-Sud et du Sud-Ouest.

En même temps, se mettent en place des unités locales de la milice populaire (qui, en 1953, compte 10 millions de membres) et des tribunaux au niveau de la sous-préfecture pour juger les crimes des contre-révolutionnaires [8].

8. Sur la réforme agraire, outre *Fanshen,* de HINTON, déjà cité (1re partie, note 23) et CROOK (*ibid.,* note 50) ; DUMONT (R.) : *Révolution dans les campagnes chinoises,* Paris, Seuil, 1957. CHAO KUO-CHUN : *Agrarian Policy of the Chinese Communist Party — 1921-1949 —,* Londres, 1960. MARCHISIO (H.) · « Réforme agraire et organisation coopérative en Chine de 1927 à 1952 », in *Archives internationales de sociologie de la coopération,* n° 22, Juil.-Déc. 1967, p. 128-193, Paris.

Les trois étapes

En général, la réforme agraire devait s'accomplir en trois étapes :

Une étape préparatoire : elle est entreprise par des « équipes de travail », formées de cadres du Parti, de vétérans et de membres en exercice de l'Armée populaire de Libération, d'étudiants, d'intellectuels et d'activistes formés lors de stages d'une vingtaine de jours organisés par le Parti. La proportion de paysans pauvres dans ces équipes de travail est élevée. Chaque équipe (dix à vingt personnes pour un village) entreprend un travail de sensibilisation axé sur les paysans les plus démunis : « Les paysans sont pauvres parce que les propriétaires fonciers les exploitent. » Normalement, l'équipe doit s'intégrer à la vie locale, connaître la situation dans le détail, se rendre utile (par l'alphabétisation).

On peut passer alors à la deuxième étape qui est violente. On dénonce les « despotes locaux » dans des meetings de masse. Cela se passe en général quand les travaux des champs ne pressent pas. Les « exposés d'amertume » sont relatés par les victimes de telle ou telle injustice. L'émotion apparaît, souvent la colère. Il y a des lynchages. Le plus souvent, le coupable, une fois démasqué, est traduit devant la justice du chef-lieu et soustrait ainsi à l'exécution sommaire. Il est difficile de chiffrer le nombre des victimes de la réforme agraire. Pour la seule province de Canton, on parle de 26 000 exécutions... Mais certaines sources en portent le total à une centaine de mille. La plupart des auteurs tiennent pour acquis le chiffre de 3 millions de personnes environ, exécutées à la campagne durant la réforme agraire, soit entre 0,6 et 0,8 % de la population rurale... Un autre meeting permet de fixer le statut de classe de chacun : on mêle les déclarations de chaque intéressé et le jugement collectif, dans une étrange ambiance de confession publique. La liste établie est affichée : plaintes et remarques sont enregistrées et transmises au rouage administratif supérieur.

Quand la liste est définitivement élaborée, on passe au troisième et dernier acte : les terres à saisir sont confisquées, puis redistribuées. La remise aux bénéficiaires de nouveaux titres de propriété s'opère dans la liesse : c'est le « jugement dernier » pour les puissants de jadis devenus des damnés ou des réprouvés et la promesse de paradis (du *Da Tong* devrait-on dire) pour la masse des paysans pauvres affamés de terre.

Mais est-ce aussi simple ? Des problèmes, plus ou moins prévus, surviennent ; ils sont à l'origine d'une nouvelle dynamique, d'une nouvelle logique dans le monde rural chinois.

Le vieux monde résiste...

Tout d'abord (et c'est sans doute une surprise), le vieux monde résiste avec une vigueur assez surprenante. Il a pourtant tout contre lui : défaite militaire totale de ses soutiens politiques, guerre de Corée qui justifie des mesures répressives sévères, absence totale pour ses tenants de perspectives politiques. On voit mal Taiwan transfigurée en une île d'Elbe dont Chiang Kai-shek serait le Napoléon attendu par tout un peuple...

Cependant, le pas de la réforme agraire est assez heurté, tantôt lent, tantôt accéléré. Il est à noter que son ralentissement est le fait des autorités locales du parti, traduisant les réserves des masses paysannes, et que l'accélération par contre est due aux directives centrales (ou régionales).

La réforme agraire ne sera pas achevée dans les « nouveaux territoires libérés » avant le printemps 1953. Dans la province de Canton notamment (20 millions de paysans), les 20 000 activistes de la réforme agraire, malgré le renfort de 6 000 cadres venus d'autres régions et de 3 000 militaires environ, ont le plus grand mal à lutter contre l'influence clanique : on n'ose s'en prendre, dans les villages, à qui porte le même nom que soi, et l'on sait que souvent un village chinois ne compte que deux ou trois noms de famille... Comme l'écrit le journal de Canton (le *Journal du Sud*) en février 1952, décrivant les meetings d'alors : « Les cadres ont frappé dans leurs mains au point qu'elles s'enflent. Les militants ont hurlé à en perdre la voix. Les mauvais éléments ont dormi en paix tout du long et les tyrans et hobereaux ne baissent toujours pas la tête[9]... »

Ceci nous rappelle les difficultés signalées par Hinton dans *Fanshen* : le prestige historique des notables ruraux se révèle particulièrement solide. Ou bien est-ce la crainte paysanne qui persiste ? Sans doute est-il nécessaire de se rappeler l'horreur de la répression qui avait mis fin, jusqu'à ce jour, à tout soulèvement paysan. Voici comment un journaliste décrivait la répression par les militaires et les hobereaux du premier mouvement d' « union paysanne » en Chine du Sud au début de l'été 1927, frappant précisément ces paysans décrits par Mao Zedong dans son rapport de février 1927 tant célébré :

« Les militaristes ont arrosé les paysans d'essence et les ont brûlés vifs. Ils les ont marqués au fer rouge et tués. Ils ont attaché leurs victimes aux arbres, les ont lardés de coups de couteaux, ont versé du sable et du sel dans les plaies. Les paysans ont été pendus, fusillés, étranglés, enterrés vivants, sciés en deux[10]... » Il faut avoir cette donnée présente à l'esprit pour comprendre l'indiscutable cruauté du mouvement paysan quand, enfin libéré de la peur, il déferle.

On comprend mieux alors cette sorte de soulèvement populaire que les cadres communistes parviennent à susciter : il faut faire « courber la tête » aux puissants de toujours, il faut révéler leur vulnérabilité nouvelle : ils tremblent, ils sont lâches, ils sont mortels... A l'issue de la réforme agraire, il y aura eu quelques morts dans

9. Vogel (E.) : *Canton under Communism : Programs and Politics in a Provincial Capital — 1949-1968 —*, Harvard University Press, Cambridge, 1969.

10. Cité in Isaacs (H.) : *La Tragédie de la Révolution chinoise, op. cit.*, p. 277 (ainsi que les photographies p. 30 et 31).

chaque village : les paysans savent qu'ils sont devenus les plus forts. Mais, en même temps, il serait erroné de sous-estimer les liens profonds tissés au sein d'un même clan entre tous ses membres. Les notables n'ont pas tous été des agents japonais ou des collaborateurs du régime fantoche mis en place par les occupants. Il s'est trouvé des « hobereaux éclairés » pour participer aux combats de résistance... et nouer des liens d'amitié avec les cadres communistes des petits maquis locaux. A l'issue de la réforme agraire, 80 % des cadres communistes de la province de Canton, au niveau de la sous-préfecture et au-dessus, ont été destitués ou déplacés, remplacés par des militaires démobilisés ou des cadres venus du Nord, moins sensibles à la pression morale ; mais moins sensibles aussi à la pression de la base... Comment peut alors fonctionner cette « ligne de masse » tant vantée naguère du côté de Yanan ?

Le paradis est encore bien loin

Autre problème, vite découvert : la promesse du bonheur proche est fallacieuse et cela pour de très évidents motifs démographiques et économiques conjugués : la pression sur la terre d'une paysannerie trop nombreuse est excessive par rapport aux « fruits » apportés par la réforme agraire. En moyenne, dans le pays tout entier, il y a une redistribution de 2 000 m^2 par paysan. Même en multipliant ce chiffre par celui des membres de la famille rurale moyenne (entre 4 et 5 membres) on obtient, au mieux, un hectare. Dans le Sud, la surpopulation fait tomber ces chiffres à 2 ou 3 000 m^2 par famille : un jardin...

Une étude précise sur la riche région du Sud Jiangsu entre Nankin et Shanghai permet de dégager les conséquences concrètes de cette situation : la parcelle moyenne des paysans pauvres s'y est accrue de 130 %, celle des paysans moyens de 58 %. Se dirige-t-on vers l'égalité des parcelles ? Non : si l'on calcule ce que donne le nouveau terroir cultivé par les uns et les autres, en ajoutant ces nouveaux avoirs aux anciens, et si l'on traduit ces superficies en récoltes de riz puis en disponibilités alimentaires, on découvre la faille : les « anciens paysans pauvres » devenus « paysans moyens inférieurs » ne se suffisent toujours pas au niveau alimentaire, la couverture de leurs besoins n'étant assurée qu'à 90 % au mieux, tandis que les anciens paysans moyens disposent d'un surplus commercialisable de 20 à 30 % [11]...

Si l'on peut enregistrer une baisse spectaculaire du nombre de paysans pauvres dans le pays tout entier (ils passent de 57 % du total en 1949 à 29 %) et une montée des paysans moyens (atteignant 62,2 %), ce succès indéniable ne doit pas masquer que paysans pauvres plus paysans moyens inférieurs ou en situation précaire, constituent 70 % du total ; donc, pour plus des deux tiers des paysans, le niveau de vie demeure très bas, malgré la réforme agraire.

Dès 1950-1951, des paysans pauvres louent leurs bras aux paysans plus fortunés et vendent parfois les terres récemment acquises. C'est le cas pour 10 % des familles dans la région où se situe *Fanshen*. Le malaise est évident et, au printemps 1953, on signale çà et là des paysans menacés de famine [12].

Il y a donc un réel risque social à laisser faire la nouvelle économie paysanne née de la réforme agraire. D'autant plus que les résultats en termes de production ne sont pas merveilleux : certes, les récoltes des années 1951-1953 atteignent 150 millions de tonnes, c'est-à-dire le meilleur chiffre d'avant-guerre. Mais la population croît : il faut donc produire beaucoup plus, surtout si l'on veut pouvoir faire face aux nouveaux besoins nés de l'industrialisation en cours. Les fermes minuscules de la réforme agraire, aux moyens très faibles (seul un tiers des foyers ruraux dispose d'un buffle et d'une charrue) n'y peuvent suffire. Il faut (et l'exemple du seul pays

---

11. ASH (R.) : « Economic aspects of Land Reform in Kiangsu, 1949-1952 » in *China Quarterly*, n° 66, juin 1976 et n° 67, septembre 1976.

12. MARCHISIO (H.) : voir note 8.

socialiste d'alors, l'URSS, est étudié à cette fin) se diriger vers la collectivisation des terres, sans pour autant négliger les réticences paysannes. On favorise donc la « coopération » entre familles paysannes : dès 1950, des « équipes d'entraide » *(Huzhuzu),* expérimentées à Yanan, sont mises en place ; on y organise l'échange temporaire ou permanent du travail entre familles paysannes voisines, chacun gardant sa terre et ses outils. C'est d'ailleurs une pratique en partie coutumière pour l'entretien des digues et le repiquage.

En 1953, 39 % des fermes sont regroupées de cette façon. Pour 29 % d'entre elles, (13 300 000 foyers sur 45 600 000) ce type d'organisation est permanent. Mais c'est encore faible et, de toute façon, ce type d'entraide ne permet pas la mise en place des plans de culture d'ensemble nécessaires à la mécanisation dont on rêve.

De plus, çà et là, un sourd mécontentement se précise. On parle de bureaucratie, d'abus de pouvoir des cadres. D'ailleurs, dès 1952, il a fallu lancer à la campagne un « mouvement de rectification du style de travail du Parti » (mouvement *zheng-feng,* comme du temps de Yanan). Des militants ont été exclus, d'autres critiqués : une crise couve sous le bilan victorieux.

A LA VILLE, ORDRE ET PROPRETÉ

A la ville, l'étape de « nouvelle démocratie » crée une situation que le régime populaire ne peut stabiliser sans danger. Là aussi une dynamique nouvelle résulte des premières mesures de « reconstruction » économique, politique et sociale telles que les avait prévues le « Programme commun ».

Le Programme commun et ses difficultés

Comme à la campagne, le premier problème à résoudre est celui de la mise en place d'un ordre nouveau : il faut détruire les structures politiques et sociales de la Chine du Guomindang et réorganiser la production et la distribution.

Il y a urgence : les villes (soit 15 % environ de la population totale) sont menacées de famine et le Guomindang a d'autant moins renoncé à reconquérir le pays que la guerre de Corée lui assure le puissant appui américain. Il n'y a pas à douter, me semble-t-il, de la véracité des nombreux rapports faits alors dans la presse chinoise : sabotages, incendies criminels et assassinats politiques sont attribués aux agents du Guomindang. Décidément, la révolution chinoise n'a rien d'un dîner de gala et la violence y domine à chaque étape.

La reconstruction économique est assez vite réalisée. Cette rapidité confirme les masses urbaines, réservées au début, dans leurs sentiments plutôt favorables à l'égard du nouveau régime : il est efficace, rétablit l'ordre, assure l'alimentation et la satisfaction des principaux besoins en un délai remarquablement court. Il est vrai que le gouvernement de « Démocratie nouvelle » hérite de son prédécesseur Guomindang de l'important secteur « capitaliste bureaucratique » qui, joint aux usines reprises aux Japonais, permet la création d'un puissant capitalisme d'Etat. Dès 1949, ce secteur représente 49 % du capital industriel. Fin 1952, il est passé à 56 % de la production totale, 5 % de la production est « mixte », 21,9 % est constituée par des entreprises exécutant des commandes d'Etat et 17,1 % seulement de la production capitaliste est le fait d'entreprises capitalistes commercialisant elles-mêmes leur production. A ce niveau, les conditions d'une socialisation de l'industrie sont très tôt réunies [13].

D'autre part, les ouvriers et les dirigeants communistes se rencontrent avec les capitalistes sur un objectif fondamental : empêcher le sabotage de l'outil de travail, produire autant qu'il est possible. C'est le sens fondamental des discours de Liu Shaoqi à Tianjin

13. LAVALLÉE (L.) et NOIROT (P.) : *L'Economie de la Chine communiste*, Paris, 1957.

dénoncés plus tard durant la « Révolution culturelle ». Liu demande aux ouvriers, réunis dans les syndicats mis en place par la loi du 29 juin 1950, d'inscrire leurs activités dans le cadre du « Programme commun » de 1949 : les ouvriers participent à la direction des entreprises nationalisées, débattent des conditions de travail.

Celles-ci sont dures : journée de douze heures, deux jours de congé par mois. Seuls de faibles réajustements de salaires sont acceptés. Le slogan fondamental est « production d'abord ». Mais pouvait-il en être autrement ? Une évasion massive des rares capitaux semble bien avoir été atténuée par cette politique de ménagement des capitalistes qui était, de toute façon, la politique officielle.

Là aussi, y a-t-il eu un réel désaccord entre les dirigeants chinois ? Ou, pour simplifier, entre Liu Shaoqi et Mao Zedong ? Rien ne permet de l'affirmer. Il me semble plutôt que Liu Shaoqi ait été l'homme mis en avant durant cette phase « néo-démocratique » à la ville : on utilisait ainsi son exceptionnelle expérience des milieux urbains acquise dans la clandestinité. Par tempérament et par éducation, il a sans doute été particulièrement sensible aux problèmes de production, et partant, enclin à une indulgence certaine envers les capitalistes. Mais ces derniers, dans tous les textes d'alors de Mao Zedong, font partie du peuple [14]...

Le fait est que cependant, çà et là, les ouvriers comprennent mal le prolongement d'une politique qu'ils n'ont acceptée que comme une nécessité provisoire. Les syndicats — dans le cadre de la Fédération panchinoise du travail, réorganisée au congrès de Kharbine (Haerbin) en août 1948 et, chose caractéristique, présidée par Chen Yun, vétéran du mouvement ouvrier mais aussi un des principaux économistes du nouveau régime — soutiennent résolument la ligne de « reconstruction

---

14. CHESNEAUX (J.), BELIASSEN (J.), DUBOIS (A.-M.), LE BRABIER (F.), PEEMANS (J.-P.), WANG (N.) : *La Chine : un nouveau communisme, 1949-1976,* Paris, Hatier, 1977. HAN SUYIN : *Le Premier Jour du monde,* Paris, 1975.

économique » et de « ménagement » envers les capitalistes. Ils n'empêchent pas quelques grèves, parfois
violentes, à Shanghai ou à Tianjin : elles sont sans
lendemain.

Peut-être faut-il aussi rattacher les difficultés dans les
rapports entre les communistes et la classe ouvrière au
tragique manque de cadres ouvriers.

Mais l'essentiel, à cette époque, n'est-il pas dans la
réussite globale ? Dès la fin 1952, la Chine a retrouvé
son meilleur niveau de production industrielle d'avant
1949. Mieux, le secteur moderne dans la production
industrielle est passé de 23,2 % du total à 32,8 %. Le
19 novembre 1952, on peut mettre en place une Commission pour le plan d'Etat présidée par Gao Gang, le
dirigeant tout-puissant de la Mandchourie. Dans le
même temps où les bases industrielles sont ainsi consoli-
dées, les bases politiques sont affermies.

Terreur rouge

Cela nous amène à aborder un sujet difficile, déjà
évoqué à propos de la réforme agraire : l'apparition en
Chine, à partir de l'été 1950 et jusqu'à l'hiver 1951-1952
d'une « terreur » au sens donné à ce mot par la
Révolution française en 1793.

Après une intervention du président Mao Zedong, en
juin 1950, devant le Comité central du PCC, une
campagne de masse est lancée le 23 juillet 1950, « pour
l'élimination des éléments contre-révolutionnaires ».
Elle connaît son développement maximal entre mars
1951 et l'automne 1951, et se complète de dispositions
plus durables entre juin 1952 et le 10 août de la même
année, instaurant des « mesures de contrôle provisoire » et un réseau de « comités de sécurité »[15].

Une « réforme des contre-révolutionnaires par le

---

15. D'après MAITRE (E.) : *La répression des activités contre-
révolutionnaires dans les villes chinoises, 1949-1952*, Maîtrise de
l'université de Paris VIII-Vincennes, 1971.

travail » est entreprise. On distingue le *laojiao*, la rééducation sur place par un travail manuel fort humble (la plonge, la vidange, le collectage des ordures), plus humiliant que directement répressif, et le *laogai*, rééducation dans des camps de concentration qui commencent alors à être mis en place.

Je dirai, franchement — comme je l'ai déjà fait en parlant des aspects répressifs de la réforme agraire — qu'en fonction de l'histoire chinoise et de la situation d'alors cet ensemble de mesures était inévitable. Cependant, j'ajouterai que les inconvénients et dangers de cette vague de répression sont importants et doivent être appréciés comme tels : c'est le Parti, à défaut de tout cadre juridique (avant 1954), qui anime le mouvement. Il y a complète confusion entre les domaines politique, administratif et judiciaire. Des abus sont donc très faciles dans ce contexte et, surtout, le comité de rue ou d'entreprise du Parti ou le plus souvent son secrétaire sont investis de bien redoutables pouvoirs...

Car le nouveau régime frappe fort tous ses ennemis ou les gens réputés tels : capitalistes bureaucratiques, hauts fonctionnaires et personnel de la police et de l'armée du Guomindang, propriétaires fonciers réfugiés à la ville, marginaux, bandits, membres des sociétés secrètes, proxénètes, syndicalistes « jaunes » et missionnaires catholiques et protestants. Il y a plusieurs millions d'arrestations suivies souvent de condamnations. Dans la seule nuit du 27 au 28 avril 1951 à Shanghai, 3 000 personnes sont arrêtées. Des procès de masse sont organisés à Shanghai, à Canton et à Pékin en mai 1951 ; dans cette dernière ville, 220 personnes sont condamnées à mort le même jour et exécutées en public séance tenante. En tout, 600 000 exécutions au bas mot. Sans doute en réalité dépasse-t-on le million ; deux fois plus de personnes sont envoyées dans des « camps de rééducation » pour un temps plus ou moins long.

Mais les cadres contre-révolutionnaires à la ville sont extirpés. Le mouvement ouvrier notamment, par l'élimination des dirigeants des sociétés secrètes, si puissants sur le prolétariat de Canton, Tianjin ou Shanghai, est débarrassé de ce carcan des anciens temps. Là aussi, il est fait place nette pour une nouvelle construction[16].

Sanfan et Wufan : *la transition vers le socialisme*

D'autant plus qu'immédiatement après que s'achève cette campagne deux mouvements s'amorcent, visant à préparer au niveau des masses la transition vers le socialisme, que nous avons vu déjà se dessiner au plan des structures économiques : il s'agit du mouvement des « trois contre » *(sanfan)* et des « cinq contre » *(wufan)*.

Le *sanfan* (mouvement lancé en Mandchourie dès août 1951, et étendu à toute la Chine en décembre) désigne comme des « poisons » à éliminer la corruption, le gaspillage et le bureaucratisme. Il s'en prend donc aux fonctionnaires (dont les anciens fonctionnaires du Guomindang restés en place) et aux militants du Parti séduits par leurs nouveaux pouvoirs.

En décembre 1951, ce mouvement est complété par les « cinq contre » qui, visant les pots-de-vin, la fraude, l'évasion fiscale, la prévarication et la divulgation des secrets de l'Etat, s'en prend à la bourgeoisie. En clair, ce que réalise la réforme agraire à la campagne, la conjonction du *sanfan* et du *wufan* le réalise aussi à la ville.

On peut suivre ces mouvements dans le principal centre urbain, Shanghai. La ville compte alors 5 millions d'habitants. Les ouvriers dépassent le million. 816 000 d'entre eux sont syndiqués. 1/3 travaillent dans le secteur du commerce et des activités de service[17]. Les 110 000 entreprises de la ville, souvent petites, demeurent les foyers d'un paternalisme d'autant plus puissant que, fréquemment, le patron et sa dizaine d'employés sont originaires du même bourg ou au moins de la même

---

16. LIEBERTHAL (K.) : *Révolution and Traduction in Tientsin — 1949-1952 —*, Stanford UP, California, 1980.

17. GARDNER (J.) : « The wufan campaign in Shanghai : a study in the consolidation of Urban Control » in BARNETT (D.) : *Chinese Communist Politics in Action*, Seattle, 1969.

province. De plus, des traditions ont marqué ce milieu : rôle des sociétés secrètes, collaboration « capital-travail » du temps du Guomindang... La corruption y est très répandue. Le nombre élevé des chômeurs aggrave encore cette faiblesse structurelle ouvrière : en septembre 1950, 90 000 ouvriers (soit près de 10 % des effectifs) sont secourus. Les vingt-huit syndicats locaux dénombrent parmi leurs adhérents 86 000 chômeurs. On cherche à les employer à de gros travaux d'infrastructure ou on leur fait suivre des cours sur l'exploitation ouvrière en système capitaliste. En 1954, on dénombre toujours 34 000 chômeurs enregistrés — et combien d'ouvriers ont un emploi partiellement fictif ?

Les campagnes des *sanfan* et des *wufan* débutent à Shanghai en décembre 1951. Au départ, des comités de rue sont mis en place qui encadrent bientôt 239 000 ouvriers. La Ligue de la jeunesse et les syndicats ouvriers (notamment celui des employés de commerce) jouent un rôle décisif dans la mobilisation qui, dirigée par le PCC local, met en avant « l'aide à la Corée » et la « lutte contre les ennemis du peuple ». Les débuts sont difficiles : 46 % des ouvriers sont illettrés et la presse doit être commentée par des équipes spéciales.

En février 1952, des mesures sont prises pour empêcher les capitalistes de lockouter leur personnel et de sanctionner les travailleurs absents à leur travail pour participer à un meeting. La campagne bat alors son plein : assemblées préparatoires, défilés de manifestants halant des canons (de bois) pour abattre les « tigres capitalistes ». On « choisit la tannière du tigre », c'est-à-dire le patron à critiquer. Cela prend un certain temps : il faut un délai favorable aux dénonciations et surtout aux aveux de « tigres » potentiels désireux de dévier le coup... La « Fédération capitaliste de l'industrie et du commerce » participe au mouvement et de nombreux capitalistes « repentis » sont intégrés aux équipes de propagandistes. Les « fautes » reconnues sont variées : souvent il s'agit de fraude dans la qualité de ce qui est fourni aux volontaires chinois en Corée. La bataille est complexe.

Un roman publié en 1958 et réhabilité récemment après avoir été vilipendé durant la Révolution culturelle, décrit assez bien l'ambiance des années 1950-1952 à Shanghai. Il s'agit du *Matin à Shanghai* de Zhou Erfu [18]. On y voit des patrons d'industrie fabriquer, avec l'aide d'un employé docile et aimant la belle vie, un syndicat « maison » qui sert d'écran. On y voit aussi le cadre vertueux, héros de la guerre civile, volontaire en Corée (venu à Shanghai pour y acheter des médicaments destinés à ses camarades de combat) affolé par la grande ville, pris en main par des escrocs : repas fins, hôtel de luxe, jolie fille complaisante... il finit par être grugé, dépouillé de son argent...

Il s'agit donc d'un combat fort âpre : il y a des erreurs, des « excès de démocratie » (dit la presse), c'est-à-dire des cas où des activistes s'en prennent à de petits employeurs qui ont peu à se reprocher et les battent, les humilient, les torturent même. Il faut envoyer en renfort des « groupes de contrôle » souvent formés de soldats. La production ne doit pas souffrir du mouvement et ces excès pourraient ressouder le groupe des capitalistes.

En mai 1952, le mouvement a atteint ses objectifs essentiels. A Shanghai, plus de 75 000 petites entreprises et 18 000 grandes et moyennes entreprises ont été soumises à un examen scrupuleux de leur comptabilité et de leur gestion. Entre les trois quarts et la moitié d'entre elles ont été tenues pour honnêtement gérées. Des punitions assez légères ont été données : amendes, parfois confiscations totales ou partielles ; 1 % des cas a justifié l'incarcération du coupable, l'envoi au *loagai* (camp de concentration) ou la mort. Mais le capitalisme shanghaien et, plus largement, le capitalisme chinois, a été placé sous contrôle.

Un nouveau pouvoir syndical s'est affirmé dans les villes ; il joue le rôle essentiel dans cette campagne de masse. 60 000 activistes syndicaux ont surgi ainsi à

18. CHOU ERH-FU (ZHOU ERFU) : *Morning in Shanghai*, Ed. de Pékin, 1958.

Shanghai. Ces nouveaux cadres n'ont plus peur des capitalistes : les vieux liens de loyauté entre employeurs et employés se sont brisés. Là aussi, les bases d'un nouveau monde sont mises en place, par un processus où les masses ont été plus qu'un simple instrument : la conscience de classe ouvrière s'affirme comme une force sur laquelle il faut compter à la fin de l'année 1952 dans les grandes villes de Chine.

L'amorce d'une révolution culturelle

En trois ans environ, la Chine a été bouleversée dans ses assises. On peut même dire que le Parti communiste chinois a réussi en un délai fort bref l'essentiel de cette révolution culturelle bourgeoise, voulue depuis le 4 mai 1919 par des millions de jeunes Chinois. Un bon exemple en est la loi sur le mariage du 30 avril 1950 et son application : elle instaure l'égalité entre les partenaires, interdit les mariages forcés, permet aux femmes le divorce, interdit l'infanticide, met fin au plan juridique aux pratiques « féodales » des « fiancées-enfants » et des mariages arrangés. Certes, l'application en sera difficile : en 1951, pour la seule province du Shandong, on signale 1 245 suicides de jeunes filles mariées contre leur gré. Mais la trajectoire est tracée, que rien n'arrêtera plus.

Le Parti communiste chinois a donc su, ces années-là, parler au nom des masses : il leur a donné en fait la parole qu'elles n'osaient pas prendre. Il avait rencontré l'adhésion profonde des masses populaires rurales et citadines à des objectifs qui, souvent, remontaient à des luttes et à des rêves vieux de vingt ans. Peut-être était-ce là une situation privilégiée, un équilibre précieux et rare...

Je n'accepte donc pas que l'on réduise cette dramatique et passionnante destruction d'une société inique et les premières ébauches d'une société nouvelle, à n'être qu'une manipulation du peuple chinois par un parti totalitaire. J'irai plus loin : de quel droit interdire au

Parti communiste chinois d'avoir sa conception du monde, et de chercher à la diffuser ?

Peut-on, par exemple, lui reprocher de critiquer un film réalisé alors à la gloire d'un humaniste vagabond du XIXᵉ siècle, Wu Xun (campagne à laquelle, on le sait depuis, a participé la femme de Mao Zedong, Jiang Qing) ou, en décembre 1951, de dénoncer comme « vendu à l'impérialisme » le célèbre philosophe Hu Shi [19], qui préféra Taiwan et les Etats-Unis à son propre pays ? Peut-on lui reprocher de populariser à partir de 1951 les *Œuvres choisies* de Mao Zedong ?

Le nouveau pouvoir a le plus grand besoin des quelques cent mille intellectuels qui ont reçu une éducation supérieure, même si leur idéologie est un mélange inconsistant de confucianisme revu par le Guomindang, est de libéralisme américain enseigné par des missionnaires protestants ! Certes, la « rééducation » de ces intellectuels, entreprise dès les années 1951-1952, et d'un dogmatisme étouffant, peu apte à stimuler leurs esprits ; par contre elle accélère les carrières de ceux qui supportent habilement l'épreuve. Peut-on oublier que, simultanément, se mène une campagne très efficace d'alphabétisation avec en particulier le doublement des effectifs des élèves des trois ordres d'enseignement et une volonté évidente de diffusion de la culture, jusque-là réservée à une élite ?

Définir ce processus comme relevant d'une société bureaucratique totalitaire, comme cela fut fait par certains auteurs occidentaux me paraît caricatural. D'autant plus que sont déjà réunies (et ce, avons-nous vu, pour une bonne part du fait de l'intervention des masses elles-mêmes) les conditions d'une nouvelle étape de la construction d'une Chine nouvelle, avec le lancement du Premier plan quinquennal chinois.

---

19. WITKE (R.) : *Camarade Chiang Ching* (Jiang Qing), Paris, Laffont, 1978, Trad.

Chapitre 2

LA TRANSITION VERS LE SOCIALISME, 1953-1956

« L'industrialisation socialiste est la tâche principale de notre pays dans la période de transition... Le socialisme ne peut être édifié sur la base d'une petite économie paysanne ; il peut seulement l'être sur la base d'une grande industrie et d'une grande agriculture collective. »

Socialisation des rapports de production à la ville, collectivisation à la campagne, lancement du Premier plan quinquennal, transition vers le socialisme... ainsi parlait en juillet 1955 Li Fuchun, président de la Commission du plan d'Etat. On se sent quelque part entre les kolkhoz d'Ukraine et les hauts fourneaux de l'Oural, dans l'URSS du début des années 1930.

D'ailleurs, Mao Zedong lui-même le déclare clairement en janvier 1962 :

« Dans les toutes premières années, la situation était telle que, puisque nous n'avions aucune expérience pour la construction économique, nous n'avions d'alternative que de copier l'Union soviétique... Sur le terrain de l'industrie lourde, notamment, nous avons presque tout copié sur l'URSS et notre propre créativité a été très réduite. A cette époque, il était absolument nécessaire d'agir ainsi mais, en même temps, c'était aussi une faiblesse, un manque de créativité et un manque de capacité à nous tenir debout sur nos propres pieds... Naturellement, ce n'aurait pas pu être notre stratégie à long terme. A partir de 1958, nous avons décidé d'avoir comme politique essentielle de compter sur nos propres forces. »

Modèle soviétique, donc, dans les domaines industriel et agricole et dans la vie politique en général. Non sans nuances : le 8ᵉ congrès du PCC, en septembre 1956, fournit une bonne occasion de faire le point.

LA MORT DU CAPITALISME

Le changement qui s'opère à la ville entre 1953 et 1956 est profond et décisif : la bourgeoisie chinoise, déjà ébranlée par la « chasse aux tigres » lors de la campagne des « cinq contre », perd en quelques mois sa base économique, est attaquée au plan culturel, cède ce qui lui reste de prestige politique et social. En 1956, elle est morte en tant que classe. Cette disparition s'accompagne des débuts de la planification d'Etat, avec le lancement du Premier plan quinquennal, annoncé dès 1953, mais réellement mis en place le 30 juillet 1955.

Le premier plan quinquennal et ses difficultés

Ce délai de deux ans (inattendu, car le plan quinquennal officiellement dure de 1953 à 1957, même si ses objectifs ne sont adoptés qu'en 1955) témoigne des difficultés de l'opération.

Il faut, pour le mener à terme, surmonter quatre ensembles de problèmes. Tout d'abord, combler les lacunes institutionnelles. Un plan d'Etat suppose un Etat structuré. C'est chose assez vite faite avec la loi électorale votée en mars 1953 et l'élection de la première Assemblée populaire nationale en septembre, selon un système qui rappelle de très près le système soviétique : arrondissements favorisant la ville par rapport à la campagne ; candidature unique pour l'élection de chaque député sur la base d'un choix préalable opéré en fait par le Parti. Les pouvoirs véritables se trouvent ailleurs que dans cette Assemblée dont les députés sont choisis plus pour ce qu'ils peuvent symboliser (des héros du travail, des vétérans, des personnalités...) que pour leurs qualités de législateurs. Le Président de la République est en effet tout-puissant : élu pour quatre ans, il préside et convoque à son gré la Conférence suprême d'Etat, dont il désigne les membres. Tout naturellement, c'est Mao Zedong qui est élu à ce poste suprême, ce qui, joint à sa qualité de président du Comité central du PCC, concentre entre ses mains un pouvoir considérable. A ses côtés, le premier Ministre, Zhou En-lai, préside le Conseil des affaires d'Etat qui chapeaute les différents ministères et veille à la mise en œuvre de la politique décidée. Notons que Zhou En-lai restera premier ministre de 1949 à sa mort, en janvier 1976.

Ces divers rouages, ainsi que ceux de l'administration, sont l'essentiel de la Constitution adoptée en septembre 1954. Il va de soi que le PCC double à chaque niveau la structure étatique mise en place et assure le rôle dirigeant à tous les échelons de l'édifice.

Il importe de souligner néanmoins l'importance nouvelle prise par les techniciens de la planification et de l'économie. Au fur et à mesure que se bâtit une Chine nouvelle, la complexité de la gestion devient plus grande. On n'est plus à Yanan, où les entreprises étaient de simples ateliers aux moyens rudimentaires, où les sommes d'argent manipulées étaient minimes, où tout pouvait être aisément transparent à qui voulait s'informer. Cette démocratie naïve n'est plus possible. Des gestionnaires se forment.

Citons les quatre plus connus : Li Fuchun tout d'abord. Hunanais, comme Mao, né en 1899, il est venu étudier en France après avoir suivi une formation scolaire très semblable à celle de Mao. Issu d'une famille de notables ruraux ayant compté naguère divers mandarins dans ses rangs, mais appauvrie depuis, il vient étudier au Collège de Montargis en 1919 et travaille à mi-temps pour financer ses études.

On le trouve ainsi à Renault-Billancourt, au Creusot. De retour en Chine, après avoir épousé Cai Chang, la sœur de Cai Hesen, l'un des meilleurs amis de Mao, il milite activement au PCC. Clandestin à Shanghai, il rejoint plus tard le soviet du Jiangxi et effectue la Longue Marche. C'est à Yanan, à partir de 1940, qu'il se tourne vers les activités économiques et financières. Entre septembre 1953 et septembre 1954, il devient le principal responsable de la Commission de planification d'Etat, qui élabore les plans quinquennaux.

Son initiateur, dans le domaine des finances, a été Chen Yun : un autre type de dirigeant communiste, dont la particularité au sein du PCC tient à son origine ouvrière. Né en 1900, cet homme du Jiangsu a travaillé dans les années 1920 comme typographe aux célèbres Presses commerciales. Militant communiste à Shanghai, il rejoint la Longue Marche. A Yanan, il devient une sorte de ministre des finances et de l'économie, tout en appuyant Mao par ses écrits durant le « mouvement de rectification » de 1942. Après 1949, il est l'un des principaux adjoints de Zhou En-lai et préside la Commission des finances et de l'économie. Il travaille en étroite relation avec Li Xiannian, depuis mai 1954, date à laquelle ce dernier devient ministre des Finances.

Li Xiannian est issu de la paysannerie pauvre du Hubei. Né en 1907 non loin de Wuhan, autodidacte, charpentier de son métier, il est chef de guérillas paysannes dans sa région natale, et membre du soviet d'O Yuwan, ce soviet du nord du Yangzi dirigé par Zhang Guotao, adversaire résolu de Mao. A ce titre, il effectue la Longue Marche, plutôt tragique, de Zhang Guotao qui, aux abords du Xin Jiang, se termine sous les cimeterres des frères Ma, cavaliers musulmans anticommunistes. Rescapé de cette pénible aventure (il est sauvé du désastre par Chen Yun), Li relance les activités de guérilla dans sa région natale. Général, il administre à partir de 1949, la province qu'il a libérée et qui comprend le gros ensemble industriel de Wuhan. Rien ne semble prédisposer ce guerrier, peu lié à Mao (mais apprécié par Zhou En-lai) à devenir, en 1954, un économiste.

Rien non plus ne semblait y avoir préparé Bo Yibo, autre spécialiste des finances. Originaire du Shanxi, né en 1927, élève de l'Ecole normale de sa province, lorsqu'il a 20 ans il devient communiste. Il connaît notamment Peng Zhen, le futur maire de Pékin après 1949. Bo Yibo est un militant antijaponais résolu. Patriote, il anime le mouvement de résistance à l'envahisseur et devient donc chef de guerre dans les monts du Shanxi. Après 1945, il se consacre à des activités économiques et politiques dans sa région natale. En novembre 1952, il va à Pékin pour y présider la Commission économique d'Etat, qui fixe les objectifs annuels de la planification...

Ces quatre portraits serviront peut-être à mieux comprendre l'énorme difficulté à laquelle se heurtent les planificateurs chinois : ils improvisent leurs cadres.

L'autre difficulté, précisément, réside dans la carence technique : il n'existe ni statistique, ni statisticien, ni comptable... ou presque. En 1953, la Chine établit son premier recensement : il est effectué sérieusement, avec l'aide de techniciens soviétiques. Aucune planification n'est bien sûr possible sans cet outil fondamental. 582 millions de Chinois sont recensés... soit près de cent millions de plus que les évaluations faites précédemment !

L'aide économique soviétique

La troisième difficulté provient de l'extrême pauvreté du pays. La Chine a besoin d'aide. C'est d'autant plus indispensable qu'elle a été dominée naguère par l'impérialisme et qu'elle en porte les marques décelables, pas seulement dans la faiblesse globale de sa production industrielle. Les déséquilibres sont évidents : l'industrie chinoise est une industrie côtière, l'intérieur du pays étant presque vide d'usines. Pour 72 %, c'est une industrie des biens de consommation. L'industrie lourde, très faiblement développée, est coûteuse et de maigre profit.

Aussi est-ce avec satisfaction, qu'en octobre 1954, la Chine obtient de l'URSS un nouveau prêt de 130 millions de dollars. L'aide soviétique est en fait sensiblement plus importante, même si son évaluation est l'objet de diverses controverses. Elle comprend aussi, en plus de ce prêt, la participation à la construction de 151 « grands projets » (pour une centaine de millions de dollars) : en avril 1956, on arrivera à 206 projets (sur les 600 que compte le pays) pour 700 millions de dollars. En tout, il semble que l'aide soviétique entre 1949 et 1957 se soit élevée à 2 100 millions de dollars. Il faut signaler encore une aide militaire (non connue) et la formation de 7 000 étudiants et de 6 200 stagiaires en URSS, tandis que 10 000 experts soviétiques environ travaillent en Chine.

L'ensemble peut sembler modeste : de fait, les investissements dus à l'aide soviétique ne représentent que 3 % environ du total des investissements chinois, mais cette aide est extrêmement féconde, portant sur des secteurs clefs, permettant la réalisation de la plupart des « projets au-dessus de la norme », assurant la formation ou le recyclage technique du plus grand nombre des ingénieurs et des techniciens chinois. On peut affirmer que, sans l'aide soviétique, la Chine n'aurait pu connaître les succès économiques de la période 1953-1957.

Où il est question d'un chat

La dernière difficulté (mais la plus sérieuse), rencontrée par la planification est d'ordre politique : comment planifier tout en maintenant un secteur capitaliste privé réticent à l'égard du socialisme ?

Ce problème est résolu en deux ans, sans violence ni drame apparent. En 1956, pour expliquer leur étonnante soumission, les hommes d'affaires chinois racontaient avec humour à certains étrangers l'histoire du chat et du piment rouge : Mao Zedong, Liu Shaoqi et Zhou En-lai discutent entre eux ; ils cherchent comment faire manger du piment à un chat. C'est facile, dit Liu Shaoqi, on se fait aider par quelqu'un, on immobilise le chat, on lui introduit de force le piment dans la gueule et on pousse avec des baguettes. Horreur, l'interrompt Mao : fi de la violence ! C'est antidémocratique ! D'accord, dit Zhou En-lai : je me propose, moi, de soumettre le chat à un jeûne sévère, puis je lui présenterai une tranche de viande enveloppant du piment. Affamé, il avalera le tout... Non, dit Mao, il ne faut pas tromper les gens. J'ai mieux : il suffit de frictionner de piment le derrière du chat. Dès que cela commence à brûler, il va se lécher... et sera bien heureux de pouvoir le faire... L'histoire perd beaucoup de son anticommunisme apparent si l'on se rappelle le goût des chinois pour le piment..., mais elle nous dit cependant : le chat capitaliste ne peut apprécier le piment socialiste, mais il peut être placé dans une situation telle que l'acceptation du changement soit devenue le moindre mal. Et le piment, c'est bon...

Comme le note Liu Shaoqi, en septembre 1956, dans son rapport au 8e Congrès du PCC, on a assisté en Chine à une sorte de miracle : la bourgeoisie chinoise en est venue à accueillir la transformation socialiste « dans le vacarme joyeux des tambours et des gongs ».

En fait, cet apparent « miracle » s'explique fort aisément par l'utilisation du capitalisme d'Etat comme facteur décisif de cette transformation socialiste pacifique du capitalisme national, associé à la pression des masses, notamment ouvrières, comme l'a montré la campagne des « cinq anti », décrite plus haut à Shanghai. Nous ne sommes pas si loin de notre chat...

En 1954, le numéro 5 de la revue chinoise *Questions d'économie* posait d'ailleurs fort bien le problème : « Si l'on ne permet pas aux capitalistes d'exploiter, dans une certaine mesure, les travailleurs et de recevoir un profit raisonnable, leurs entreprises ne peuvent exister et se développer. » La loi de la valeur joue donc son rôle, et, dans le secteur privé, la loi de la plus-value et du profit. L'article poursuit : « La bourgeoisie a essayé de faire passer ses intérêts égoïstes avant ceux de l'économie nationale tout entière », mais les syndicats ouvriers ont lutté pour fixer le profit « à un taux raisonnable » et ont créé ainsi les conditions pour transformer les capitalistes privés en travailleurs qualifiés n'ayant plus la propriété des moyens de production.

De fait, durant l'automne 1955, le coup final est porté au capitalisme privé : de multiples réunions de travail et causeries amicales entre dirigeants, hommes d'affaires et responsables communistes (avec Mao lui-même) ont eu lieu. On convainc ainsi les industriels et gros commerçants privés que leur intérêt bien compris est de transformer leurs établissements en entreprises mixtes, en donnant à l'Etat une participation prépondérante, étape ultime avant la nationalisation intégrale. Ils toucheront chaque année 5 % des bénéfices de leurs entreprises ainsi transformées, dont ils resteront les directeurs, à moins qu'ils n'y exercent d'autres fonctions dirigeantes peu astreignantes et bien rémunérées. Entre la fin décembre 1955 et le 15 janvier 1956, le maire de Pékin, Peng Zhen (qui se rappelle peut-être son passé de militant syndical clandestin en Chine du Nord durant les années 1935-1937) obtient ainsi l'abandon de leurs entreprises par les capitalistes de la capitale. De grandes fêtes place Tiananmen, célèbrent cette « libération ». On croit parfois lire le récit des « déprêtrisations » volontaires durant la Révolution française...

D'autres villes suivent l'exemple de la capitale. Shanghai, où se trouvent concentrés 41,8 % de l'industrie privée nationale et 13,9 % des capitaux investis dans le commerce en Chine, vient en dernier. Mais, fin janvier, les gongs et les tambours résonnent aussi « Route de Nankin » (principale artère de la ville) pour célébrer le ralliement des capitalistes shanghaiens à la marche irrésistible vers le socialisme.

Conquérir les intellectuels à la cause du socialisme

En même temps que les bases économiques de la bourgeoisie chinoise sont détruites, une intense bataille idéologique se déroule en direction des intellectuels. Bataille complexe, déroutante, dont il faut comprendre les raisons essentielles.

Un fait tout d'abord. Les communistes chinois n'ont qu'une influence limitée chez les 3 840 000 intellectuels chinois et surtout parmi les 100 000 « grands intellectuels ».

Zhou En-lai, en janvier 1956, estime dans un rapport officiel donc nécessairement optimiste, que 40 % d'entre eux seulement soutiennent le régime 40 % ne s'y opposeraient pas, mais n'auraient pas « l'esprit progressiste », 10 % seraient en désaccord idéologique et 10 % seraient des contre-révolutionnaires.

Derrière le caractère éminemment arbitraire de ces statistiques, il se cache une évidente inquiétude : la majorité des intellectuels demeure réservée. Tout se passe comme si la situation de 1948 se prolongeait : on accepte comme un moindre mal des communistes, mais on continue à rêver d'une troisième voie « libérale », « démocratique ».

L'idéologie bourgeoise — sans doute confortée par l'intégration de la classe capitaliste dans le bloc des forces révolutionnaires durant l'époque de la « nouvelle démocratie » — demeure puissante et il est nécessaire que les communistes la combattent, s'ils veulent édifier le socialisme. D'autant plus, et c'est la seconde raison de la campagne, qu'il est impossible de réussir le plan quinquennal sans la participation des intellectuels à l'effort national. La Chine a besoin de tous ses ingénieurs, de tous ses techniciens, de tous ses créateurs.

A ces deux raisons, s'en ajoute une troisième qui, elle, ne paraît pas s'imposer avec la même évidence. Les dirigeants chinois veulent des intellectuels loyaux, soumis à la direction du PCC, se référant constamment au marxisme et à la « pensée de Mao Zedong ». L'époque s'y prête : en URSS, les théories de Jdanov survivent à la mort de Staline en 1953 et le rôle dirigeant du Parti sur la littérature et les arts demeure affirmé : on parle toujours de « science bourgeoise » et de « science prolétarienne ». Le « modèle soviétique », sur ce point, risque de donner de bien fâcheuses leçons !

D'autre part, la tradition chinoise ne pousse guère à l'esprit de tolérance. L'intellectuel confucéen est formé depuis des siècles à se référer sans fin à une idéologie officielle, parfaitement dominée dans sa forme et dont le loyalisme à l'égard du pouvoir est l'une des cinq vertus cardinales.

Le conformisme le plus plat croît aisément sur ce terreau historique. Le courant *zheng feng* de rectification du style de travail du Parti, commencé à Yanan en 1942, entraîne la promotion progressive de la « pensée de Mao Zedong » au rang d'élément de référence obligatoire et joint à la soumission de la littérature et de l'art à la direction du Parti (« causeries sur la littérature et l'art » en mai 1942 par Mao Zedong) augmente encore le glissement vers une pensée officielle hégémonique, dominatrice et sans partage.

En 1954-1955, un scandale et un drame surviennent qui laissent un profond et durable malaise dans les rapports entre le PCC et les intellectuels chinois. En octobre 1954 en effet, un professeur de l'université de Pékin, Yu Pingbo, célèbre pour ses études sur le grand roman de mœurs du XVIIIᵉ siècle *Le Songe dans le pavillon rouge*[20] est violemment pris à partie : on l'accuse d'être un « idéaliste impénitent » qui préfère les douteux plaisirs de l'explication psychologique d'un roman d'amour décrivant les convulsions d'une grande famille pékinoise à « l'explication scientifique » marxiste se réclamant de la lutte des classes. Il y avait là matière à vrai débat, mais il n'en fut rien : Yu Pingbo, mal à l'aise hors du champ académique, affolé d'être

---

20. Ce roman, écrit par CAO XUEQIN, a été publié en traduction à la Pléiade, en 1981.

une des cibles du prestigieux Président de la République lui-même, se soumet par une triste autocritique.

Pour Hu Feng, ce fut infiniment plus grave. Cet intellectuel, ami du grand écrivain Lu Xun, avait été un proche sympathisant du PCC[21]. Député, rédacteur d'une revue littéraire influente, il était une importante personnalité. Or, durant l'été 1954, témoin du trouble de plus en plus fort des milieux qu'il fréquente, il écrivit une lettre au Comité central du PCC dans laquelle il dénonçait les « cinq poignards » plongés dans le cerveau des écrivains : l'idéologie communiste, l'inspiration idéologique, l'inspiration révolutionnaire, la rééducation idéologique, la limitation des formes et l'imposition par le Parti des thèmes à traiter... A l'automne, enhardi, il s'en prend au vice-ministre de la culture, Zhou Yang. En janvier 1955, une violente campagne se déchaîne contre lui. La plupart des intellectuels connus (comme le grand romancier Mao Dun, mais aussi Yu Pingbo) le traînent dans la boue : considéré comme un ennemi de classe infiltré, il est exclu le 26 mai de l'Union des écrivains, et arrêté le 18 juillet 1955. 130 intellectuels considérés comme faisant partie de sa « clique » sont critiqués, destitués, arrêtés. Hu Feng ne sera libéré qu'en 1980...

Aussi y eut-il un temps de surprise et de flottement quand, en janvier 1956, Zhou En-lai prononça le rapport (déjà cité) sur les intellectuels, témoignant de l'intention évidente d'améliorer ses relations avec eux. C'est pourtant Mao qui avait donné l'impulsion à cette tentative de rapprochement, déclarant le 14 janvier : « Si la Chine veut sortir de son retard, il faut que le Parti lutte pour acquérir le savoir scientifique et s'unir avec les intellectuels hors du Parti. »

Idée que Zhou En-lai précise ; le Parti a trois tâches : donner aux intellectuels un meilleur emploi (en quelques semaines 6 800 intellectuels sans emploi à

---

21. GOLDMAN (M.) : « Hu Feng's Conflict with the Literary Authorities » in *China Quarterly*, n° 12, oct. déc. 1962. Et *Literary Dissent in Communist China*, Cambridge, mars 1967.

Shanghai, 2 300 à Pékin sont embauchés), améliorer leurs conditions de vie et de travail, « les faire participer à de larges discussions académiques sur la construction socialiste ».

Premiers résultats de la planification

Désormais, la bataille du Premier plan quinquennal est à son paroxysme. On y jette des sommes d'argent appréciables : 32 milliards de dollars US d'investissements, la perspective globale étant de permettre à la Chine de parvenir en quatre plans quinquennaux (soit en 1967…) à la pleine indépendance scientifique, technique et technologique dans tous les domaines.

Dans cette optique de rectification fondamentale d'une économie déséquilibrée par la domination impérialiste, on privilégie les « constructions de base » (création et développement d'entreprises productives) qui reçoivent plus de la moitié des investissements. 85 % de tous les investissements se font très logiquement dans l'industrie et les transports (dont 48 % dans la seule industrie lourde). Après une légère révision en hausse, l'agriculture (et les eaux et forêts) ne reçoivent que 8,2 % des investissements.

Toujours dans le même esprit, l'effort porte sur l'industrie des biens de production (88,7 % des crédits contre 11,2 % à l'industrie des biens de consommation). 472 « projets au-dessus de la norme », portant sur les nouvelles implantations industrielles, sont situés à l'intérieur du pays, contre 222 seulement le long des côtes. De nouveaux centres, des villes champignons naissent : ainsi les aciéries de Bao Tou en Mongolie intérieure, qui s'insèrent au cœur de quartiers neufs où les logements ouvriers en briques, contrastent avec les yourtes en feutre des nomades difficilement sédentarisés.

Ces mesures ambitieuses doivent permettre une forte accumulation de capitaux. Le bas rendement financier de la plupart des coûteux ensembles d'industrie lourde mis en chantier, devrait être compensé par la hausse de la productivité ouvrière et par un taux de réinvestisse-

ment très élevé (22 %), donc par un faible développement de la consommation populaire (rendu aisé à la ville
par le rationnement) et aussi par une participation de la
paysannerie à l'effort national.

On le voit : l'accélération de la collectivisation (qui,
seule permet le contrôle de la consommation et de la
production agricole) est en rapport direct avec le plan
quinquennal et la conception de construction du socialisme, d'allure soviétique, qu'il implique. Le coup
d'accélérateur donné par Mao, le 31 juillet 1955, à la
collectivisation à la campagne, ne peut s'expliquer en
dehors de cette donnée fondamentale.

Les résultats, dès 1957, sont spectaculaires : la Chine
a effectué un véritable bond en avant dans l'industrialisation : son industrie a connu une croissance annuelle
entre 1952 et 1957 de 14 à 19 % selon les secteurs, soit
trois fois mieux que l'Union indienne à la même
époque. Quelques chiffres : le charbon entre ces deux
dates passe de 63 à 113 millions de tonnes, l'acier de 1,4
à 5,24, l'électricité de 7 à près de 16 milliards de
kilowatts/heure, la production de ciment double, les
cotonnades progressent de 50 %.

Par contre, les engrais sont quasi ignorés, demeurant
aux alentours d'un demi-million de tonnes, la paysannerie étant, comme on l'a vu, fort mal lotie. Le doublement du kilométrage des voies ferrées peut être cependant profitable au monde rural. 4 200 000 emplois sont
créés dans des entreprises d'Etat. Une étonnante poussée urbaine s'ensuit : peut-être y a-t-il doublement de la
population urbaine chinoise, atteignant 92 millions de
citadins en 1957. La plupart de ces nouveaux citadins
(1/4 semble-t-il) sont des ruraux déracinés.

La crise du logement sévit : il y a 3 m² par habitant à
Shanghai et, en 1955, on refoule vers les villages — dont
ils étaient partis quelques mois plus tôt de leur propre
gré — 400 000 nouveaux habitants de Shanghai. Le
malaise rural interfère ainsi sur le développement
urbain.

COLLECTIVISATION A LA CAMPAGNE

Dans les villages, l'agriculture paysanne individuelle développée par la réforme agraire fait place à l'agriculture collective, non sans difficultés et hésitations.

On l'a vu précédemment : la réforme agraire avait créé une situation de déséquilibre social telle que le statu quo était lourd de risques. Des tensions apparaissaient çà et là ainsi que des signes inquiétants de dégénérescence chez les cadres révolutionnaires qui, devenus des paysans moyens, voulaient se retirer de la vie politique et profiter de leur nouvelle situation.

Le monopole d'Etat sur les grains

Pour les dirigeants chinois, la socialisation de l'économie semblait incompatible avec le maintien d'un vaste secteur privé à la campagne. En tout état de cause, les rendements agricoles demeuraient bas : la production céréalière croît seulement de 1,5 % de 1952 à 1953 et de 2,3 % de 1953 à 1954, alors que la population, au même moment, augmente annuellement de 2,5 % environ. La production de coton recule même de 10 %, puis de 9 % durant les mêmes années.

Or, l'impétueux développement industriel que le plan quinquennal stimule s'accompagne bien évidemment d'une forte poussée urbaine, donc d'une demande accrue en nourriture. La réponse à ces difficultés est prompte et fort inspirée, elle aussi, du précédent soviétique : l'Etat instaure, en novembre 1953, le monopole sur le commerce des grains. Ce système s'appelle « l'achat unifié et la vente unifiée [22] ».

Le principe en est simple si l'application en est

---

22. BERNSTEIN (Th. P.) : « Cadre and Peasant Behavior under Conditions of Insecurity and Deprivation : the Grain supply crisis of the spring of 1955 » in BARNETT (A. D.) : *Chinese Communist Politics in action*, Seattle, 1969.

malaisée : le paysan cesse d'être un petit entrepreneur individuel qui cherche son profit maximal. Il est intégré dans un ensemble économique dirigé par l'Etat. En effet il vend à l'Etat, à prix fixé, le surplus de sa production, après évaluation de ses besoins en grains pour lui et sa famille, dont le montant reste dans sa grange. En cas de besoin (si, pour diverses raisons, il manque de grains pour se nourrir) il s'adresse en retour à l'Etat pour acheter ce grain à prix fixé.

L'évaluation des besoins est évidemment le point délicat du dispositif : les paysans veulent les fixer le plus haut possible et les cadres administratifs par contre ont tendance à demander aux paysans plus qu'ils ne peuvent donner. Il y va de leur carrière, mais aussi de la possibilité d'industrialiser le pays au plus vite. On met donc en place un rationnement avec instauration dans le pays tout entier d'une carte de céréales *(liang piao)*. Dans les lieux classiques des famines, les paysans — dont la production suffit à peine aux besoins ou n'y suffit pas, ce qui représente plus des 2/3 du total —, reçoivent de la part de l'Etat une double garantie dont ils rêvaient depuis des siècles : tout d'abord ne plus subir à chaque printemps (au mois de mai le plus souvent) l'oppression ancestrale des détenteurs de surplus agricoles qui leur vendaient quelques boisseaux de grains nécessaires à leur survie, à des conditions usuraires. Ensuite, ne pas mourir de faim en cas de calamités naturelles, sécheresse, inondations, invasions de sauterelles... ou ravages de la guerre et des brigands.

C'est ce que traduisent naïvement ces paysans du Hubei (d'après le *Quotidien du Peuple* du 1ᵉʳ mars 1954) : « Le président Mao nous est plus cher que notre mère. Dès qu'il entend que nous sommes frappés par la famine, il nous apporte des vivres depuis des centaines de kilomètres. Sans cela, nous ignorons combien d'entre nous seraient morts de faim comme dans les temps d'avant la libération. »

Ce sont là des conquêtes essentielles qui expliquent en profondeur l'adhésion de la majorité des paysans à cette politique. Adhésion qui n'exclut pas pour autant de réelles difficultés, la pression de l'Etat pour avoir un surplus agricole important aboutit ainsi au printemps 1955, à une crise sérieuse dans les rapports entre les paysans et les cadres du PCC. Vers le mois d'avril, un bruit courait dans les villages : la récolte serait mauvaise, on allait manquer de grains. Il fallait donc prendre des précautions, se prémunir contre la famine. De fait, dès mars-avril, l'Etat est amené à vendre aux paysans plus de grains que prévu : de quoi nourrir 300 millions de personnes pendant les quatre mois de la « soudure », les plus difficiles... Or, d'après leurs prévisions, Chen Yun et les divers ministères concernés s'attendaient à une demande bien moindre : seuls 140 millions de ruraux devaient acheter des céréales à l'Etat soit 40 millions de paysans se livrant à des cultures industrielles, 12 millions d'éleveurs, pêcheurs, forestiers, 40 millions de sinistrés et 50 millions de paysans trop pauvres pour subvenir à leurs besoins même en temps normaux. Il y avait donc 150 millions d'indigents inattendus...

La production agricole, en 1954-1955, a été de 169 millions de tonnes de céréales : 50 millions de tonnes en ont été achetées par l'Etat dont, finalement, la moitié a été revendue par lui aux paysans, le reste nourrissant les villes, les services et servant au troc pour acheter des biens d'équipements ou des matières premières. Il reste alors, dans les villages plus de 135 millions de tonnes de grains (82 % de la production), de quoi assurer une ration annuelle par paysan de 549 catties soit autant de livres de 500 grammes. Or, on évalue le besoin minimal en grains annuels à 360 catties par personne. Il y a donc une marge !

En fait, cette peur paysanne ainsi constatée s'est greffée sur une expérience ancestrale de catastrophes alimentaires. Elle a aussi été favorisée par les erreurs des cadres : un peu plus tard, en 1957, on reconnaîtra que l'on avait prélevé des surplus... en excès, c'est-à-dire que, sous la contrainte ou par la persuasion, on avait obtenu de certains paysans plus qu'ils ne pouvaient fournir de grains sans risquer la disette. Cet « excès » se serait monté à 3 ou 4 millions de tonnes. On comprend mieux ainsi les manifestations de paysans qui vont dans les bourgs auprès des autorités pour exiger une distribution de secours en mars-avril, et les émeutes signalées notamment au Shanxi.

Dans un village de cette province, on découvre après enquête, deux ensembles de problèmes : alors que, tous comptes faits, la ration de grains y est de 433 catties, 177 familles de ce bourg (soit 39 % du total) réclament du grain avec quelque vigueur. Certes, 95 familles le font à tort, par peur ou pour se livrer au marché noir, mais surtout… pour ne pas risquer, en révélant leur très relative abondance, d'être classés « paysans moyens supérieurs », voire même paysans riches.

A cette difficulté, s'en ajoute une seconde : 82 familles sont bel et bien indigentes… Parmi elles, 63 auraient pu joindre les deux bouts, n'était la contrainte de la part des cadres les ayant amenés à livrer un surplus de grains largement imaginaire… Ce qui m'amène à trois remarques.

La première porte sur la « mentalité paysanne ». On a quelque mal à convaincre les paysans « que le pays est une grande famille où tous les paysans sont frères et sœurs : ceux qui obtiennent une riche récolte ont l'obligation de revendre plus de grains au gouvernement afin de remédier à la pénurie des zones de famines » (comme l'écrit le *Journal du Jiangxi*, le 22 septembre 1955)

Plus encore, il est difficile d'expliquer aux paysans qu'il faut aider le « frère aîné », c'est-à-dire la classe ouvrière. La presse, pour les critiquer, cite des propos amers : « Ce sont les paysans qui ont vaincu durant la guerre civile, ce sont eux qui doivent diriger. » « Le PCC devrait être un parti paysan puisque beaucoup des membres du Parti sont d'origine paysanne. » On ne reconnaît pas le rôle dirigeant du « frère aîné » car « ce sont les paysans qui ont mené la lutte, libéré les villes… et qui nourrissent les ouvriers[23] ».

---

23. BERNSTEIN (Th. P.) : « Problems of leadership in villages after the agrarian reform », in *China Quarterly*, oct.-déc. 1968.

La seconde remarque porte sur les embarras des cadres, hésitant entre les demandes venues de l'échelon supérieur qu'ils savent exagérées, et le besoin de garder de bons rapports avec la population, ne serait-ce que pour stimuler l' « enthousiasme » à la tâche des paysans. On les voit donc aller d'un extrême à l'autre : tel cadre distribue une dizaine de kilos de grains à tous les habitants d'un village en difficulté... lésant ainsi par un égalitarisme discutable, les paysans les plus pauvres. Tel autre autorise le commerce libre des grains mais, menacé de destitution, confisque en trois jours près de deux tonnes de riz chez 37 paysans moyens, créant ainsi un malaise politique aigu...

Troisième remarque enfin, pour souligner la remarquable aptitude du PCC à surmonter ces obstacles, surtout si l'on pense aux excès de la « dékoulakisation » en URSS durant l'hiver 1929-1930. Dès mars 1955 en effet (alors que la crise s'amorçait à peine), le gouvernement chinois établit les « *san ding* » (les « trois fixes ») : un quota de livraison de grains est précisé pour chaque famille dont le montant est arrêté à l'avance ; l'Etat s'engage à n'acheter que 80 à 90 % du surplus « normal » calculé sur trois ans, ce qui, bien évidemment, encourage les paysans à produire davantage. On fixe les quantités à produire, les quantités à livrer, les quantités qui peuvent être achetées à l'Etat en cas de besoin : autant de garanties contre l'arbitraire. D'autre part, à la répression qui a lieu parfois, on préfère le débat et la persuasion : séminaires de cadres, envois d'équipes de travail, critiques à huis clos, puis meetings où l'on entend les autocritiques de certains et où on obtient la reconnaissance de tel ou tel abus, tant de la part des cadres que de la part des paysans falsificateurs.

Accélération de la collectivisation

On comprend mieux ainsi que, malgré les erreurs et maladresses, le PCC sorte de ce qui aurait pu être une très grave crise assez fort pour accélérer la collectivisation dès l'été 1955.

En effet, le mouvement de développement des coopératives agricoles en Chine n'avait jusqu'alors rien d'impétueux ! Les coopératives de « types inférieurs » (dans
lesquelles on versait au coopérateur, outre sa part de
bénéfices, un dividende correspondant à la part de terre
qu'il avait apportée à la ferme collective) ne sont, en
1954, que 114 165, regroupant 2 285 246 foyers, cultivant
2,75 % des terres et rassemblant moins de 2 % de la
population rurale.

Quant aux coopératives de type supérieur (où l'on ne
tient plus compte dans la rémunération de l'apport de
terre) elles sont 201 à la même date, cultivant 0,014 %
des terres... Malgré des efforts réitérés (printemps 1953,
automne 1954, printemps 1955...) la collectivisation à la
campagne rencontre un maigre succès.

En juillet 1955, il y a 16 900 000 foyers dans
650 000 coopératives de type inférieur fondées depuis
l'automne 1954 pour les 4/5, ce qui représente 14 % des
paysans et 18 % du sol cultivé. Les coopératives de type
supérieur sont... 529, soit... 0,033 % des foyers.

Tout change après le discours de Mao, le 31 juillet
1955, « sur le problème de la coopération agricole ».
Mao Zedong prononce son premier grand discours
politique depuis 1949. Or, il le fait devant une instance
autre que le Comité central, lors d'une réunion infor-
melle des secrétaires du PCC des provinces, des grandes
villes et régions autonomes. C'est pour donner une
vigoureuse impulsion à la collectivisation alors que, trois
semaines plus tôt, Li Fuchun, rapportant sur le Premier
plan quinquennal, prévoyait que 1/3 seulement des
foyers paysans appartiendrait à des coopératives de type
inférieur en 1957.

Force est de constater que cette intervention aboutit
dans le court terme à un succès total pour son promo-
teur. Doit-on en conclure, comme ce fut dit durant les
premières années de la révolution culturelle, que nous
rencontrons ainsi la première grande manifestation
publique de la « lutte entre les deux lignes » : la
« prolétarienne » incarnée par Mao Zedong et la
« bourgeoise » incarnée par une cohorte de gestionnai-

res bientôt dominée par le plus redoutable d'entre eux, Liu Shaoqi ?

Mao avance cinq arguments pour défendre sa thèse favorable à l'accélération de la collectivisation :

1. L'agriculture fournit l'essentiel (90 %) des matières premières nécessaires aux industries des biens de consommation, et les 3/4 des exportations qui permettent de financer les achats de biens d'équipement. L'industrialisation rapide de la Chine repose donc sur les progrès de la production agricole.

2. Il y a une demande croissante en céréales et en matières premières agricoles, alors que la production et les rendements stagnent. Il faut accroître la production au plus vite.

3. La collectivisation permettrait de faire un meilleur usage de la force de travail à la campagne et donc assurerait une meilleure et plus rapide accumulation de capitaux.

4. La lutte des classes à la campagne entre les paysans pauvres et les nouveaux paysans riches, profiteurs de la réforme agraire, crée une situation dangereuse.

5. Enfin, 60 à 70 % des masses rurales sont favorables à la collectivisation.

Le discours ne masque pas l'âpreté de la bataille. Il indique même que, au printemps 1955 (dans le cadre de la crise décrite plus haut), il y a eu un courant de dissolution de coopératives mises en place l'automne précédent. Il donne des chiffres : ainsi 15 000 coopératives sur 53 000 sont dissoutes dans la province du Zhejiang[24]. Une réunion (présidée par Liu Shaoqi) tenue en avril 1955, aurait accepté la dissolution, au plan national, de 200 000 coopératives. Quand on remarque qu'il y a 633 000 coopératives en juillet 1955, comptant en moyenne 27 foyers par unité, cela signifie

---

24. MARCHISIO (H.) : « Communes populaires et organisations coopératives dans les campagnes chinoises » in *Archives Internationales de sociologie de la coopération*, juil.-déc. 1966. MAC FARQUHAR (R.) : *The origins of the Cultural Revolution* I — *Contradictions among the People, 1956-1957*, London, Oxford University Press, 1974.

que 1/4 des coopératives auraient été dissoutes, que 5 400 000 foyers paysans (20 millions de personnes, soit 5 % de la population paysanne, mais plus du quart des paysans coopérateurs...) auraient préféré revenir à la culture privée (le *dan gan*).

Les réticences paysannes envers la collectivisation sont donc bien réelles, ce qui explique peut-être la publication retardée du texte de Mao, qui n'aura lieu qu'en octobre, après la moisson d'automne car il n'eût pas été souhaitable de la perturber... Et cependant Mao passe outre et les faits lui donnent apparemment raison.

Au passage, il ajoute deux précisions importantes dans son discours. Sur le « modèle soviétique » tout d'abord. Il s'en réclame, mais son imitation n'est pas aveugle. Il rappelle qu'en l'étudiant, il faut comprendre, pour les éviter, les erreurs commises lorsque « grisés par le succès », les dirigeants soviétiques ont fait preuve de « précipitation » et ont ainsi poussé à « une progression aventureuse ». Dans le même temps, à propos de l'attitude des cadres, Mao dénonce « certains de nos camarades qui marchent clopin-clopant, comme une femme aux pieds bandés et ne cessent de se plaindre que nous allons trop vite ».

Il est clair que, pour lui, parmi ces gens qui voient partout « un dragon devant et un tigre derrière », il y a les planificateurs (Chen Yun, Li Xian-nian...)

Il y a aussi Liu Shaoqi qui aurait déclaré en 1951 : « Ce n'est qu'avec la nationalisation de l'industrie que l'on peut fournir aux paysans de grandes quantités de machines, et c'est seulement alors qu'il sera possible de nationaliser la terre et de collectiviser l'agriculture. » Pour Liu Shaoqi, la collectivisation, c'est d'abord le tracteur. Et l'on pense à ces films soviétiques, de Dovjenko ou d'Eisenstein, où les kolkhoz se créent tandis que des centaines de tracteurs dessinent dans les champs un immense ballet. Si bien que c'est Liu Shaoqi qui se réclame vraiment du modèle soviétique, Mao Zedong s'y référant pour en faire tout à fait autre chose : il croit possible de stimuler la production sans moyens nouveaux, seulement par l'enthousiasme des masses, avec une hâte excessive, reconnaît le Comité central du Parti communiste chinois depuis juin 1981. De fait, en quelques mois à peine, un changement fondamental s'opère dans les campagnes chinoises. En octobre 1955, le 6e Plénum du Comité central prend acte du succès de la collectivisation : il y a doublement du nombre des coopératives qui tendent d'autre part à regrouper plus de monde. Au Jiangsu, entre juillet et octobre, on est passé de 35 773 coopératives à 121 494, au Guangdong de 16 000 à 70 000. L'accélération se poursuit, relancée par la publication, le 12 janvier 1956, d'une vaste enquête (1 360 pages...) qui exalte la « marée montante du socialisme » dans les campagnes chinoises. On arrête comme contre-révolutionnaires les paysans récalcitrants.

En juin 1956, 110 millions de familles, soit 92 % des familles paysannes chinoises, ont rejoint les fermes collectives. Mieux : 75 % d'entre elles (soit plus de 62 % du total) sont dans des coopératives de type supérieur. Fin 1956, la collectivisation est pratiquement terminée, avec deux ans d'avance sur les pronostics les plus optimistes... dont ceux de Mao Zedong lui-même. Une série de textes (entre décembre 1955 et juin 1956) fixent le cadre de ces coopératives et présentent des statuts modèles : demeurent propriété privée la maison, la cour, un lopin de terre correspondant à la taille de la famille (— soit entre 5 et 10 % du total des terres collectives ou un *mu* — un quinzième d'hectare — par coopérateur), quelques volailles et animaux et les petits instruments agricoles. Notons que ces biens privés assurent, en 1957, le tiers ou le quart des revenus paysans et fournissent, de plus, l'essentiel des légumes, fruits, condiments et piments nécessaires à l'équilibre alimentaire[25].

Sont collectivisés (et non pas « nationalisés », car il s'agit là de « propriété collective » et non pas de « propriété du peuple tout entier » : les paysans gardent

---

25. WALKER (K. R.) : *Planning in Chinese Agriculture : socialisation and the private sector, 1956-1962*, Londres, Cass, 1965.

leurs titres de propriété), la terre, les animaux de trait, le gros outillage. La rémunération des coopérateurs se fait selon leur qualification et le travail effectué.

Divers systèmes sont mis en place pour la répartition des « points de travail ». Cela donne lieu à de chaudes discussions prolongées tard dans la nuit. On tend (vu la complexité croissante de la gestion de fermes collectives qui comptent entre 51 et 245 foyers) vers un système attribuant un nombre de points déterminés, pour un travail donné, effectué en un temps donné ; le tout étant modulé en tenant compte de la qualité du travail évalué après un débat... houleux...

Le prélèvement de l'Etat sur les coopératives demeure raisonnable : 15 % en moyenne des revenus collectifs servent à payer les frais de production (modestes, étant donné l'archaïsme des forces productives...), 0,5 % sert aux frais de gestion, 1,5 % alimentent le fond local d'aide sociale, 10 % servent à payer les impôts (en nature), 3 à 5 % sont versés au fond d'accumulation (pour l'achat de matériel). Le reste (soit 60 % environ) est réparti entre les paysans de la coopérative, c'est-à-dire du village.

Le plan de douze ans et l'émergence de l'utopie

C'est dans ce contexte de succès que Mao lance, le 25 janvier 1956, son « projet de plan de douze ans pour le développement du secteur agricole ». Adopté sous cette forme non définitive par la Conférence suprême d'Etat, il devait être approuvé ultérieurement après discussion et expérimentation. Le plan propose de transformer radicalement la campagne chinoise en l'espace de trois quinquennats. En 1967, la Chine devait produire 440 millions de tonnes de grains (+ 140 %). Entre 1955 et 1967, le rendement agricole du riz à l'hectare devrait passer en Chine du Nord de 11 à 30 quintaux à l'hectare, en Chine centrale de 16 à 38, en Chine du Sud de 30 à 60. Six millions de charrues à deux roues et à double soc sont livrées par l'Etat aux fermes collectives. Parallèlement, on doit liquider l'analphabétisme. Zhou En-lai calcule que plus de 15 milliards de journées de travail sont chaque année utilisables pour des « constructions de base » c'est-à-dire de grands travaux d'infrastructures (canaux, digues, routes, défrichements...)

Derrière l'avalanche abrupte des chiffres, il reste cependant une décision capitale : rendre au secteur rural, parent pauvre du Premier plan quinquennal, son autonomie ; le libérer de sa dépendance étroite des productions industrielles, susciter une formidable mobilisation en utilisant comme investissement ces « millions » que constituent l'immensité de sa masse humaine.

On se réclame d'ailleurs officiellement d'une vision antimalthusienne : défendant le Plan, le secrétaire de Mao Zedong, Chen Boda, disait que la Chine n'était nullement surpeuplée et pourrait nourrir dans douze ans 600 millions de Chinois de plus...

De fait, en même temps que l'on parachève la collectivisation, cadres et paysans semblent rivaliser d'optimisme dans une émulation de chiffres qui fait tourner la tête. Chaque niveau administratif surenchérit, ce qui donne des résultats stupéfiants... sur le papier du moins. Ainsi, le Fujian, au niveau provincial, se propose d'atteindre, dès 1956, l'objectif de production pour 1957... mais la plupart des bourgs (les *xiang*) trouvent ces objectifs (qui supposent un progrès de la production de 16 % alors qu'il n'avait été l'année précédente que de 1,5 % !) trop modestes et en arrivent à proposer un objectif de croissance de... 40 % ! Les cadres (enthousiasme réel ou volonté de plaire ?) multiplient les pressions : les paysans reçoivent vite l' « étiquette » de contre-révolutionnaires (c'est pour eux le risque d'être internés dans un camp et, en tout cas, la certitude d'une surveillance tracassière par les autorités) s'ils résistent. On gèle leurs dépôts bancaires pour les forcer à investir dans les coopératives ; on rassemble des milliers de villageois pour des travaux mal organisés. La paysannerie renâcle. Sans s'opposer ouvertement, elle est rétive. Le bétail est abattu plutôt que d'être livré à la ferme collective : 30 % des animaux de trait du Shandong sont « malades »... Le travail des champs est délaissé. Une caricature de 1957 montrera un groupe de paysans au petit matin : 10 vont vers le bureau de la coopérative... et un seul se dirige vers les champs collectifs !

Les paysans, faute de temps libre, doivent abandonner leurs activités annexes, artisanales ou agricoles, ce qui entraîne une sensible baisse de leur revenu (entre 20 et 40 %...). Gaspillage et extravagance font leur apparition.

L'exemple le plus tragique est celui des fameuses grosses charrues : adaptées aux terres vierges soviétiques, elles sont inutilisables dans les rizières, car trop lourdes pour être tirés par un seul buffle. Et l'on sait par ailleurs que le buffle est résolument individualiste et refuse tout attelage ! En sorte que, si l'on fabrique bien 1 400 000 de ces charrues tant célébrées, on en livre seulement... 10 %, dont juste 70 000 sont utilisées. Bientôt, elles restent dans les champs où elles rouillent, tandis que l'on récupère l'acier de 700 000 de ces engins inemployés pour en faire... des bêches !

Dès juin 1956, le désastre menaçant, des mesures de conservation sont prises à la hâte : le Plan de douze ans est oublié. Une dernière référence polie le salue au début septembre. Les paysans riches et les anciens propriétaires fonciers sont autorisés à adhérer aux coopératives. On parle production et on dénonce les investissements excessifs : de fait, il y aura un recul des investissements agricoles de 20 % entre 1956 et 1957.

Il est déjà trop tard : la récolte de 1956 est mauvaise, stagnante par rapport à celle, déjà médiocre, de 1955. L'hiver qui suit sera même localement dramatique : des cas de famine mal combattue dans la province du Guangxi entraîneront le licenciement du secrétaire provincial du PCC et de deux de ses adjoints. Dans la province du Guangdong, 160 000 foyers paysans demandent à se retirer des fermes collectives et 80 000 peuvent le faire.

Ce premier échec de Mao, qui suit de très près son succès de juillet 1955, laisse l'observateur dérouté. Pour au moins deux raisons.

La première est la facilité avec laquelle Mao Zedong a pu lancer des centaines de millions d'hommes dans des directions pour le moins aventureuses. Certes, cela témoigne de son immense autorité et de sa profonde popularité. Sans nul doute les Chinois ont-ils foi en l'efficacité charismatique d'un dirigeant qu'ils suivent, même dans ses excès.

Mais n'y a-t-il pas autre chose ? Comment ne pas songer aux foules parfois illuminées des travailleurs misérables de la ville et des campagnes dans l'Occident médiéval ? Comment ne pas penser à ces manifestations millénaristes à coloration religieuse ou politique du tiers monde américain ou africain, du Congo de Lumumba, au « Nordeste » brésilien ? Comment ne pas évoquer aussi la tradition chinoise des jacqueries égalitaristes toujours présente dans la mémoire collective ?

Les 70 % de la paysannerie, vivant à la limite de l'indigence malgré la réforme agraire, sont prêts à prendre n'importe quel raccourci réel ou apparent pour sortir un peu plus tôt de la misère.

L'autre raison de notre trouble, c'est que Mao Zedong, malgré l'échec évident de son projet, n'en tire pas la conclusion qu'il a tort. Au contraire, il s'obstine et attend la bonne occasion pour lancer à nouveau la bataille sous son étendard. Le Plan de douze ans prend ainsi l'allure d'une première ébauche du Grand Bond en avant.

Cependant, en septembre 1956, le 8ᵉ congrès du PCC (premier congrès tenu depuis 1945, donc premier congrès depuis la prise du pouvoir et l'établissement des bases du socialisme) se réunit. Il se situe après d'importants succès, mais aussi au moment où un premier conflit interne se dessine dans la direction du PCC. Il fournit un ensemble d'analyses tellements importantes que, de nos jours encore, elles sont au centre du débat politique en Chine [26].

---

26. Voir : MAC FARQUHAR (note 24). Les *Cahiers du Communisme* ont publié, en janvier 1957, le recueil des documents du 8ᵉ Congrès du PCC. Les Editions de Pékin ont édité en français tous les rapports et toutes les interventions du 8ᵉ Congrès du PCC.

LE PARTI
COMMUNISTE CHINOIS EN 1956

Le PCC compte au moment du congrès 10 734 384 adhérents : neuf fois plus qu'en 1949. La majorité de ses membres a adhéré depuis 1949. Les femmes sont peu nombreuses (10 %) et le parti est jeune (1/4 de moins de 25 ans).

C'est un parti élitiste, dont l'accès est contrôlé (il faut demeurer stagiaire un certain temps, être recommandé par deux adhérents) et qui ne représente que 1,74 % de la population (plus à la ville (3 %) qu'à la campagne). Il existe 538 000 cellules ou branches, parfois subdivisées en deux ou trois fractions.

Les adhérents

En 1956, le PCC compte 532 462 membres travailleurs des finances et du commerce (4,96 %), 416 196 travailleurs de la culture et de l'éducation (3,87 %), 1 039 419 fonctionnaires et membres des divers rouages administratifs (9,68 %), 6 212 703 paysans (57,80 %), 1 178 000 militaires et policiers (10,98 %) et 1 235 923 ouvriers d'usines (11,7 %). Un autre regroupement statistique donne 1 502 814 ouvriers (14 %), 7 414 459 paysans (69,1 %), 1 255 923 intellectuels (11,7 %).

Si l'on rapproche ces chiffres de ceux de la population, une constatation s'impose : la classe ouvrière est considérablement surreprésentée dans le Parti, car les 8 à 9 millions d'ouvriers chinois ne forment que 1,4 % de la population du pays : leur poids statistique dans le Parti est dix fois supérieur. Un ouvrier sur six ou sept est communiste. De ce point de vue, le PCC est bien le Parti dans lequel se reconnaît la classe ouvrière chinoise. L'expression de dictature du prolétariat a donc un sens certain. D'autre part le rapport des adhérents paysans à la masse des paysans adultes (120 millions de foyers à cette époque, soit au alentours de 300 millions de personnes) est de 1 à 40.

Ce chiffre relativement modeste est complété par un autre : il existe une branche du Parti dans 90 % des 20 000 bourgs du pays et 70 à 90 % des paysans membres du Parti sont inscrits dans des coopératives dès l'été 1955 : il s'agit donc bien d'une avant-garde capable d'influencer profondément l'ensemble de la paysannerie ou, au pire de la contrôler.

Les cadres

L'autre aspect du Parti sur lequel je voudrais insister, c'est le caractère et la nature de ses cadres. Une remarque tout d'abord : les cadres *(ganbu),* détenant un pouvoir considérable, il est difficile dans la société chinoise d'alors — où le Parti s'intègre à tous les aspects de l'administration, où à chaque rouage étatique ou économique correspond une structure rigoureusement analogue du Parti, où la confusion entre le Parti et l'Etat est très poussée (sur ce point aussi, le modèle soviétique joue à plein !) — de nettement distinguer entre cadres politiques et cadres administratifs, entre cadres communistes et cadres non communistes. A ceci, une exception : les 344 000 ingénieurs, techniciens, médecins, grands intellectuels sont appréciés comme experts et leurs conditions de vie sont souvent privilégiées ; mais on se contente de leur part d'une adhésion assez formelle aux idées nouvelles, tandis que leur rôle politique est minime.

La Chine compte alors (si l'on met à part les militaires) 3 millions de cadres moyens ou supérieurs. La biographie de l'un d'entre eux, devenu depuis fort célèbre, peut aider à mieux comprendre le comportement et la vie de cette catégorie décisive de citoyens chinois.

Hua Guofeng entre dans la carrière[27]

Il s'agit des premières années de la carrière de Hua Guofeng, l'inattendu et éphémère Président du PCC entre 1976 et 1981. Né en 1920 au Shanxi (en Chine du Nord, à l'est de la boucle du fleuve Jaune), il participe à des activités de guérilla dans les montagnes de l'ouest de sa province natale. En 1949, il est à la fois secrétaire du PCC au niveau d'un *xian* (sous-préfecture) et instructeur politique d'une petite unité combattante.

A l'automne 1949, il « part pour le Sud » (en l'occurrence la province du Hunan). Comme lui, des dizaines de milliers d'autres cadres gagnent alors le Sud, région récemment libérée par les victoires de l'Armée populaire de Libération, mais où les militants communistes sont rares.

Il est à nouveau responsable du Parti dans un *xian*. Comme tel, il s'occupe de la réforme agraire. Il est même légèrement réprimandé lors du mouvement de rectification *zheng feng* dit des « trois contre » pour une faute commise par une « équipe de travail » opérant dans un village de son *xian*. Il semble avoir eu le tort de ne pas vérifier sur place les rapports fallacieux transmis par des cadres locaux qui, de connivence avec des propriétaires fonciers fort prévenants, avaient persécuté jusqu'à la mort un paysan pauvre accusé d'être un provocateur parce qu'il dénonçait leurs agissements.

Hua Guofeng, à cette époque, mène la même vie que ses collègues innombrables : levé tôt (vers 6 heures l'hiver, 5 heures l'été) il consacre les deux premières heures de la journée à quelques activités physiques ou à l'entraînement militaire, puis à l'écoute attentive de la radio et à l'étude des circulaires politiques les plus récentes. En public, il saura désormais comment intervenir sur les questions essentielles. Sa journée va se passer en réunions, conversations téléphoniques, visites

---

27. OKSENBERG (M.) & YEUNG SAI-CHEUNG : « Hua Kuofeng's precultural Révolution, Hunan Years, 1949-1966/The making of a political genralist » in *China Quarterly*, mars 1977, n° 69.

variées. Le soir est réservé aux activités sociales, avec
souvent des causeries autour d'un thème correspondant
à la campagne en cours.

Il semble que le secrétaire Hua, peut-être à cause de
la petite mésaventure narrée ci-dessus, ait pris beaucoup
de soin à aller enquêter sur place et à se déplacer dans
les villages. Sans doute ce trait apparaît-il dans le
volumineux dossier constitué sur lui par le Parti, comme
sur tous les cadres chinois : il s'y trouve nécessairement
une biographie personnelle rédigée par le cadre, où sont
notées ses hésitations idéologiques, critiquées ses
erreurs, analysées les origines de classe de sa famille...
Chaque année, ce dossier est alourdi des résultats des
sessions de bilan durant lesquelles les cadres apprécient collectivement le résultat de leurs propres activités.

Au printemps 1952, le secrétaire Hua reçoit une
promotion. S'il n'a pas la chance d'être un vétéran de la
guerre civile d'avant 1927 (il n'en reste que quelques
centaines...) ni un vétéran de la Longue Marche ni
même de la « guerre de résistance antijaponaise » (ce
qui nuit incontestablement à son avancement) il a deux
atouts : il a participé à la guerre civile en 1947-1949 (à la
différence de la majorité des cadres qui ont adhéré après
1949 et sont donc un peu suspects d'opportunisme) et il
est secrétaire du Parti depuis février 1952 à Xiang tan,
région où se trouve le village de Shao shan, lieu de
naissance de Mao Zedong : il n'est pas possible d'avoir
cet honneur sans se faire remarquer quelque jour.

Bientôt, de secrétaire du Parti au niveau du *xian,* Hua
devient le responsable de l'administration au niveau du
« district spécial » de Xiangtan : 18 *xian,* deux grandes
villes. En France, ce serait un préfet de 32 ans...

Il est désormais non plus un cadre moyen mais un
cadre supérieur de grade 2. Il a droit à un repas amélioré
à la cantine (des légumes frais et des raviolis à la
viande...). Il a droit à la voiture de fonction et au
planton. Il reçoit un vêtement chaud l'hiver, et son
salaire toujours modeste n'est plus celui d'un ouvrier.

Les privilèges des cadres

Privilèges modestes et qui sont plutôt des nécessités de la charge, mais privilèges suffisants pour isoler du monde réel celui qui n'y prêterait pas garde. Privilèges par ailleurs insuffisants pour attirer vers cette vie spartiate et contrôlée ceux qui n'ont pas quelque part en eux la petite flamme de l'enthousiasme...

La presse chinoise parle beaucoup de ces cadres actifs pendant la réforme agraire, mais lassés depuis et désireux de profiter de leur vie meilleure : « avoir du pain, un bocal de légumes aigres (une friandise des paysans de Chine du Nord) et être assis sur son *kang*[28]... » Tel autre déclare : « Toute ma vie, j'ai vécu à la dure. Maintenant que j'ai reçu de la terre, je suis heureux. Alors pourquoi continuer la révolution ? » D'autres, plutôt que de convaincre, recourent à la violence et rouent de coup les paysans pour les amener à adhérer aux coopératives, ou bien multiplient les « faux rapports » aux autorités.

Ainsi, ces cadres d'une sous-préfecture perdue dans les collines au cœur de la province du Henan, dont Jean-Luc Domenach, dans un alerte récit intitulé *Une ténébreuse affaire*[29], nous raconte l'histoire.

Dès 1952, ils ont voulu créer une coopérative de production dans un village et ont chargé une jeune fille, Wen Xianglian[30], militante de la Ligue des jeunesses communistes, de la mettre sur pied. Joie ! quelques mois plus tard, cette ferme collective annonce des rendements merveilleux : voilà enfin la preuve de la supériorité du système collectif sur l'exploitation individuelle.

---

28. Le *kang* est un bat-flanc de briques creuses sous lequel circule la vapeur du foyer, qui sert de chauffage en Chine du nord.

29. DOMENACH (J.-L.) et CHEN HOCHIA : *Une ténébreuse affaire : le faux rapport de production de Lushan,* Paris, Presses Orientalistes de France, 1978.

30. WEN XIANGLAN : cette paysanne modèle, quasi illettrée en 1953, fera une brillante carrière. Elle sera élue suppléante du CC du PCC au 9e Congrès et sera réélue à ce poste par les 10e et 11e Congrès. Elle n'est plus élue lors du 12e Congrès.

Mais deux journalistes sont envoyés sur place et découvrent que tout est truqué : la surface cultivée est plus grande de près de 50 % que la superficie déclarée, ce qui, joint à d'autres subterfuges, aide beaucoup à la performance annoncée ! Rien n'y fait cependant : en décembre 1952, la jeune paysanne modèle est récompensée d'un « bœuf jaune », — c'est-à-dire de qualité supérieure — et les coopérateurs d'un don de 200 *yuan*. Certes, au printemps 1953, la supercherie devra être reconnue mais avec une certaine discrétion... Des exemples analogues abondent. Il y a même pire : dans certaines équipes d'entraide agricole, les cadres emploient de la main-d'œuvre salariées et se livrent à la vieille pratique des prêts usuraires...

Hua Guofeng n'a rien de ce type de cadre. Il a profité de ses responsabilités successives pour étudier de près le monde rural : ses premiers articles connus sont techniques et portent sur des questions d'irrigation et d'organisation du travail. Il se donne à fond dans la campagne de collectivisation depuis l'automne 1954. Et son « district spécial », avec près de 6 % de paysans dans les coopératives (alors que la province de Hunan est, au plan national, 27ᵉ sur 27 pour le taux de coopérativisation avec seulement 3,3 % de paysans ainsi organisés), est un arrondissement pilote dans le mouvement.

En novembre 1955, la revue théorique du PCC *Etudes* (qui donnera plus tard naissance au *Drapeau rouge*) publie quatre articles : l'un est le texte du rapport prononcé le 31 juillet dernier par Mao Zedong, l'autre est le commentaire qu'en fait Chen Boda, le troisième est un texte du premier secrétaire du Parti à Shangai, ami de longue date de Mao Zegong, Ke Qingshi... et le quatrième est un article de Hua Guofeng présentant ses expériences concrètes dans la lutte pour la collectivisation...

En juin 1956, élu au comité provincial du PCC pour le

---

31. ARKUSH (D. R.) : *One of the Undred Flowers : Wang Meng's « Young Newcomer »*, in Papers on China, vol. 18, Harvard University, 1964.

Hunan, Hua Guofeng voit ses très réels mérites récompensés. Il se lance avec une application toujours en prise sur les réalités quotidiennes dans ses nouvelles activités : la lutte contre l'analphabétisme et le développement des écoles à la campagne.

Des héros fatigués

Il est vrai que nous avons rencontré des cadres beaucoup moins exemplaires que Hua. C'est d'eux précisément qu'une semaine à peine avant l'ouverture du congrès, un jeune écrivain a choisi de parler. Il s'appelle Wang Meng. Sa nouvelle s'intitule *Un nouveau venu au bureau de l'organisation*[31]. Son héros, Lin Zhen, en un militant communiste de 22 ans affecté comme fonctionnaire du Parti au bureau de l'organisation d'un comité d'arrondissement à Pékin. 24 « permanents » gèrent le recrutement, la stagiarisation, l'éducation, le contrôle des 3 000 militants qui animent les 100 cellules du secteur. Lin enquête à la base, dans une usine de sacs de jute où le recrutement se fait mal. C'est alors qu'il découvre un scandale : le directeur, qui est en même temps le premier responsable du Parti (ce n'est pas du tout cela le scandale...) passe son temps à jouer au poker ou aux échecs consacrant ses rares... loisirs à lutiner les ouvrières ! Lin interroge ses supérieurs : ils le savent, mais le directeur est un vétéran... Militant clandestin, on l'a infiltré vers 1940 dans le Guomindang : il a pris les mœurs de ses ennemis pour mieux les abattre, mais il a été, par la même occasion, lui-même corrompu. En somme, c'est Lorenzaccio devenu vieux...

Lin essaie de remédier à cette situation. Les ouvriers sont apathiques, regardant avec indifférence ces tourments de bureaucrates. Le directeur finira par être révoqué grâce à un article paru dans *Pékin-Soir*, mais rien de fondamental n'est changé dans la triste usine de jute. Si : Lin est bouleversé. Son romantisme a été soumis à rude épreuve : il rêvait d'un Parti semblable à l'image qu'en donnaient les films soviétiques d'alors ; il s'imaginait sous les traits d'un pur chevalier des temps modernes, tout en écoutant mélancoliquement un concerto de Tchaïkovsky. Or, rien de tel... Discutant avec lui, et lui ouvrant son cœur, le responsable en second du « bureau de l'organisation », un certain Liu, tire d'amères conclusions. Après avoir tancé l'impatient jeune homme lors d'un beau discours, il précise sa pensée : « La critique de la base doit toujours provenir d'une initiative de la direction. » Puis, un soir pluvieux, dans un restaurant de Pékin, en sirotant du vin jaune, il commente : lui-même a été un étudiant plein d'ardeur. Manifestant en 1947 à Pékin, durant la guerre civile, il a été blessé par la police. Depuis, il a perdu ce beau zèle... : « On dit que les cuisiniers manquent d'appétit. Nous, militants du Parti, nous avons créé une société nouvelle, mais cette société nouvelle est pour nous sans saveur... » Ce même diagnostic est porté par de nombreux dirigeants du PCC. On en trouve un écho direct dans le rapport de Deng Xiaoping.

Le secrétaire général : Deng Xiaoping

Un vétéran

Peu de responsables chinois ont une expérience aussi complexe que lui de tous les aspects de la vie du PCC. Né en 1904 au Sichuan, Deng, après ses études secondaires, est venu en France dans le cadre du programme mi-étude, mi-travail, dont bénéficient, en 1919-1920, 1 600 bacheliers chinois (dont Zhou En-lai, Li Fuchun, Li Lisan...). Jusqu'en 1924 (date où il adhère au PCC à Paris) son rôle est modeste : il est surtout un excellent technicien du stencyl...

En 1926, après quelques mois d'études à Moscou, il est de retour en Chine : pendant quelque temps, il demeure à Xian, occupé à enseigner et, plus discrètement, à convaincre un seigneur de la guerre d'aider le mouvement révolutionnaire contre l'impérialisme, le féodalisme... et le militarisme. Il est quelque temps clandestin à Shanghai, alors que s'affirme la ligne aventuriste de Li Lisan. Puis, en 1930, il est au Guangxi essayant sans grand succès de monter un mouvement de guérilla en collaboration avec des patriotes vietnamiens. Ce qui lui vaut un jour d'être bombardé par des avions français.

En 1931, il est au Jiangxi auprès de Mao Zedong, occupé à le soutenir dans ses luttes contre les « internationalistes » (Wang Ming notamment) : il fait la Longue Marche. Désormais, il est un cadre militaire, chef d'Etat-major, puis commissaire politique dans la prestigieuse armée du Liu Bocheng, le « général borgne ». A ce titre, pendant la guerre civile, il est l'un des vainqueurs de la bataille décisive de Huai-Hai. Après 1949, il devient l'un des quatre responsables de la région administrative et militaire du Sud-Ouest dont le centre est sa province natale du Sichuan.

Vers mai 1952, Zhou En-lai l'appelle à Pékin et en fait l'un des dix premiers responsables politiques. Il est en effet simultanément chef du secrétariat du Comité central du PCC (secrétaire à l'organisation et à la propagande), ministre des finances, vice-président de l'Assemblée nationale populaire, négociateur avec la Corée du Nord, interlocuteur de Khrouchtchev lors de sa venue à Pékin en septembre 1954. Nul ne s'étonne donc de le voir promu au Bureau politique en même temps, que Lin Biao, en 1955, et d'être l'un des deux représentants du PCC en février 1956 au 20e congrès du PCUS. Le 8e congrès en fait le Secrétaire général du PCC, une sorte de secrétaire à l'organisation. Doit-on ajouter que sa carrière doit beaucoup à Mao Zedong et très peu à Liu Shaoqi auquel on l'associe souvent à tort ?

Un défenseur de « la ligne de masse »

Au 8e congrès, il présente la seule intervention d'inspiration maoïste : alors que Liu Shaoqi signale dans son rapport d'activité que les imperfections des cadres sont dues à leur inexpérience et à leurs insuffisances idéologiques, Deng affirme que la déviation bureaucratique est le danger principal et qu'il provient de la situation d'un parti communiste au pouvoir. Nuances ? Non pas! Pour Liu, les remèdes sont simples : ils résident dans l'étude théorique et la perfection morale.

Confucius n'est pas bien loin… Dans la résolution votée par le Congrès et dont il est sinon l'auteur (ce serait Peng Zhen) du moins l'inspirateur, Liu Shaoqi précise que les masses doivent contrôler et critiquer tous les rouages de l'administration et de l'Etat. Mais rien n'est dit d'une possible critique par les masses du Parti lui-même. On précise seulement que le Parti doit « apprendre des masses et se mettre à leur écoute »…

Pour Deng justement, il faut que le Parti puisse être critiqué. Il prône donc la « ligne de masse », mise en avant lors du « mouvement de rectification du style du Parti », à Yanan, en 1942. La référence à cette formule chère à Mao Zedong dans la résolution adoptée, traduit donc une inquiétude ainsi que, par son imprécision, une absence de solution réelle.

Deng a évoqué du même coup, avec quelque insistance, le problème brûlant du style de travail des dirigeants. « Le marxisme, dit-il, reconnaît que l'histoire est créée par les masses populaires, mais il n'a jamais nié le rôle individuel des hommes éminents dans l'histoire : il indique seulement que le rôle individuel est en fin de compte décidé par des conditions sociales déterminées. Donc, précise-t-il, notre Parti a toujours estimé qu'un parti ou un individu quel qu'il soit ne manque pas de commettre des erreurs et des fautes, dans ses activités. C'est pour cela que notre Parti répugne aussi à la divinisation de l'individu. »

Sur ce point, Deng Xiaoping fait référence au 20e congrès du PCUS : la dénonciation du culte de Staline est en effet le second très grand problème, avec le risque de bureaucratisation, qui pèse sur le 8e congrès du PCC. A ce propos, remarquons l'allure de plaidoyer du rapport de Deng : il précise en effet que le PCC n'est pas tombé dans le même travers que le PCUS et que c'est à l'initiative de Mao lui-même que, dès avant 1949, on a interdit en Chine toute célébration des anniversaires des dirigeants du Parti et que le principe de la direction collective à tous les échelons a été mis à l'honneur. Signe de l'âpreté du débat ?…

LE 8ᵉ CONGRÈS :
UN COMPROMIS PRÉCAIRE ?

A Pékin, du 15 septembre au 27 septembre 1956, les
1 026 délégués du 8ᵉ Congrès du PCC cherchent à
dresser le bilan des changements survenus depuis 1949.
L'état du Parti, l'analyse des dangers qui le menacent
sont l'objet du rapport de Deng Xiaoping sur les statuts
du Parti. J'en ai présenté ci-dessus les grandes lignes.
Mais le débat fondamental se situe ailleurs, même s'il
traverse aussi le rapport du secrétaire général abordant
la question du culte de la personnalité : que penser du
20ᵉ Congrès du PCUS ? Quelles leçons en tirer pour la
Chine ? Si l'on joint aux discours publics prononcés
durant le Congrès — le rapport politique de Liu Shaoqi
et la résolution qui en découle, le rapport de Zhou En-
lai sur le second plan quinquennal, l'ensemble des
interventions des délégués — quelques articles essentiels publiés dans la presse chinoise depuis le printemps
de cette bouleversante année 1956, et le très important
exposé présenté devant le bureau politique élargi le
25 avril 1956 par Mao Zedong (« Sur les 10 grands
rapports ») on peux mieux suivre le débat politique
d'alors.
Il y a ce qui fut dit. Il y a aussi ce qui ne fut que
suggéré, fugitive référence publique à des discussions
internes dont les éléments nous sont maintenant mieux
connus. Derrière la façade d'un Congrès triomphal, une
crise politique se développe dont on peut entrevoir
l'enjeu en analysant les divers éléments du débat
politique d'alors.

De Staline à Mao
Le culte de la personnalité vu par le PCC

La délégation chinoise qui avait participé quelques
mois plus tôt au 20ᵉ congrès du PCUS (le maréchal

Zhu De et Deng Xiaoping) avait éprouvé quelque embarras lors de son séjour à Moscou, et les relations sino-soviétiques en avaient été quelque peu affectées. L'historien anglais, Mac Farquhar, dans son ouvrage sur les origines de la Révolution culturelle, semble bien avoir raison dans son analyse très précise de cette période : les dirigeants chinois sont beaucoup plus choqués par le rapport secret présenté par Nikita Khrouchtchev le 25 février, que par les thèses du long rapport public inaugural.

De fait, le *Quotidien du Peuple* du 19 février décerne à ce dernier texte le qualificatif de « document historique ». L'article reprend à son compte la thèse de la non-inévitabilité des guerres : « Il existe aujourd'hui, note-t-il, des forces sociales et politiques qui ont de sérieux moyens pour empêcher les impérialistes de déclencher la guerre. » La coexistence pacifique est donc à cette époque une thèse acceptée par les dirigeants chinois. Par contre, ils sont déjà mécontents sur deux points :

Tout d'abord, sur la forme : ils n'ont pas été consultés avant la dénonciation publique de Staline. C'est ce qu'aurait dit Mao Zedong à Mikoyan le 6 avril. C'est ce qu'auraient redit au même Mikoyan venu saluer le 8e Congrès, Liu Shaoqi et Zhou En-lai. Mais aussi sur le fond.

Sur l'expérience historique de la dictature du prolétariat

Le 5 avril, le *Quotidien du Peuple* publie un long article intitulé de façon significative « sur l'expérience historique de la dictature du prolétariat ». Il s'agit, en fait, de la conclusion d'une réunion élargie du Bureau politique portant sur la question de Staline. Cette réunion semble avoir été unanime, ce dont témoigne le fait qu'elle n'a jamais été remise en cause depuis.

On y tient pour courageuse et méritoire l'autocritique du PCUS. Staline, en effet, a commis des « erreurs sérieuses » : « exagération dans l'élimination des contre-révolutionnaires, manque de vigilance à la veille de la guerre antifasciste, défaut d'attention envers le développement agricole et le bien matériel des paysans, adoption de lignes erronées dans le mouvement ouvrier international, particulièrement au sujet du problème de la Yougoslavie. » Mais, on rappelle, par ailleurs, « ses grands mérites historiques ». On insiste surtout sur le bien-fondé de la dictature du prolétariat dont on craint évidemment la remise en cause. On esquisse enfin un début d'explication de ce « culte de la personnalité » en évoquant les traits d'une société patriarcale de petits producteurs et en insistant sur la contradiction existant entre ce culte et le développement même du socialisme.

Le Bureau politique exerce donc une critique feutrée des lacunes de l'analyse donnée par les Soviétiques, et montre un certain agacement pour cet événement intempestif. C'est le sens d'une interview donnée à cette date par Mao Zedong au communiste italien David Laiola [32] : La direction du PCUS s'était trouvée ces dernières années dans une situation très difficile. « On peut comparer cette situation à une chaudière hermétiquement close et qui aurait pu exploser d'un instant à l'autre. Dans des conditions aussi dangereuses, le camarade Khrouchtchev et les autres camarades participant au 20ᵉ Congrès avaient eu le courage de s'approcher de la chaudière, d'en enlever le couvercle et d'éviter ainsi l'explosion. Au cours de cette opération risquée, nos camarades soviétiques se sont brûlé les mains. Mais ils n'ont pas perdu du temps à se plaindre... Nous ne devons pas entrer en polémique à propos du 20ᵉ Congrès et cela pour ne pas rompre l'unité du camp socialiste... Nous ne devons pas exprimer l'ombre même d'un doute sur le fait que le rôle dirigeant dans le mouvement communiste international appartient au PCUS. »

Premières réserves publiques à l'égard du 20ᵉ Congrès
Ces remarques commentent assez bien la formule ambiguë prononcée par Mao Zedong quand il aborde

---

32. Laiola (D.) relate son entretien avec Mao Zedong en septembre 1956, in *Europeo*, Milan, 18 août 1963. Sur cette période Martelli (R.) : 1956 : *Le Choc du 20ᵉ Congrès*, Editions. Sociales, 1982, Coll. « Essentiel ».

cette question en ouvrant le 8ᵉ Congrès : « Bien des thèses politiques justes ont été énoncées au récent 20ᵉ Congrès du PC soviétique et des erreurs dans le Parti ont été condamnées. » C'est donner un soutien critique, partiel, un peu... paternel et légèrement protecteur à un Parti qui a reconnu ne pas être infaillible.

Cela pose deux problèmes : celui du culte de la personnalité en Chine et celui des rapports entre le PCC et le PCUS et, au-delà, entre la Chine et l'Union soviétique à cette date.

Dès l'article du 5 avril le ton est donné (que l'on retrouvera dans l'intervention de Deng Xiaoping au 8ᵉ Congrès) : grâce à Mao et à la « ligne de masse », le PCC n'a pas connu de culte de la personnalité. Il existe néanmoins un malaise devant les révélations faites par Khrouchtchev, d'autant plus que les erreurs de la politique de Mao, comme le plan agricole de douze ans, commencent à apparaître. Et l'on s'interroge inévitablement sur les dangers du pouvoir charismatique du Président.

Un culte de Mao Zedong existe dès cette époque, sans doute quasi spontané. Déjà, en 1943, Mao Zedong était l' « étoile salvatrice ». Depuis, il a siégé en effigie dans les maisons privées sur tant d'autels ancestraux, on a tant vanté la pertinence de sa pensée (assimilée lors du 7ᵉ Congrès à celle de Marx, d'Engels ou de Lénine) que sans nul doute, les extravagances future de son culte, lors de la Révolution culturelles ont de bien longues racines.

Il est certain que nul n'a contesté la nécessité de faire disparaître des statuts du PCC, lors du 8ᵉ Congrès, toute référence à la « Pensée Mao Zedong ». Mais peut-on pour autant se satisfaire de la déclaration attribuée à ce sujet au vice-président du PCC, Liu Shaoqi : « Toute référence à la pensée Mao Zedong était devenue inutile, si grand était son prestige. »

Il semble sûr que, pour diverses raisons, Mao Zedong se repliait au sein d'une direction collégiale à un moment où il ne faisait pas bon être un grand chef historique. Doit-on en conclure cependant que le 8ᵉ Congrès lui a échappé comme ce fut dit plus tard ?

Les « dix grands rapports »

Un important document, connu depuis longtemps des spécialistes, mais publié officiellement en Chine seulement en 1978, permet de mieux répondre à cette question essentielle : il s'agit du discours intitulé « Les 10 Grands Rapports », présenté par Mao Zedong devant le Bureau politique élargi, le 25 avril 1956.

Ce texte, confronté aux divers rapports et interventions du 8ᵉ Congrès, complété par d'autres textes contemporains de Mao Zedong, nous permet de situer le véritable débat politique d'alors.

Ces « dix grands rapports » ou « dix grandes relations » sont, comme le précise Mao au début de son texte, « des contradictions ». « Le monde entier n'est que contradictions. Sans contradictions, pas de monde. »

Suit la liste des dix grands rapports :

« 1. le rapport entre l'industrie et l'agriculture, entre l'industrie lourde et l'industrie légère.

2. le rapport entre l'industrie des régions côtières et celle de l'intérieur.

3. le rapport entre l'édification économique et la construction nationale.

4. le rapport entre l'Etat , les unités de production et les producteurs individuels.

5. le rapport entre le gouvernement central et les régions.

6. le rapport entre le parti et ceux qui n'en sont pas.

7. le rapport entre la nationalité Han et les minorités nationales.

8. le rapport entre les révolutionnaires et les contre-révolutionnaires.

9. le rapport entre le juste et l'erroné.

10. le rapport entre la Chine et les pays étrangers. »

Cette énumération peut surprendre. Elle est en fait d'une assez grande rigueur dans la construction : les cinq premiers « rapports » relèvent tous de l'économie. Ils tirent leurs conclusions de toute une série d'enquêtes destinées naguère à permettre le lancement au niveau de l'industrie de l'équivalent du plan agricole de douze ans. Les quatre suivants relèvent plutôt de la politique générale et tournent en fait autour de l'analyse des conséquences du 20ᵉ Congrès. Seul, le dernier rapport porte explicitement sur les relations étrangères.

La politique étrangère : l'affirmation chinoise

La politique étrangère occupe peu de place au 8ᵉ Congrès. La résolution, faisant écho à l'allocution initiale de Mao, rappelle dans son point 5 une analyse sans nouveauté : unité du camp socialiste dirigé par l'URSS, nécessité de la lutte anticolonialiste et anti-impérialiste, nécessité aussi de la lutte pour la paix. Sans doute, pour l'essentiel, les succès remportés par la Chine s'inscrivent-ils dans ce cadre et apportent-ils des satisfactions suffisantes pour rendre les commentaires inutiles.

La lune de miel sino-soviétique

La Chine traverse alors des années que Jacques Guillermaz décrit comme la « lune de miel » des relations sino-soviétiques. Les accords politiques et économiques de mai 1953, octobre 1954, avril 1956, ont permis à la Chine de recouvrer pleinement sa souveraineté sur Port-Arthur et Dalian ainsi que de contrôler totalement les compagnies mixtes du Xinjiang. L'aide économique (que j'ai évaluée en parlant du Premier plan quiquennal) est appréciable et la Chine continue à en avoir le plus grand besoin. C'est là, à l'époque, son seul accès à une technologie moderne. Il y a complète identité de vues entre la diplomatie des deux pays. La dénonciation du bellicisme américain est analogue : il est vrai que le secrétaire d'Etat, Foster Dulles, va, en mars 1954, jusqu'à envisager publiquement d'utiliser les armes nucléaires tactiques contre la Chine, ce que répétera le président Eisenhower en mars 1955. En septembre 1954, le pendant asiatique de l'OTAN, l'OTASE, est organisé entre les USA, la Grande-Bretagne, la France, l'Australie, la Nouvelle-Zélande, les Philippines, la Thaïlande et le Pakistan. Le 2 décembre 1954, un traité de défense USA — République de Chine (c'est-à-dire Taïwan) est signé : en vertu de cet accord, en mai 1957 les USA installent à Taïwan des missiles à tête nucléaire d'une portée de 1 000 kilomètres. La protection soviétique est donc indispensable à la défense de l'indépendance chinoise. Ajoutons que la Chine, qui a nommé dès le 10 janvier 1955, un ambassadeur à Belgrade, se réjouit de la progressive normalisation des relations sino-yougoslaves et que la présence chinoise à la conférence de Genève en mai 1954 (qui met fin à la première guerre du Viêt-nam après la défaite du corps expéditionnaire français à Diên Biên Phû) est un considérable succès diplomatique pour Zhou En-lai. Exclue de l'ONU, la Chine n'en est pas moins hissée ainsi au rang de grande puissance, grâce à la solidarité du camp socialiste et aux succès militaires des révolutionnaires vietnamiens. Au retour de Genève, Zhou En-lai fait des escales politiques à la Nouvelle Delhi (ce qui aboutit à une déclaration sino-indienne en juin 1954), à Rangoon, et rencontre, au début juillet, le président Ho Chi-minh.

La Chine affirme ainsi sa place en Asie, ce que confirme le rôle décisif joué par Zhou En-lai, lors de la conférence des pays afro-asiatiques réunie à Bandoong en avril 1955 : fort de la normalisation des rapports sino-indiens qui rassure les chefs d'Etat les plus modérés et de son rôle à la conférence de Genève, il soutient les cinq principes de la coexistence pacifique prônés par le Premier ministre indien, Nehru, et, nouant des relations avec les pays de l'OTASE, commence à disjoindre l'ensemble du dense réseau de traités mis en place en Asie par les USA et destinés à y endiguer le communisme.

Tout cela ne se retrouve pas dans les « 10 grands rapports ». Cependant, une lecture attentive de ce texte nous invite à porter un jugement plus prudent sur la « lune de miel » sino-soviétique.

Quatre points de désaccord

Quatre points de désaccord plus ou moins larvés peuvent, en effet s'y remarquer :

Le plus net, déjà entrevu, porte sur la pertinence du modèle soviétique. Analysant le « premier rapport », Mao inverse l'ordre classique (pour les Soviétiques) des termes : si l'on veut donner une véritable priorité à l'industrie lourde, il faut ne pas sacrifier le développement de l'agriculture et donc de l'industrie légère car avec elles l'accumulation est plus rapide, les bénéfices sont plus grands.

Mao, d'ailleurs, revient dans le 4e rapport sur la nécessité de ne pas négliger l'agriculture, critiquant ainsi à la fois les planificateurs soviétiques (un développement insiste sur les échecs de la collectivisation agricole en URSS) et leurs émules chinois. Il reconnaît qu'en 1954, on a commis une faute vis-à-vis des paysans en leur faisant livrer à l'Etat 7 milliards de livres de grains de trop, qu'il a fallu leur rendre en 1955. On peut tenir aussi comme critique du modèle soviétique tout ce qui est dit, dans les rapports 4 et 5 sur la nécessité de stimuler l'enthousiasme et l'esprit d'initiative et une certaine décentralisation...

Peut-être y a-t-il plus. Une affaire mystérieuse a connu son dénouement le 31 mars 1955 : l'affaire de « l'alliance antiparti Gao Gang et Rao Shushi » survenue au printemps 1954 et évoquée dans le cinquième rapport.

Pour Rao, les choses sont presque claires et ne semblent guère concerner les relations sino-soviétiques : il s'agit d'un ancien responsable de guérilla dans le bas Yangzi qui, devenu premier responsable du Parti à Shanghai après 1949, a voulu prolonger au-delà de ce que l'on jugeait tolérable, la politique de bons rapports avec la bourgeoisie nationale. Ce dirigeant « modéré » cherchait ainsi à ne pas gêner la croissance industrielle de la plus grande ville industrielle de Chine. Destitué en février 1954, on associe abusivement son cas à celui de Gao Gang. Cette autre affaire (aux conséquences plus tragiques car, à peu près aux mêmes dates, Gao Gang se suicide) peut bien avoir eu par contre quelques dimensions internationales. Gao Gang, chef de guérilla au Shaanxi, a accueilli Mao et les survivants de la Longue Marche dans le petit soviet qu'il avait su créer et préserver. Sans doute, fort ambitieux, (on l'accusera de s'être fait le porte-parole du « Parti de la guérilla et des zones libérées » contre le « Parti des zones blanches » incarné par Liu Shaoqi), n'avait-il pas admis la prééminence de Mao. Devenu, à partir de 1948, le responsable à la fois militaire, politique et administratif de la Mandchourie, principale région industrielle du pays, il en aurait fait une sorte de « royaume indépendant », peut-être avec le discret encouragement de Staline qui lui envoie quelques superbes présents : on sait l'intérêt constant porté par la Russie à la Mandchourie, poumon et débouché de la Sibérie ; l'URSS a hérité de cet intérêt traditionnel. C'est après la mort de Staline, que Gao Gang tombe. De même, le système de gestion des entreprises par la concentration de tous les pouvoirs entre les mains d'un responsable unique, prôné par les Soviétiques, introduit très tôt en Mandchourie par Gao Gang, est abandonné dès 1955. Peut-être, dans les coulisses, s'est-il alors développé la première crise grave dans les relations sino-soviétiques... Notons qu'elle fut réglée par deux hommes. Liu Shaoqi, dont ce fut le signe (ou la cause ?) de la promotion au niveau de bras droit (« compagnon d'arme ») du Président Mao..., et Deng Xiaoping.

Un second point de désaccord possible apparaît à la lecture du 10ᵉ rapport. Dans ce rapport, Mao prolonge avec prudence mais clarté une réflexion que nous avons déjà rencontrée et qui porte sur l'originalité de la révolution chinoise. Il souligne à la fois le besoin impérieux d'étudier auprès de l'étranger et la nécessité de ne pas faire preuve d'humilité excessive à son endroit.

Citant Mencius, il déclare : « Parlant avec les puissants, il faut les regarder de haut. » Il vise par là explicitement les Etats-Unis (seulement ?). D'autant plus qu'il amorce à ce propos un développement destiné à un brillant avenir lors du Grand Bond en avant : les Chinois sont pauvres et « blancs » (c'est-à-dire incultes). Mais « les pauvres aspirent à faire la révolution ; une feuille blanche, c'est juste ce qu'il faut pour se mettre à écrire ». Le thème populiste des avantages du retard est ici sous-jacent. Sous-entendue aussi l'idée que la Chine a une expérience particulière dont elle peut « sans arrogance » faire bénéficier « d'autres pays coloniaux ».

Comment ne pas rapprocher ces déclarations assez obscures de quelques attitudes chinoises surprenantes lors des négociations de Genève ? On les connaît mieux depuis la présentation par François Joyaux des documents du quai d'Orsay traitant de cette période [33] : la délégation chinoise y paraît assez souvent en retrait par rapport aux propositions vietnamiennes faites par Pham Van Dong. Ainsi peut-on lire dans une dépêche : « La délégation chinoise acceptait et avait fait accepter par le Vietminh que la ligne de démarcation (entre les deux Viêt-nam) passe à 10 kilomètres au nord de la route de Quang Tri, (soit à la hauteur du 17e parallèle). » Ceci, au moment où les Vietnamiens, soucieux d'assurer au Laos un débouché sur la mer dans un pays qui ne soit plus contrôlé par l'impérialisme, proposaient comme limite le 16e parallèle au sud de la route coloniale n° 9, Savannakhet Quang Tri. Pis, il semble bien que les dirigeants chinois s'accommodaient aisément alors de l'existence prolongée de deux Viêt-nam. Zhou En-lai serait allé jusqu'à inviter à Pékin un représentant du Viêt-nam Sud.

Tout se passe comme si la Chine, capable enfin d'affirmer son rôle dans l'arène internationale, s'assignait une position privilégiée dans le Sud-Est asiatique.

Le troisième point de possible friction est contenu dans le 3e rapport où Mao affirme comme une évidence la nécessité pour la Chine de se doter de l'arme nucléaire.

---

33. JOYAUX (F.) : *La Chine et le règlement du premier conflit d'Indochine, Genève, 1954,* publications de la Sorbonne, 1979.

Il est vrai, nous l'avons vu, que les USA ont à plusieurs reprises menacé la Chine de représailles nucléaires et que le peuple chinois, comme le rappelait le maréchal Peng Dehuai faisant le bilan de la guerre de Corée, a trop souffert naguère de la politique de la canonnière pratiquée par les divers impérialismes, pour accepter l'idée de ne pas posséder les armes les meilleures. Mais l'URSS était-elle d'accord sur ce point ? Constatons simplement qu'un accord sino-soviétique pour l'utilisation pacifique de l'atome a été signé en avril 1955 : la Chine forme alors ses premiers ingénieurs nucléaires.

Enfin, dernier point susceptible d'être discordant : le 10e rapport invite à améliorer les relations avec l'étranger, ce que l'on peut rapprocher d'une intervention faite par Mao Zedong, le 24 septembre de la même année, devant « les travailleurs musicaux » (publiée officiellement à Pékin... le 1er octobre 1979 !) Or, les relations de la Chine sont excellentes avec les étrangers venant des pays socialistes. L'invite concerne donc l'ouverture de contacts avec les pays du monde capitaliste, comme si la Chine se sentait déjà à l'étroit dans ce camp socialiste où elle ne peut être qu'un brillant second...

Premières divergences au sommet

Sur les cinq rapports traitant des conséquences du 20e congrès et de la politique étrangère, il n'apparaît pas, me semble-t-il, de réelles divergences quand le 8e congrès procède à l'analyse des questions internationales. Disons que ces réflexions, connues des cadres du PCC, bouchent les trous d'un discours un peu stéréotypé, ouvrent des perspectives neuves et laissent entrevoir les premières divergences sino-soviétiques depuis 1949. Ce n'est pas sur ces points que porte alors le débat au sein du Parti.

La situation est moins claire en ce qui concerne les cinq premiers rapports qui, je le rappelle, traitent de la politique intérieure. Si, sur le projet économique fondamental, on peut estimer que les dirigeants sont d'accord, cet accord est précaire car fondé sur un compromis. Par contre, une divergence fondamentale se fait jour dans l'analyse de la situation politique générale : une lézarde craquelle la façade unie.

Un certain consensus...

L'accord fondamental au plan économique porte sur la constatation du retard de la Chine et la nécessité d'accélérer le développement économique. Il me semble que l'accord dépasse cette banalité.

Mao Zedong auteur des « dix grand rapports » apparaît comme assagi : ce n'est plus le fougueux visionnaire violentant les lois de l'agronomie, apparu lors du lancement du plan agricole duodécennal. L'échec déjà menaçant de ce plan et surtout l'ébranlement des certitudes depuis le 20e congrès du PCUS y sont sans doute pour quelque chose.

Le « premier rapport » le voit préoccupé d'équilibre entre agriculture et industrie, industrie légère et industrie lourde. Sur ce point, les visionnaires exaltés seraient plutôt les planificateurs trop pressés du Premier plan quinquennal !

Mao, dans son deuxième rapport, laisse à nouveau parler le bon sens : il estime erronée la volonté des planificateurs de développer l'industrie à l'intérieur des terres, au détriment de l'industrie côtière. Il argumente sur l'utilisation du potentiel déjà existant. Bon sens aussi et modération quand, analysant le troisième rapport, il propose une réduction du poids budgétaire des dépenses militaires en passant de 32 % du total à 22 %. Mao insiste aussi sur la nécessité d'améliorer le niveau de vie des paysans, de réduire la fourchette entre les prix agricoles et les prix industriels destinés à la campagne. Il se félicite de la récente augmentation des salaires de 14,5 % le 14 avril. Il met l'accent sur la tolérance envers les adversaires et la nécessité de ne pas imiter les méthodes brutales de Staline. Des formules des temps de Yanan reparaissent : « Il faut soigner le mal (les idées et comportement erronés) sans tuer le malade. » On doit « arrêter moins, exécuter moins », ajoute Mao, « car la tête d'un homme ne repousse pas comme un poireau ». La Chine a besoin d'utiliser au mieux tous ses intellectuels, notamment ceux formés en Occident. Mao souhaite, plus généralement, une libéralisation de création littéraire et artistique. On parle d'améliorer le fonctionnement de la justice, de lutter contre l'arbitraire, d'élaborer un code pénal.

Ce Mao Zedong, sorte de Khrouchtchev chinois préoccupé de gestion, soucieux de production et d'économie, rencontre lors du 8e Congrès les préoccupations des planificateurs qui se rendent compte des distorsions économiques, des insuffisances et des déséquilibres de leur œuvre.

Le point de rencontre est le rapport de Zhou En-lai sur le bilan critique du Premier plan quinquennal et le lancement du second plan quinquennal. Ce rapport contient de nombreuses remarques sévères sur les erreurs du Premier plan quinquennal. Il réajuste ses objectifs, à court terme, intégrant ainsi une bonne part des analyses faites par Mao au mois d'avril. Mesuré, réaliste, assez modeste, il affine la planification, reprenant à Chen Yun l'idée de la nécessaire planification financière et envisageant des structures de contrôle. Il estime que le rapport de l'accumulation au revenu national doit être d'au moins 20 % (il sera plus élevé d'un point ou deux), que le budget d'Etat doit être de 30 à 32 % du revenu national et que 40 % de ce budget doit être attribué à la construction du capital. Le pays s'équipe mais des garde-fous sont placés.

Parallèlement, la presse se fait l'écho depuis le mois de juin de multiples dénonciations par les secrétaires provinciaux du PCC de l'aventurisme débridé des premiers mois de l'année 1956 : ici on regrette les accusations trop fortes portées contre de soi-disant droitiers, contraints parfois au suicide ; là — au Hunan — on raille des responsables de fermes collectives qui ont poussé le zèle jusqu'à socialiser la confection artisanale des sandales de paille et la pêche aux écrevisses... On déplore un peu partout la ruine des activités paysannes annexes au profit d'un intérêt exclusif pour les céréales. Au Shaanxi, le secrétaire provincial reconnaît que certains responsables de coopératives agricoles ont trop demandé aux paysans, au point « de transformer la nuit en jour et la lune en lampe électrique »... Zhou En-lai critique toutes ces erreurs et a même l'audace de les rattacher explicitement à la « promulgation du projet de programme national pour le développement de l'agriculture (1956-1957) ». Mao Zedong est donc directement mis en cause. Zhou En-lai se permet une seule déclaration un peu passionnée à la fin de ce rapport très technique quand il souhaite au peuple chinois « d'avancer triomphalement sur la voie de la transformation de la Chine en une grande puissance industrielle socialiste » !

Mais une divergence au plan théorique

Si sur ce réajustement nécessaire il y a accord — plus ou moins enthousiaste — il n'en va pas de même de la résolution politique adoptée par le Congrès et rédigée par Liu Shaoqi (et Peng Zhen). Elle pose en effet de sérieux problèmes dès le Congrès.

Assez vite — d'après une autocritique faite par Liu Shaoqi durant le Révolution culturelle — Mao Zedong aurait dit en désapprouver plusieurs passages. Or les passages incriminés contiennent l'essentiel de l'analyse politique. Les voici « (la) transformation socialiste a déjà remporté une victoire décisive ce qui montre que, pour l'essentiel, la contradiction entre le prolétariat et la bourgeoisie est résolue en Chine ; l'histoire plusieurs fois millénaire du système d'exploitation des classes y a pris fin et le régime socialiste est déjà établi dans notre pays » (...). « Donc, la principale contradiction qui se trouve dans notre pays est d'ores et déjà la contradiction entre la demande du peuple d'édifier un pays industriel avancé d'une part, et l'état actuel de pays agricole arriéré d'autre part, entre le besoin du peuple de développer rapidement l'économie et la culture d'une part et l'incapacité actuelle de notre économie et de notre culture de satisfaire aux besoins du peuple d'autre part (...) ». « Dans les conditions où le régime socialiste est déjà établi dans notre pays, la vraie nature de cette contradiction c'est la contradiction entre le régime socialiste avancé et les forces productives arriérées de la société. » Une conclusion logique découle de cette analyse : la tâche essentielle du Parti et du peuple est de résoudre cette contradiction « pour transformer au plus vite notre pays de pays agricole arriéré en un pays industriel moderne ».

On le voit : ces passages sont la preuve d'une analyse pour l'essentiel pertinente — et tenue à nouveau pour telle par le PCC en 1979 après avoir été répudiée durant la Révolution culturelle [34] —, mais tirée de façon assez peu dialectique vers une conception productiviste et mécaniste, de l'évolution des rapports de production. La nécessité entrevue par Lénine dans ses dernières années de ne pas réduire la révolution socialiste à la prise du pouvoir, à l'établissement de la dictature du prolétariat et à la collectivisation des grands moyens de production et d'échanges est pratiquement gommée. C'est à cette occasion — je l'ai évoqué dans la « mise au point » initiale — que Lénine avait parlé de « révolution culturelle ». Les dirigeants chinois en formulant ainsi leur analyse ne faisaient que se conformer à la vision théorique de la totalité des partis communistes à cette date, et notamment du PCUS.

Or Mao Zedong, dès cette époque, ne partage pas ces idées.

L'autocritique de Liu Shaoqi sur ce point est conforme à la vérité. Parlant du pitoyable héros de Lu Xun, Ah Q, dans son 9ᵉ rapport, Mao amorce une exploration théorique originale : « Ah Q s'était vu interdire par un notable, soi-disant révolutionnaire, de participer à la révolution (de 1911) » Or, « il faut que

---

34. Voir le discours de Ye Jianying, le 29 septembre 1979, in *Cahiers de la Chine nouvelle* et article de Li Hong « Shilun wodang Bada de weida lishiyiyi » (Essai sur la grande signification historique du « 8ᵉ Congrès de notre Parti », in *Lishi yanjiu* (Recherches historiques) p. 2 à 12, Pékin, nov. 1979. Ces jugements positifs sur le 8ᵉ Congrès ont été rendus officiels par le Comité central du Parti communiste chinois lors de sa session de juin 1981, et confirmés par le 12ᵉ Congrès en septembre 1982.

nous n'interdisions à personne de faire la révolution »
ajoute-t-il.

En d'autres termes, dans la société socialiste, la
révolution, la lutte des classes continuent : il subsiste
des contradictions au niveau des rapports de production
eux-mêmes, au niveau de la superstructure. Mao le dira
d'ailleurs peu de mois plus tard, en février 1957.
Pourquoi dans ce cas cet étrange silence sur cette
divergence ?

Il serait absurde d'imaginer Mao Zedong incapable
d'imposer ses vues à un Congrès qui lui aurait été
hostile ! Il me paraît plutôt que Mao a préféré la
prudence à un combat intempestif et difficile : la
situation économique du pays est médiocre et il y a de sa
faute. Le 20e Congrès, dénonçant le culte de la personnalité, l'exposait par ricochet à la critique. L'aide
économique et l'appui militaire de l'URSS étaient
indispensables et poussaient à éviter toute attitude
provocatrice. Enfin, Mao Zedong sait bien qu'il peut
tourner sans trop de mal les décisions des instances
souveraines du PCC : ne l'a-t-il pas fait avec plein succès
le 31 juillet 1955 en hâtant la collectivisation agricole ?

Le 8e Congrès apparaît ainsi comme le moment rare et
fragile d'un compromis précaire remis en cause dès
l'hiver 1956-1957. Si l'année 1956 a vu l'ébauche d'un
premier grand bond en avant, l'année 1957 voit le
lancement de quelque chose qui ressemble à une
première « révolution culturelle », au sens donné à
cette expression en 1966.

On procède déjà aux répétitions générales de la
tragédie de la révolution socialiste chinoise.

Chapitre 3

1957 OU
LES CONTRADICTIONS
AU SEIN DU PEUPLE

Etrange année 1957... Au début se déroule un débat ouaté au sein d'une équipe dirigeante déroutée par les difficultés économiques du pays, et depuis la fin septembre 1956, par la crise ouverte dans le camp socialiste. Puis Mao Zedong en février 1957, par un coup d'audace, impose une « campagne de rectification » qui est la réponse chinoise aux problèmes soulevés par le 20ᵉ Congrès du PCUS.

On assiste alors à un spectacle fascinant : de mai à juin, pendant une quarantaine de jours, la société chinoise déchire la grise enveloppe qui l'enserre. Paysans, ouvriers, intellectuels agissent, parlent, manifestent, revendiquent dans un tohu-bohu que nul ne prévoyait. Le Parti, sans boussole, ballotté dans la tempête, manque de se disloquer. Le grand timonier a-t-il préjugé de ses forces ?

Un compromis hâtif se consolide donc durant l'été tandis que se déclenche une très dure campagne « antidroitière » : le libéralisme des cent fleurs se termine en un mouvement répressif aussi dur que celui des années

1951-1952. Nouveau paradoxe : cela donne à Mao Zedong l'occasion, devant les impasses où l'on bute, de relancer ses projets accélérateurs de l'édification économique, remisés depuis la fin du printemps 1956 et ensevelis depuis sous les thèses du 8e Congrès.

Ainsi, au début de l'hiver 1957-1958, tant au plan international qu'au plan intérieur, la Chine amorce un tournant décisif : dépassement des contradictions aiguës apparues durant l'année ou fuite en avant qui, de manière illusoire, masque les problèmes et les désillusions. Le temps de l'utopie généreuse et du chaos menaçant est venu qui est aussi celui où s'esquisse dans le désordre une voie chinoise vers le socialisme.

MAO PRONONCE UN DISCOURS

Avant que de l'entendre, il importe de connaître l'équipe dirigeante élue par le Comité central, qui fait suite au Congrès : ces militants de longue date vont continuer en effet à animer la vie politique chinoise de nombreuses années encore.

L'équipe dirigeante

Le Bureau politique compte dix-sept membres titulaires et six suppléants : sept militaires (les maréchaux chinois), huit « politiques », huit dirigeants des services gouvernementaux où l'on peut remarquer cinq spécialistes de l'économie et de la planification. L'instance suprême où se concentre le pouvoir en Chine traduit ainsi l'émergence d'une Chine nouvelle.

Les cinq membres du secrétariat, rebaptisé Commission permanente du Bureau politique, forment le noyau essentiel : ils méritent quelque attention. Mao Zedong domine le tout. Président du Parti, Président de la République, inspirateur de l'idéologie officielle, il n'est plus l'homme de Yan-an. A 62 ans, il a perdu l'essentiel de ses traits d'alors : le paysan grossier auteur de grasses plaisanteries, qui n'hésitait pas, un jour de canicule, à présider une réunion en caleçon, s'efface ; le lettré subtil, au charme presque féminin, époux de la belle actrice Jiang Qing, s'empâte. Il commence à avoir cet air d'homme coulé dans le bronze que lui trouvera Malraux en 1965 : massif, un peu hiératique, avec sa face ronde de Bouddha. Il vient, en juin 1956, par trois fois, de nager dans l'immense Yangzi à Wuhan parcourant près de vingt kilomètres, pendant deux heures en descendant le fleuve. Parfois, il donne à quelque ami le texte d'un poème qu'il a composé à l'issue d'une période de tension. Sa calligraphie, multipliant les traits verticaux, y dessine comme un carré de piquiers dressant leurs lances pour la bataille. Le style est classique sauf, innovation discutée, le dernier vers brutal, qui frappe comme un trait. Les images renvoient au passé le plus lointain, révélant une profonde connaissance de l'antique civilisation Han.

Toutefois, cet aspect d'homme de légende ne doit pas faire oublier l'autre réalité : Mao est un chef politique rusé, parfois cruel ; minoritaire longtemps, devenu le chef du Parti et de l'Etat, soupçonneux et bien renseigné, puis capable d'intrigues tortueuses, il a toujours lutté avec obstination.

On sait mieux aujourd'hui par exemple le rôle que joua près de lui le discret Wang Dongxing[35]. Ce paysan pauvre du Jiangxi, est né en 1916 non loin des monts Jinggang où s'étaient réfugiés Mao et sa poignée de rebelles durant l'hiver 1927-1928. D'abord guide et garde du corps de Mao, il a peu à peu mis sur pied ce qui devint après 1949 « l'unité 8341 » : une force armée de 10 000 hommes assurant la protection du Président, organisant ses déplacements, quadrillant le pays d'agents capables de réunir des renseignements sur tous les responsables du Parti. Mao Zedong est donc tout sauf un philosophe rêvant loin de la foule et assurant un rôle dirigeant grâce à la seule clairvoyance de sa

---

35. CHANG PARRIS (H.) : « The rise of Wang Tung-hsing head of China's security apparatus » in *China Quarterly*, n° 73, mars 1978.

« pensée ». Il dispose de milliers d'yeux et d'oreilles...

A ses côtés, en position de successeur désigné depuis le 8e Congrès où il a prononcé le rapport essentiel, Liu Shaoqi[36]. Elancé dans ses vêtements noirs et stricts, les cheveux blancs soigneusement peignés, net et froid, il évoque un sage des anciens temps. Né en 1898 au Hunan, non loin du bourg de Mao Zedong, fils d'un instituteur, petit-fils de paysans aisés, il a connu lui aussi les années passionnées de l'« école normale n° 1 » de Changsha. Ayant étudié le russe, il passe un an en 1921-1922 à Moscou à l'Université des Travailleurs de l'Orient. De retour en Chine, il devient l'un des militants communistes qui animent le mouvement syndical révolutionnaire. Il gardera ce rôle dans la clandestinité jusqu'en mai 1937.

A cette date il est déjà membre du Bureau politique du PCC. Etabli à Yanan, il devient un organisateur du Parti (y compris dans les zones blanches) et un théoricien de la « sinisation du marxisme ». Il joue à ce titre un rôle éminent dans l'ascension politique de Mao Zedong : ses écrits durant le mouvement *Zheng-Feng* de 1942-1944, « Comment être un bon communiste » (première version), « Sur la lutte dans le Parti », « La liquidation de la conception mencheviste dans le Parti », en font l'adversaire impitoyable de Wang Ming et des « internationalistes ». L'image du Parti qui se dégage de ces textes est celle d'une avant-garde rigoureuse et sans défaut ; les cadres ont souvent les traits que l'on prête aux mandarins vertueux du passé : pédagogues sentencieux des masses passives, ils témoignent d'une préférence marquée pour le cours magistral. Au 7e Congrès son intervention « sur le Parti », à côté de celle de Zhu De « sur la situation militaire », domine les

36. Biographie de Liu Shao-chi, KLEIN (D. W.) et CLARK (A. B.) : *Biographic Dictionary of Chinese Communism 1921-1965*, Harvard U.P., 1971. Voir aussi BOORMAN (H. L.) et HOWARD (R. C.) : *Biographic Dictionary of Republican China*, Columbia University Press, New York, 1971, et DITTMER (L.) : *Liu Shao-Chi and the chinese Cultural Révolution, the politics of mass Criticism*, Berkeley University of California, 1974, 385 p.

débats, à peine dépassée par le rapport inaugural de Mao. Depuis lors, il occupe la seconde place dans la hiérarchie communiste.

Les rapports entre Mao et Liu

On est tenté de s'arrêter quelques instants sur cet étrange rapport entre Mao et Liu Shaoqi, deux hommes aussi dissemblables. Liu Shaoqi, en 1961-1962, aurait résumé cette situation par une boutade : « le Président Mao ne s'occupe que des affaires très importantes ; il décide de transformer la Chine en un vaste jardin ; mais pour ce qui est de se préoccuper des moyens d'y parvenir, il n'en a pas le temps, et c'est donc à moi que cette tâche revient ».

Peut-être cette analyse amère correspond-elle, en gros, à la situation qui a suivi l'échec du Grand Bond en avant. Mais pour l'heure l'opposition ainsi suggérée, que l'on retrouve dans de très nombreux ouvrages, entre un Mao prophète révolutionnaire et un Liu Shaoqi gestionnaire-bureaucrate est pour une bonne part trompeuse. Mao et Liu se trouvent d'accord fin 1957 pour lancer le Grand Bond en avant, et si Liu sera plus tard chargé de cultiver ainsi le jardin d'utopie, ce n'est qu'après en avoir co-dessiné le plan...

Cependant, dès 1956-1957, une profonde différence sépare bien les deux hommes. Mais elle me semble plutôt porter sur leur conception du Parti, point sur lequel je rejoins le spécialiste américain Stuart Schram[37]. En octobre 1939, dans la revue chinoise *Le Communiste,* Mao écrivait la remarque suivante : « En dehors de la lutte armée, en dehors de la lutte de guérilla, il est impossible de comprendre notre lutte politique et, par conséquent, de comprendre comment on a construit notre Parti... Nous savons qu'en Chine ne pourrait y avoir aucune place pour le peuple et aucune victoire pour la Révolution sans la lutte armée. Depuis huit ans, le développement, la consolidation et

37. Schram (S.) : *The Political Thought of Mao Tsé-tung,* Londres Pall Mall, 1964.

la bolchevisation de notre Parti ont été entrepris au milieu des guerres révolutionnaires et ont été inséparables de la guérilla... Sans lutte armée, sans guérilla il n'y aurait jamais eu un Parti communiste tel qu'il est aujourd'hui ».

Cette quasi fusion entre l'Armée rouge et le Parti est, pour l'essentiel, une réalité jusqu'en 1949 et même un peu au-delà. Le Parti commanderait d'autant mieux aux fusils qu'il serait massivement porteur de fusils lui-même...

Dans ces conditions comment le Parti vit-il, précisément une telle situation ? Qu'est-il, sinon « la pensée correcte » au sein de la bataille, l'incarnation de l'idée juste, l'âme des forces armées de la Révolution. Or, depuis le lancement du plan quinquennal, la construction d'une nouvelle économie et d'une nouvelle société chinoises, il s'affirme également comme une structure de plus en plus indépendante, avec ses règles de fonctionnement, sa vie propre. Il apparaît bien que Mao éprouve quelque difficulté à s'adapter à cette évolution. Ce Parti devenu réel lui semble un écran qui le sépare des paysans pauvres, force vive de la Révolution.

Liu Shaoqi est d'un tout autre avis. Pour lui le Parti est la force fondamentale de la Révolution sans laquelle rien n'est possible. Renforcer le Parti, sa cohésion, sa pureté, sa discipline est à ses yeux une priorité absolue ; l'agresser constitue une faute majeure. Le successeur désigné du Président n'a donc pas l'intention de respecter l'intégrité de l'héritage promis.

Zhou En-lai est un tout autre personnage [38]. Né en 1898 dans le Bas Yangzi, d'une très grande famille, il fait des études brillantes à l'université Waseda à Tokyo et à l'université Nankai à Tianjin. Militant ardent du mouvement du 4 mai 1919, il vient à Paris en 1921 et y dirige bientôt les étudiants communistes chinois. Puis il voyage : Allemagne, Union soviétique... En 1924, de retour dans son pays, il est commissaire politique à

---

38. Biographie : voir note 36. Les « œuvres » ont été publiées en français aux Ed. de Pékin en 1981.

l'Académie militaire de Whampoa (Huang Pu), près de Canton, aidant le général Chiang Kai-shek à former une armée révolutionnaire. Militant clandestin à Shanghai après le drame de 1927, il y est un implacable organisateur de la lutte clandestine. Réfugié dans le soviet du Jiangxi durant l'hiver 1931-1932, il s'oppose à Mao et se place aux côtés des diverses directions qui, à cette époque, suivent une ligne de « gauche » inspirée en gros par l'Internationale communiste. Ce n'est qu'à Zunyi, en janvier 1935, qu'il bascule. Désormais, il mettra sa compétence, sa capacité de négociateur aux services de la politique préconisée par Mao. Travailleur infatigable, il est depuis 1949 le Premier ministre permanent et, conjointement, jusqu'en février 1958, le ministre des Affaires Etrangères.

Le quatrième membre de cette commission permanente est le prestigieux Maréchal Zhu De. Sensiblement plus âgé — il a 70 ans — il a surtout une activité de représentation, notamment à l'étranger. Quant au dernier membre, Chen Yun, il a été un moment mis à l'écart et ne rejoue un certain rôle que depuis la réhabilitation en juin 1956 d'une gestion économique moins aventureuse. Je l'ai présenté avec les principaux planificateurs.

Autour de ce groupe central, on assiste à quelques modifications : Deng Xiaoping passe du onzième rang de la hiérarchie avant le 8e Congrès au sixième rang, tandis que Kang Sheng, par contre, abandonne sa position de titulaire du Bureau politique pour devenir l'avant-dernier suppléant. On peut penser que cette chute est liée au discrédit qui pèse depuis le 20e Congrès sur sa fonction : cet ancien « internationaliste » qui a très longtemps vécu à Moscou, puis est passé du côté de Mao, était en effet le chef du « département des affaires sociales du Comité central », c'est-à-dire de la police politique [39]. Cette fonction lui a valu dès Yanan en 1942-1945, une réputation assez sinistre.

39. Id. Kang Sheng est depuis 1979 présenté comme une personnalité sinistre, acharnée à persécuter les révolutionnaires authentiques, avec des traits analogues à ceux de Béria en URSS. Il meurt en

En cet automne 1956, on a donc une équipe dirigeante renforcée en nombre et, pour l'essentiel, encore unie. Certes, le Congrès a laissé des traces parfois douloureuses. Ainsi, on constate que les 35 délégués qui, dans leurs interventions, font référence au discours inaugural de Mao Zedong, donc se montrent « loyaux » envers le chef historique, auront deux fois moins de chance d'être victimes des purges politiques dans les 10 à 15 ans qui suivent, que les 55 délégués qui omettent cette salutaire référence.

De même, on s'étonne moins du sensible recul subi par Peng Zheng dans la hiérarchie du Bureau politique — cet ancien militant ouvrier ami de Liu Shaoqi et devenu le maire de Pékin passe de la septième à la dixième place — lorsqu'on sait qu'il est l'auteur de la résolution politique du 8e Congrès, peu appréciée de Mao, et qu'il a eu l'imprudence d'évoquer « ces vieux acteurs d'opéra qui doivent savoir quitter la scène à temps »... Mao Zedong ne pardonne pas les incartades...

Cependant, il me paraît faux de dire qu'il existe déjà une « lutte entre les deux lignes », la « prolétarienne » de Mao et la « bourgeoise » de Liu. Les regroupements entre des hommes souvent en désaccord ne sont pas encore devenus permanents. Si — nous l'avons évoqué plus haut — Mao et Liu s'opposent sur la critique du Parti, ils s'entendent par contre dans leur impatience face aux planificateurs et à Zhou En-lai trop pondérés à leur gré. Mais Mao se retrouve avec les planificateurs contre les demandes excessives des militaires... Pour l'essentiel, il me semble qu'il existe un débat politique souvent animé au sein d'un collectif plutôt uni, dominé par Mao. La lézarde qui s'accentue durant l'hiver 1956-1957 s'explique essentiellement par la crise du camp socialiste, qui place au cœur du débat la question qui divise le plus, celle du Parti.

---

décembre 1975, mais le 31 octobre 1980, il est exclu du Parti communiste chinois à titre posthume. Le rapport de Hu Yaobong qui l'accable le place au même niveau d'infamie que la Bande des quatre.

La crise de l'automne 1956 en Pologne et en Hongrie

Entre le 18 et le 23 octobre 1956 en Pologne, l'accession de Gomulka au poste de premier secrétaire du POUP, la tension extrême avec l'URSS qui l'accompagne et la mobilisation des masses populaires polonaises qui l'explique (« l'octobre polonais »...) suscitent l'intérêt de la Chine qui soutient Gomulka.

Le 23 octobre, en Hongrie, une puissante manifestation populaire animée par les étudiants et les intellectuels du « cercle Petöfi » est dispersée par une fusillade devant Radio Budapest. Un soulèvement formidable et confus fait suite à cette répression et amène au pouvoir Imre Nagy. Ce dernier autorise le 30 octobre la réorganisation des anciens partis politiques puis proclame la neutralité de la Hongrie. Le 4 novembre, le secrétaire du Parti, Janos Kadar, appelle l'URSS à le soutenir : c'est l'intervention militaire achevée le 13 novembre. La Chine, non seulement soutient publiquement cette intervention, mais semble bien y avoir poussé.

Contradiction ? Non. La cohérence de la position chinoise apparaît aisément : lors d'un Comité central tenu du 10 au 15 novembre, Mao Zedong — après un exposé de Liu Shaoqi sur les événements de Pologne et de Hongrie et sur l'intervention franco-anglaise contre l'Egypte (affaire de Suez) — parle des « deux épées de la révolution », Lénine et Staline. Il se dit inquiet de voir les Soviétiques briser la seconde épée : qu'en sera-t-il bientôt de la première ? Le 29 décembre, *Le Quotidien du Peuple* publie un second article inspiré par le 20e Congrès : « Encore une fois à propos de l'expérience historique de la dictature du prolétariat. » « Le stalinisme, peut-on lire, c'est tout d'abord le communisme, le marxisme-léninisme. » Les Yougoslaves « vont donc trop loin » dans leurs critiques de Staline. Il peut y avoir des contradictions entre pays socialistes et « même entre le gouvernement et le peuple dans des pays socialistes ». Mais ceci ne met pas en cause l'existence de grands principes qui fondent la politique

des partis communistes et des pays socialistes. Il faut —
et c'est repris en janvier 1957 dans une déclaration sino-
soviétique — « concilier l'unité des pays socialistes
fondée sur la doctrine marxiste-léniniste et l'indépendance de chaque pays. »

De ce point de vue, Gomulka qui soutenait l'existence
d'une voix nationale, polonaise vers le socialisme, tout
en maintenant son pays dans le camp socialiste, était à
défendre, et non pas Nagy, à partir du moment où celui-
ci retirait son pays de l'ensemble des pays socialistes et
penchait ainsi du côté de l'impérialisme. En fait, tout se
passe comme si les dirigeants chinois craignaient que la
faible capacité soviétique à dominer une situation de
crise n'expose dangereusement la Chine face à l'impérialisme américain toujours menaçant. Ils redoutent les
brèches dans la grande muraille socialiste qui protège la
difficile construction d'une Chine nouvelle.

Tous d'accord sur ce péril à conjurer, ils le sont de
moins en moins quand il s'agit de trouver des solutions.
Certains — et cela se découvre à la lecture du *Quotidien
du Peuple* en janvier 1957 — estiment excessives les
attaques contre le dogmatisme. Ils s'en prennent notamment à la nouvelle de Wang Meng dont nous avons parlé
au chapitre précédent. D'autres pensent, au contraire,
qu'il faut dénoncer les maux du socialisme chinois pour
les surmonter et éviter une crise analogue à celle que
traverse la Hongrie. Mao est de ceux-là. Le 27 février
1957, il décide de brusquer les choses. Usant de ses
prérogatives de chef de l'Etat, il passe par-dessus les
instances statutaires du PCC et convoque les
1 800 membres de la Conférence Suprême d'Etat.
Devant cet auditoire socialement et politiquement fort
large, il prononce son discours sur « La juste solution
des contradictions au sein du peuple ».

Le rapport Khrouchtchev du camarade Mao

Dans ce texte, Mao présente une analyse des causes
profondes de la crise du socialisme — révélée par le

20ᵉ Congrès et confirmée depuis lors — qu'il fait suivre de la présentation des solutions pour en sortir.

Pour Mao, au point de départ, il existe deux types de contradictions : les contradictions antagonistes qui nécessitent la lutte, et les non-antagonistes, telles que celles qui subsistent dans une société socialiste. Cependant, des contradictions antagonistes peuvent dans certaines conditions être résolues de façon pacifique — ainsi la contradiction antagoniste entre la classe ouvrière et la bourgeoisie en Chine après 1949 — et des contradictions non-antagonistes mal comprises et attisées par des bureaucrates, peuvent dégénérer en contradictions antagonistes (c'est évidemment le cas dans la Hongrie de Rakosi[40]). Cela entraîne chez Mao, à la fois une attitude plus libérale envers ses anciens ennemis, destinée sans nul doute à rassembler les intellectuels derrière le PCC, et une dénonciation très vive des bureaucrates du Parti. Si « la lutte par la critique » contre ces derniers « s'avère inefficace, il faut admettre le recours à la grève pour combattre les bureaucrates qui sont sérieusement déformés et endurcis ». La « grève des étudiants et des ouvriers » peut donc, bien qu'illégale, être légitime dans certains cas. Mao aurait même dit que les syndicalistes et les communistes devraient alors y participer... De même, pour favoriser la liberté de pensée, les informations doivent mieux circuler : *Informations de références (Cankao xiaoxi),* journal spécial édité pour les cadres, créé en novembre 1956 et formé d'extraits des agences de presse étrangères qui tirait à 2 000 exemplaires, est porté, dès le 1ᵉʳ mars, à 30 000 ; bientôt il tirera à 300 000 exemplaires (pour atteindre 6 millions en 1972).

Mais Mao n'est pas pour autant convaincu des vertus du libéralisme en politique ! Il prononce un fougueux plaidoyer en faveur du socialisme et notamment de la collectivisation agricole. Surtout, il attaque indirectement la résolution politique du 8ᵉ Congrès et l'extinction de la lutte des classes qui en découle : « Dans la société

---

40. Texte in Mao Zedong : *Œuvres choisies,* T.V. Pékin, 1978.

socialiste, les contradictions fondamentales demeurent comme dans le passé les contradictions entre les rapports de production et les forces productives, les contradictions entre la superstructure et la base économique. » Simplement, un grand progrès par rapport à ce passé à été accompli : « en Chine les rapports de productions socialistes sont déjà créés et ils correspondent au développement des forces productives, mais ils sont encore loin d'être parfaits et cette imperfection est en contradiction avec le développement des forces productives (...) La superstructure (nouvelle) joue un rôle positif... mais les survivances de l'idéologie bourgeoise, un certain style bureaucratique de travail... se trouvent à leur tour en contradiction avec la base économique socialiste (...) La lutte des classes, en elle-même, n'est donc pas encore complètement finie (...) Il faudra encore un laps de temps considérable pour décider de l'issue de la lutte idéologique entre le socialisme et le capitalisme » en Chine. Deux luttes sont donc nécessaires : la lutte idéologique et politique et, d'autre part, la lutte contre la bureaucratie.

Ce discours explosif qui est l'équivalent pour le PCC du rapport Khrouchtchev pour le PCUS, mit deux mois à faire son effet : ce n'est que le 27 avril qu'une circulaire du Comité central faisant suite à une série d'articles inaugurée par le *Quotidien du Peuple* du 23 avril annonça le lancement d'une « campagne de rectification du style de travail du Parti » pour « étudier à fond comment résoudre les contradictions au sein du peuple ». C'est dire l'ampleur de la résistance !

Les intellectuels sans parti, sollicités de participer à cette campagne appelée campagne des « cent fleurs », se montrent réticents : ils craignent, comme dit l'un d'eux, « une pluie précoce de printemps suivie de gel » et font état des réticences évidentes des cadres du Parti. Mao, début avril, s'écrie, agacé, devant le Bureau du Parti à Shanghai : « 90 % des cadres du Parti sont contre cette campagne. (...) Je ne suis pourtant pas devenu un fauteur de troubles !... » Liu Shaoqi fait une vaste tournée en province en mars-avril. Il en revient inquiet de l'ampleur du malaise. Ce n'est qu'après avoir rassuré les cadres contre les risques de débordement qu'enfin la campagne est lancée. Tout se passe comme si, face à Mao Zedong décidé à lancer une campagne qu'il pense salutaire au Parti et inévitable, la majorité des cadres et, en particulier Liu Shaoqi, Peng Zhen et leurs amis, inquiets du saut dans l'inconnu, se dépêchaient d'édifier de hâtives barricades protectrices. Il est ainsi remarquable que dès que Mao Zedong s'éloigne de la capitale, le *Quotidien du Peuple* présente, de préférence à la campagne elle-même, les garde-fous destinés à se prémunir de ses possibles méfaits. L'article du 1er mai est exemplaire de ce compromis mal tracé. Il faut, dit-il « une douce brise et une pluie calme », c'est-à-dire, qu'il n'est pas question de soumettre les cadres du Parti à des « meetings de lutte ». Mais, ajoute-t-il aussitôt, il s'agit d'une campagne « portes ouvertes » à laquelle « les non-communistes sont invités à participer ». Il faut, poursuit-il, que les cadres saisissent l'occasion offerte pour se mieux lier aux masses, ce qu'ils peuvent faire « notamment » en participant au travail manuel. Mais s'il faut une campagne intense, elle ne doit pas perturber la production.

La campagne des cent fleurs est ainsi, dès son départ, présentée dans un cadre qui a toutes les allures de la quadrature du cercle. D'autant plus que l'irruption tant désirée des masses va donner des résultats surprenants.

LE PARFUM DES CENT FLEURS

La campagne des « cent fleurs » au sens strict dure quarante-cinq jours, débutant le 1er mai et ne dépassant guère le 8 juin : à partir de ce jour, la publication d'un éditorial retentissant du *Quotidien du Peuple*, dénonçant les « fleurs vénéneuses », amorce une vigoureuse contre-attaque « antidroitière ».

Pendant ces six semaines les vannes de la critique sont

largement ouvertes. Il me semble, toutefois, que s'en
tenir à ce seul aspect de la campagne, pour spectaculaire
qu'il soit, serait privilégier indûment les spécialistes de
l'écrit et de la parole. Aussi, après avoir décrit le
malaise explicite des intellectuels et des étudiants, vais-
je aussi essayer de situer dans cet ensemble les réactions
plus confuses et moins bruyantes du monde paysan et du
monde ouvrier. Une lucarne est alors ouverte sur les
complexes contradictions au sein du peuple chinois : il
faut en profiter pour regarder à l'intérieur, ne pas se
contenter des mots que l'on entend, des tracts que l'on
peut lire...

Des intellectuels mécontents

La critique exprimée par les intellectuels a déjà
commencé au printemps, en mars-avril. Elle émane
d'abord de représentants des « petits partis », Ligue
démocratique « Guomindang révolutionnaire »... et de
quelques ministres qui en sont membres. Quatre porte-
parole, au moins, émergent : Luo Longji, ministre de
l'Industrie du bois ; Zhang Bojun, ministre des Communications ; Lung Yung (un ancien gouverneur du Yunnan membre de la minorité nationale des Lolos) ; Chu
Anping, rédacteur en chef de *l'Observateur* avant 1949 à
Shanghai, libéral rallié au nouveau régime et devenu
rédacteur en chef de *Clarté,* l'influent journal lu par les
intellectuels.

Début mai, des forums sont organisés : des discussions fort libres entre ces non-communistes prennent de
l'ampleur. Zhou Yang, le principal responsable du
secteur culturel, rassure, le 13 mai, tous les interve-
nants : « Ceux qui tiennent des propos contre-révolutionnaires ne sont pas forcément des contre-révolutionnaires ». De fait les propos sont de plus en plus hardis...
On peut distinguer plusieurs niveaux dans des critiques
quasi-unanimes.

C'est d'abord une dénonciation fréquente des privilèges et abus des cadres communistes. Leurs promotions,
dit-on, sont trop rapides et ne tiennent pas compte du

mérite. Un grand médecin de Tianjin juge que le directeur de son hôpital, communiste, ne sachant pas soigner les malades, devrait balayer les salles et faire les lits. « On jugerait alors s'il est toujours digne d'être directeur. » On s'indigne du luxe des vacances que s'offrent certains dignitaires du régime : belles villas au bord de la mer, à Hangzhou ou à Qingdao, cuisinier privé, infirmière avenante... On décrit la mutation de jeunes paysannes devenues les premières tractoristes chinoises, et qui, célèbres, ont épousé des officiers de haut rang. Robes de soie, souliers de cuir... voilà ce qu'elles portent quand elles reviennent — en automobiles — dans leurs villages ! Les paysans sont scandalisés.

D'autres propos sont plus revendicatifs. On regrette la situation médiocre des intellectuels, le gâchis qui accompagne la rigueur de certains choix privilégiant les tenants de la « pensée correcte ». Ainsi déplore-t-on que des chercheurs diplômés des plus brillantes universités américaines ou anglaises, soient employés à tirer des charrettes ou à vendre des cigarettes. Surtout, on pose de sérieux problèmes politiques. Ce qui est contesté, pour l'essentiel, c'est le rôle dominateur du Parti. Il est intéressant de noter que l'on retrouve ainsi adressées au Parti communiste des critiques que les libéraux adressaient dix ans plus tôt au Guomindang : ce sont d'ailleurs souvent les mêmes personnes qui reposent les mêmes questions ! Ainsi Chu Anping souligne que l' « empire appartient au Parti » ; il s'en prend aux « bonzes communistes » et estime que le gouvernement de coalition, naguère promis, n'a été que duperie. Nombreux sont les intellectuels qui en ont assez du rôle décoratif qui leur est assigné : ils ne veulent plus être les « pots de fleur » d'un « parti conquérant ». Certains évoquent des solutions : donner un plus grand rôle à la Conférence consultative — où les « petits partis » sont bien représentés — en faire une sorte de Sénat. Çà et là, on voit poindre des critiques contre l'URSS, notamment dans les propos de Lung Yung : l'aide soviétique nous revient cher car il faut rembourser les prêts consentis. Un universitaire dénonce le poids du modèle soviétique avouant son scepticisme sur le caractère novateur du marxisme « qui a cessé de se développer depuis la mort d'Engels en 1895 [41] »...

En province, diverses personnalités du monde intellectuel font écho à ces clameurs de la capitale. C'est sensible au Henan, province peuplée à cette époque de 48 millions de personnes à laquelle un chercheur français a consacré une étude attentive [42] ; 10 à 20 000 personnes — 5 119 ultérieurement étiquetés comme « droitiers » — participent au mouvement : intellectuels notables ralliés. Sept des onze les plus connus d'entre eux, sont issus des familles de propriétaires fonciers. Leurs critiques sont un peu à l'image de leur biographie incertaine : ils ne comprennent rien aux difficultés populaires et n'ont donc aucune chance de rencontrer un accueil favorable, comme cet ancien responsable provincial du Cuomindang qui déclare avec quelque inconscience : « Dans l'ancienne société, on peut dire que les pauvres dépendaient des riches et que les riches dépendaient du ciel : maintenant, avec le système d'achat et de vente unifié (c'est-à-dire le monopole d'Etat sur le commerce des grains), quel que soit l'endroit où le paysan va pour chercher sa pitance, il revient bredouille. » Souvent, ils récriminent avec quelque mesquinerie nostalgique d'avantages perdus. Tous, bien naturellement, accablent de leurs sarcasmes le Parti communiste chinois. Ainsi : « pour devenir un chef, il faut d'abord entrer au Parti. La carte du Parti. c'est comme un bouclier : elle permet tout » ou : « En prétendant faire table rase du passé, le Parti s'est constitué en classe dirigeante, en nouvelle noblesse ». Mais çà et là, ils font mouche, dénonçant de réels abus, demandant la fin d'un arbitraire d'autant plus pesant

_____

41. Mac Farquhar (R.) : *The Hundred Flowers Campaign and the Chinese Intellectuals*, New York, Praeger, 1960.
42. Domenach (J. L.) : *Aux origines du Grand Bond en Avant : le cas d'une province chinoise, 1956-1958*, Ed. de l'Ecole des Hautes études en sciences sociales, 1982, 220 p., voir le chapitre III p. 96 à 119.

que la misère recule, mêlant un libéralisme importé et sans fortes racines nationales à une exigence démocratique beaucoup plus authentique.

Ce tourbillon d'idées traduit publiquement un malaise : c'est le prix à payer de certaines promesses d'avant 1949 non tenues : rien ici que de très normal. Le problème n'est pas là : il est dans l'écho rencontré par ces propos amers dans l'opinion étudiante, qui les transforme en actes retentissants.

Le malaise étudiant

Il est vrai que les circonstances s'y prêtent. Jusqu'ici, les étudiants chinois acceptaient bien des choses — enseignement très dogmatique, livresque, journée de travail de 10 heures, conditions de vie spartiate, carcan idéologique de l'enseignement obligatoire du marxisme-léninisme, confinement dans le camp socialiste... — car ils savaient avoir un emploi intéressant à la fin de leurs études. Les lycéens faisaient de même car ils étaient sûrs, une fois bacheliers, d'entrer à l'Université. Or, 1957 est précisément la première année où ces belles certitudes sont ébranlées. C'est l'année en effet où 800 000 lycéens ne passent pas en second cycle, où 90 000 bacheliers ne deviennent pas étudiants (la moitié des candidats) ; c'est l'année où les diplômés des universités reçoivent des emplois sans rapport avec leurs espérances (des emplois de bureau par exemple pour des chimistes). Aussi n'est-il pas étonnant de lire dès le 19 mai, sur des affiches placardées à Beida (l'Université de Pékin) toute une liste de revendications.

Bien vite, les choses se précipitent. A Beida, il se fonde une « société des cent fleurs » qui édite une sorte de journal *Place Publique* affiché « place de la Démocratie » sur le mur du même nom, à l'intérieur du campus. Des étudiants se font connaître : Tan Tianrong

---

43. SIWITT (A.) : *Les Cent Fleurs,* Paris, Flammarion, 1975 ; Hu Fusheng : *The Wilting of Hundred Flowers,* Londres, Heinemann, 1962.

écrit ses « affiches en gros caractères » *(Dazibao)* et cite Héraclite (« Les Ephésiens devraient se pendre et abandonner leur cité aux enfants »...) Une étudiante, ancienne combattante de l'Armée populaire de libération, devenue spécialiste de Gogol, Lin Xiling écrit : « J'appelle cette société (la société chinoise) un socialisme né sur la base du féodalisme... Je n'ai pas peur de parler ainsi. Mes amis me répètent : " Petite folle ! Un de ces jours on va te retrouver en prison et il nous faudra t'y apporter à manger... " J'accepte ce risque. » Des étudiants de Pékin établissent un réseau de correspondance, certains gagnent Tianjin par le train. La ligne qu'ils soutiennent est simple : utiliser les droits constitutionnels pour obtenir la liberté de parole et d'expression. Des campagnes précises vont dans ce sens, bien qu'assez vagues dans leur contenu : on prend la défense de Hu Feng, on demande des nouvelles de tel ou tel étudiant interné abusivement dans un hôpital psychiatrique, on dénonce le dogmatisme qu'est devenu le marxisme, on critique le chauvinisme russe dont témoignent les manuels scolaires chinois. Un idéal assez confus de liberté et de démocratie est prôné par les 518 *Dazibao* placardés sur le campus de Beida.

La ligue des Jeunesses communistes est débordée et les cadres communistes sont soit entraînés dans le mouvement, soit réduits au silence. Le 25 mai, intervenant devant leur 3e Congrès, Mao Zedong déclare : « Toute parole, tout acte s'écartant du socialisme est totalement dans l'erreur. » Le lendemain, les militants communistes étudiants ont multiplié les affiches portant cet évident rappel à l'ordre... Ici et là, des cadres communistes évoquent avec crainte le précédent historique du mouvement du 4 mai 1919.

Le 27 mai, on commence à arracher les affiches les plus critiques, comme celle de quatre étudiants de Beida reproduisant le texte du rapport secret de Nikita Khrouchtchev au 20e Congrès tel que le présentait le journal du Parti communiste des USA. On les accuse aussitôt d'être des « agents inconscients d'Allen Dulles » (chef de la CIA). Les 12 et 13 juin, des professeurs

et des étudiants de Wuhan manifestent. Ils s'en prennent à des locaux du Parti et molestent quelques
militants. La milice ouvrière locale rétablit l'ordre après
deux jours d'émeutes. Il y a des arrestations. Mao
Zedong évoquant ces événements parlera d'une « petite
Hongrie ». On compare d'ailleurs la « Société des cent
fleurs » au cercle Petöfi. En fait, à cette date, le
mouvement est fini : l'éditorial du *Quotidien du Peuple*
du 8 juin déjà évoqué, dénonçant les « fleurs vénéneuses et les mauvaises herbes » avait donné le signal de la
fermeture des vannes.

REVENDICATIONS
PAYSANNES ET OUVRIÈRES

La crainte était vive en effet que ce malaise étudiant
ne gagne tout le pays et ne s'étende aux paysans et aux
ouvriers.

Chez les paysans : une critique sporadique

Chez les paysans, pas de forum, pas d'affiches, pas de
« jardins de la démocratie ». Pour eux, la situation
économique est l'élément fondamental. Après une
année 1956 médiocre, on a une seconde année mauvaise. L'hiver 1956-1957 a connu des cas de disettes et
un mouvement de retrait des coopératives, notamment
dans la province de Guangdong. La production de
coton, médiocre, entraîne la réduction du métrage en
tissus auquel la carte de rationnement donne droit. La
progression de la récolte de céréales de 1957 sur celle de
1956 n'est que de 1 % soit beaucoup moins que la
progression de la population. En mars 1957, le ministre
de la Santé, Madame Li Dequan, a préconisé pour la
première fois la limitation des naissances, faisant état
d'un taux de croissance de plus de 2,5 %. En 1957,
l'Etat a dû réduire de plus de 4 millions de tonnes le

montant des achats obligatoires de céréales et redistri-
buer aux paysans plus de 6 millions de tonnes, prenant
ainsi sur ses réserves et compromettant les achats de
biens d'équipement à l'étranger. La progression de
l'industrie est donc, elle aussi, ralentie.

Dans ce contexte, il est fait état, dans une dizaine de
provinces, de troubles divers allant de la tentative de
dissolution de fermes collectives et des sabotages contre
les biens publics (le bétail en est la principale victime), à
des agressions contre les cadres communistes : cela ne
prend nulle part un caractère massif. Ici on parle d'une
vingtaine de paysans qui jettent un militant dans une
mare, là on présente d'anciens hobereaux se faisant élire
à la tête des fermes collectives ou expliquant que tout
était mieux avant 1949, du temps où les paysans
versaient à leurs propriétaires des rentes deux fois
inférieures — selon leurs dires — à celles qu'ils versent
aux communistes. Dans le Guangxi, des anciens notables enhardis obtiennent de paysans qu'ils leur versent
des arriérés de rentes dues depuis... la réforme agraire.
On exhume les « comptes noirs » et « livres d'amertu-
mes » des propriétaires fonciers qui récapitulent avec
minutie tous les torts subis depuis 1949. On pronostique
le retour des heureux jours du Guomindang pour l'été.

Il ne semble pas, cependant, que ce mouvement ait
rencontré un vaste écho. Au Henan, le secrétaire du
Parti, qui établit une statistique pour 15 à 20 000
paysans, évalue les « mécontents actifs » à 13,45 % [44].
Mais le désarroi des cadres communistes est total.

Lisant la presse et apprenant par des canaux divers
l'ampleur des critiques formulées durant le mois de mai
à Pékin et dans les grandes villes, ils pensent juste de
faire des concessions. Ainsi le secrétaire du Parti pour la
province du Henan, Pan Fusheng, établit la liste des
« 10 » contradictions entre les paysans et le Parti,
autorise les retraits de coopératives, et réprimande
même les cadres qui s'y opposent. Et cela... jusqu'au
mois de juillet. Dans l'ensemble, le mécontentement est

---

44. Voir note 42.

bien plus celui, très concret, créé par les mauvaises récoltes successives. Le malaise politique, dans les campagnes, me paraît assez limité car, à la différence des paysans polonais, à la même époque, les paysans chinois acceptent en somme les structures collectives : ils savent bien d'où ils viennent, ils apprécient leur mieux-être et la paix intérieure. L'occasion de troubles leur était fournie ; ils ne l'ont pas saisie, plébiscitant ainsi, à leur manière, le nouveau régime dans sa huitième année d'existence, même si çà et là, l'enthousiasme des années de la réforme agraire a fait place à une certaine résignation devant la dureté de la vie qui perdure, malgré campagnes et efforts.

Le PCC et la classe ouvrière : une difficile rencontre

Il en est globalement de même pour la classe ouvrière avec cependant quelques traits caractéristiques intéressants. Là aussi, en 1956-1957, de fortes tensions se manifestent allant jusqu'à la grève. Un rapport interne de la Fédération nationale des syndicats chinois, étudié par François Gipouloux [45] signale, pour 1956, vingt-neuf grèves et cinquante-six pétitions. Les incidents se multiplient dans les usines de Shanghaï : six au premier trimestre 1956, dix-neuf au second, vingt au troisième, quarante et un au quatrième. Dans la province de Canton, on signale treize grèves.

Celle des dockers de la ville de Canton est particulièrement significative. Elle s'oppose à la « relève élastique » mise en place en 1956 : les dockers travaillaient seize heures en deux équipes, puis se reposaient 24 heures. Si l'on ajoute que le travail n'était pas mécanisé et consistait à porter des charges de 50 kilogrammes, on comprend la colère ouvrière qui prend la forme d'une grève perlée : l'absentéisme atteint 65 % des effectifs !

---

45. GIPOULOUX (F.) : *Les problèmes politiques et sociaux en Chine à la fin du premier plan quinquennal : le monde ouvrier et la crise du travail syndical en 1957*, Paris, Ecole des Hautes études en sciences sociales, 1981, 430 pages.

Les principaux responsables de ce plan aberrant étaient deux anciens dirigeants syndicaux promus cadres depuis peu !... Un peu partout, des cas analogues apparaissent avec, en toile de fond, une situation inquiétante : il y a, malgré un énorme effort de créations d'emplois (près de 130 000 en 5 ans), 200 000 chômeurs dans la ville de Canton [46]. Durant les années du plan quinquennal le rythme de créations d'emplois a suivi une croissance moyenne de 1,5 % par an, alors que le taux de croissance démographique était, avons-nous vu, de 2 à 2,5 %. Une tendance inévitable à l'exode rural, consécutive à la différence de niveau de vie entre ville et campagne a vu le jour : malgré des mesures de contrôle très strictes et des périodes où l'on a, comme en 1955 et 1957, massivement refoulé de la ville vers la campagne les ruraux installés à la ville sans autorisation, il semble bien que la croissance de la population urbaine, qui atteint 92 millions d'habitants en 1957, soit due pour les deux tiers à cet exode rural plus ou moins licite [47].

Des situations aberrantes se multiplient : à Shanghai, entre 1955 et 1957, il s'est formé des milliers d'entreprises minuscules (6 500 en septembre 1957) appelées « foyers industriels spontanés », au statut semi-clandestin. Il en est de même à Canton [48]. Employant peu d'énergie ou la dérobant à la collectivité, établis dans des appartements, utilisant des déchets industriels ou se procurant les matériaux nécessaires par tout un jeu de relations, ces ateliers emploient des chômeurs, des ruraux émigrés clandestins à la ville, des parents au séjour indéfiniment prolongé dans leurs familles assez lointaines. Des dizaines de milliers de personnes vivent ainsi à Shanghai, à Canton, à Wuhan... Etrange Hong-Kong clandestin, dissimulé sous la surface policée d'une ville aux structures rigides où règne la planification

46. Voir Vogel, cité in note 9, 2ᵉ partie.

47. Howe (C.) : *Employment and Economic Growth in Urban China 1949-1957*, Cambridge UP, 1971.

48. White (L. T.) : *Low Power : small entreprises in Shanghai 1949-1967* in China Quarterly, mars 1978, n° 73.

d'Etat. Surprenante situation qui voit par exemple le responsable commercial d'une usine de Mandchourie négocier dans une maison de thé de Shanghai (naguère siège d'une guilde industrielle) l'achat d'un générateur de 5 000 watts qui provient d'un atelier sans existence officielle... Diamants industriels, tungstène, suivent souvent cette voie marginale.

On comprend mieux ainsi les réactions corporatistes des ouvriers d'usine encerclés par la foule des travailleurs sans qualification fort mal payés : ils défendent leurs salaires, leur garantie d'emplois, essaient de transmettre cet emploi dans leur famille [49]. Les syndicats sont souvent entre leurs mains, et « l'économisme » dénoncé périodiquement par le Parti n'est pas un risque négligeable. La pression revendicative demeure forte, la hausse de 14 % des salaires en 1956 — la seule depuis 1949 — reste insuffisante.

Le malaise de 1957 va prendre ainsi des formes originales. Pour l'essentiel, un conflit larvé se développe entre le Parti et les syndicats ouvriers. Déjà des difficultés étaient survenues entre 1951 et 1953. En février 1953 une nouvelle direction avait été imposée par le Parti aux syndicats, avec à sa tête Lai Ruoyu [50], qui n'avait aucune expérience de la vie ouvrière et dont on attendait qu'il fasse de la Fédération des Syndicats la courroie de transmission du Parti. Or, la campagne des Cent Fleurs oblige les cadres syndicaux à un dramatique examen de conscience. C'est précisément Lai Ruoyu qui, le 7 mai, donne le ton dans une interview : « Les syndicats doivent résoudre deux grands problèmes de façon satisfaisante : le problème des relations avec l'administration et le problème des relations avec le Parti. Pour l'administration, on a insisté sur la phase d'uniformité mais négligé la phase de différence et les syndicats ont toujours appuyé le directeur de l'usine lors d'un conflit avec les ouvriers. Quant aux rapports avec

49. WHITE (L. T.) : *Workers Politics in Shanghai*, in *Journal of Asian Studies*, nov. 1976.
50. Voir KLEIN (note 36 ci-dessus).

le Parti, le principe du rôle dirigeant du Parti, problème qui a été réglé dans le passé, est un principe correct. Toutefois on n'a pas prêté suffisamment attention au fait qu'une organisation de masse, un syndicat, mis à part sa soumission au Parti, au plan de la politique et de l'idéologie, doit aussi développer ses propres activités indépendantes. Ce n'est qu'ainsi qu'un syndicat peut s'affirmer. »

Texte lumineux, qui illustre les rapports établis par les « équipes d'enquêtes » syndicales envoyées dans le pays tout entier au printemps 1957. Voici leurs conclusions à l'issue d'un séjour à Shanghai entre mai et juin 1957 : le Parti décide de tout, le syndicat n'a aucune indépendance. Le rôle écrasant du comité de Parti à l'entreprise est dû à la pression de Ke Qingshi, secrétaire du Parti pour la ville de Shanghai, très proche de Mao Zedong, tandis que cette insistance sur le rôle du syndicat est voulue par Liu Shaoqi. Un autre rapport, toujours établi en mai, relate les expériences d'un vice-président national des syndicats qui effectue une tournée de 4 000 kilomètres, visitant 10 villes entre Pékin et Canton. Partout, y lit-on, les cadres syndicaux sont considérés comme la « queue de l'administration » ou sa « langue ». Le syndicat c'est « le département de contrôle des ouvriers ». Pour les militants communistes, ajoute-t-on, le casse-tête est à son point maximum : si, liés aux masses, ils reprennent les revendications ouvrières, on les accuse d'économisme et on les blâme ; s'ils n'écoutent pas les ouvriers, ils sont coupés des masses[51]... Dix cadres syndicaux de Shanghai précisent qu'à leur avis les cadres syndicaux ne sont d'aucune utilité aux ouvriers. Ils se contentent de promener un visage souriant parmi les ouvriers mécontents...

Il me semble que nous touchons là à un problème essentiel. On l'a vu, la classe ouvrière chinoise à partir de 1927 n'a plus joué qu'un rôle secondaire dans la révolution chinoise. Ainsi s'est opéré durant les années 1940-1949, un processus de substitution, transférant le

---

51. Voir note 41 ci-dessus.

rôle dirigeant de la classe ouvrière, toujours affirmé, au Parti communiste lui-même. Or, depuis 1949, la situation aurait pu changer. La classe ouvrière chinoise compte en 1957, 11 millions de membres. 13 % des ouvriers sont communistes et, si l'on prend en compte les ouvriers adhérents de la Ligue des Jeunesses communistes, on aboutit au chiffre fort élevé de 29 % en tout. Par ailleurs, si en 1951-1952, seuls entre 6,3 et 7,2 % des communistes sont des ouvriers, ce chiffre a atteint 14 % lors du 8ᵉ Congrès et se maintient à 13,7 % en 1957 : une classe ouvrière assez nombreuse, aux liens étroits avec le Parti, a ainsi pu s'affirmer.

Certes, elle présente divers défauts qui ralentissent un tel rapprochement : la tradition corporatiste la prédispose à l'économisme ; elle est de formation récente : 65 % sont de « nouveaux ouvriers » et 50 % sont d'origine non ouvrière (paysans, pauvres urbains, intellectuels déclassés et 3 à 5 % de notables ruraux ou capitalistes).

Mais malgré tout l'on constate qu'à partir de la fin juin, la classe ouvrière fait bloc derrière le Parti et les syndicats dans la campagne « antidroitière » et constitue même le principal appui dans l'opinion.

Aussi, cette confuse méfiance de la direction du Parti envers la classe ouvrière que l'on perçoit dans la volonté de reprise en main qui suit cette période foisonnante « des Cent Fleurs » et qui se traduit en décembre 1957 au 8ᵉ Congrès des syndicats par une soumission explicite des syndicats au rôle dirigeant du Parti, me semble-t-elle être un de ces nombreux pièges de l'histoire, rencontrés sur ce parcours : le Parti se réclame de la classe ouvrière quand il en est coupé et en a peur quand il la rencontre enfin [52]...

---

52. Roux (A.) : *La place du monde ouvrier dans le développement chinois* in *Revue Tiers-Monde*, la Chine ; avril-juin 1981, tome 22, n° 86.

BILAN.
COUP D'ARRET OU DEPASSEMENT?

La campagne antidroitière

A partir du 8 juin, après quelques hésitations, la presse communiste chinoise entame une vigoureuse contre-offensive. Les « fleurs vénéneuses » et les « mauvaises herbes » doivent être extirpées. Les incidents de Wuhan et la tension signalée dans quelques villes contribuent à dramatiser le climat. Par ailleurs, la publication dans le *New York Times* du 13 juin, de larges extraits du rapport jusqu'à présent secret, prononcé le 29 février par Mao Zedong, crée une situation gênante : le Bureau politique décide donc d'imprimer dans le *Quotidien du Peuple* du 18 juin la version officielle du discours. Cette version, en fait, change fondamentalement le sens de la démarche ; si bien qu'un même discours aura servi à ouvrir la campagne des cent fleurs et à la clore. Il y a de quoi décontenancer quelque peu les militants et la masse du peuple chinois !

On procède en effet à deux sortes de modifications : on supprime quelques révélations sur les excès de pouvoir et les erreurs ; on ajoute six critères permettant de distinguer les « fleurs vénéneuses » des « fleurs odorantes ». Pour qu'une critique soit acceptable, est-il écrit, il faut qu'elle soit profitable à l'unité, au socialisme, à la consolidation de la dictature du prolétariat, au centralisme démocratique, au rôle dirigeant du Parti communiste et à l'unité internationale du socialisme. On ne saurait mieux fermer les portes que l'on avait ouvertes. On n'a le droit de critique que si l'on s'engage à ne pas en user. D'autant plus que, parallèlement, on fait pression sur les auteurs des critiques les plus percutantes pour qu'ils se rétractent et l'on reprend en main les campus universitaires : 1 000 cadres communistes y sont envoyés dont 200 deviennent présidents et vice-présidents des établissements d'enseignement supérieur, comme Lu Ping, le nouveau « recteur » de Beida. Les cellules universitaires, qui avaient perdu entre 5 et 10 % de leurs effectifs durant la crise de mai, se renforcent et multiplient tracts, meetings, dénonciations des éléments droitiers dans un climat assez vite irrespirable [53]. Mao dira plus tard que 2 % seulement des étudiants soutenaient les contestataires de Beida, mais que la masse des étudiants était neutre et que 10 % seulement des professeurs et professeurs-adjoints soutenaient activement le socialisme. Des mesures tâtillonnes sont prises : un examen est instauré pour jauger le niveau politique des diplômés candidats à un emploi ; si quelqu'un demande à la bibliothèque universitaire un ouvrage d'un auteur « réactionnaire », il doit expliquer pourquoi et rédiger après lecture une fiche critique examinée par les autorités... Dès le 15 juin, Zhang Bojun, Liu Longqi, prononcent des autocritiques publiques, et reconnaissent leurs sombres desseins... tout en demeurant ministres pour six mois encore. Des journalistes de *Clarté* et du *Wenhui bao* doivent démissionner, comme le fait Chu Anping. En août, on soumet à de sévères critiques la romancière Ding Ling [54], le poète Ai Qing, le critique littéraire Feng Xuefeng. Le célèbre sociologue Fei Xiaotong est sommé de modifier la liste de ses amis.

Pour des personnages de moindre notoriété, le traitement est plus brutal. L'étudiante Lin Xiling voit se vérifier ses prévisions amères : elle se retrouve balayeuse à l'université du Peuple, ce dont plaisante Mao Zedong... Une petite terreur s'est abattue sur les intellectuels ; elle est peu sanglante, mais cruelle... Les chiffres sont mal connus. Le ministre de la Sûreté publique, Luo Ruiqing, donne des précisions sur la

---

53. GOLDMAN (M.) : *Litérary dissent in Communist China*, Harvard, 1967.
54. DING LING, aujourd'hui réhabilitée, a décrit ces années noires — fort supportables par rapport à ce que fut son sort durant la Révolution culturelle — dans une interview publiée le 7 décembre 1979, dans les *Nouvelles littéraires*.

répression des activités contre-révolutionnaires entre juin 1955 (donc avant le mouvement des « cent fleurs ») et décembre 1957 : 100 000 contre-révolutionnaires ont été arrêtés parmi lesquels 5 000 communistes et 3 000 jeunes communistes. Pour eux, bien sûr, c'est l'emprisonnement dans un camp et, parfois, l'exécution ou la mort obscure. Des enquêtes sont menées sur 1 770 000 personnes : 130 000 « cas sérieux » ont été ainsi découverts qui s'ajoutent donc à la liste des contre-révolutionnaires et des « mauvais éléments ». On peut présumer que la plus grande part des gens soumis à enquête en ressortent avec l'étiquette de « droitiers », c'est-à-dire qu'ils sont placés en résidence surveillée chez eux ou contraints de s'installer à la campagne dans un lointain village. 400 000 intellectuels (soit 10 % du total) sont ainsi « étiquetés ». On compte parmi eux 100 000 instituteurs. Ding Ling fera bientôt « la plonge » dans une ferme des confins chinois. Ce n'est que durant l'hiver 1978-1979 que l'on enlèvera enfin ces étiquettes, libérant ainsi 400 000 personnes. C'est à la fin de cette période répressive, en décembre 1957, qu'est arrêté Jean Pasqualini[55], un Eurasien de nationalité française, résidant en Chine. De retour en France, il publiera beaucoup plus tard le récit terrifiant de ses sept années passées dans des camps de rééducation par le travail : *Prisonnier de Mao.* Il fournit le récit parfaitement véridique d'une sorte de dressage de l'individu, fait de privations, de sous-alimentation, de travail savamment gradué (dans des usines spéciales relevant des camps), de contraintes collectives, ponctuées par la rédaction d'interminables biographies autocritiques. Ce fut le sort réservé à une partie appréciable des orateurs imprudents du mois de mai... Trois des organisateurs des émeutes de Wuhan seront même exécutés au moment de la rentrée universitaire, en présence de 10 000 personnes. Il n'est pas sans intérêt de lire dans la très officielle « résolution sur quelques questions de

---

55. PASQUALINI (J.) : *Prisonnier de Mao, sept ans dans un camp de travail en Chine*, Paris, Gallimard, coll. « Témoins », 1973.

l'histoire du parti depuis la fondation de la République populaire chinoise » adoptée en juin 1981 l'appréciation suivante sur cette campagne : « La lutte contre les droitiers » (par ailleurs « parfaitement justifiée et nécessaire ») a été poussée à outrance, et un certain nombre d'intellectuels, de personnalités patriotes et de cadres du parti furent classés à tort parmi les « droitiers », entraînant des conséquences déplorables ».

Alors que la campagne antidroitière frappe ainsi trop durement les milieux intellectuels, une « campagne d'éducation socialiste rurale » est lancée le 5 août. Cette campagne se propose « de critiquer les pensées droitières et les pensées individualistes et départementalistes dans le Parti, de critiquer les pensées capitalistes de quelques paysans moyens supérieurs et de réprimer les actions contre-révolutionnaires des mauvais éléments ».

Rien de bien surprenant donc, sauf deux points : l'idée apparaît dans un article du 5 août qu'il y aurait un rapport étroit entre « le problème des céréales » et « le problème idéologique ». D'autre part, l'insistance prioritaire mise sur les éléments droitiers dans le Parti, maintient la volonté de ne pas abriter le Parti des nécessaires critiques.

Il semble néanmoins que cette campagne ait été menée avec pondération, quoique accompagnée de mesures comme la suppression le 17 août des marchés libres ruraux instaurés en septembre 1956. Ainsi, dès la fin mai, dans de nombreuses provinces, on avait suspendu la campagne des 100 fleurs jusqu'après les récoltes : la situation alimentaire était trop sérieuse pour que l'on puisse se permettre de prendre le risque de troubles prolongés.

Quant à la classe ouvrière, elle voit le lancement un peu plus tardif d'une campagne d'éducation destinée aux ouvriers les plus récents. On remarque surtout, à l'occasion du 8e Congrès des syndicats en décembre 1957, l'affirmation de la prééminence du Parti et des comités du Parti aux différents niveaux sur les syndicats. Lai Ruoyu, le trop bouillant président, trop enclin à transformer les syndicats en organisations de lutte de classe, doit s'incliner : malade, il sera remplacé en mai 1958, à sa mort, par Liu Ningyi. On n'entendra plus guère parler des syndicats, réduits au rôle de services sociaux et culturels dans les usines. Les « assemblées des délégués » ouvriers, que le 8ᵉ Congrès avait décidé de créer dans les entreprises, sans doute en songeant aux conseils ouvriers yougoslaves, ne verront jamais vraiment le jour.

Aux origines du Grand Bond en avant

Quel bilan tirer de cette année 1957 ? Ratage complet ? Abominable tromperie ? Victoire de l' « appareil du Parti » sur un Mao Zedong visionnaire ? La direction du Parti aurait-elle cherché, par ruse, à faire sortir de leurs tannières les opposants droitiers à sa politique pour les démasquer et s'en saisir ?

A voir le déroulement des principaux faits qui se sont déroulés en Chine même mais aussi au plan international jusqu'au printemps 1958, on s'aperçoit qu'il s'agit de beaucoup plus que de ces éventuels combats mesquins. Trois réunions peuvent permettre de jalonner ces quelques mois décisifs.

Deng Xiaoping : le bilan des cent fleurs

Tout d'abord un Comité central élargi (le 3ᵉ) du PCC tenu à Pékin du 20 septembre au 9 octobre. Deng Xiaoping y fait le point de l'année politique : pour lui, campagne des Cent Fleurs et campagne antidroitière forment un tout, l'ensemble ayant été voulu par le Parti qui a pu ainsi « déraciner les mauvaises herbes » et « s'en servir comme engrais » pour former des cadres (sic). Deng évoque la nouvelle ligne générale et parle des grands travaux à venir dans le secteur rural : vastes chantiers d'irrigation, développement des engrais chimiques. Au passage, il est assez sévère sur la situation des coopératives dont on vient d'ailleurs de décider de limiter la propension au gigantisme (très relatif...).

Mao Zedong intervient le dernier jour. Par trois ensembles de remarques, il amorce une nouvelle étape, effaçant le recul subi par ses idées en 1956 :

1. Il relance son plan agricole de 12 ans datant de janvier 1956 et enterré depuis sous les fleurs... et quelques épines. Ce plan — définitivement mis au point en décembre, et partiellement révisé dans un sens un peu réaliste, où se retrouve l'esprit des dix grands rapports d'avril 1956 — doit être mis en œuvre au plus tôt, car deux ans ont déjà été perdus.

2. Mao critique comme incorrect le passage déjà cité antérieurement de la résolution politique adoptée par le 8e Congrès sur la contradiction fondamentale dans le système socialiste chinois. Selon lui, ce n'est pas celle qui oppose le caractère retardataire des forces productives et le caractère avancé des rapports de production, mais celle qui existe entre la voie socialiste et la voie capitaliste : un thème, apparu déjà en février, qui ne fera que se préciser avec les années. Mao déplore un « fléchissement » de la lutte des classes en Chine dans la deuxième partie de l'année 1956. Le conflit dans l'équipe dirigeante chinoise est ainsi confirmé.

3. Mao précise ses critiques à l'égard de Nikita Khrouchtchev et du 20e Congrès du PCUS. Il estime injustes les critiques excessives adressées à cette occasion à Staline. Il évalue ses mérites à 70 % et ses torts au plus à 30 % de l'œuvre. Par ailleurs, la thèse du passage pacifique au socialisme semble peu vraisemblable aux dirigeants chinois. Enfin, Mao ajoute que les dirigeants soviétiques n'ont pas du tout apprécié la campagne des cent fleurs.

La réunion des soixante-quatre et le « Vent d'Est »

Le second événement est d'ordre international. Il s'agit de la réunion à Moscou, en novembre, des représentants des douze Partis communistes au pouvoir, élargie ensuite à tous les partis communistes du monde soit un total de soixante-quatre. A cette réunion, Mao Zedong apparaît comme un des leaders les plus prestigieux du « mouvement ouvrier international ». Son discours public s'accompagne d'interventions en petits comités dont le texte exact est parfois l'objet de controverses encore aujourd'hui. Pour l'essentiel, Mao, impressionné par le lancement réussi du premier satellite artificiel par l'URSS le 4 octobre y voit la preuve de la supériorité du socialisme sur le capitalisme. Plus précisément, il est manifestement frappé par l'aspect militaire de l'exploit : l'URSS dispose du plus puissant missile du moment, du premier missile intercontinental... Mao développe donc le thème du vent d'Est qui l'emporte sur le vent d'Ouest, ajoutant que si le camp impérialiste avait la folie de recourir à la force, il périrait dans l'embrasement atomique provoqué par sa faute. Il est plus que vraisemblable que Mao Zedong ait fait suivre cette affirmation d'une comptabilité macabre. « Si les choses étaient au pis, aurait-il dit, et que la moitié de l'humanité mourrait, l'autre moitié resterait, tandis que l'impérialisme serait rasé jusqu'aux fondations et que le monde entier deviendrait socialiste. Dans quelques années il y aurait à nouveau 2 700 millions d'habitants et ensuite davantage [57]. »

Mao souligne le rôle dirigeant de l'URSS à la tête du camp socialiste et signe le « manifeste pour la paix » adopté par la Conférence des soixante-quatre Partis communistes. Au passage, dans son discours public, il a déclaré que « la lutte contre la tendance révisionniste est une tâche particulièrement impérative ». Il n'est pas sûr que seuls les Yougoslaves soient visés par ce trait...

Dans quinze ans, l'Angleterre sera rejointe

Un troisième ensemble d'événements ont lieu en Chine, en décembre 1957 et janvier 1958 ; j'insisterai sur le discours prononcé par Mao Zedong le 28 janvier devant la Conférence Suprême d'Etat. En effet, le Grand Bond en avant y est décrit dans son ambiance générale, le terme étant d'ailleurs rendu public quelques

57. DEVILLERS (P.) : *Ce que Mao a vraiment dit,* Paris, Stock, 1967 ; voir sur le « Conférence des soixante-quatre heures » : Martelli (R.), *1956, le choc du XXᵉ Congrès du PCUS,* Ed. Sociales, 1982

jours plus tard par Li Xiannian, en février, devant l'Assemblée nationale populaire. Trois idées forces dominent le rapport de Mao :

1. Grâce à la campagne de rectification de mai-juin 1957, un « enthousiasme extrême » s'est emparé du pays tout entier. De fait, après le Plenum de septembre, dans de nombreuses provinces — au Henan, au Zhejiang... — les responsables communistes hésitants, trop sensibles à la pression paysanne lors de la crise récente et ayant toléré les dissolutions de coopératives, sont démis. Ils sont remplacés par des responsables mis en avant par la campagne de collectivisation de l'été 1955 et très actifs durant le mouvement antidroitier de l'été 1957. Les cadres politiques du Grand Bond en avant ont saisi les rênes du pouvoir dans les provinces.

2. En 15 ans, la Chine peut donc rattraper l'Angleterre au plan de la production. « Notre nation, en effet, est comme un atome et après la fission de son noyau atomique, l'énergie thermique libérée sera si formidable que nous serons capables de faire ce que nous ne pouvions faire auparavant. » Les progrès de la Chine seront donc très rapides, si nous maintenons une « révolution ininterrompue, le fer restant chaud sous le marteau ».

Comparaisons lyriques, qui, avec les références aux fusées et aux souptniks forment un des aspects de la langue du Grand Bond en avant et masquent mal le romantisme peu scientifique de la pensée[58]...

3. Enfin, on apprend que « la Chine est pauvre et blanche. La pauvreté pousse à la révolution ; sur une page blanche on peut écrire ce qu'on veut. Les pays occidentaux sont riches et cultivés mais la trop grande variété de leurs idées est un fardeau lourd à porter. » Cette idée, venue du populisme, est déjà apparue en 1955-1956. Compagne du volontarisme, elle ouvre volontiers les routes de l'utopie.

---

58. On peut trouver tous ces textes in Fairbank (J.K.) et Bowie (R.R.) : *Communist China* 1955-1959 : *Policy documents with analysis,* Harvard 1965.

LE MODÈLE SOVIÉTIQUE

Sur ces 8 années d'histoire, un bref regard en arrière s'impose. Une question me paraît essentielle : que signifia pour la Chine ce « modèle soviétique » suivi alors par ses dirigeants ?

A propos des lois du socialisme scientifique

Une première réponse a été fournie très tôt : Chine-URSS, c'est la même chose. Ce ne sont que des sociétés totalitaires, des tyrannies. Mao « empereur des fourmis bleues », écrivait alors un auteur oublié depuis ; Staline, c'est le Tsar, Mao c'est l'Empereur. Le « modèle » n'est qu'un carcan commun imposé à des peuples opprimés.

Une variante, celle proposée par l'américain Karl Wittfogel [59], donne une explication à ce qu'il appelle le « despotisme oriental » : il s'agit de « sociétés hydrauliques » où le nécessaire contrôle de l'eau, pour l'irrigation et les transports, a entraîné l'émergence précoce d'Etats tout-puissants. On reparle alors du « mode de production asiatique ». Mais de quel droit inférer d'une précocité de l'Etat à une propension quasi irrépressible de ces peuples vers la tyrannie ? Les historiens chinois, à l'instar de Mao Zedong, n'ont-ils pas raison au contraire lorsqu'ils insistent sur l'existence depuis deux millénaires de puissants mouvements populaires contre l'Etat « féodal », ce legs précieux qui s'est transmis de génération en génération ? La lutte contre la tyrannie est aussi ancienne qu'elle.

Bien sûr du côté des tenants d'une explication marxiste, la question a été posée tout autrement. A la notion de modèle a été préférée celle de lois générales du socialisme scientifique. La construction du socialisme

---

59. WITTFOGEL (K.) : *Le despotisme oriental*, Paris, Ed. de Minuit, 1964.

consisterait alors à adapter ces lois aux diverses réalités nationales. Si on s'en écarte, on échoue comme échouerait un savant oublieux de la loi de la gravité universelle. La Chine, en suivant un modèle, a donc en fait cherché à se conformer à ces lois, bénéficiant de plus de l'antériorité soviétique donc d'une expérience déjà faite.

La réflexion des chercheurs marxistes sur ces fameuses « lois du socialisme scientifique » a progressé depuis une dizaine d'années. Les lois ainsi évoquées, disent-ils, sont fort différentes des lois de la nature. Elles doivent leur originalité à leur abstraction et ne permettent donc pas que l'on construise à partir d'elles une stratégie concrète précise pour tel ou tel pays ! En effet, elles ne précèdent pas l'expérience mais généralisent des expériences multiformes. Ainsi le socialisme naît et grandit nécessairement comme réponse concrète aux besoins concrets de chaque pays.

Les sociétés socialistes présentent certains traits généraux sans lesquels il n'existe pas de société ayant opéré une rupture irréversible et nette avec le capitalisme : appropriation collective des grands moyens de production et d'échange, rôle dirigeant des forces révolutionnaires et notamment de la classe ouvrière, bouleversement des contraintes culturelles et sociales ancestrales... Cependant ces lois générales qu'il faut garder présentes à l'esprit pour clarifier l'analyse, qui sont des critères permettant de qualifier de socialiste tel ou tel pays, apparaissent dans des sociétés infiniment variées et complexes où les hommes font preuve de créativité, de hardiesse, d'innovations, qui n'excluent ni les erreurs ni les tâtonnements. Ainsi, le socialisme chinois est à la fois un socialisme aux couleurs de la Chine et un socialisme à valeur universelle. La notion de modèle prend alors une tout autre signification.

Le recours au modèle soviétique après 1949 — et même un peu avant en Mandchourie — est, comme le dit Mao en janvier 1962, un palliatif, né d'une carence, d'un manque de cadres, d'une immaturité devant l'exercice du pouvoir survenu plus vite que prévu. Le modèle est par conséquent destiné à être tôt ou tard abandonné, ce qui est normal et sain. Mais cette remise en cause devient dramatique à partir du moment où dirigeants chinois et soviétiques partagent l'idée que les lois du socialisme étant absolues et impératives elles impliquent nécessairement, quand un choix est décidé ou inévitable, que l'un ait tort et l'autre raison.

Les conséquences du recours au modèle soviétique — à la fois idéalisé et bricolé pour y faire tenir certaines particularités chinoises — sont, dans ces conditions, contradictoires. Grâce à ce modèle, la Chine a bâti les fondements de sa société socialiste. Ces fondements sont solides : ils résistent à tous les chocs de l'histoire. Aussi la Chine actuelle ressemble-t-elle sur tant de points essentiels, aux sociétés et états socialistes regroupés le plus souvent autour de l'URSS et construits en gros à l'image de la société et de l'Etat soviétique.

De la mer de Barents au golfe du Tonkin, de l'Elbe au Pacifique, s'étendent des pays aux fortes ressemblances dans les domaines politiques, culturels, économiques et sociaux. Quand le 20e Congrès du PCUS fait craquer le modèle et s'interroge sur son excellence, la nouvelle société chinoise est déjà solidement établie. Grâce à la fécondité du modèle, la Chine peut chercher une voie nouvelle. Mais elle le fait — et cela apparaît dans certaines déclarations de Mao dès 1956-1957 — non seulement en rejetant le modèle mais aussi en se présentant elle-même comme le modèle véritable, l'URSS étant soupçonnée de « révisionnisme ».

Cette tentation est d'autant plus grave que le rejet du modèle soviétique affecte un pays avec lequel il existe un contentieux séculaire dû aux conflits territoriaux. De ce point de vue, il ne faut pas s'en tenir à la lettre des déclarations chinoises renouvelées à Moscou en novembre 1957, sur le rôle dirigeant reconnu par la Chine à l'URSS à la tête du camp socialiste. Un glissement s'est opéré dans le sens réel de cette formule, parallèlement à la critique du modèle soviétique : on passe ainsi de rapports sino-soviétiques intériorisés, situés dans une même vision du monde, à des rapports d'alliances quasi diplomatiques, où ce n'est plus le système socialiste commun qui unit mais le recours, pour l'instant obligé, au bouclier soviétique.

A propos du rêve égalitariste

Un autre trait frappe l'observateur de ces huit années au rythme haletant. Précisément, ce rythme lui-même : pas de pose prolongée mais des campagnes de masse qui parfois se recoupent et s'interpénètrent. Un seul été calme ; l'été 1956. Faut-il y voir l'effet du jeu contradictoire de la volonté prométhéenne de Mao et du rappel à l'ordre par le réel ? Partiellement, sans nul doute, mais n'y a-t-il pas autre chose, plus profondément ?

Je crois que cette fébrilité de l'histoire signifie que le statu quo est impossible : il faut nécessairement aller de l'avant. Je l'ai précisé dans la mise au point initiale : entre la famine et la suffisance alimentaire en Chine, la marge est étroite. Une oscillation négative de 5 à 10 % de la production de céréales et la catastrophe menace. C'est ce que rappellent les cas de famine signalés de temps à autre dans ce récit.

Le problème démographique prend ainsi tout son relief : durant les « Cent Fleurs » on a vu le ministre de la Santé aborder ce problème avec franchise, contestant ainsi l'un des dogmes du modèle soviétique : l'optimisme démographique. Mao lui-même témoigne de son inquiétude en janvier 1958 : il affirme que la grande population de la Chine est un élément de sa force... mais il ajoute une limite — 700 millions d'habitants — au-delà de laquelle il envisage la limitation des naissances.

Cette limite est atteinte vers 1958-1960... 17 millions de Chinois de plus chaque année, cela devient d'autant plus un problème que les progrès de la santé font diminuer la mortalité, notamment la mortalité infantile. Dans une situation d'équilibre aussi fragile, toute polarisation est désastreuse. Si on laisse faire, le tiers des paysans vivra mieux et la production chinoise en connaîtra une amélioration sensible dans une dizaine d'années.

Mais consommant plus, ce tiers favorisé condamnerait les deux tiers de la population paysanne la plus pauvre à glisser à nouveau vers la zone des famines et des maladies endémiques, dont elle émerge à peine. Le rationnement strict est pour ces derniers une conquête, une assurance de survie même s'il est vécu comme une contrainte. L'égalitarisme ainsi n'est pas seulement la réapparition des utopies des temps anciens : il est revendication vitale, mais revendication nécessairement mal satisfaite si l'on ne veut pas condamner la Chine à la stagnation et, bientôt, à la régression. La logique du rêve des paysans pauvres c'est le cauchemar du Kampuchéa de Pol Pot... Il faut au contraire, aller de l'avant, favoriser le savoir, la compétence. L'agriculture chinoise, vers 1957, en est encore pour l'essentiel à utiliser les techniques et outils du XVIIIᵉ siècle. L'intensification de l'utilisation de la force de travail rencontre vite un seuil qui ne peut être franchi que par la modernisation, la mécanisation, la chimisation des sols et la sélection des semences... Il faut donc des agronomes, des experts et des chercheurs ; il faut des hommes ayant des loisirs, connaissant le monde, lisant les langues étrangères. Ces hommes ont des besoins, une situation sociale qui en fait des privilégiés indispensables. L'égalitarisme doit être refusé sous peine de condamnation à la pauvreté éternelle. Aussi peut-on penser que ces oscillations politiques, que ces luttes au sommet, traduisent cette contradiction profonde entre la demande égalitariste et son nécessaire refus. Idée qui me semble importante surtout quand on aborde les deux décennies qui suivent pour lesquelles la tentation est forte de tout réduire à une lutte pour le pouvoir, à un conflit entre deux lignes, à un combat opposant des grues métaphysiques.

« L'arbre désire le calme, mais le vent ne s'apaise pas », écrivait le poète Han Ying, à l'aube de notre ère. Que pèse la volonté des dirigeants chinois s'ils ignorent ou défigurent la volonté de leur peuple et ses aspirations contradictoires vers le bonheur ?

TROISIÈME PARTIE

le dérapage
vers l'utopie
1958-1966

1958-1962 :
LE GRAND BOND
EN AVANT
ET SON ÉCHEC

Dans un document de juin 1981 que j'ai déjà cité et que j'utiliserai en d'autres occasions, le Comité central du Parti communiste chinois analyse ainsi la trame du drame que je vais décrire : « La ligne générale pour l'édification socialiste adoptée en 1958 par le 8e Congrès du Parti lors de sa deuxième session a été positive en ce sens qu'elle reflétait *le désir impérieux, exprimé par les larges masses populaires, d'en finir avec l'Etat arriéré de notre pays* sur les plans économique et culturel, mais elle avait le défaut *d'ignorer les lois économiques objectives.* »

Je me permettrai d'insister sur ces quelques phrases lourdes, certes, aux yeux d'un styliste mais, lourdes surtout... de sens. Ces mots me sont l'occasion d'inviter le lecteur au respect du peuple chinois. Devant les échecs subis par un pays étranger, il existe des attitudes faciles : le persiflage, par exemple, ou la suffisance, si souvent sœur de l'ignorance. La tentation est grande de se laisser aller à ces mauvais sentiments quand on observe la vie politique chinoise à partir de 1958 : « Comment peut-on être chinois ?... » Le peuple chinois et ses dirigeants politiques semblent en effet saisis de déraison. C'est à qui portera le coup le plus sérieux à la société nouvelle, bâtie pourtant par leurs efforts conjugués. On atteint même le bord du gouffre : le socialisme vacille quand reparaissent en divers endroits la famine et, partout, la disette.

Or après cet échec spectaculaire du Grand Bond en avant — entre 1958 et 1962 — Mao et ses partisans à la direction du Parti, bien loin de s'incliner devant le « critère de la pratique », persévèrent dans l'erreur. Pis, ils prennent pour des résistances de bureaucrates tentés par le révisionnisme et l'embourgeoisement ce qui était surtout la résistance du réel, de ces « lois objectives de l'économie » dont parle notre texte. Et, peu à peu, ils en viennent à frapper celui qui refuse de les suivre sur les chemins sans issue de l'utopie.

Nous sommes alors aux origines de la Révolution culturelle...

Regardez quelques instants, sur une photo récente, ce Chinois aux traits marqués, âgé de la soixantaine environ. Toute sa vie de coolie, il a tiré à bras de lourdes charges, il a ahané comme une bête de somme sous l'effort. Depuis 1949, il a gagné en dignité, en fierté nationale. Il ne mourra pas de faim. Il ne ressemblera pas à ces haleurs de Yangzi qui, naguère, exhibaient leurs plaies horribles et faisaient fuir les élégants touristes venus de Shanghai au débarcadère de Chongqing. Mais sa vie demeure néanmoins très dure. Il est toujours un des misérables du quart monde. Un jour, vers 1957 ou 1958, plus jeune, il a rêvé. Il a cru au bonheur : « Le bonheur, cette idée neuve en Europe », disait Saint-Just pour qui révolution et recherche du bonheur allaient de pair ! Le socialisme allait abréger ses peines, accélérer l'histoire, abolir en quelques années ce que le monde chinois avait encore de médiéval.

Cet homme a plongé dans l'utopie comme le voyageur assoiffé boit à la fontaine. C'est ce que dit notre petit texte, bien plus riche d'idées que les dissertations à la mode sur le bureaucratisme, le totalitarisme et les droits d'un homme abstrait, de cet « homo-politicus » tout aussi illusoire que « l'homo economicus » des théoriciens du libéralisme triomphant.

Dans notre texte, le peuple chinois, ces gueux, ces Misérables..., est présent ; ses rêves pèsent dans l'histoire. Ce poids devient même terrible quand il s'ajoute au volontarisme des dirigeants.

En juillet 1959, alors que les premières désillusions sur le « Grand Bond en avant » entraînaient la réunion, pour la fin du mois, des instances dirigeantes du Parti, Mao Zedong monta se reposer quelques jours à Lushan. Il écrivit à cette occasion un poème qui posait, de façon allusive, les deux grands problèmes de cette période...

« Le pic isolé surgit, abrupt, près du Grand Fleuve
Je bondis vers le sommet serpentant quatre cents fois à travers la nature verdoyante
Avec calme et froideur, je me tourne vers la mer et regarde le monde
Un vent chaud disperse la pluie sur le fleuve jusqu'à l'horizon
Les nuages traversent les Neuf Branches et flottent sur le pavillon de la Grue Jaune
Une vapeur blanche s'élève des vagues roulant vers la côte
Où s'en est allé le magistrat Tao ?
Peut-on cultiver la terre à la Source des Pêchers ? »

Passons sur les détails du paysage qui confirment bien la localisation : Mao admire le panorama, à partir d'un sommet qui se situe aux alentours de 1 400 mètres. La mer est à 500 kilomètres à l'est ; à ses pieds s'étendent les « neuf branches » émissaires du Yangzi (le Grand Fleuve) proche de la ville de Jiujiang au nord Jiangxi ; à l'ouest, vers Wuhan, on devine les collines du Pavillon de la Grue Jaune.

Les deux derniers vers sont énigmatiques. Stuart Schram[1] en donne une explication convaincante : tout tourne autour d'un illustre natif de la région de Lushan, le poète Tao Yuanming, qui vécut au quatrième siècle

---

1. SCHRAM (S.) : *Mao Zedong*, Penguin Books, 1966, p. 299

de notre ère. Il ne fut magistrat que durant quatre-vingts jours. Il démissionna en effet de son poste pour ne pas avoir à recevoir, avec tous les honneurs, un supérieur en visite : « Je ne vais pas courber l'échine pour cinq boisseaux de riz (son salaire) devant ce minable rustaud » expliqua-t-il. Or ce sont, à peu de chose près, les termes employés par Mao Zedong... à propos de Nikita Khrouchtchev qu'il allait rencontrer à Pékin quelques jours plus tard, et devant lequel il était décidé à ne pas s'incliner sur la coexistence pacifique et la normalisation en cours des relations soviéto-américaines...

Par ailleurs, Tao Yuanming est l'auteur d'un beau poème sur le « Jardin de la Source des Pêchers[2] ». Il s'agit de l'histoire d'un pêcheur qui, remontant jusqu'à la source d'une rivière, franchit une grotte et se retrouve dans un monde admirable, où tous les gens ont des biens en suffisance, où l'égalité et la justice règnent et où l'on vit hors du temps. Le chemin de ce paradis fut perdu au retour par notre pêcheur... Mais, depuis lors, dans les utopies chinoises — par exemple celle de Kang Youwei évoquant le Da-Tong, l'Harmonie universelle évoquée par Mao Zedong en 1949 — ce jardin des Pêchers signifie le rêve communiste fondamental.

Mao Zedong pose ainsi, sans nul doute, le problème du Grand Bond en avant et des communes populaires : anticipation du communisme ou utopie ? Cette question, des centaines de millions de Chinois se la posent avec lui durant l'été 1959...

On est ainsi au cœur du débat que nous allons suivre : le lancement du Grand Bond en avant, l'enthousiasme de l'été et de l'automne 1958, les inquiétudes et désillusions de l'année 1959, les désastres des « trois années noires » et la consolidation des communes vont se succéder tandis qu'en politique étrangère, la scission idéologique entre la Chine et l'URSS devient publique en 1960, avec déjà une détérioration alarmante des relations entre Etats.

---

2. Traduit par LOI (M.) : « Poèmes mêlés » in *Poésie vivante* n° 24.

GESTATION
DU « GRAND BOND EN AVANT »

Premiers signes

Une fois les récoltes — assez médiocres — de 1957 engrangées, une sourde inquiétude commence à s'emparer des cadres. Semaine après semaine, un climat nouveau s'installe dans les villages de Chine. Il est fait de diverses composantes : écho lointain de propos politiques tenus à Pékin, contrecoups de décisions prises lors du 3e Plenum du Comité central en septembre, étonnement devant des mesures concrètes qui tendent à modifier le rythme immuable des travaux et des jours. Le « Grand Bond en avant » est en gestation.

Déjà, à Pékin, le mot est apparu entre décembre 1957 et février suivant. Plus tôt encore, Liu Shaoqi, célébrant l'anniversaire de la Révolution d'octobre le 6 novembre, en a par avance martelé les slogans essentiels : il faut une politique nouvelle frappée du quadruple signe de la « quantité, de la vitesse, de la qualité et de l'économie ». Le Comité central de septembre a vu resurgir le Plan agricole de douze ans que l'on croyait abandonné pour insuccès manifeste.

On sent, parmi les gens les mieux informés, qu'une nouvelle campagne se prépare. Elle devrait aboutir à des progrès spectaculaires dans le domaine économique : le discours de décembre de Mao Zedong, vibrant d'enthousiasme, n'appelait-il pas à dépasser la production de la Grande-Bretagne d'ici quinze ans ? Li Xiannian évoque devant l'Assemblée nationale populaire la « formidable puissance révolutionnaire dans tous les domaines du grand mouvement national de rectification ».

Déjà, des chiffres révisés en hausse traduisent cette ambiance fiévreuse des matins de bataille : en février, l'Assemblée nationale populaire propose un « Grand Bond en avant » dans l'industrie avec une progression de la production de 19 % pour l'acier, 18 % pour l'électricité, 17 % pour le charbon. Déjà l'irrationnel se glisse au milieu de l'apparente froideur arithmétique : l'objectif pour l'acier passe de 6 200 000 tonnes en février à 7 millions en mars et 8 en mai. Il atteindra 10 700 000 en août ! Sans la moindre enquête statistique sérieuse, par le simple jeu de la surenchère entre administrations et ministères, on aboutit ainsi le 20 mars à une modification des objectifs pour 1958. La progression annuelle de la production industrielle chinoise passe d'un objectif déjà fort respectable de + 14,6 % à... + 33 % !

Etrangement, durant un premier temps, l'agriculture reste à la traîne, peut-être à cause de la douloureuse expérience de 1955-1956 qui rend plus circonspect... Bo Yibo, en février, avait prévu une croissance de 5,9 %. Cependant, en mai 1958, le plan agricole de douze ans, finalement adopté, comporte d'importantes révisions en hausse par rapport aux objectifs corrigés en baisse en septembre.

Il semble bien que, outre les raisons évoquées au précédent chapitre (pressions de la paysannerie pauvre, médiocrité des résultats agricoles, lutte politique aiguë au sommet...) l'une des explications de cette nouvelle accélération vers une « Chine nouvelle » soit partiellement à rechercher dans la situation internationale. Les différents discours et rapports — notamment ceux de Liu Shaoqi et de Zhou En-Lai, prononcés entre novembre 1957 et mai 1958 — insistent tous sur le déclin de l'impérialisme américain — ce « tigre de papier » rongé par la crise économique — sur la supériorité dans tous les domaines du camp socialiste et, plus précisément de l'URSS. Une attention toute particulière est portée à l'avance technologique de l'URSS en matière militaire : ses missiles sont capables d'être des vecteurs atomiques imparables.

Mao Zedong reprend le Parti en main

Mao Zedong parcourt donc la Chine entre le mois de décembre (au Zhejiang) et le mois de mars (à Cheng-du au Sichuan), critiquant les responsables provinciaux hésitants. Une véritable campagne d'épuration de ces cadres est entreprise. Tenus pour « droitiers », quatre membres suppléants du Comité central, vingt-quatre membres des bureaux provinciaux du Parti, quatorze gouverneurs ou vice-gouverneurs sont ainsi limogés entre octobre 1957 et mai 1958. Parmi eux se trouve le Premier secrétaire du Parti pour le Henan, Pan Fusheng.

Parallèlement, la reprise en mains des cadres moyens et subalternes se poursuit sur la lancée du mouvement antidroitier de l'été 1957. Il est certain que, à la base, le trouble laissé par l'année 1957 était considérable. Au Shandong, sur les 882 cadres d'un *xian,* 10,25 % ont fait état publiquement de leur désaccord à propos du monopole des grains ; 10 % ont affirmé que la ration alimentaire laissée aux paysans était trop faible ; 30 % de ces cadres ont reconnu avoir triché pour protéger le niveau de vie des paysans — soit en exagérant le montant des dégâts dus à des calamités agricoles soit en minimisant le résultat de la récolte[3].

Une vigoureuse « campagne d'éducation socialiste » cherche à remédier à ces pratiques. Bien peu de cadres y résistent : ils ont souvent un souvenir cuisant de l'opposition d'une bonne part d'entre eux aux erreurs de la collectivisation accélérée. Tel secrétaire d'une cellule rurale a été contraint naguère à une longue autocritique publique pour déviation bourgeoise : il avait seulement eu le bon sens de trouver déraisonnables les directives obligeant à des labours profonds (qui font remonter les pierres à la surface du sol) ou à des semis si serrés que les plants dépérissent. Il ne renouvelle donc pas son imprudence d'un hiver... et se tait. Il circule l'idée parmi les cadres qu'il vaut « mieux une erreur de gauche qu'une erreur de droite »...

Dans le même temps, des mesures sont prises au plan

---

3. CHANG (P.H.) : *Patterns and Processes of Policy making in Communist China 1955-1962 : three Case Studies,* University micro-film Ann Arbor, 1969.

administratif pour renforcer le contrôle sur les cadres de base : il s'agit du premier mouvement *xia fang* (« envoi à la base »), décidé en septembre 1956, mais mis au point seulement après septembre 1957 pour mars-avril 1958. Des centaines de milliers de cadres doivent quitter, pour une durée assez longue, leurs postes urbains afin de prendre des responsabilités au niveau des *xian* et surtout au niveau plus bas, dans les équipes de production et les villages. Là, ils remplacent le plus souvent les cadres locaux, trop liés à la population et donc enclins à faire écran entre elle et les autorités du Parti. C'est ce que l'on dénonce sous le nom de « localisme » ou de « campanilisme ».

Il est vrai que le localisme trouve ses racines dans la tradition administrative chinoise : au-dessous du *xian*, les autorités centrales cessent tout contrôle direct et se contentent de faire régner l'ordre et rentrer les impôts. Cette situation change rapidement avec l'arrivée dans les villages de 200 000 cadres dans la province de Liaoning, de 100 000 au Jilin, de 200 000 au Hebei, de 180 000 au Guangdong... 61 % des responsables de *xian* passent la main aux nouveaux venus dans la province de Hunan. Au Hebei, 100 000 cadres de Pékin prennent en main la direction des équipes de production. Ainsi, la campagne chinoise devient transparente pour le Parti ; il est capable maintenant de mobiliser pleinement toutes ses forces.

Vers un nouveau bouleversement de la société ?

En même temps, de nouvelles dispositions sont appliquées qui changent en profondeur la vie économique et sociale. A la ville, une campagne est lancée pour utiliser au mieux toutes les ressources existantes. Le gaspillage est dénoncé et la population est invitée à récupérer les vieux métaux. Ce qui ne va pas sans excès : à Dalian, on récupère soigneusement... les tuyaux du chauffage central des services municipaux ; à Pékin, le fil de cuivre du téléphone est mis à mal...

Cet effort de décentralisation aboutit surtout à créer

de nombreuses petites usines dans les villes et les bourgs. 13 000 petites usines doivent être créées en 1958 au Shanxi, dont 90 % au niveau du *xian* et du *xiang* (la sous-préfecture et le bourg). On commence ainsi à rééquilibrer l'industrie et l'agriculture et à créer des entreprises industrielles directement utiles aux besoins agricoles : briqueteries, cimenteries, usines fabriquant des outils élémentaires, etc. On commence à « marcher sur les deux jambes ».

Plus généralement, on entreprend de mobiliser les paysans oisifs pendant les mois d'hiver. Le succès de la collectivisation, achevée à 97 %, rend cette tâche plus facile que lors de la première tentative de l'hiver 1955-1956. On emploie ainsi 60 millions de paysans pour entreprendre des travaux d'infrastructure agricole : entretien des digues, construction de barrages, creusement de canaux... Ce sont, en général, des chantiers assez simples, où l'on recourt à une technologie élémentaire. C'est le Parti et ses comités ad hoc qui dirigent ces tâches ne nécessitant pas ou peu de compétences techniques.

La stricte discipline entraîne une organisation de type militaire. La main-d'œuvre est arrachée parfois pendant des semaines à son univers familier. Dans diverses brigades, cette utilisation nouvelle de la main-d'œuvre en équipes spécialisées séduit au point de la prolonger au printemps pour les travaux des champs : on regroupe alors les forces de plusieurs équipes dans des brigades spécialisées en repiquage (on parle d'une brigade de 1 500 travailleurs !), reboisement, collecte des ordures ménagères, forage des puits...

Ce bouleversement du monde rural arrache le paysan à son paysage coutumier, à son clan, à ses pratiques culturales. Il lui donne l'impression d'une force infinie. Le paysan se sent à l'aube de temps nouveaux, et ce sentiment s'accompagne d'exigences nouvelles. Ainsi, dans une sous-préfecture du Hebei, 40 000 travailleurs sur 110 000 sont employés à creuser des canaux. On manque alors de main-d'œuvre pour les travaux des champs : l'embauche des femmes entraîne la création de cantines, de crèches, de jardins d'enfants. Là aussi un changement total commence.

Dans ce contexte, tout naturellement, les fermes collectives en viennent à fusionner, puisqu'elles ont déjà organisé en commun des brigades de production. Cela commence en mars et prend vite une certaine ampleur. (Il faut noter que, en septembre 1957, on avait tout au contraire poussé des « grandes coopératives » à se dissoudre, estimant à 100 familles leur effectif maximal. Passé ce seuil, les questions de gestion étaient trop difficiles !) Ce verrou saute : on voit au Henan une coopérative de... 7 000 familles ; 4 coopératives issues de la fusion de 27 petites coopératives réunissent en tout 9 369 familles.

Il est intéressant que ce soit le Henan qui joue dans ce domaine un rôle de pionnier : parcourue par cinq grands fleuves capricieux, cette province reçoit l'essentiel de ses précipitations au début de l'été, à l'époque de la moisson... Il est donc normal que le contrôle des eaux soit une préoccupation fondamentale de la population menacée de sécheresse et d'inondations (et souvent des deux successivement !) chaque année. Durant cet hiver fervent, plusieurs millions de paysans déplacèrent 8 milliards de mètres cubes de terre et de roches, contre 360 millions durant les huit années précédentes. La surface irriguée fut ainsi multipliée par quatre, atteignant 86,6 % des terres cultivées.

LE LANCEMENT DU « GRAND BOND EN AVANT »

La seconde session du 8ᵉ Congrès

Dans ce contexte, la seconde session du 8ᵉ Congrès réunie au début mai 1958 — instance statutaire, le Congrès du PCC est élu pour cinq ans et doit en principe tenir une session annuelle — en lançant officiellement le

« Grand Bond en avant », entérine pour l'essentiel une décision déjà en cours d'application. Liu Shaoqi y présente le rapport politique. Avec une certaine froideur, il développe les thèmes que nous avons déjà rencontrés depuis septembre 1957. Son langage rappelle celui de Mao et l'époque de Yanan : « ligne de masse », « révolution ininterrompue » doivent permettre selon lui les « révolutions technologiques et culturelles ». A la lecture, il se dégage cependant une curieuse impression de malaise qui provient de l'insistance avec laquelle Liu Shaoqi s'ingénie à réfuter les objections des « camarades » peu enthousiasmés par la nouvelle ligne générale. Cette réfutation parfois laborieuse se termine par une sorte de défi : « On fera les comptes après la moisson d'automne » lance-t-il. Est-ce une mise en garde prudente contre le courant utopiste et égalitariste déjà sensible ? Peut-être. Elle n'empêche pas l'enthousiasme de tout submerger dans les semaines qui suivent et ceci alors que le Plan agricole de douze ans, hâtivement bricolé, est toujours aussi irréaliste et que la décentralisation en cours de l'administration et de l'industrie court-circuite les rouages de la planification sans rien mettre à la place. Sans plan de bataille, on mobilise ainsi 700 millions de Chinois pour une guerre sans buts bien définis !

Certes, Mao Zedong a conquis à sa stratégie la quasi-totalité des responsables du Parti. Cela se traduit au Congrès par l'élection au Comité central de sept premiers secrétaires provinciaux, puis par l'élection au Bureau politique de trois amis de Mao, dont le premier secrétaire du Parti à Shanghai, tandis que deux planificateurs, Li Fuchun et Li Xiannian entrent au Secrétariat, et qu'un maréchal aux poumons malades, Lin Biao, devient vice-président du Comité central. Par contre, Chen Yun s'efface ainsi que Zhou En-lai qui abandonne son poste de ministre des Affaires étrangères au profit de Chen Yi.

Mais, dès les premiers mois, quelle étrange aventure…

La Chine se met en communes :
la résolution de Beidaihe

A la fin du printemps (peut-être dès avril, certainement au début juillet), une nouvelle institution apparaît
dans les campagnes, au Shanxi, au Henan, au Hebei,
dans le Liaoning : la « commune populaire » *(renmin
gongshi)*. Le mot « commune » revêt une connotation
marxiste indiscutable, il désigne également la « Commune de Paris », la « Commune de Canton », les
« communes de guerre » des premières années du
régime soviétique. Il signifie des communautés complètement intégrées, dominées par le prolétariat armé. Il
commence à être employé au début de l'été, pour
désigner les « grandes coopératives[4] ».

Mao Zedong, visitant le sud du Henan au début août
1958, s'intéresse à ces nouvelles institutions. Le *Quotidien du Peuple* du 12 août rapporte un entretien entre
Mao et Wu Zhipu, le nouveau premier secrétaire du
Parti de la province. Ce dernier lui décrit le fonctionnement de la commune de Qiliying, ce qui entraîne un
commentaire du Président : « c'est bien. S'il y a une
telle commune, alors il peut y en avoir beaucoup[5]... »

Par ailleurs, dans le numéro du début juillet du
Drapeau Rouge qui vient de devenir l'organe théorique
du Parti, Chen Boda précise les grands traits de
l'institution naissante, appelée encore par lui coopérative : « Peut-on dire que ce que fait actuellement cette
coopérative est une indication que notre pays peut
développer les forces productives de la société à un
rythme inconnu dans l'histoire, peut rapidement élimi-

4. BERGÈRE (M.-C.) : « La Chine : du mythe de référence au
modèle d'action », in *International Review of Social History,* vol.
XVII, 1972, (1871 : Jalons pour une histoire de la Commune de
Paris).

5. SCHURMAN (F.) : *Ideology and Organization in Communist
China,* Berkeley, 1966. MYRDAL (J.) : *Un village de la Chine
populaire,* Paris, 1964, CROOK (D. & I.) : *The first years of the Yang
Yi commune,* Londres, 1966.

ner la distinction entre l'industrie et l'agriculture, et la distinction entre le travail manuel et le travail intellectuel, et donc ouvrir une voie qui mène facilement notre pays du socialisme au communisme ? Je pense qu'on peut le dire. Peut-on dire qu'éclairée par la ligne générale de notre Parti pour construire le socialisme mieux, plus vite, et plus économiquement, cette coopérative réalise concrètement et graduellement l'idéal du fondateur du communisme scientifique, Engels ? Je pense qu'on peut le dire. »

Réuni du 17 au 30 août 1958 dans la petite station balnéaire de Beidaihe (Hebei), le Comité central élargi adopte le 29 août une résolution qui rend officielle l'existence déjà attestée des « communes populaires », et invite à les généraliser. Cette résolution est d'un optimisme que seule nuance son imprécision... On se place sur le mode lyrique ; on exalte les progrès de la production qui « depuis que l'on a vaincu le conservatisme droitier » a doublé ou même décuplé. « A ce que nous voyons, la réalisation du communisme dans notre pays n'est pas un événement lointain. Nous devons nous employer à utiliser la forme des communes populaires afin d'explorer un chemin concret de passage au communisme. » Seulement, cette « forme » précise des communes demeure non définie... On ne rendra la résolution publique que le 10 septembre et, le 4 septembre, on présente comme exemple les statuts de la commune Spoutnik.

Les justifications du mouvement

Quatre justifications sont mises en avant, ou peuvent se déduire des nombreuses déclarations faites alors.

Une raison idéologique : il s'agit d'une avancée vers le communisme. Cette avancée prend déjà une forme concrète.

Ainsi, le point 15 des statuts de la commune Spoutnik précise : « Tout membre de la commune, quelle que soit la main-d'œuvre dont dispose sa famille sera gratuitement ravitaillé en céréales. » On avance ainsi vers la réalisation du vieil idéal communiste, « à chacun selon ses besoins ». On commence à sortir de la société socialiste qui en est encore « à chacun selon son travail ». La Chine serait donc le premier pays socialiste arrivé au bord du communisme.

Mao Zedong théorise d'ailleurs à ce sujet, développant son idée de « la page blanche » déjà apparue le 28 janvier de la même année. Caractérisant les deux attributs essentiels de ses compatriotes dans un article du *Drapeau Rouge* (avril 1958) il précise : « En premier lieu, ils sont pauvres ; en second lieu, ils sont blancs... Or ceux qui sont pauvres veulent changer ce qui existe... et sur une page blanche on peut dessiner les caractères les plus beaux. » On peut donc brûler les étapes. « Trois ans d'effort intense et de privation de mille ans de bonheur », disent certains. Ce rêve apparaît avec toute sa naïveté dans le *Quotidien du Peuple* du 6 août : « Alors que les impérialismes américains et anglais sont engagés dans une agression contre le Moyen-Orient, nous vivons au cœur d'un bel environnement dans une campagne où les bourgeons du communisme poussent de tous côtés. La Chine va de l'avant à la vitesse d'une fusée spatiale. Il n'y a pas longtemps, les paysans de cinquante ans se désolaient de ne pas assez vivre pour voir le communisme. Maintenant, même les octogénaires et les nonagénaires croient fermement qu'ils vivent déjà dans l'âge du communisme. »

Les chants de joie des femmes libérées des tâches domestiques font écho à ce thème du bonheur imminent[6]. Cette chanson parue dans *Le Journal du Hebei* le 19 août le prouve : « Depuis l'établissement de la cantine, les femmes n'ont plus à s'occuper du ménage. Elles n'ont plus à pousser la meule puisqu'il y a de la farine. Sans entrer dans la cuisine, les repas sont préparés. Le soir, maris et femmes suivent des cours d'alphabétisation. Dans la journée, tous participent à la

---

6. Marcie (C.) : *La création des cantines dans les communes populaires : l'exemple de la province du Hebei*, d'après les articles du *Hebei Ribao* (mars-déc. 1958). Maîtrise université de Paris 8e, 1975.

production. Tous travaillent toute la journée sans fatigue. Tous chantent sans arrêt leur bonheur. » Le « Jardin de la Source des Pêchers » n'est pas loin. L'Harmonie universelle est pour demain. Les millions de paysans pauvres, les millions de gueux menacés par la faim, les millions de femmes accablées de labeur, les millions de déshérités soutiennent de toutes leurs forces cette espérance. Un frisson millénariste parcourt l'immense pays...

La deuxième motivation est économique. Un homme « c'est une bouche, mais c'est aussi deux bras ». On se propose donc de mobiliser cette force énorme que sont les centaines de millions de Chinois en âge de travailler. Leur manque de qualification sera palliée par leur nombre.

On envisage un si rapide progrès de la production que, dans les communes, « la transition de la propriété collective à la propriété du peuple entier » demandera seulement trois ou quatre ans dans la plupart des cas. L'abondance est donc proche.

De grands travaux d'infrastructure sont entrepris partout. On innove en créant de petits hauts fourneaux d'une technologie très simple, des « chemins de fer indigènes » aux rails recouverts de fonte ou faits en bois. On tue deux milliards de moineaux pour protéger les récoltes. On consacre les efforts de tous à la collectivité. Les lopins de terre privés, les arbres fruitiers voire même dans certains cas, les maisons, les ustensiles de cuisine, les meubles, tout est réquisitionné dans une ambiance de fête religieuse. Les repas collectifs dans les cantines sont souvent gratuits. Au Henan, on envisage la gratuité des vêtements, des dépenses de santé et des frais de funérailles. On parle d' « armées du travail » entièrement vouées à accroître la production : on doit réaliser en deux ans les objectifs du second plan quinquennal.

Les motivations militaires sont présentes dès le début. Elles se reflètent dans le vocabulaire. Le travailleur à la production est un « guerrier ». Lutte-t-il contre la nature ? Il « déclare la guerre au ciel » ; effectue-t-il un travail supplémentaire ? Il s'agit « d'une guérilla mobile » ; prend-il des initiatives ? Il « combat avec une seule lance sur un seul cheval ». Et les défis de production lancés par ces combattants sont, bien évidemment, des « déclarations de guerre[7] ».

Cependant il existe un aspect militaire réel, non métaphorique : la situation internationale préoccupe en effet les dirigeants chinois. Ils constatent tout d'abord qu'en 1958 le « tigre de papier » impérialiste a encore toutes ses dents : les « marines » américains débarquent au Liban en juin, et s'apprêtent, avec l'appui des forces britanniques, à intervenir à Bagdad où la révolution du 14 juillet a chassé le gouvernement pro-impérialiste. Le secrétaire d'Etat américain Foster Dulles poursuit sa politique dangereuse du « bord de l'abîme » pour refouler le communisme et défendre le « monde libre ». Mao Zedong est favorable à une politique analogue, bien qu'inversée, de la part du camp socialiste, dont il rappelle encore en novembre qu'il a la supériorité militaire — à ses yeux tout au moins. 83 millions de Chinois manifestent en juillet contre l'intervention américaine au Moyen-Orient ; la rencontre de Pékin (31 juillet-3 août) entre Mao et Khrouchtchev est tendue...

Les dirigeants chinois, en effet, sont défavorables aux efforts du dirigeant soviétique en faveur de la détente. C'est en pleine campagne pour le développement des communes populaires que, le 23 août, les forces armées chinoises commencent le bombardement de l'île de Quemoy *(Jin Men)* (au large de Xiamen *(Amoy)*) toujours occupée par les forces de Chiang Kai-shek. L'URSS n'a pas été consultée, alors que le risque d'une intervention américaine de représailles contre la province de Fujian est évident. D'ailleurs, les Soviétiques n'apporteront leur soutien qu'au début septembre, alors que les Chinois ont entamé des discussions secrètes avec l'ambassadeur américain à Varsovie. Le 6 octobre, la

---

7. HSIA (T.) : *A metaphor myth ritual and the People's commune*, Berkeley, 1961.

crise s'apaise : la Chine a fait beaucoup de bruit pour rien... Si bien que le lancement des communes populaires prend une signification militaire, alors que les rapports sino-soviétiques se détériorent sans que rien de public n'apparaissent encore. Déjà le 23 mai, les dirigeants chinois adoptent un rapport de Deng Xiaoping sur la récente conférence des Partis communistes à Moscou dans lequel ils clouent au pilori les dirigeants yougoslaves : le mot « révisionnisme moderne » fait ainsi son apparition. On sait qu'il a devant lui une destinée orageuse... D'autre part les dirigeants chinois se font à toute occasion les champions intransigeants de la lutte anti-impérialiste sans compromission : c'est à ce titre que le *Quotidien du Peuple* annonce comme une « bonne nouvelle » l'exécution d'Imre Nagy le 17 juin. Décidés à accepter ainsi les risques d'une guerre mondiale, les dirigeants chinois doivent tout naturellement se retourner vers leur armée, mais une crise larvée s'y manifeste : après la guerre de Corée le ministre de la Défense, le maréchal Peng Dehuai a estimé qu'il fallait professionnaliser l'armée chinoise. Le modèle soviétique fit donc son apparition en automne 1955 : épaulettes, galons et médailles ornent les épaules et les poitrines des officiers chinois dont les troupes s'exercent au pas de parade soviétique. Aspects extérieurs d'une évolution en profondeur. L'enrôlement annuel de 700 000 des 5 à 6 millions de jeunes en état de servir sous les drapeaux favorise cette professionnalisation. De plus, les soldats qui ont appris un métier, de retour dans leur village suffisamment déruralisés par leur passage à l'armée, peuvent fournir d'excellents cadres.

L'URSS semble d'ailleurs disposée à favoriser cette évolution : l'accord sino-soviétique d'octobre 1957 ouvre à la Chine la voie vers l'armement nucléaire. Mais de nombreux officiers, Lin Biao, Zhu De, He Long et surtout Mao lui-même s'inquiètent d'une armée si différente de celle des temps héroïques : la conférence élargie de la Commission militaire (qui se tient du 27 mai au 22 juillet 1958) est le théâtre d'un affrontement feutré où la critique du système soviétique l'emporte, ainsi que la conception de la « Nation armée ». C'est précisément cette conception que l'on retrouve dans les « communes » où la milice joue un rôle fondamental comme noyau de l'éventuelle guerre populaire de résistance. La militarisation des communes, évidente dans de très nombreux textes, a donc une signification profonde qui dépasse de beaucoup les avantages de la discipline ainsi imposée au travail.

Cependant, les justifications essentielles mises en avant pour développer les communes sont des *justifications politiques*. L'intégration totale des structures administratives, économiques, militaires, scolaires... permet à la classe ouvrière et au Parti communiste d'être vraiment au « poste de commande ». Certes, il existe trois niveaux dans une commune, mais on espère bien transférer au plus vite les pouvoirs essentiels au niveau le plus élevé, arrachant ainsi les paysans à un environnement qui maintient leur arriération.

Le niveau de base est celui de « l'équipe de production », il correspond en gros à l'ancienne coopérative élémentaire (20 à 50 familles et 15 à 50 hectares). Ces villages et hameaux se regroupent dans de « grandes équipes » ou « brigades », comprenant 150 à 1 000 familles et cultivant 150 hectares en moyenne.

La commune est le troisième niveau : elle compte en moyenne 5 000 familles et cultive 4 500 hectares. Elle se confond en principe avec la structure administrative qu'est le « *xiang* » (le bourg ou le canton où ont lieu d'importantes fusions depuis quelques mois). Il y a en décembre 1958 près de 124 millions de familles paysannes dans les 26 578 communes (soit la quasi-totalité de la paysannerie).

L'apparent succès

Ces chiffres montrent l'enthousiasme initial et le rapide succès... conforté d'ailleurs par d'excellentes récoltes, les meilleures que la Chine ait jamais eues à ce jour : 250 millions de tonnes de céréales contre 185 en 1957 auraient été produites. Ce chiffre est le chiffre

« rectifié » en août 1959 par rapport à un premier chiffre de... 375 millions de tonnes ! Est-il crédible ? De nombreux auteurs estiment que le chiffre véritable est 205 millions de tonnes. D'autres évaluent la production de 1958 à 191 millions. En tout cas, il y a un sensible progrès et c'est la meilleure production de céréales jamais obtenue. L'idée se répand alors que le problème du grain est résolu et que, par conséquent, on peut « manger gratuitement ». On est persuadé d'avoir trouvé dans les communes l'outil idéal pour atteindre le communisme et, mieux, de l'avoir démontré. On se propose même d'étendre l'expérience à la ville et de créer des « communes urbaines » (comme à Zhengzhou au Henan) autour d'ateliers et de petites usines où pourraient travailler les femmes[8].

On rêve d'une Chine devenue une vaste fédération de communes, avec des structures décentralisées, les communes tendant au maximum vers l'autosuffisance dans tous les domaines : usines pour l'agriculture, « armées de travailleurs » libérés par la suppression des lopins de terre individuels et donnant tout leur temps à la collectivité après avoir travaillé aux champs durant 120 à 140 jours par an...

On met en place des « écoles gérées par le peuple », avec un programme « mi-travail, mi-étude » et du personnel local. Dispensaires, services sociaux (3 400 000 cantines rurales...) unités de la milice, services de transports, tout se trouve ainsi regroupé dans un espace restreint. Une pyramide de comités élus s'occupent de la gestion, et la responsabilité de l'ensemble revient de fait au puissant comité du Parti. Le rêve des paysans pauvres est presque réalisé... Mao ne déclare-t-il pas dans la province d'Anhui le 16 septembre que non seulement on peut envisager de manger le riz sans payer — ce à quoi s'était refusé le Comité central à Beidaihe... mais que les vêtements aussi peuvent être distribués gratuitement ?

---

8. Voir in Schurman, note 5.

L'idée de l'abolition du salariat remplacé par des fournitures gratuites, comme du temps de Yanan, fait son chemin. Elle est défendue notamment par un des secrétaires du Parti à Shanghai, Zhang Chunqiao (il sera plus tard un des... « quatre ») : son article, repris à la demande de Mao Zedong dans le *Quotidien du Peuple* du 13 octobre, propose la destruction de ce vestige des droits bourgeois que représente le salariat. Un débat s'engage sur la loi de la valeur et la transition vers le communisme. Le correspondant de *l'Humanité* à Pékin, Jean-Emile Vidal, visitant le Henan à cette époque, a vu près de Yuxian, 20 000 paysans des communes avoisinantes rassemblés dans « un centre de production de l'acier » tirant à bras des charrettes de minerais et de charbon destinées aux fameux petits hauts fourneaux. L'acier produit se révélera bientôt impropre à tout usage industriel ; la main-d'œuvre ici gaspillée manque ailleurs dans les champs où le coton commence à pourrir... D'autre part, le prix des transports artisanaux employés est en fait très élevé et l'absence de toute planification rend cet énorme effort dérisoire [9].

Mao Zedong le reconnaîtra lui-même en juillet 1959 : « Est-ce à moi ou à Ke Qingshi que revient l'initiative de la grande campagne pour la fonte du fer et de l'acier ? A moi. J'en ai parlé à Ke en disant qu'elle produirait 6 millions de tonnes. Plus tard, j'en ai parlé à tout le monde. X... pensait que c'était possible. En juin, je parlais de 10 700 000 tonnes. On exécuta, et ce fut mis dans le communiqué de Beidaihe. Cela créa un grand désordre quand 90 millions de gens passèrent à l'action [10]. »

De fait, l'inquiétude commence à transparaître dans certaines déclarations de l'automne de 1958. On parle du « vent du communisme » c'est-à-dire d'un courant niveleur, égalitariste. Les brigades pauvres partent à l'assaut des biens des brigades plus riches, placées dans

---

9. VIDAL (J.-E.) : *Où va la Chine ?* Editions sociales, 1967.
10. SCHRAM (S.) : *Mao Zedong parle au peuple 1956-1971,* Paris, PUF, coll. XXᵉ siècle, 1977.

la même commune... Il n'existe souvent aucun plan de production à aucun des trois niveaux de la commune ; la récolte 1959 est donc en danger. L'intense travail fourni par les paysans depuis bientôt un an entraîne fatigue et maladie, d'autant plus que des signes évidents de désorganisation apparaissent et contribuent à dissiper les vapeurs de l'ivresse collective [11].

Mao le dira aussi dans son autocritique ambiguë de juillet 1959 : « La Commission du plan et les ministères existent depuis dix ans. Soudain, à Beidaihe, ils cessent de s'occuper de planification. C'était la directive sur la planification, elle consistait à ne pas en avoir... On ne calcule plus les quantités de charbon, de fer, de moyens de transport dont on a besoin ; mais le charbon ne se déplace pas tout seul : il faut le charrier. Cela je ne l'avais pas prévu ni moi ni X... ni le Premier ministre. Je ne savais probablement rien de tout cela. Ce n'est point que je veuille me disculper mais cela me disculpe tout de même car je ne suis point à la tête de la Commission du plan ! Avant août de l'année dernière (1958), je me suis consacré à la Révolution. Ne connaissant rien à la construction, je ne comprends rien à la planification industrielle. »

Textes étonnants où se mêlent ruse, cynisme, candeurs et aveux... qui illustrent bien le sévère jugement porté par le Comité central du Parti communiste chinois en juin 1981, cité dans l'introduction de cette troisième partie.

LA CRISE DE LUSHAN
(JUILLET, AOUT 1959)

Le Plénum de Wuhan (décembre 1958) :
une inquiétude

Au début de l'hiver 1958-1959, la multiplication des réunions des diverses instances du Parti traduit une

---

11. Voir note 5.

inquiétude croissante. Le 10 décembre, réuni à Wuhan, le 6ᵉ Plénum du Comité central adopte un manifeste qui constitue le premier bilan officiel de la campagne en cours appelée « campagne des trois bannières rouges » (la ligne générale pour la construction du socialisme, le « Grand Bond en avant » et les communes populaires).

Ce texte constitue la première rencontre, depuis de longs mois, avec le bon sens. On y abandonne l'idée d'une militarisation complète de tout le pays et, notamment, on y demande de séparer la direction des unités de la milice de celle des communes et des brigades. La confusion entre les deux instances est pour beaucoup dans le fâcheux « style militaire » de certains cadres. On doit restituer aux paysans les maigres biens individuels (meubles, volailles, outils...) que des responsables zélés leur ont confisqués. On rappelle que le communisme n'est pas pour demain et qu'il faudrait, pour y parvenir, une abondance... réelle. Les distributions gratuites en nature seront donc limitées, le salariat sera pour longtemps nécessaire et la rétribution des gens s'effectuera selon leurs œuvres, de crainte de les décourager... Des articles de journaux informent d'ailleurs que les distributions gratuites ont démoralisé les paysans les plus zélés et entraîné des désordres inattendus : on a « trop mangé » dans les cantines et, de plus, en invitant des parents même lointains à participer à ces agapes providentielles, on a mis à mal les réserves de certaines communes.

Pendant les cinq mois qui séparent encore des semailles de printemps, les cadres sont donc invités à remettre un peu d'ordre et de raison dans des communes où « l'enthousiasme » et « l'inculture marxiste » de certains ont fait oublier que « la transition au communisme est un processus de développement passablement long et complexe ».

Mais, hélas, en fixant les objectifs de la campagne, le Comité central ne donnait guère le bon exemple : il évaluait la récolte de 1958 à... 375 millions de tonnes (soit un doublement sur l'année précédente...) et proposait le chiffre fantastique de 525 millions de tonnes pour

1959... (La Chine vient à peine en 1978 de dépasser des 300 millions de tonnes.) Aussi semble-t-il bien que durant les mois qui suivent, les directives réalistes élaborées par les autorités centrales n'aient pas été mises en application : le « vent du communisme » continue à souffler dans la tête des cadres. Ces sages directives trop tardives sont les suivantes : on demande que des inventaires soient faits car les communes ont acheté beaucoup de matériel inutile ; on transfère du niveau de la commune à celui de la brigade les services de comptabilité et on insiste sur le respect des trois niveaux de propriété (équipe, brigade, commune). On parle même d'établir un quota de production agricole par famille paysanne, ce qui est un recul évident par rapport aux idées initiales de collectivisation extrême ; on abaisse de 10 à 15 % les objectifs de récoltes à atteindre, pour rétablir des stimulants matériels chez les paysans invités à dépasser ces chiffres... Plus généralement, Zhou En-lai, en avril 1959, demande que l'on considère le « pays tout entier comme un échiquier » et donc que l'on mette fin à la décentralisation extrême et au « départementalisme » du Grand Bond. Il ajoute que 80 % de la population au moins doit continuer à travailler à des activités rurales, confirmant ainsi les bruits de pénurie de main-d'œuvre qui circulent. Des récoltes continuent à pourrir, faute d'avoir été rentrées à temps, car les hommes les plus valides sont partis au loin pour de fabuleux travaux de terrassement.

Quand Mao Zedong lui-même, le 29 avril, écrit aux secrétaires provinciaux du PCC en les invitant à ne pas truquer les chiffres qu'ils transmettent et en leur demandant de « combiner l'exaltation du zèle révolutionnaire avec les douleurs de l'attitude scientifique », ces paroles sont accueillies le plus souvent comme une douche froide. Le premier secrétaire de l'énorme province du Sichuan a gardé l'instruction sous son coude de crainte qu'elle ne démoralisât...

Une surprise enfin : Mao Zedong annonce son intention de ne pas solliciter un second mandat de Président de la République. Mao Zedong sera remplacé en avril

1959, lors de la session de l'Assemblée nationale populaire par Liu Shaoqi. Sans doute veut-il consacrer ainsi
davantage de temps à ce qui lui paraît l'essentiel : la
lutte idéologique.

Cette « mise en deuxième ligne » ne traduit-elle pas
aussi la confuse perception d'un échec dont le Président
ne veut pas endosser la responsabilité ?

Le Plénum de Lushan :
Peng Dehuai est victime de sa franchise

Au début juillet, le Bureau politique élargi se réunit à
Lushan. Dès les premiers jours, on constate la montée
des critiques contre les « trois bannières rouges », c'est-
à-dire la politique du Grand Bond en avant. Le plus
virulent est le maréchal Peng Dehuai. Il est vrai que ce
personnage sort du commun et n'a guère le style
ordinaire du souple bureaucrate plus apte à l'insinuation
qu'à la franche empoignade. Né au Hunan en 1898, dans
une famille de paysans aisés ; il a rompu avec sa famille à
l'âge de 16 ans, terminant plusieurs années de vagabon-
dage en s'engageant dans l'armée. Quand il se mutine
pour rejoindre l'Armée Rouge dans les monts Jingganshan, en juillet 1929, il est, depuis un an, colonel du
Guomindang. Très lié à Mao Zedong qu'il soutiendra
plusieurs fois dans des moments difficiles, Peng Dehuai
a accumulé, depuis quelques années, les contrariétés qui
sont en passe de devenir des désaccords fondamentaux.

Ministre de la défense, son expérience de la guerre de
Corée l'a conduit à vouloir renforcer le caractère
professionnel de l'armée chinoise. Il supporte donc
assez mal le contrôle du Parti sur l'armée qui se traduit
par une demande sans cesse accrue de participation de
la troupe à des activités économiques (défrichements,
terrassements...) au détriment de la formation militaire.
Le nombre de journées de travail des soldats était en
effet passé de 4 millions pour l'année 1956 à 59 millions
en 1958.

Plus généralement, Peng Dehuai estime nécessaire,
tant que l'armée chinoise n'a pas été modernisée,

d'utiliser le bouclier protecteur, notamment atomique, assuré par l'URSS. Il accepte donc en contrepartie un droit de regard soviétique sur les forces armées chinoises nécessaire pour d'évidentes raisons pratiques. Or le refus, par les autorités chinoises, de toute « ingérence soviétique » a été une des causes de la dénonciation par l'URSS, le 20 juin 1959, de l'accord sino-soviétique du 15 octobre 1957. On sait que cet accord prévoyait la fourniture à la Chine des secrets de l'arme atomique.

En avril-mai 1959, Peng Dehuai a fait un long voyage dans les pays socialistes européens et l'on peut penser que ces divers problèmes furent évoqués. En tout cas, lors de sa venue à Pékin, entre le 30 septembre et le 5 octobre 1959, Nikita Khrouchtchev ne cacha pas son vif déplaisir de la disgrâce, survenue entre temps, du fougueux ministre.

Etrangement, c'est sur les questions économiques que Peng Dehuai intervint à Lushan. Sans doute, appuyé d'ailleurs par son chef d'Etat-major, traduit-il ainsi le sourd malaise d'une armée formée de paysans, où les difficultés alimentaires sont déjà connues... Le 14 juillet, Peng Dehuai distribue une lettre fort dure au sujet des communes populaires. Il parle d'exagérations, de « fanatisme petit-bourgeois », de griserie du succès. Il s'emporte bientôt dans le feu du débat : « Si les paysans chinois n'étaient pas aussi bons qu'ils le sont, il y a longtemps que nous aurions connu un incident de Hongrie et que nous aurions été contraints d'appeler l'armée soviétique à la rescousse comme à Budapest. » Il est appuyé dans sa démarche, sinon dans tous ses propos, par Zhang Wentian, ancien « internationaliste », suppléant du Bureau politique. Il semble bien qu'une quasi-majorité des participants soit sur des positions également critiques.

Le 23 juillet, Mao Zedong répond : « C'est de ce texte que j'ai sorti les citations précédentes sur les erreurs du " Grand Bond en avant " » (voir p. 288-289). C'est assez dire le caractère partiellement autocritique de cet étrange rapport au ton parfois curieusement personnel. Comme s'il voulait inspirer la compassion,

Mao Zedong déplore de ne pas avoir de fils « l'un étant mort en Corée, l'autre étant fou ». Il se permet même de menacer, déclarant son intention, au cas où l'on ne le suivrait plus, de reprendre le maquis à la tête d'une nouvelle Armée rouge ! Il reconnaît plus volontiers les erreurs des autres (celles des cadres trop zélés, celles des planificateurs insuffisamment attentifs...) que les siennes et ne concède rien sur le fond. Habile tacticien, il a ébranlé l'ensemble, peut-être majoritaire, de ses assaillants et profité du répit pour faire venir de diverses provinces des « renforts » fidèles, membres du Comité central. Le 2 août, c'est le coup de théâtre : ayant conquis la majorité, il décide que la réunion devienne le 8e Plénum du Comité central.

Devant cette instance inopinément devenue régulière, Peng Dehuai doit bientôt prononcer son autocritique, qu'il complétera le 9 septembre par une lettre de regret. Il démissionne. Lin Biao le remplace comme chef de l'Armée populaire de Libération. Le résultat n'a pu être obtenu que par suite de l'hésitation de dirigeants comme Liu Shaoqi, Zhou En-lai, Deng Xiaoping ... ébranlés cependant par l'argumentation de Peng Dehuai. Le débat était en effet faussé par la ruse de Mao Zedong acculant ses détracteurs à ouvrir en pleine crise économique une crise politique majeure : celle qu'ouvrirait nécessairement la démission du Président. Peut-être, cependant, obtinrent-ils de Mao, contre l'abandon d'un éventuel soutien à Peng Dehuai, l'engagement de mettre fin au plus vite aux utopies et aux extravagances...

Le compromis vraisemblable n'empêche en rien qu'immédiatement une campagne antidroitière se déchaîne, entraînant la destruction des amis politiques de Peng Dehuai et de sa « clique anti-parti ». On estime « réactionnaires » ou « conservatrices » les diverses mesures réalistes du printemps. En fait elles auraient été mieux qualifiées de conservatoires [12]... Cette campagne

---

12. *The Case of Peng Te-huai*, Hong Kong, Union Research Institute, 1968. Voir aussi LEYS (S.) : *Les Habits neufs du président*

est tenue par le Parti communiste chinois très officiellement depuis juin 1981 comme « tout à fait erronée ».

LES « TROIS ANNÉES AMÈRES »
(1959-1961)

Le 10ᵉ anniversaire de la République populaire de Chine donne lieu en octobre 1959 à un curieux contraste. A Pékin, sous un ciel implacablement bleu, alors qu'avec les premiers froids apparaissent les vestes ouatinées, on peut lire sur les murs et entendre à la radio (retransmis en tous lieux par d'innombrables haut-parleurs) des slogans exaltant les « dix glorieuses années ». L'audace des chiffres avancés est d'autant plus grande que l'on vient de décider de ne plus publier de statistiques... On peut lire sur les murs que la production céréalière a doublé d'une année sur l'autre, alors que les premières queues se forment, un peu plus bas, devant les cantines et les magasins d'alimentation... Bientôt, ces queues s'allongent au petit matin, toujours dominées par les mêmes slogans défraîchis qui prennent un air d'amère dérison... La Chine, à partir de l'hiver 1959-1960, a faim...

La Chine a faim

Cette faim durera trois ans, pour ne cesser qu'en 1962, avec deux temps forts, durant les hivers 1959-1960 et 1960-1961. De nombreux observateurs, présents alors à Pékin, ont vu certains signes du désastre, mais sans en mesurer l'ampleur : le terrain de basket des Editions en langues étrangères devient un jardin potager et quel-

---

Mao, Bibliothèque asiatique, 1971. Annexes p. 255-266. Voir aussi Guillermaz (J.) *Histoire du Parti communiste chinois,* livre II, tome I, page 209, édition Payot et BROYELLE (C. et S.) : *Apocalypse Mao,* Ed. Grasset, 1980, p. 45 à 48.

que deux millions de gallinacés font une apparition remarquée sur les balcons de Pékin...

Dans d'autres villes, la situation est vite dramatique : au Liaoning, la population n'a plus que le cinquième de la récolte normale et l'on invente d'étranges bouillies d'hydrates de carbone où l'on mêle à un peu de sorgho des feuilles variées. A Tianjin, les étudiants se réunissent pour fixer collectivement le montant de la ration mensuelle de chacun d'eux : on propose 30 livres de grains pour cette étudiante. Non, dit l'un des participants, car elle doit effectuer chaque jour une longue marche : 35 livres donc. Le secrétaire de cellule tranche : 33. Mais les parents de cette privilégiée n'ont, à deux, que 30,8 livres de céréales pour le mois... On économise ses forces, on dort pour sauter un repas. La vieille sagesse chinoise des années où il est difficile d'aller du « brun » au « vert » (faire la soudure entre la récolte de grains de l'automne et de légumes verts du printemps) reparaît. Grâce à des achats de blé au Canada et en Australie (16 millions de tonnes en trois ans, soit un tiers du montant habituel des fournitures obligatoires prélevées par l'Etat) on peut nourrir les grands centres urbains. Un strict rationnement, une grande sévérité contre le marché noir, permettent seuls d'éviter le pire et de ne pas tomber au-dessous du seuil fatidique des 1 800 calories par personne et par jour. Cependant, on en est très près.

Dans certains endroits, la famine n'est pas évitée. C'est le cas de la province du Hunan où, nous l'avons vu, est né dans l'enthousiasme, dès le 20 avril 1958, le mouvement des « communes ». Au printemps 1961, 80 % des communes n'ont plus rien à manger avant l'été. Des œdèmes, dus à des carences alimentaires (« l'hydropisie de la faim »...) apparaissent. Des paysans exaspérés saisissent les armes de la milice et se soulèvent dans la région de Xinyang et de Lan Kao où sont apparues naguère les premières communes. Après le rêve millénariste, la jacquerie paysanne : on croit retrouver les fléaux médiévaux. L'armée réprime durement les rebelles, tout en fusillant des cadres tenus pour responsables du désastre [13].

C'est dans ce contexte que Nikita Khrouchtchev — de plus en plus en désaccord avec l'orientation chinoise qu'il a jugée « aventuriste » lors de son passage à Pékin en septembre 1959 (au retour de sa rencontre avec Eisenhower à Camp David) — décide, durant l'été 1960, de retirer de Chine les 1500 techniciens et ingénieurs soviétiques.

Ce geste constitue non seulement une infraction remarquable à l'internationalisme (même si ces techniciens étaient impuissants devant l'irrationalité de la gestion chinoise du Grand Bond, ils auraient pu aider lors de la remise en ordre qui va suivre...) mais aussi une lourde faute politique. A la place des mauvais rapports séculaires, l'amitié sino-soviétique avait péniblement progressé depuis 1949. Tout est remis en question et à partir de l'été 1960, par contre, l'URSS va devenir le bouc émissaire de toutes les carences économiques, et la vieille haine va peu à peu refaire surface dans le pays. La gêne subie par la Chine est d'ailleurs bien réelle : plusieurs grands travaux sont abandonnés et l'on doit former à la hâte des milliers de techniciens, ce qui complique encore la situation économique.

On doit ajouter à cet inquiétant tableau, les difficultés croissantes du gouvernement chinois avec les minorités nationales. Déjà en 1958, on parle de « cercles islamiques réactionnaires » au Gansu et au Xinjiang. Des tendances au « séparatisme » ouighour sont dénoncées par le dirigeant communiste local, Saifudin [14]. Plus grave, en mars 1959, une insurrection éclate à Lhassa contre la présence militaire chinoise au Tibet très forte à partir de 1955. Le Dalaï-Lama fuit en Union indienne et

---

13. Voir note 42, 2ᵉ partie, p. 244. Aussi, divers témoignages oraux recueillis.

14. BERGÈRE (M.-C.) : « La politique des minorités nationales en Chine : le cas du Sinkiang (1949-1962) », in *Revue française de Sciences politique,* juin 1979. Voir aussi Gagnat (R.), Jan (M.) : *Le milieu des Empires : entre Chine, URSS et Islam, le destin de l'Asie centrale,* R. Laffont, 1981, 323 p.

une guérilla se prolonge quelques mois dans la partie
orientale du Tibet et affecte les provinces proches du
Qinghai et du Sichuan. Paradoxalement, cette insurrection hâte la transformation du Tibet où s'effectue la
réforme agraire, alors que les élites religieuses et
féodales quittent le pays. Mais la spécificité nationale
tibétaine est mise à rude épreuve [15]...

Pourquoi un tel échec ?

C'est la question que se posent des dizaines de
millions de Chinois d'autant plus douloureusement que
les succès du début du « Grand Bond en avant » leur
avaient quelque peu tourné la tête.

Bien sûr, le « ciel » est coupable. Sans répit, les
calamités naturelles ont frappé la Chine avec une
brutalité extrême durant plusieurs années. L'année 1959
n'a-t-elle pas été marquée par les ravages des typhons
sur 40 millions d'hectares ? Or, en 1960, ce sont
60 millions d'hectares (soit les 3/5 du terroir cultivé) que
ravagent typhons, inondations et sécheresse ! Les insec-
tes ajoutent leur œuvre destructrice... d'autant plus que
le massacre inconsidéré des moineaux en 1958 favorise
la prolifération des parasites divers ; 20 millions d'hectares ne donnent pratiquement aucune récolte. On abat le
bétail car il est un redoutable concurrent de l'homme
pour la consommation des céréales.

Mais le principal coupable, tous le savent, c'est
l'homme. Et certains se demandent même si ce n'est pas
tout particulièrement un homme, auteur des décisions
les plus fâcheuses : le président Mao Zedong lui-même
(il est en effet toujours président du Comité central).

On pense, par exemple, aux résultats de la « Charte
en 8 points » de 1958, tant célébrée alors et appelée le
plus souvent « Charte de Mao Zedong » et selon
laquelle il fallait améliorer les sols, utiliser des engrais,

---

15. DAWA (N.) : « The 1959 Tibetan Rebellion : an interpreta-
tion » in *China Quarterly*, mars 1979, n° 77.

généraliser l'irrigation, sélectionner les semences, entreprendre des semis serrés, protéger les plantations, aménager les champs et perfectionner les outils traditionnels. Ce qui peut se résumer d'abord par un ensemble d'innovations mal dominées : ainsi en est-il des désastreux semis serrés qui ont abouti à ce que dépérissent de nombreux plants, faute d'espace, et à ce que l'on néglige d'ensemencer les champs ordinaires pour établir des records sur les parcelles expérimentales. Ou encore des travaux inutiles ou même nuisibles, comme ces canaux de drainage creusés un peu au hasard et qui, modifiant le niveau des nappes phréatiques, font remonter le sel en surface sur des milliers d'hectares au Shandong ou... assèchent des puits en d'autres lieux ! Ce qui se traduit aussi par un refus d'investissements de la part de l'Etat, la plus grande partie de ces « 8 points » supposant surtout une utilisation intense de la force de travail paysanne.

Il est vrai que l'incompétence des cadres établit souvent des sortes de records... Dans la région de Tianjin, par exemple, on a décidé de cultiver en grand la patate douce mais on a oublié que l'hiver est rude en Chine du Nord, ce qui a entraîné la destruction par le gel d'une partie appréciable de la récolte. Il en restait suffisamment cependant durant l'hiver 1959-1960 pour qu'il soit utile de les ramasser. Or les revenus des paysans des communes proches avaient été mensualisés : ces paysans gagnent 5 à 7 yuans dans le mois, même sans aller aux champs. Il n'y vont donc pas... Quand, après diverses tribulations, on récolte ce qui a résisté aux calamités naturelles conjuguées à celles dues à l'homme, c'est pour s'apercevoir que l'on n'a pas organisé d'emplacement pour stocker ces malheureuses patates qui sont finalement perdues [16]...

Devant une telle situation, on s'étonne de la lenteur des réactions officielles. On constate, avec quelque

---

16. Sur les cadres : BARNETT (D.) : *Cadres Bureaucracy and Political Power in Communist China,* Seattle, 1969. LEWIS (J.) : *Party leadership and revolutionary power in China,* Cambridge, 1972.

stupeur, que le ministre de l'Agriculture, Tan Zhenlin, présente devant l'Assemblée nationale populaire en avril 1960, un rapport... optimiste sur la situation et fait adopter le « Programme agricole de douze ans », cet enfant chéri de Mao Zedong, dont les objectifs ambitieux sont particulièrement inopportuns alors que la famine menace. On entend même le ministre disserter sur... l'augmentation moyenne des revenus paysans, comparables, paraît-il, à ceux des paysans moyens aisés d'avant la réforme agraire. On croit rêver...

Il y a sans doute trois raisons à cette inconscience :

— Les dirigeants sont pris à leur propre piège, intoxiqués par leur propre propagande, d'autant plus que le « fiasco statistique », reconnu en 1958, laisse libre cours aux divagations. Il leur faut la dureté de l'hiver 1959-1960 pour mesurer la gravité de la menace.

— Mao Zedong est directement concerné par la reconnaissance de l'échec : c'est en grande partie son échec personnel. Une bataille politique aiguë au sommet du PCC semble bien commencer vers 1960 à prendre l'ampleur d'une « lutte entre deux lignes ».

— La situation au sein du Mouvement ouvrier international ne permet guère à la Chine de reconnaître un échec alors même qu'elle se pose en champion du léninisme. Or, un champion est toujours vainqueur... C'est sur ce dernier point que je vais un peu m'attarder.

LES RELATIONS
ENTRE PARTIS COMMUNISTES
JUSQU'EN 1962 :
LA MARCHE A LA RUPTURE

« Vive le léninisme ! »

La sourde crise déjà décrite entre le PCC et le PCUS, depuis le 20e Congrès de ce dernier, connaît en 1960 une accélération spectaculaire qui rend précaire l'apparent répit de 1961.

La rencontre entre Mao Zedong et Nikita Khrouchtchev à la fin septembre 1959 à Pékin est plutôt fraîche. Il est vrai que les Chinois présentent la récente entrevue entre Khrouchtchev et le Président américain Eisenhower à Camp David (lors de la visite aux Etats-Unis du premier secrétaire du PCUS), comme une concession favorable à l'impérialisme. D'autre part, à la fin août, une vive tension sino-indienne est apparue dans l'Himâlaya en relation avec l'insurrection tibétaine. Or, malgré les pressantes interventions chinoises pour les en dissuader, les Soviétiques publient le 9 septembre un communiqué qui parle d'un « conflit déplorable entre deux pays amis » et rejette les deux adversaires dos à dos. Par ailleurs, Khrouchtchev conseille aux Chinois la modération à propos de Taiwan et semble tenté par l'acceptation de l'existence de deux Chines.

Au début d'avril 1960, les dirigeants chinois décident de porter cette divergence, jusqu'alors quasi secrète, sur la place publique : à l'occasion du 90e anniversaire de la naissance de Lénine, ils publient une brochure à très grande diffusion appelée « Vive le léninisme ».

Il s'agit, sous prétexte d'attaquer le « révisionnisme de Tito », de dénoncer les deux thèses essentielles du 20e Congrès du PCUS : le passage pacifique au socialisme et la possibilité d'établir une coexistence pacifique avec l'impérialisme. En se réclamant du rôle dirigeant du PCUS et de la résolution des 64 partis communistes adoptée en 1957, les dirigeants chinois insistent particulièrement sur l'opposition à notre époque entre l'impérialisme et les peuples d'Amérique latine, d'Afrique et d'Asie en lutte pour leur émancipation, et sur la nécessité de ne céder à aucun chantage — y compris à l'holocauste nucléaire — de la part de l'impérialisme. Or, ces positions intransigeantes des Chinois semblent prises en compte par les Soviétiques quand, le 1er mai, la destruction par la DCA d'un avion espion U2 américain survolant l'URSS sert de prétexte à l'annulation de la Conférence au sommet, prévue à Paris pour le 5 mai entre Khrouchtchev, Macmillan, de Gaulle et Eisenhower. De grosses manifestations anti-impérialistes

saluent à Pékin cette décision attribuée à la pression
« marxiste-léniniste » de la Chine.

La conférence des 81 partis

Cependant, les délégués chinois, dans diverses ren-
contres internationales (ainsi lors de la réunion du
Comité exécutif de la Fédération syndicale mondiale à
Pékin au début juin), continuaient leurs critiques systématiques des positions soviétiques. Ils rencontraient un
certain écho parmi les représentants du tiers monde,
inquiets d'un possible compromis entre les USA et
l'URSS qui sacrifierait leurs intérêts. Khrouchtchev
choisit donc de contre-attaquer lors du 3ᵉ Congrès du
Parti communiste roumain, à la mi-juin 1960. Le
20 juin, après de vaines discussions entre les représentants des 12 partis communistes au pouvoir (à l'exclu-
sion du seul yougoslave...), il attaque publiquement le
PCC du haut de la tribune et fait distribuer un copieux
document réfutant *Vive le léninisme*. Le représentant
chinois, Peng Zhen, répond avec habileté en insistant
sur la forme : sont-ce là des rapports normaux entre
partis ? N'y a-t-il pas de la part du PCUS une attitude
paternaliste ? Les autres délégués et représentants, bien
que peu attirés dans leur grande majorité par les thèses
chinoises, sont attentifs sur ce point. Une surprise : le
délégué albanais soutient ouvertement Peng Zhen.
Ainsi commence un jeu paradoxal où les Chinois, pour
critiquer les Soviétiques dont ils ne contestent pas
officiellement le rôle dirigeant à la tête du camp
socialiste, s'en prennent aux Yougoslaves et où les
Soviétiques, pour répliquer aux Chinois s'en prennent
aux Albanais ! Les relations entre Etats se gâtent déjà :
le 16 juillet 1960, nous l'avons vu les Soviétiques retirent
de Chine leurs experts et annulent 343 contrats et 257
projets de coopération scientifique et technique, tandis
que se prépare une nouvelle conférence des partis
communistes du monde entier [17].

---

17. MARCOU (L.) : *L'Internationale après Staline*, Paris, Grasset,
1979.

Cette conférence a lieu à Moscou, entre le 10 novembre et le 3 décembre 1960, et rassemble 81 partis. Cette fois-ci, c'est Khrouchtchev qui prend un ton modéré et Deng Xiaoping, représentant le PCC, qui est violent : il dénonce l'esprit de capitulation, face à l'impérialisme, du dirigeant soviétique. Le discours le plus dur est celui de Enver Hoxha, accueilli par un silence glacial de l'immense salle. Cet épisode est fort bien décrit dans le grand roman de l'albanais Ismaïl Kadare [18] *Le Grand Hiver...*

Le document adopté l'est néanmoins à l'unanimité. Il est peu clair, passant des 36 pages initiales à 175 avec 40 pages de remarques des Chinois et 20 des Albanais ; il rappelle les critiques antérieures contre les Yougoslaves, accusés d'être des « révisionnistes modernes » ; il appelle à l'unité d'action anti-impérialiste et insiste sur le rôle dirigeant du PCUS... tout en reconnaissant une forte autonomie aux différents partis.

L'année qui suit est assez calme. Il est vrai que la Chine a fort à faire pour panser les blessures du Grand Bond. Divers partis (notamment le vietnamien, le japonais et le coréen) cherchent à réconcilier le PCC et le PCUS. L'URSS accepte la proposition chinoise d'un moratoire pour les dettes d'une durée de cinq ans. Cependant, à l'automne 1961, la tension remonte. La rupture entre le Parti du travail albanais et le PCUS devient une rupture entre l'Albanie et l'URSS, le 17 octobre 1961.

AU 22e Congrès du PCUS, en octobre 1961, Khrouchtchev renouvelle et approfondit sa critique contre Staline et dénonce le « stalinisme invétéré » des Albanais devant un Zhou En-lai impassible. Ce dernier fait une intervention modérée ; il insiste à nouveau sur les rapports égalitaires entre partis et, le 22 octobre, dépose une gerbe devant la dépouille de Staline avant de regagner Pékin. Durant le printemps et l'été 1962, 60 000 kazhaks établis en Chine forcent la frontière pour se réfugier en URSS dans des conditions mal connues :

---

18. KADARE (I.) : *Le Grand Hiver*, Paris, Fayard, 1978.

il semble qu'ils se soient plaints de mesures de sinisation en 1959 et que, depuis lors, une sorte de dissidence se soit développée au Xinjiang dans la région de L'Ili. Les mauvais rapports entre Etats commencent à s'ajouter aux divergences idéologiques.

LE « RÉAJUSTEMENT » DU GRAND BOND
(1961 - ÉTÉ 1962)

L'amorce d'une Nouvelle Économie Politique chinoise

La direction du PCC, pendant que retombait apparemment la tension avec le PCUS et l'URSS, s'était décidée à prendre enfin les mesures d'urgence qu'exigeait la situation économique. Le 9ᵉ Plenum du Comité central (réuni à Pékin en janvier 1961) inaugure une longue série de réunions de travail dont les diverses décisions mettent sur pied une sorte de Nouvelle Economie Politique (NEP) à la chinoise jusqu'à l'été 1962.

Cependant deux remarques s'imposent :

— Le « réajustement », pour l'essentiel, est conforme au solide réalisme des « dix grands rapports » d'avril 1956 : c'est donc un aspect des idées de Mao Zedong qui est mis en application. Le clivage entre les « deux lignes » n'est pas encore très net puisqu'il passe au sein même de la « Pensée Mao Zedong »...

— Toutefois, tout se passe comme si Mao Zedong acceptait l'inévitable sans s'y résigner. Dix-huit mois après les « dix grands rapports », n'ébauchait-il pas les grandes lignes du Grand Bond qui substituait au pragmatisme un volontarisme romantique ?

Il n'est pas inintéressant de constater que c'est en pleine retraite du Grand Bond que, le 22 mars 1960, Mao rédige la « Charte du combinat métallurgique d'Anshan » (que l'on verra resurgir durant la Révolution culturelle) et que l'on commence l'exploitation du champ pétrolifère de Daquing dans une ambiance d'héroïsme caractéristique de la phase ascendante du Grand Bond[19]. De même s'il laisse adopter les « soixante articles » sur les communes en 1961 (avec une révision en 1962), Mao Zedong fait savoir qu'il ne s'y retrouve pas pleinement et dénonce discrètement leur auteur Deng Xiaoping en disant : « Quel Empereur a décidé cela ? »... C'est comme si, contraint à une période de repli (que l'opinion publique chinoise, plus cruelle, appelle une « convalescence »), Mao Zedong se réservait la possibilité de contre-attaquer dès que les circonstances seraient redevenues plus favorables : la faim n'est guère compagne de l'utopie[20]...

Il est non moins certain que plus d'un responsable voyait dans ce « réajustement » (auquel on donnait des références théoriques en recourant à des textes de Lénine sur la NEP) une durable révision et sans doute même un abandon des « Trois Bannières Rouges » déployées en 1958.

Les communes remises au goût des paysans : les soixante articles de 1961

Les principes

Le réajustement porte d'abord sur les communes, bannière la plus menacée. Un texte est adopté en 1961-1962. Il est d'une importance capitale puisqu'il demeurait encore en 1980 le règlement de base des « communes ». Il s'agit du « Règlement en soixante articles », si solidement ancré dans la conscience politique paysanne qu'aucune tourmente de ces années terribles n'a pu durablement le modifier.

Dans ses six premiers articles, il précise nettement les principes de base : « De chacun selon ses capacités, à

19. BETTELHEIM (C.) : *Révolution culturelle et organisation industrielle en Chine*, Paris, Petite collection Maspero, 1973. TISSIER (P.) : *Deux modèles d'avant-garde : Taking pour l'industrie, Tachai pour l'agriculture*, Paris, 1975.

20. Voir CHANG (P. H.) : note 3.

chacun selon son travail. » Il précise aussi les trois
niveaux de la structure de la commune : la commune, la
brigade et l'équipe.

La *commune* dont la taille est réduite, est à la fois une
unité administrative et une unité économique. Ce n'est
donc pas tout à fait une grande coopérative. Il reste du
Grand Bond un certain nombre d'entreprises de « propriété collective » : petite usine électrique, station de
tracteurs, garage et atelier de réparation, briqueterie,
parfois petite usine d'engrais et de matériel agricole...
La commune peut entreprendre de grands travaux
d'infrastructure (routes, digues, canaux). On estime que
vers cette époque les paysans consacrent en moyenne
53 journées de travail par an à ces activités peu appréciées, ce qui demeure lourd. Au plan administratif, la
« commune » est une circonscription essentielle, avec le
siège de la milice, au moins un établissement d'enseignement secondaire de premier cycle, divers bureaux et
services. Le nombre de communes est porté à 50 000,
puis à 70 000, comptant entre 6 et 15 000 habitants
chacune.

La *brigade,* par contre, voit son rôle diminuer. Les
700 000 brigades, avec 200 foyers en moyenne, possè-
dent assez peu de biens propres (les locaux de l'école
primaire, une porcherie...). Mais elles sont le lieu où se
trouve le siège de la cellule du Parti, le centre nerveux
local.

L'*équipe* de production (articles 20 à 37) est désormais
le niveau essentiel au plan de la production et de la
comptabilité. Les 4 600 000 équipes ont pour cadre les
hameaux, 10 à 80 familles les composent. Le travail est
souvent réparti entre des « groupes de travail » en
nombre variable. Une comptabilité compliquée permet
de répartir entre les paysans de l'équipe les « points de
travail » dus à leur activité. Des normes sont fixées pour
tel ou tel travail. On les module en tenant compte de la
difficulté et du soin mis dans l'exécution. On rapproche
ainsi au maximum le travail effectué de sa rémunération
pour « susciter l'enthousiasme des masses ». On est loin
des rêves de 1958 !

60 % de la production est autoconsommée et il reste donc au paysan après livraison à l'Etat comme vente obligatoire de 20 % de la récolte, après paiement des impôts, versement de quelques compensations aux cadres et prélèvement de quelques taxes pour la brigade et la commune.

Le lopin de terre individuel

Un passage essentiel (titre cinq articles : 39 à 43) concerne les « productions familiales » des membres de la commune. C'est le point crucial à l'époque qui permit le redémarrage des activités agricoles et assura des récoltes à nouveau acceptables en 1962 et surtout 1963, malgré une sérieuse sécheresse. Ces articles insistent longuement sur le lopin de terre individuel *(ziliudi)* alloué au paysan pour son usage personnel *(dan gan)*. 5 à 7 % de toute la terre arable est ainsi distribués par l'équipe entre ses membres. Pour une famille moyenne, cela donne un petit jardin de 18 mètres de côté. De plus, le paysan reçoit des terres pour y élever cochons, poulets, canards, lapins, moutons. Le fumier est assuré, le cochon étant, comme le dit René Dumont, une « petite usine chimique sur pattes ». Par ailleurs, on alloue aux paysans des terres marginales (étroites bandes autour des maisons et des routes) et quelques arbres fruitiers. Enfin, on donne à qui veut bien les défricher des terres abandonnées ou laissées en friche, dont les paysans gardent pendant cinq ans la production pour eux. Ces terres peuvent atteindre une superficie totale égale à 15 % de celle cultivée par l'équipe. L'ensemble n'est donc pas négligeable. Ces terres privées fournissent les légumes, des fruits, des piments, tous produits qui, vendus en partie au marché, permettent d'acheter de la viande et des céréales. On y élève le porc : vendu 80 yuans, il représente la moitié des revenus annuels moyens d'une famille paysanne, au point d'être surnommé « la banque du paysan ». On évalue le rapport du secteur privé à 15 % des revenus moyens paysans en Chine du Nord et à 27 % en Chine du Sud, avec des pointes à 33 %. Il est donc moins important qu'en

URSS, mais indispensable à l'équilibre tant diététique que financier. Les mauvaises années, c'est même lui qui peut protéger des carences alimentaires menaçantes. Les autres activités privées tolérées concernent diverses activités artisanales sous réserve de l'acceptation du chef d'équipe et parfois du paiement d'une taxe si l'on veut pouvoir continuer à toucher toute sa ration de grain.

Le chat de Deng Xiaoping

En fait, dans cette ambiance de déception consécutive à un énorme effort collectif qui a débouché sur la disette, la tendance est alors de délaisser les activités sur les terres collectives au profit des activités privées. Au Henan (encore...) cela donna même naissance à un proverbe populaire : « Le lopin de terre individuel est notre propre fils ; la terre louée un fils adoptif et la terre collective un orphelin... » Toujours au Henan, après des débats parfois houleux, Tao Zhu, membre du Bureau politique (et par ailleurs premier secrétaire de la province de Canton) se dit, en mars 1962, prêt à tout pour relancer la production. Pour ce faire, il autorise les « équipes » à louer de la terre : « Si nous pouvons manger des nourritures importées des pays capitalistes, pourquoi ne pourrions-nous pas louer de la terre ? » Au nord de la province du Hunan, en un lieu secoué par de graves troubles en 1960-1961, 23 % des terrains dans trois ou quatre communes sont ainsi loués pour être cultivés individuellement. Cette proportion atteint parfois 80 %. On met au point, en juillet 1962, toujours dans la même province, un système de quota de production par foyer : une certaine surface de terre cultivable est assignée à une famille paysanne qui doit fournir une quantité déterminée de grains, de coton, etc. Si la production livrée dépasse ce quota, une prime est versée ; si par contre elle ne l'atteint pas, une amende est exigée. Un système analogue est institué dans l'Anhui, autre province célèbre pour sa misère. Il semble bien que Li Xiannian, Chen Yun, Deng Xiaoping aient été d'avis de généraliser ces pratiques à tout le pays. A l'occasion d'une réunion élargie du Bureau politique, entre le 21 et le 23 février 1962, que présidait Liu Shaoqi (réunion dite du Pavillon de l'Ouest), Chen Yun et Deng Xiaoping auraient même proposé que l'on attribuât ce terrain à une famille de façon permanente. En mai 1962, un groupe de cinq experts en matières économiques et financières animé par Li Xiannian aboutit aux mêmes conclusions. On met d'ailleurs en place le système dit des « trois libertés et une garantie » *(san zi yi bao)* : liberté de cultiver à sa guise son lopin de terre individuel dont la production est librement vendue sur le marché paysan, tandis que l'on peut librement se livrer à des activités lucratives non collectives. Une « garantie » est exigée en compensation par la commune : la livraison d'un quota déterminé de production. C'est sans nul doute à ce propos que Deng Xiaoping aurait tenu les propos qui lui seront tant reprochés : « Peu importe qu'un chat soit blanc ou noir, pourvu qu'il prenne des souris ! »

De fait, il ne s'agit pas d'un mauvais chat : la récolte en 1962 est enfin normale, tournant autour de 185 millions de tonnes. Le spectre de la famine retourne dans la tombe d'où il n'eût pas dû sortir depuis 1949... En 1964 et 1965, la récolte atteint même 200 millions de tonnes et égale ainsi sans doute le record historique de 1958. Alors que l'on a frôlé le pire, existe-t-il un prix trop élevé pour un tel redressement ?

Nourrir les citadins...

La situation à la ville est, elle aussi, progressivement rétablie. Toutefois, sur ce point, je me propose de suivre l'évolution au niveau économique et social jusqu'à la veille de la Révolution culturelle, tout découpage en 1962 étant arbitraire. Quatre problèmes essentiels sont apparus avec l'échec du « Grand Bond en avant ».

Le problème alimentaire tout d'abord. Dans le court terme, l'organisation d'un strict rationnement *(liang piao* — carte de céréales exigée chez les commerçants et dans les cantines ; *bu piao* — carte pour avoir droit à des coupons de coton, etc.), le contrôle renforcé des certificats de résidence *(hu kou)*, le débusquage des millions de ruraux installés illégalement à la ville depuis 1958 ainsi que la reprise de la production agricole, fournissent une première solution[21].

De fait, fin 1962, la ration mensuelle est redevenue acceptable : On l'évalue à 16 kilogrammes de riz, 230 à 280 grammes de viande de porc, une livre de poisson et des légumes (principalement du chou). Les prix, malgré la crise, sont demeurés bas : on mange à la cantine pour 10 yuans par mois, on se loge pour 2 à 5 yuans (avec chauffage, eau et électricité), une chemise en coton coûte 4 à 12 yuans, une paire d'espadrilles 7 yuans. Les salaires sont faibles (mais permettent d'acquérir les produits de base) : 60 à 65 yuans en moyenne pour les ouvriers, 40 à 120 yuans pour les cadres et les employés ; les hauts salaires, 250 à 350 yuans pour quelques professeurs de l'Université de Pékin, sont rares. L'achat d'un vélo (150 à 250 yuans), d'un poste de radio (60 à 200 yuans) ou d'une montre-bracelet (80 à 150 yuans) demeure un luxe.

Le problème voisin est celui de la population. On l'a déjà dit, jusqu'au mouvement des « Cent Fleurs » en 1957, la doctrine chinoise sur les questions démographiques est la même que celle professée par l'ensemble des pays socialistes. La Chine est antimalthusienne. Les quelques avocats du contrôle des naissances, en mai 1957, ont été considérés comme tenant des propos droitiers et le « Grand Bond en avant » sera l'occasion de reprendre des thèmes natalistes : une bouche c'est aussi deux bras... Mais on vient de découvrir que cette bouche c'est aussi une ration alimentaire à fournir chaque jour...

En 1962, le tournant est pris. On limite la croissance urbaine et la population citadine est ramenée, entre 1958 et 1960, de 150 à 130 millions. On prône un strict

---

21. BROYELLE (C. & J.) : *Deuxième retour de Chine*, Paris, Seuil, 1977.

contrôle des naissances. Le problème est en effet devenu dramatique. Le taux de natalité d'une ville comme Shanghai est arrivé en 1956 au chiffre de 4,03 %. A partir de 1960, il faut trouver chaque année un emploi à 1 400 000 jeunes dans les villes chinoises. Or on ne parvient qu'à fournir 800 000 emplois par an et souvent en multipliant les postes peu utiles. Le nombre d'étudiants qui était de 660 000 en 1958-1959 atteint 950 000 en 1960-1961. A continuer de la sorte, on arriverait très vite à une situation où tous les emplois nouveaux seraient accaparés par les diplômés des universités, ce qui n'empêcherait pas certains d'entre eux d'être sans travail [22].

Le chômage est en effet un sérieux problème : sur une force de travail évaluée à 2 418 000 personnes, on estime que la ville de Shanghai compte 670 000 chômeurs [23]. Par ailleurs, la formation d'un étudiant coûte très cher : 1 200 yuans par an en moyenne alors que le produit national brut chinois par individu n'est alors que de 183 yuans par an. On limite donc l'entrée à l'université des bacheliers : un tiers seulement en moyenne vont à l'université, sauf dans les lycées annexes des universités qui assurent le passage dans le supérieur à 80 % de leurs diplômés et où se pressent les fils de cadres et de l'ancienne bourgeoisie. Il faut donc réduire impérativement le nombre de jeunes arrivant chaque année à la ville en quête d'un emploi.

Deux solutions sont tentées à l'époque. La première est d'envoyer ces jeunes citadins s'établir à la campagne où des emplois sont disponibles dans le cadre des communes pour des gens ayant une certaine formation (comptables, enseignants, professions de santé...). Malgré de gros efforts en ce sens et une incitation plutôt insistante jusqu'en 1966, seuls 1 200 000 jeunes (15 %)

22. BERNSTEIN (T.P.) : *Up to the Mountains and Down to the Villages : the transfer of Youth from Urban to Rural China,* Yale University Press, 1977.
23. WHITTE III (L.T.) : « Workers' Politics in Shanghai » in *Journal of Asian Studies,* vol. XXXVI, n° 1, nov. 1976.

se laissent séduire. Nombreux sont les jeunes qui préfèrent encore être chômeurs et vivre dans leurs familles que partir dans un lointain village dépourvu du moindre confort. Il est vrai que cela revient un peu pour eux à quitter le xxᵉ siècle pour se retrouver à l'orée des temps modernes...

L'autre solution est la limitation des naissances. A partir de 1962, une intense campagne en ce sens est lancée. Une propagande en faveur des différents procédés anticonceptionnels est menée tandis que l'on retarde l'âge du maraige et que l'on encourage les couples à ne pas avoir de troisième enfant. Le résultat est lent à venir car la tradition chinoise (comme celle de la plupart des pays sous-développés) est de considérer les enfants comme une sorte d'assurance-vieillesse pour les parents. En chinois, cela se dit *yang er fang lao* (avoir des enfants pour protéger la vieillesse). Or à cette époque, à la ville (et encore moins à la campagne !) il n'existe pas de système de retraite généralisé. A Shanghai, on compte seulement 25 000 retraités pensionnés en 1960. Avoir quatre ou cinq enfants demeure donc pour quelque temps une sorte de garantie pour les vieux jours[24].

Le troisième problème est celui de la production industrielle. Après avoir connu un succès spectaculaire en 1958 et en 1959, avec un taux de croissance annuelle dépassant sans doute les 19 %, cette production s'effondre en 1960 et 1961. La chute moyenne est évaluée à 40 % (58 % pour l'industrie des biens de production, 30 % pour celle des biens de consommation). Entre 1957 et 1961, le taux moyen de croissance est de 2 %, mais il est à nouveau de 16 % entre 1961 et 1966. On a donc une évolution analogue en gros à celle que nous avons constatée dans l'agriculture. Ce redressement spectaculaire après 1961, attribué à Liu Shaoqi, entraîne un nouveau jeu de contradictions dans la société chinoise. Quand on tord un bâton dans un sens et que l'on veut le redresser, il faut le tordre avec excès en sens

---

24. BIANCO (L.) : « Le poids du nombre », in *Regards froids sur la Chine*, Paris, Seuil, 1976.

inverse. Dans le tissu social, cette manipulation laisse des traces douloureuses.

C'est ce que montre clairement le « règlement en soixante-dix articles sur l'industrie, les mines et les entreprises » élaboré en décembre 1961 par Bo Yibo. Ce règlement restaure les principes d'une gestion normale : fermeture d'usines ouvertes sans planification des fournitures ni de la clientèle, licenciement de 30 à 45 % du personnel nouvellement embauché qui est renvoyé à la campagne. On restaure l'autorité du directeur d'usine et des ingénieurs au détriment du rôle déterminant depuis l'automne 1957 du Comité de Parti...

Par ailleurs, les autorités cherchent à rétablir une productivité en baisse. De fait, entre 1952 et 1957, la production avait crû de 120 % pour des investissements (en emplois, en salaires, en capital fixe et en fonds de roulement) en croissance de 40 à 45 %. La productivité se serait accrue, à cette époque, de 50 % environ[25]. Tout change après le Grand Bond : les investissements continuent à croître (y compris dans l'industrie lourde) alors que la production marque un certain palier. La chute de la productivité est donc certaine, même si pour cette période les chiffres précis font défaut.

Quatrième et dernier problème, de type social celui-là : l'apparition de nouvelles contradictions au sein de la classe ouvrière — ouvriers paysans et ouvriers temporaires. On est conduit, en effet, devant cet afflux de main-d'œuvre assez médiocre — une grande usine de Shanghai est paralysée durant de longs mois en 1966 car son personnel ne s'accoutume pas à la reconversion de l'entreprise au diésel — à privilégier la main-d'œuvre la plus qualifiée. L'année 1964 est une année où l'on utilise au maximum le potentiel des milliers de petites entreprises de la ville de Shanghai, datant d'avant 1949 et employant — notamment dans l'industrie mécanique —

---

25. AUBERT (C.) : « Un décollage économique difficile » in *Regards froids sur la Chine*, Paris, Seuil, 1976.

un personnel hautement qualifié. Une usine de batteries réputées, travaillant pour l'exportation, se passe ainsi pratiquement d'ingénieurs. Comme, par ailleurs, on raisonne en termes de masse salariale, interdisant de dépasser une certaine somme d'argent pour les salaires, on constate assez vite une tension sociale qui mine l'unité de la classe ouvrière.

Les ouvriers les plus qualifiés ou disposant de solides contrats sont 1 200 000 environ à Shanghai. Ils sont syndiqués et contrôlent les syndicats non sans faire preuve d'un certain corporatisme. Ils disposent d'importants avantages sociaux, touchent des primes égales à 15 ou 20 % de leurs salaires. 20 000 d'entre eux sont recrutés par le Parti à Shanghai durant le seul mois de juin 1966.

A l'autre bout, il y a un nombre équivalent d'ouvriers « temporaires », sous-contrats de plus en plus précaires, et d' « ouvriers paysans ». Ceux-ci sont toujours rattachés à leur commune populaire d'origine. Ils viennent pour quelques mois à la ville sans leurs familles et sont congédiables à volonté. Les syndicats les négligent. Ils fournissent le gros des manœuvres (sans grande perspective d'intégration), la masse des nouveaux ouvriers étant recrutée parmi les diplômés des écoles techniques ou des premier et même second cycle des lycées. Ils sont très mal payés et rejoignent parfois dans la misère la masse des coolies et tireurs de charrettes.

Dans certains cas, comme à Wuhu dans le bas Yangzi, les affiches de la Révolution culturelle rédigées par les coolies décriront, parlant des années 1960-1962, des conditions de vie qui évoquent précisément celles d'un bagne [26]. Sans aller jusqu'à ces extrémités, il est certain que le sort des « ouvriers paysans » est des plus médiocres. Il faut par conséquent un certain sang-froid à l'adjoint au maire de Shanghai, Cao Diqiu pour voir en eux le lieu où s'effectue un heureux rapprochement entre la condition paysanne et la condition ouvrière...

---

26. *Révolution culturelle dans la Chine populaire*, Paris, Hachette, coll. 10/18, 1974, n° 901.

La machine économique redémarre donc vers 1962, mais elle grince dans tous ses rouages.

LE MALAISE POLITIQUE DE 1962

En janvier 1962, 7 000 cadres du Parti sont réunis à Pékin par le Comité central. Sous la présidence de Liu Shaoqi, ils sont invités à établir collectivement, par la discussion en petits groupes puis par l'exposé public des conclusions provisoires ainsi élaborées, le bilan des quatre dernières années, le bilan du « Grand Bond en avant ». On peut reconstituer l'essentiel du débat depuis que l'intervention centrale de Mao Zedong a été rendue publique dans le *Drapeau Rouge* du 30 juin 1978.

Le président fait son autocritique

Cette réunion s'est livrée à une vive critique du Grand Bond tout en acceptant la « ligne générale » qui a présidé à son lancement. Il y a donc accord global sur le réajustement en cours depuis plus d'un an, bien que chez certains la critique soit plus grande que chez d'autres. Pour Liu Shaoqi par exemple, le Grand Bond a été un échec dû pour 30 % à des calamités naturelles et pour 70 % à des erreurs humaines : « Durant ces dernières années, beaucoup d'insuffisances et d'erreurs sont survenues dans notre travail. Les cadres, les membres du Parti et la grande majorité du peuple en ont personnellement souffert de façon très douloureuse. Pendant deux ans ils n'ont pas mangé à leur faim. » Seuls Lin Biao et Zhou En-lai auraient pris la défense de ce bilan, tandis que Liu Shaoqi, sur sa lancée, aurait proposé que l'on « renversât les verdicts » qui frappèrent les cadres favorables aux idées avancées par Peng Dehuai à Lushan en 1959.

De fait, depuis 1961, de nombreuses demandes ont

été faites en faveur de la réhabilitation des idées politiques de Peng Dehuai. Elles proviennent des milieux intellectuels de la capitale. C'est ainsi qu'un ami de Peng Zhen, le dramaturge Wu Han, vice-maire de la capitale, a fait jouer avec succès un drame historique, la « destitution de Hai Rui » dont la signification politique n'échappe à personne. Le héros, Hai Rui, est gouverneur général du Bas Yangai en juin 1569. Il vient d'apprendre que le fils d'un riche propriétaire foncier avait enlevé contre son gré la ravissante fille d'un paysan ruiné par sa famille et d'autres hobereaux. La violence avait empêché le cours de la justice. Hai Rui enquête auprès des paysans et fait exécuter l'auteur du rapt et restitue leurs terres aux paysans spoliés. L'Empereur, dont les pressions en faveur du coupable avaient été ignorées, destitue Hai Rui. Celui-ci quitte son poste, tandis que le chœur des paysans chante ses louanges. Comme l'écrit Mao : « L'Empereur c'est nous, et Hai Rui, c'est Peng Dehuai... Le sujet de la pièce, c'est la destitution. »

Le journal *Pékin-Soir* et diverses autres publications pékinoises publient en 1961-1962 des récits satiriques sous le titre de « causeries de Yan Shan » ou de « village des trois familles ». Des écrivains connus (dont, à nouveau Wu Han ainsi que Deng Tuo...) y brocardent, à partir des précédents historiques ou des références littéraires, les « vantards », les « amnésiques ». Ainsi y lit-on une fable sur un paysan qui a trouvé un œuf. C'est l'équivalent chinois de notre célèbre « Perrette et le pot au lait »... Il s'agit, sans aucun doute possible, de Mao Zedong et de ses rêves nébuleux lors du lancement du « Grand Bond en avant [27] ».

Liu Shaoqi laisse critiquer tout en demeurant sur la

---

27. Choix de textes en français (avec commentaires fort polémiques) in *La Grande Révolution culturelle socialiste en Chine*, Éditions en langues étrangères, Pékin, 1966. Les Editions de Pékin, en 1979, viennent de republier (en chinois) les *Causeries du soir de Yanshan*, de DENG TUO (sous le pseudonyme de MA NANCUN).

réserve. En août 1962, il republie un essai écrit naguère à Yanan, *Comment être un bon communiste ?* et l'enrichit de nouvelles réflexions. Subitement, en insistant sur la nécessaire tolérance à l'égard des idées adverses qui traversent le Parti, en critiquant ceux qui n'admettent jamais la paix et cherchent toujours les conflits, Liu Shaoqi se pose en unificateur du Parti, face à un Mao Zedong qui semble prendre plaisir à le diviser[28].

Le discours prononcé par Mao Zedong en janvier 1962 est, quant à lui, des plus ambigus : il traduit à la fois la gravité de l'échec subi et la volonté de maintenir le cap imposé en 1958. A un premier niveau, ce discours et en effet une autocritique. Le mot s'y trouve ainsi que la référence à une première autocritique concernant les erreurs du Grand Bond faite en juin 1961. Jusqu'à ce jour, elle demeure inédite, mais les cadres du PCC en ont reçu le texte. Mao Zedong reconnaît son ignorance « au sujet des forces productives » et avance trois types d'explications : la Chine a dû recourir à l'imitation d'un modèle inadéquat, le modèle soviétique. Elle a dû chercher à accélérer l'histoire à cause de l'immensité de son retard et Mao Zedong évoque ici la recherche nécessaire d'une voie chinoise originale. Enfin, Mao Zedong, et c'est là chose nouvelle, se tourne vers le Parti et sa bureaucratisation pour chercher comment redresser le cap. Sur ce dernier point, il me semble qu'il s'engage dans la voie de la Révolution culturelle.

En reprenant ces trois points, je joindrai au texte de Mao Zedong d'autres textes analogues des années 1958-1960 qui l'éclairent et que l'on trouve dans un livre commode et clair de Hu Chi-hsi, *Mao Zedong et la construction du socialisme*[29].

---

28. Nous avons beaucoup utilisé sur ce point ILLIEZ (P.) *Chine rouge, page blanche;* Paris, Julliard, 1973. Et ESMEIN (J.) : *La Révolution culturelle,* Paris, Seuil, 1970.

29. HU CHI-HSI : *Mao Zedong et la construction du socialisme,* Paris, Seuil, coll. Politique, 1975.

Mao critique Staline

La critique du modèle soviétique est radicale. Dès novembre 1958, commentant les *Problèmes économiques du socialisme* de Staline, Mao écrivait : « Staline ne met en relief que la technologie et les cadres techniques. Il ne veut que la technique et les cadres. Il ignore la politique et les masses. Là aussi, il marche sur une jambe. »

Staline se montre... unijambiste sur un autre point, le déséquilibre dans l'économie au détriment de l'agriculture et au profit de l'industrie lourde. Et Mao insiste sur son analyse : « Staline ne parle que des rapports de production. Il ne parle ni de la superstructure ni des relations entre celle-ci et la base économique... Il parle uniquement d'économie, il n'aborde pas la politique. »

Cette critique, reprise en janvier 1962, prend alors un ton beaucoup plus dramatique avec la dénonciation du révisionnisme soviétique : on sent la rupture imminente. Doit-on ajouter que, à partir de l'hiver 1978, à Pékin, on se pose ouvertement la question de la pertinence de cette critique et que l'on s'inquiète de son aspect unilatéral ? Ainsi l'économiste Xue Muqiao, dans un chapitre de *L'Etude des problèmes de l'économie socialiste en Chine* écrit : « Nos rapports de productions socialistes doivent correspondre au niveau de nos forces productives de même qu'au système de gestion économique. Celui de l'URSS, au début des années 1950, présentait lui aussi des lacunes. Et nous avons rencontré plus de problèmes lorsque nous l'avons copié et appliqué en Chine. Il nous faut le transformer en gardant et en développant ce qu'il y a de positif et en modifiant ce qui est négatif. Il n'est pas raisonnable de l'accepter ou de le rejeter en bloc[30]. » En somme, il y a erreur en 1950 en choisissant un modèle et en l'imitant servilement... et erreur en 1958 en le rejetant brutalement sans

---

30. Xue Muqiao *in Beijing Informations* n° 43, 29 oct. 1979.

rien mettre de net à la place : le rejet brutal était en effet aussi le rejet de dix ans de réalisations socialistes...

Car la « voie chinoise » qui se dégage des déclarations de Mao est plutôt vague. On sait seulement ce qu'elle n'est pas et quels avantages elle est censée représenter... Ainsi Mao estime incorrecte la thèse de Lénine selon laquelle « plus un pays est arriéré, plus difficile est son passage du capitalisme au socialisme ». On retrouve sur ce point le célèbre développement sur la « page blanche ». Or, la sous-estimation de l'importance des forces productives n'est-elle pas une des faiblesses reconnues, de nos jours, du « Grand Bond en avant » ?

Une métaphysique de la contradiction

Sur ce point, Mao affirme sans prouver. Il se réfère d'ailleurs à une véritable métaphysique de la contradiction. C'est net dans son texte du 20 mars 1958 à Chengdu : « Les fils se transforment en pères et les pères en fils ; les femmes se transforment en hommes et les hommes en femmes. De telles transformations ne se réalisent pas directement. Mais après le mariage, des fils et des filles naissent. N'est-ce pas là une transformation ?... L'univers aussi se transforme : il n'est pas éternel. Le capitalisme mène au socialisme, le socialisme mène au communisme. Le communisme aussi connaîtra des transformations : il aura un commencement et une fin. Il n'existe rien dans le monde qui ne passe par le processus naissance — développement — disparition. Les singes se sont transformés en hommes et les hommes sont apparus. A la fin, l'humanité entière cessera d'exister. Elle pourra se transformer en quelque chose d'autre. A ce moment-là, la terre elle-même disparaîtra. Elle s'éteindra et le soleil se refroidira... Toute chose doit avoir un commencement et une fin. Seules deux choses sont infinies : le temps et l'espace. »

Une vision philosophique s'affirme donc : les deux aspects antithétiques d'une contradiction et leur lutte sont la force motrice qui fait progresser l'histoire et la

société. Pour Mao, un se divise en deux, nécessairement, indéfiniment, sans aucune synthèse durable des
contradictions. Les valeurs positives du monde sont le
conflit, la lutte, le déséquilibre, avec en corollaire, une
exaltation du rôle de l'homme bouleversant la nature,
capable de tout entreprendre. On est peut-être du côté
de Hegel ou de Lao Zi (Lao Tseu)… mais assez loin des
« lois objectives de l'économie[31]. »

Mao Zedong rejette donc la bureaucratie et l'ossifica-
tion de la société qu'elle entraîne. Il dénonce en termes
triviaux ces cadres « qui s'assoient à califourchon sur le
peuple et pissent et chient sur lui ». Mais pour le reste ?
« Marcher sur deux jambes » c'est-à-dire équilibrer
l'industrie et l'agriculture, « placer la politique au poste
de commande », « avec des céréales et de l'acier tout
devient possible »… On ne trouve que des slogans.
Quelle réalité ? Que faire pour les mettre en œuvre ?
Mao Zedong se réfère vaguement dans son texte de
janvier aux diverses décisions prises durant le « réajustement » en 1961 et semble désormais les approuver.
Force est de remarquer le vague de l'ensemble, l'aspect
improvisé, l'allure de fuite en avant devant des contradictions découvertes et non surmontées. La voie chinoise ainsi affirmée a un air de défi, de pétition de
principe. La Source des Pêchers ne se situe-t-elle pas en
utopie ?

Et pourtant le « Grand Bond en avant »
n'est pas un échec total

Son succès, ses conditions mêmes de confirmation, de
consolidation, sont précisément refusés par Mao
Zedong lui-même. Le drame de la Révolution culturelle
qui, dès septembre 1962, a commencé à mûrir, se trouve
dans cette contradiction qui n'était pas inévitable et que
renforce la volonté chinoise, après 1962, de faire de la

---

31. SÈVE (L.) : « Contradiction et antagonisme » in *La Nouvelle
Critique,* mai 1968. Repris, développé et resitué par SÈVE (L.) in *Une
introduction à la philosophie marxiste,* Editions Sociales, 1980, p. 439 à
527.

Chine le centre exemplaire des forces révolutionnaires du monde.

Il existe un passage intéressant et étrange dans le discours de Mao Zedong en janvier 1962 [32]. Tout au long de son texte, il dénonce les cadres bureaucrates refusant la critique. Fort bien ! Mais il ajoute : « S'il n'établit pas une économie socialiste, notre pays deviendra un Etat révisionniste et de fait, un Etat bourgeois. La dictature du prolétariat s'y transformera en une dictature bourgeoise et ce sera même une dictature réactionnaire de type fasciste... Des classes réactionnaires vaincues veulent toujours tenter une restauration. Dans la société socialiste de nouveaux éléments bourgeois peuvent toujours être engendrés » (...). « Durant toute l'étape du socialisme, les classes et les luttes de classe continuent d'exister. »

Tout cela est exact mais comment ne pas ressentir un confus malaise ? Mao Zedong semble bien, en 1962, avoir perdu toute confiance dans ce Parti susceptible de devenir fasciste... La bourgeoisie semble bien se redéployer en Chine au sein du Parti lui-même et la lutte des classes annoncée risque donc de se développer dans le Parti communiste.

On peut se demander s'il ne s'agit pas du résultat de la politique du Grand Bond... Celui-ci n'a pas abouti au désastre définitif qui menaça trois ans. Il a fini par trouver son équilibre, ou plutôt par aboutir à un équilibre sur des bases fort différentes, voire même inverses de celles que proposait Mao. La Chine, à partir de 1961-1962, opère une reconversion économique profonde et sage, qu'elle poursuit de nos jours : l'agriculture devient la base de son économie, l'industrie légère, réorientée vers l'agriculture, retient plus l'attention que l'industrie lourde. « Le système de responsabilité » dans l'agriculture, tant célébré depuis l'hiver 1978, date en fait de 1961.

La Chine marche « sur ses deux jambes » : la produc-

---

32. In *Cahiers de la Chine nouvelle*, 30 juin 1978.

tion d'engrais est multipliée par sept entre 1957 et 1966, celle des tracteurs par quatre. La véritable révolution agricole chinoise au niveau des forces productives commence vraiment vers 1961. Et ceci sans sacrifier le développement de l'industrie qui se poursuit à un rythme plus raisonnable. Ce succès dans le moyen terme d'une politique économique qui fut d'abord un désastre ne doit rien au miracle, mais à l'effort des gestionnaires de l'économie chinoise. Des cadres se sont affirmés capables de transformer le rêve imprécis de Mao en une réalité viable, voire même le plus souvent de ne garder que les slogans et le vocabulaire de Mao pour faire une politique axée sur le développement réel des forces productrices.

C'est l'époque où, au Hunan, on voit arriver au premier plan dans la province, Hua Guofeng dont nous avons décrit les débuts politiques : il se signale par sa compétence technique, son aptitude à résoudre les problèmes de l'irrigation et du développement de la culture des patates douces... Ses premiers textes connus parlent d'engrais et de fumier...

Des centaines de milliers de cadres analogues apparaissent, qui sont peut-être moins des professionnels de la parole et des dispensateurs d'idéologie — traits qu'ils ne perdent pas entièrement — et qui en revanche ont acquis un savoir technique. Tout se passe cependant comme si cette montée d'obscurs tâcherons, cette promotion du concret, ce rappel à l'ordre du réel gênaient Mao qui, d'un autre côté, est très sensible à la démoralisation des cadres (tirés à hue et à dia durant les « trois années amères ») et à la désillusion des millions de gens qui avaient cru le paradis au coin de la rue. Ainsi, le maoïsme par son volontarisme et son mépris des lois de l'économie, par la retombée de l'enthousiasme qu'il a suscités, crée les conditions d'un renforcement de la bureaucratie des cadres qu'il prétend par ailleurs dénoncer. Ces derniers doivent en effet contraindre au travail, pour des tâches impossibles, des milliers de gens déçus et fatigués. La métaphysique de la contradiction débouche ainsi sur un échec prévisible et renouvelable indéfiniment. Cela alors qu'existent déjà en 1962 les traits essentiels de la Chine d'après 1978 et que de nouvelles et dures épreuves auraient pu être épargnées au peuple chinois.

La Source des Pêchers ne se cultive pas dans un rêve, mais avec des engrais et des motoculteurs. C'est ce que pensaient les « monstres cornus » et autres « diables fourchus » du Parti communiste chinois que la Révolution culturelle invite bientôt à balayer.

Chapitre 2

les origines
immédiates
de la Révolution
culturelle
septembre 1962
mai 1966

A l'occasion du 30ᵉ anniversaire de la République populaire de Chine, le 29 septembre 1979, Ye Jianying, président du Comité permanent de l'Assemblée nationale populaire et vice-président du Comité central, a exposé ce que sont, selon lui, les causes de la Révolution culturelle : « C'est dans le but de combattre, de prévenir le révisionnisme que cette révolution a été déclenchée. Il est évident que pour un parti prolétarien au pouvoir une vigilance constante est nécessaire pour éviter la voie révisionniste qui entraîne, à l'intérieur du pays, l'oppression sur le peuple et, à l'extérieur, la conquête de l'hégémonie. Seulement, au moment du déclenchement de la grande Révolution culturelle, il a été fait, à propos de la situation au sein du Parti et dans le pays, une estimation qui ne correspondait pas à la réalité, alors qu'une explication correcte n'a pas été donnée à ce qu'était le révisionnisme. »

Surprenante analyse pour qui se pique de logique : elle nous présente une lutte menée contre un adversaire mal défini avec des forces mal évaluées. Cette lutte néanmoins est « grande » et « nécessaire ». Dois-je ajouter que depuis lors, le jugement porté sur la Révolution culturelle est devenu totalement critique : il s'agit du « plus grave désastre subi par la Chine depuis 1949 » : cette logique a donc prévalu dans toute sa rigueur. Trois pistes cependant sont ainsi indiquées par ce texte, devenu partiellement périmé, mais qui demeure historiquement intéressant. Nous les suivrons : Une piste intérieure : il fallait prévenir une dégénérescence du Parti. La campagne d'éducation socialiste lancée par le 10e Plenum du Comité central en septembre 1962 se propose ce but. Une piste extérieure : le révisionnisme avec son cortège d'hégémonie, c'est bien évidemment le PCUS et l'URSS. La Révolution culturelle doit donc être mise en relations avec la marche à la scission du camp socialiste entre 1962 et 1966. Enfin les conditions mêmes du déclenchement de la Révolution culturelle apparaissent bien revêtir une importance particulière qui vaut un temps d'arrêt. Toutefois, la gêne manifeste de l'explication donnée par Ye Jianying oblige à s'interroger. Notamment, le rôle personnel de Mao dans le déclenchement du mouvement ne peut être éludé. Il ne l'est d'ailleurs officiellement plus, depuis le Comité central de juin 1981 et le 11e Congrès du Parti communiste chinois.

« Il est deux choses insupportables, disait un jour Paul Claudel, l'ordre et le désordre ». Mao Zedong semble bien avoir éprouvé cette double répulsion et avoir de ce fait brisé le nécessaire compromis qui seul aurait pu faire du Grand Bond en avant, à la longue, l'amorce féconde d'une voie originale vers le socialisme.

LA CAMPAGNE
D'ÉDUCATION SOCIALISTE (1962-1965) :
POSITION DU PROBLÈME

Le lancement

La 10ᵉ session du Comité central du PCC réunie à Pékin du 24 au 27 septembre 1962 est l'occasion d'un événement considérable : Mao Zedong, dont nous avons vu le repli momentané et les autocritiques, décide de passer à l'offensive. Son intervention a été résumée en une phrase célèbre : « Camarades, n'oubliez pas la lutte des classes »... Depuis juin 1981 on analyse ce Comité central comme le moment d'une réémergence des erreurs gauchistes, un moment où « le camarade Mao Zedong donna — à cette occasion — à la lutte de classe, qui existe en société socialiste dans un cadre déterminé, une ampleur exagérée ».

On retrouve en effet son influence dans la résolution votée : la lutte des classes est tortueuse. « Elle trouve inévitablement son expression au sein du Parti. La pression croissante de l'impérialisme étranger et l'existence des influences bourgeoises à l'intérieur du pays constituent la source sociale des idées révisionnistes dans le Parti. » La contradiction entre le prolétariat et la bourgeoisie demeure donc la contradiction principale de la société chinoise. Non seulement la bourgeoisie existe encore en Chine mais elle cherche à restaurer pleinement son pouvoir. Le but assigné au mouvement d'éducation socialiste lancé par le Comité central est donc clair : il s'agit, comme au temps du premier « mouvement de rectification du style de travail dans le parti » (mouvement *zheng feng*) lancé en 1942 à Yanan, de « purifier » le Parti. Tout se passe donc comme si Mao, convaincu d'un certain échec du « Grand Bond en avant », en attribuait les causes non pas aux erreurs de conception, au volontarisme et à l'improvisation, mais au mauvais comportement du Parti, aggravé depuis lors à la suite du « réajustement ». Le « révisionnisme », voilà l'ennemi.

Le révisionnisme, qu'est-ce ?

La réponse à cette question n'est pas évidente... Ouvrons donc le dossier. Il est constitué de pièces disparates :

On y trouve tout d'abord divers textes de Mao Zedong comme celui-ci, daté de mai 1963 (« Sept bons documents de la province du Zhejiang sur la participation des cadres au travail manuel ») dans lequel il écrit[33] : « Si nos cadres fermaient les yeux et que nombre d'entre eux n'opéraient même pas la distinction entre l'ennemi et nous, mais collaboraient avec l'ennemi, se laissant corrompre, démoraliser et désunir par lui, si nos cadres étaient ainsi entraînés dans le camp ennemi ou si l'ennemi parvenait à s'infiltrer dans nos rangs et si beaucoup de nos ouvriers, paysans et intellectuels se laissaient aussi séduire ou intimider par l'ennemi, alors il se passerait peu de temps, peut-être quelques années ou une décennie, tout au plus quelques décennies, avant qu'une restauration contre-révolutionnaire n'ait inévitablement lieu à l'échelle nationale et que le Parti marxiste-léniniste ne devienne un Parti révisionniste, un Parti fasciste, et que toute la Chine ne change de couleur. »

On trouve aussi, dans ce dossier, divers éditoriaux publiés dans la presse à la même époque. Ainsi ce texte du *Drapeau Rouge* n° 13-14 de 1963 : « Trop de cadres se complaisent dans l'oisiveté et le travail bâclé, mangent trop et ont trop de biens, luttent pour leur carrière, agissent comme des mandarins, prennent des allures de bureaucrates, ne se soucient en rien du fardeau du peuple et ne font aucun cas des intérêts de l'Etat... » On ajoute qu'ils sont « coupés des masses », qu'ils font

33. DEVILLERS (P.) : *Ce que Mao a vraiment dit*, Paris, Stock, 1967. CHEN (C. S.) & RIDLEY (C. P.) : *Rural People's Communes in Lienchiang*, Stanford, 1969.

dans le « départementalisme » et « placent la production au poste de commande ».

On a même des pièces étonnantes pour nourrir l'instruction : il s'agit des archives d'une sous-préfecture (la petite ville de Lianjiang au Fujian) prises lors d'un raid nocturne d'un commando Taiwainais au printemps 1964 et publiées depuis[34]. On y trouve des rapports administratifs, des communications à usage interne, des exposés de divers responsables du Parti entre octobre 1962 et mai 1963. Le tableau qui ressort de ce genre de documents est nécessairement noirci ; imaginez l'histoire sociale de France faite à partir des rapports de police ! Cependant, les renseignements ainsi fournis sont d'un intérêt certain. J'en extrais ici quelques exemples dont ce tableau décrivant « trois mauvaises tendances parmi les cadres de deux brigades de promotion.

Pour lire ce tableau, il importe de se rappeler qu'une cattie est équivalente à une livre, qu'un yuan vaut alors deux francs, qu'un mu mesure 1/15 d'hectare et qu'une brigade correspond en gros à un village, soit 1 500 à 2 000 personnes et 150 à 250 cadres au sens le plus large.

On peut lire dans un autre rapport : « Sur les cadres d'une brigade de production, deux sont occupés au colportage, quarante ont commis de la prévarication et des détournements de fonds, dix ont joué, cinq ont abattu clandestinement des porcs, ont arrangé des mariages (par achat de la fiancée à sa famille), un s'est lancé dans des pratiques superstitieuses, trois ont donné des fêtes extravagantes. (Dont un qui, à l'issue du banquet, a collecté des dons auprès des participants pour l'aider à construire sa maison...) et trente-six ne veulent plus être cadres. »

Ce dernier point revient sans cesse : pour toute la sous-préfecture de Lianjiang, 1 188 cadres, soit 8 % du total, refusent de continuer à être cadres. Ce qui

---

34. VILTARD (Y.) : *Le système politique chinois dans le mouvement d'Education socialiste 1962-1966,* Paris, 1975, p. 48 (tableau tiré de Chen et Ridley, voir note 33).

Type de tendance	Brigade de Shangshan	Brigade de Changsha	
	Nombre de cas en 1963 et montant du préjudice	Nombre de cas	
		1962	1963
1. Capitalisme			
– Favoriser l'entreprise individuelle et la production par quota familial.	11 (profit total 870 yuans)	10	5
Abandon de l'agriculture pour le colportage.			1
– Emigrer (à la ville) ou faire du travail clandestin.	41 (10,8 mu)	2	1
Défrichement excessif de la terre non cultivée et usurpation de terre collective.		11	2
– Taille excessive des lopins de terre individuels.	4 (0,42 mu)		
– Tirer des bénéfices personnels au détriment de la collectivité.	1 (150 yuans)		4
– Prêter de l'argent avec des taux d'intérêt usuraires.		11	
2. Féodalisme			
– Mariage au domicile de la fiancée.		1	
– Jeux d'argent.	12		
3. Extravagances			
– Abattage clandestin de cochons.	6 (six cochons)		
– Corruption.	1 (12 yuans)		
– Détournement de nourriture ou de fonds collectifs.	9 (1 786 catties)	6	1
– Emprunt non autorisé de fonds public.	42 (3 412 yuans)		
– Vol.			4
– Spéculation.		5	9
– Comportement décadent.		1	1
– Refus de servir comme cadres.		12	12
– Mauvaise attitude au travail.		4	1
– Achats et consommation excessifs.	47 (221 catties de nourritures)	11	11

s'explique aisément : les cadres n'ont pas le droit de se livrer à des activités privées et ont été l'objet de toutes sortes de mauvais traitements et pressions de la part des paysans durant les « trois années amères » : un cadre a été roué de coups par des paysans pour s'être opposé à ce que les « engrais naturels » livrés à la brigade soient au préalable mouillés afin de peser plus... Dans le même *xian,* 2 500 paysans ont quitté l'agriculture pour « faire des affaires », 25 % des équipes de production permettent aux paysans de cultiver privativement de la terre *(dan gan).* On dépasse donc le seul problème des cadres.

Un rapport classe d'ailleurs les « neuf principaux problèmes qui existent » :

« 1. Des membres de la commune gardent pour eux les bons engrais et livrent à la brigade des engrais « mouillés ».

2. Certains ne vont plus au travail après avoir effectué leur quota mais subrepticement s'occupent de leurs « petites libertés » et défrichent pour eux.

3. Certains ne travaillent que sous la contrainte mais leur productivité n'est pas élevée. Ils gâchent l'ouvrage et perdent leur temps.

4. Certains comptent sur l'aide de l'Etat et ne luttent pas pour se débrouiller eux-mêmes. Ils tardent à rembourser les prêts gouvernementaux de secours et vont même jusqu'à ne pas les rembourser et distribuer des fonds d'Etat parmi les membres de la commune.

5. L'esprit d'entreprise privée subsiste. Les équipes de production ont découvert que même un petit lopin de terre donné à un foyer paysan avec un contrat de production a un mauvais effet. Cependant de nombreuses équipes persistent dans cette pratique.

6. L'abattage des arbres de la collectivité continue, ce qui nuit à la richesse collective.

7. Certains ont abandonné l'agriculture pour le colportage et l'industrie. Certains s'engagent dans la spéculation. Certains, qui ont abandonné l'agriculture pour des activités annexes, laissent leurs troupeaux de canards et d'oies endommager les récoltes collectives.

La force de travail a été réduite par l'émigration (clandestine, vers la ville).

8. Certains volent des biens tels que outils de ferme, engrais...

9. Nous n'avons pas encore supprimé les mauvaises tendances au capitalisme, au féodalisme et à l'extravagance. En résultat de quoi, nous ne pouvons pas faire face avec efficacité à la production collective. »

Quelle dialectique inversée nous révèle cette dernière phrase !... On se prend à rêver au Marx chinois qui la remettrait sur ses pieds...

Quelques auteurs jugent la Chine

Car tout est là... Si l'on n'y prête garde et si l'on prend ce dossier au pied de la lettre, le piège est tendu : on justifie la Révolution culturelle et, à moins d'avoir une échine extrêmement souple, on a quelque mal à se retrouver dans la politique chinoise depuis 1976 !

C'est le cas de Charles Bettelheim qui, après avoir cru trouver en Chine la vraie société socialiste — par opposition à la société soviétique qui aurait vu la restauration du capitalisme — ne s'y retrouve plus depuis octobre 1976 et proclame son désaccord. Il a été pris au piège [35].

D'autres, pour d'autres raisons, y sont tombés ou y font tomber leurs lecteurs, comme M. A. Macciocchi dans son ouvrage *De la Chine* naguère tant vanté [36]. Elle trouve en Chine « un monde d'hommes sans péchés » : « Au bout de vingt jours, on est plongé jusqu'au cou dans cet océan de pureté », dans ce « stupéfiant laboratoire politique » où le Parti à la différence de ce qui se passe en URSS » est l'instrument de la révolution et non l'instrument de la gestion », après la « dénonciation de la ligne déviationniste d'un Liu Shaoqi »...

Toujours, avec des variantes, c'est la même idée de

---

35. BETTELHEIM (C.) : *Questions sur la Chine après la mort de Mao Zedong*, Paris, Maspero, 1978.
36. MACCIOCCHI (M. A.) : *De la Chine*, Paris, Seuil, 1971.

base : la Révolution culturelle a été nécessaire, juste. Elle a empêché l'apparition en Chine du révisionnisme à partir de ce capitalisme spontané que l'on décrit dans les années 1961-1963... Mao Zedong brisant le compromis de 1961, c'est la révolution socialiste parlant par sa bouche, agissant par son bras.

Il est curieux de trouver dans d'autres ouvrages une position analogue mais adoptée pour des raisons inverses. Un autre piège est tendu : celui du désespoir, de la dissuasion à l'égard du changement. Dans le livre le plus complet écrit sur l'histoire du *Parti communiste chinois au pouvoir,* c'est ce que fait Jacques Guillermaz : l'apparition de manifestations capitalistes dans la paysannerie chinoise est mise en valeur car elle conforte l'auteur dans sa croyance en l'universalité du capitalisme. Mao Zedong est alors le défenseur intransigeant du socialisme. Il a raison dans sa lutte, mais c'est une lutte sans succès définitif possible, car il défend une utopie [37].

On retrouve là une des idées forces du « best seller » d'Alain Peyrefitte *Demain la Chine* [38] qui se résume en un syllogisme truqué : la Chine de la Révolution culturelle est le vrai socialisme , or ce socialisme est inhumain et, en tout cas, impossible à réaliser dans des pays « avancés ». Donc le socialisme est impossible en France...

J'invite le lecteur à refuser ces pièges de l'illusion ou de la résignation. Relisez les documents de notre dossier : ils ne prouvent rien de tel.

D'abord les fautes dénoncées sont bien vénielles : il s'agit de quelques centaines de francs, quelques kilos de riz, quelques ares de terre (encore s'agit-il de défrichement jugés « illégitimes » alors que la famine menace ! C'est la logique folle d'un Pol Pot que d'y trouver à redire !...). Mieux : on incrimine les cadres pour ce qui

---

37. GUILLERMAZ (J.) : *Le PCC au pouvoir, op. cit.*
38. PEYREFITTE (A.) : *Quand la Chine s'éveillera...*, Paris, Fayard, 1973.

fut quelque temps la politique officielle comme les
« contrats de production par famille »...

Ajoutons que, pour être juste, il faudrait rectifier le
tableau assez sombre ainsi brossé des cadres du PCC par
le tableau inverse que l'on tire de la lecture du gros livre
du spécialiste américain Doak Barnett (*Cadres bureaucracy and political power in Communist China*). Barnett
nous décrit des cadres à la vie dure, spartiate, d'une
honnêteté scrupuleuse [39]... Bientôt, en 1965-1966, on
essaiera de transformer en modèle populaire le souvenir
d'un de ces cadres, Jiao Yulou, qui a mené une vie de
privations et de dévouement dans une des régions les
plus pauvres du Henan, le *xian* de Lankao (près de
Kaifeng) [40].

En tout état de cause, des questions doivent être
posées : pourquoi ces fautes ? Pourquoi cette démoralisation ? Pourquoi cette débrouillardise généralisée ? La
réponse est évidente : à cause des erreurs du « Grand
Bond en avant », à cause de l'improvisation, du volontarisme, du mépris des réalités affiché en 1958-1959.

Ce n'est pas parce que les cadres sont mauvais que
l'on a du mal à faire face aux problèmes de la production. Au contraire : malgré des décisions erronées,
malgré des consignes aventuristes, le socialisme chinois
a tenu bon parce que les cadres ont réussi à faire face
avec honneur aux tâches difficiles qui les ont assaillis. Le
« bureaucratisme », le « commandantisme », les réels
abus de pouvoir ont beaucoup à voir avec l'impossibilité
où se sont trouvés les cadres d'appliquer une ligne
inapplicable.

Le socialisme chinois a tenu bon aussi parce qu'il ne
date pas que de 1949, qu'il a de longues racines, qu'il est
le résultat d'une longue lutte, d'une réelle adhésion des
masses, formidable contrepoids à l'aventurisme, après
la cuisante expérience de l'échec du « Grand Bond en
avant » qui fait reculer les vieux rêves millénaristes.

---

39. BARNETT (D.) : voir note 16.
40. Brochures en son honneur, y compris sous forme de bandes
dessinées en 1965 aux Editions de Pékin.

La lutte entre les deux lignes que l'on peut constater entre 1962 et 1966 n'a donc pas le sens que certains lui donnent. Elle n'oppose pas les tenants d'une voie capitaliste et les tenants d'une voie socialiste ou les tenants d'un « révisionnisme à la soviétique » aux tenants du socialisme authentique : il n'existe pas de Khrouchtchev chinois clairement conscient de défendre une ligne politique alternative à celle de Mao.

Le conflit se noue autour du bilan du « Grand Bond en avant », entre des gens qui sont tous d'accord pour rechercher une voie originale au socialisme chinois qui permettra de faire de ce pays un pays « puissant et prospère » vers la fin du siècle... Il y a d'un côté Mao Zedong et ceux qui se retrouvent dans ses idées : ils refusent le compromis esquissé en 1961. Ils veulent perpétuellement un surgissement révolutionnaire, refusent tout temps de répit... C'est ce que Mao appelle la « révolution ininterrompue »[41]. D'un autre côté, il y a les partisans d'un compromis, d'un Grand Bond réajusté et consolidé. Ce sont, me semble-t-il, les vrais partisans de la « voie chinoise » que tant d'auteurs ont cru identifier avec la ligne de Mao... Liu Shaoqi et plus encore Deng Xiaoping suivent cette ligne à laquelle, au moins jusqu'en septembre 1962, ils croient Mao résigné depuis son échec et son retrait en deuxième ligne. La Chine d'après octobre 1976 trouve son origine dans les années qui séparent l'échec du Grand Bond du lancement de la Révolution culturelle.

La lutte de ce qui peu à peu devient deux lignes inconciliables se suit aisément entre 1962 et 1966, à partir de la série des directives du Comité central qui jalonnent le mouvement d'éducation socialiste, lancé par le 10e Plénum du Comité central en septembre 1962 sous le signe de la lutte des classes et de la lutte contre le révisionnisme.

---

41. Schram (S.) : *La Révolution permanente en Chine*, Paris, Mouton, 1963.

LA CAMPAGNE
D'ÉDUCATION SOCIALISTE :
LA LUTTE ENTRE LES DEUX LIGNES
A LA CAMPAGNE

Au début, dans les villages de Chine le « mouvement d'éducation socialiste » ne démarre qu'à grand-peine. Les paysans sont occupés à des tâches de production et ont appris à se méfier des directives politiques venues de la ville : les cadres, rompus à ce genre d'exercice, transmettent les consignes, font des rapports... et attendent que « ça passe » !... Vu de la base, le mouvement n'est donc ni nécessaire ni opportun...

Les directives de mai 1963 :
les dix premiers points

En mai 1963 Mao Zedong ne cache pas son agacement : il est l'instigateur des directives du Comité central visant à relancer le mouvement, appelées « les premiers dix points ». On y retrouve le pessimisme déjà noté et l'insistance sur la primauté de la lutte des classes. « Qui va gagner dans la lutte entre le socialisme et le capitalisme, entre le marxisme-léninisme et le révisionnisme ? » Il faut donc que les cadres se purifient « se lavent les mains et les pieds ». Les « quatre purifications » *(si qing)* consistent en une révision de la comptabilité des brigades et des équipes, notamment de la répartition des « points se travail » qui sont la cause de maintes colères paysannes... La révision doit être publique, placée sous le contrôle des paysans « pauvres et moyens inférieurs » dont on souhaite que les associations retrouvent vie.

La réapparition de cette dernière catégorie sociale, dont la base objective a disparu avec la collectivisation surprend. Elle est, de fait, pour l'essentiel, une catégorie historique. Cependant on procédait périodiquement à des révisions du statut de classe, où sont prises en compte les activités annexes des paysans. Il arrivait ainsi que des paysans moyens inférieurs deviennent (fâcheuse promotion) des paysans moyens supérieurs. Ils perdaient alors leurs... titres de noblesse à rebours. Un des facteurs de cette sorte de dégradation révolutionnaire étant souvent la mauvaise attitude politique.

Cet effort de résurrection des combats passés s'accompagne d'une relance de la lutte des classes à la campagne : compilation des « quatre histoires » (des individus, des familles, des villages, des communes), « exposés d'amertume » pour rappeler les fléaux du passé, lutte contre les « quatre mauvais éléments » (anciens propriétaires fonciers, anciens paysans riches, contre-révolutionnaires et les malheureux « droitiers » de 1957 ou de 1959) [42]. Cependant, la directive invite à ne pas recourir à des châtiments physiques contre les coupables, rappelle que « 95 % des cadres sont bons ou fondamentalement bons » et qu'il s'agit là de simples « contradictions au sein du peuple ». L'article 10 conclut : « La campagne durera trois ans et donnera un nouvel élan vers " une plus grande prospérité ". »

En fait, à l'automne 1963, l'échec est patent. Les paysans pauvres sont tenus par de nombreux cadres pour « grossiers et rétrogrades ». Dans la région de Canton (d'après le travail de recherche d'Ezra Vogel) [43], le Parti les tient pour des « chiens de garde ineptes ». Ce sont d'ailleurs les responsables des cellules rurales qui choisissent eux-mêmes parmi les « bons éléments » les animateurs des associations de paysans pauvres et moyens inférieures. On prêtera plus tard, durant la Révolution culturelle, des propos très semblables à l'épouse de Liu Shaoqi, Wang Guangmei : « Les soi-disant organisations de classe (les associations de pay-

---

42. BAUM (R.) : *Prelude to Revolution : Mao, the Party and the Peasant Question 1962-1966*, Colombia U.P., 1975, BAUM (R.) & TEIWES (F.S.) : *Ssu Ching : The Socialist Education Mouvement of 1962-1966.* Berkeley, 1968.

43. VOGEL (E.) : *Canton under Communism*, New York, 1971.

sans pauvres et moyens inférieurs) sont des gardes noirs et des rustres. » « Nombreux sont ceux qui ont été des bandits dans les sociétés secrètes. » « Il y en a trop qui ont les défauts dans leurs " biographies "... ›

Par contre, la participation des cadres au travail manuel, qui est recommandée dans les dix points est mise en pratique (Il est vrai qu'elle s'inscrivait dans le courant *xiafang* d'envoi des cadres urbains à la base, dans les villages, instauré dès l'automne 1957). De plus, on réduit de 4 % du total à 2 % le montant des « points de travail de substitution » que les cadres perçoivent parce que leurs tâches administratives les éloignent des champs. Cette baisse de leurs revenus fonctionne donc comme une certaine contrainte économique. Par ailleurs un minimum de 60 jours par an à la production pour les cadres de sous-préfectures, 120 pour les cadres de communes populaires, 180 pour les cadres de briga-des, est fixé. Enfin, il est précisé que les cadres doivent faire leur quota de points de travail dans la même bridade. Cet ensemble de mesures s'appelle les « trois fixes » *(san ding)*.

Mais la campagne d'épuration des comptes prend très vite le pas sur tout le reste. Le débat est passionné avec, souvent, une mise en cause véhémente des tendances égalitaristes des récentes années : refus d'accepter une médiocre rémunération du travail le plus qualifié. La discussion porte donc sur la production, la répartition du travail, les techniques de comptabilité. La politique n'est guère au poste de commande, tandis que les jeunes ruraux (250 millions de Chinois vivant à la campagne ont moins de 25 ans et 100 millions ont entre 16 et 25 ans) participent avec mollesse à la campagne d'édu-cation : ils témoignent même de leur incrédulité devant les rituels « exposés d'amertume ». C'est ce que nous apprend le *Journal de la Jeunesse de Chine* du 27 juin 1963 : « Après avoir entendu les misères révélées par les vieux paysans pauvres, des jeunes ont posé avec naïveté des questions puériles : " N'aviez-vous vraiment rien dans le passé ? Pourquoi n'en appeliez-vous pas à la justice ? Pourquoi n'arriviez-vous pas à faire entendre

raison aux propriétaires fonciers ? '' » Le problème des
« successeurs révolutionnaires » se pose donc.

On a bien le sentiment que la sagesse paysanne
prévaut : comme l'écrit un chercheur américain, Michel
Oksenberg [44] : « Les demandes incessantes (et qui trou-
blaient la vie) que faisait le gouvernement ont conduit
bien des Chinois à accorder un haut prix à la sécurité et
à la quiétude. Jouir de la chaleur de la terre, échapper
aux pressions politiques déplaisantes, profiter des plaisirs limités qui n'entraînaient pas de risques de critique,
tels devinrent les objectifs essentiels de nombreux
Chinois. » Je me permettrai de nuancer cette conclusion
en rappelant que lorsqu'il est question de production,
d'engrais, de lutte contre les parasites, de plan de
culture, la passion monte. Or, ces questions concernent
les terres collectives… La paysannerie n'est pas indiffé-
rente dès que le socialisme apparaît sous sa forme
concrète et non pas sous celle de discours rituels tenus
dans d'interminables meetings ou sous la forme perver-
tie de règlements de comptes entre cadres ou bureaucrates divers.

Les directives de septembre 63 : les seconds dix points

En septembre 1963, devant l'évident échec, une
nouvelle circulaire du Comité central est rendue publique. Elle est connue sous le nom des « seconds dix
points » et l'auteur en est Deng Xiaoping assisté de
Peng Zhen.

Durant la Révolution culturelle, ce texte fut présenté
comme un « texte noir », révisionniste. Pourtant, à
première vue, il diffère peu du précédent et il se
contente de répondre à des problèmes survenus durant
le mouvement. Les responsables doivent « prendre un
bain » par l' « étude, la critique et l'autocritique ». Des

---

44. OKSERBERG (M.) : « Local leaders in Rural China », in
BARNETT (D.) : *Chinese Communist Politics in Action*, Seattle 1969.

équipes de travail sont dépêchées en des points cruciaux pour aider au mouvement. Le Parti doit être soumis à une intense campagne d'étude et de purification des mauvais éléments, tout en veillant « à guérir la maladie en sauvant le malade » et les cellules rurales doivent montrer plus de zèle pour organiser des « associations de paysans pauvres et moyens inférieurs ». On prévoit des punitions pour les mauvais éléments tout en appelant à la prudence : on évalue à 2 % environ le nombre de cadres à punir (destitution, emprisonnement). Seuls 1 % sont des ennemis de classe à mettre hors d'état de nuire.

Sur tous ces points, rien ne semble bien neuf. Pourtant, le texte a une tonalité différente du précédent. Est-ce, comme le diront plus tard, les « gardes rouges » que l'on « a retiré les bûches de dessous le chaudron » ? De fait, on a mis de sérieux garde-fous à la critique et protégé notamment les militants du Parti : les réunions de critique des membres du Parti se déroulent « portes fermées » ; on ne publie pas le nom des coupables. On recommande la prudence dans le « reclassement » des catégories sociales dans les villages, de ne sanctionner que des comportements d'exploiteurs et non pas les gens qui s'adonnent à des activités annexes légitimes.

Prudence, garantie, précaution : tout cela enlève bien des combustibles à l'éventuel brasier... Mais il y a plus : de longs développements, parfois minutieux, visent à préserver précisément ces activités annexes, à laisser s'opérer les défrichements de terrains bien au-delà du cadre légal, à protéger le lopin de terre individuel. C'est clair : Deng Xiaoping se place toujours dans l'optique de 1961. Peu importe que les paysans soient rouges ou gris pourvu qu'ils travaillent, produisent et chassent à jamais le spectre de la famine et des maladies de carence.

La campagne, une nouvelle fois, est peu animée. L'hiver 1963-1964 annonce cependant des temps plus agités. Destinés à un bruyant avenir, quatre thèmes apparaissent à partir du mois de février 1964 :

1. prendre l'Armée populaire de Libération comme modèle,

2. former la génération des successeurs révolutionnaires,

3. mettre la politique au poste de commandement,

4. dénoncer avec la plus extrême vigueur les révisionnistes soviétiques.

La campagne d'éducation socialiste reprend donc : elle est concentrée sur quelques points clefs et dispose de plus de moyens.

Ces « points clefs » sont soigneusement choisis. Ce sont en gros 5 à 10 % des communes et des brigades, le reste des villages n'étant touché que superficiellement par le mouvement. Tout se passe comme si, tenant compte des réticences paysannes, on limitait l'ampleur du mouvement et ses éventuels dommages... Par contre, on voit arriver sur ces « points clefs » des « équipes de travail » de 100 à 500 membres par commune soit 10 à 20 par brigade et 2 et 3 par équipe de production.

Les membres de ces groupes sont le plus souvent des citadins qui vont ainsi à la base *(xia fang)*. Ils vivent chez l'habitant et fournissent le matériel de couchage, les ustensiles de cuisine et l'argent pour l'achat des vivres. Ils ont une bonne connaissance des dossiers des cadres et ont vite fait de leur faire reconnaître leurs erreurs contre une promesse d'indulgence. Ils utilisent des informateurs locaux, mais vérifient les dossiers d'accusation avec soin. Quand les animateurs de ces équipes de travail sont des cadres d'une certaine importance, ils agissent sous l'anonymat d'un pseudonyme. Les cadres récalcitrants sont traînés devant les meetings publics d'accusation. Si le nombre de cadres plus ou moins réprimandés est élevé (parfois 50 %), le nombre de ceux qui deviennent « objets de lutte » n'excède pas 5 % dans un *xian* moyen (soit environ 700 à 800 pour 300 000 habitants). Tout cela demeure finalement assez terne et, en juin 1964, Mao fait à nouveau part de son mécontentement.

Eté 1964 : le premier heurt entre Mao et Liu

Alors commence un développement de la campagne qui peut surprendre. Il faut s'y arrêter quelque peu car c'est le moment précis où le conflit, peut-être déjà latent entre Mao Zedong et Liu Shaoqi, s'aiguise et laisse apparaître deux conceptions radicalement différentes du mouvement en cours.

Mao, en juin 1964, énonce les six critères qui, selon lui, permettent de dire que le mouvement a ou non réussi :

1. Les paysans pauvres et moyens pauvres ont-ils été vraiment mobilisés ?

2. A-t-on réglé la question des cadres « sales » (c'est-à-dire ayant commis quelques fautes) ?

3. Les cadres participent-ils aux activités manuelles ?

4. A-t-on mis en place un bon noyau dirigeant ?

5. Quand les « quatre éléments » (mauvais) sont découverts, y a-t-il mobilisation des masses pour lutter contre eux et leur imposer une réforme sur place ou se contente-t-on d'adresser les dossiers à l'échelon supérieur ?

6. la production a-t-elle crû ou diminué ?...

Texte révélateur : la production doit progresser comme résultat du mouvement, elle lui est donc subordonnée. La révolution doit venir d'abord, la production suit... Le « Grand Bond en avant » avait pourtant révélé les dangers de la formule. D'autre part, ce n'est pas le Parti qui apparaît comme force décisive, mais les masses, un peu idéalisées. Je partage sur ce point l'analyse de l'Américain Franz Schurman lorsqu'il parle du populisme de Mao face à l'élitisme de Liu Shaoqi[45].

La réaction de Liu Shaoqi est en effet très différente. Pour lui — beaucoup plus marqué par le léninisme revu par Staline — à un certain niveau, les cadres décident de tout. Il ne croit pas à ce flux incessant de mouvements de critique, de purifications, de remises en cause cher à Mao. Sur ce point, il représente bien l'appareil du Parti et la masse des cadres ballotés dans les crises successives

---

45. SCHURMAN : voir note 5.

depuis l'été 1955. Il aime une société structurée, hiérar-
chisée, contrôlée par un Parti d'élite. Il lui faut un Parti
parfait, irréprochable, qui puisse être un Parti guide.
Paradoxalement, à partir de l'été 1964, cela l'amène à
être beaucoup plus dur que Mao Zedong à l'égard des
cadres. En 1964, tirant argument de l'expérience de son
épouse, Wang Guangmei, il entreprend la plus rigoureuse purge que le PCC ait connue dans le monde rural
depuis 1949.

Entre novembre 1963 et avril 1964, en effet, Wang
Guangmei conduit avec une certaine brutalité une
équipe de travail dans la brigade de Taoyuan (Hebei).
Son extrême sévérité l'a amenée à découvrir dans cette
brigade, jusque-là jugée comme modèle, un nombre de
fautes tel qu'elle en conclut que le PCC n'existe plus et
qu'il s'agit, en fait d'un « régime contre-révolutionnaire
à deux faces ». Liu Shaoqi, dès août 1964, confirme le
pessimisme de cette analyse : « Un tiers du pouvoir
dans les unités de base n'est pas dans nos mains. »

Les Directives de septembre 1964.
(Les « seconds dix nouveaux points révisés ».)

Aussi ces seconds dix nouveaux points révisés élaborés en septembre 1964 sont-ils extrêmement sévères.
Avant de les exposer, je tiens à rappeler la réalité
d'alors, en donnant la parole à l'un de ces cadres qui va
subir, à nouveau, une terrible épreuve. Il est cité le
10 novembre 1964 par Radio-Wuhan : « Nous avons
souffert cette année de catastrophes naturelles... Les
masses sont amères. Il n'est pas facile pour elles de
récolter plus de grains. »

D'après Liu, la campagne sera difficile et prendra
cinq à six ans. Les « groupes de travail » deviennent la
force essentielle : solidement encadrés, ils doivent s'établir dans les villages pendant six mois. S'il le faut on
pratiquera la tactique de la « mer humaine », c'est-à-
dire l'envoi massif de groupes de travail sur un point.
(On envoie par exemple 18 000 personnes dans un *xian*
du Hobei de 280 000 habitants !)

Les groupes de travail concentrent entre leurs mains de gros pouvoirs. Plus rien ne protège les cadres contre leur intervention.

Les Quatre purifications *(si qing)* suivent : c'est une période de terreur pour les cadres locaux. On pense que sur les 25 millions de cadres ruraux que compte alors la Chine (dont sans doute les 2/5es sont membres du PCC, soit 10 millions environ), entre 1 250 000 et 2 500 000 sont limogés. Mais, en fait, la concentration de l'effort sur des « points clefs » donnent des résultats plus effrayants : 70 à 80 % de cadres sont limogés là où opèrent les équipes, soit dans 10 à 15 % des communes et des brigades. Beaucoup de cadres sont condamnés, internés, soumis à rééducation par le travail. Les associations paysannes participent à cette critique. Cette lettre d'un paysan pauvre parue dans le *Nanfang ribao* (le journal du Sud édité à Canton) du 11 octobre 1964 en témoigne : il déplore que les cadres s'accordent trop de points-travail pour leurs tâches administratives et ajoute : « Quand, vous, cadres, êtes injustes, nous devons vous critiquer et vous contrôler, et si vous n'acceptez pas ces critiques, nous devons ouvrir le feu contre vous. »

Les livres de comptes sont donc épluchés avec une certaine mesquinerie et l'étroitesse de gens qui ont eu faim et cherchent par tous les moyens à reprendre quelques kilos de riz...

Le 26 décembre, le même journal de Canton précise que l'on a trouvé ainsi de nombreux cadres qui se sont alloués en excès des « points de travail de substitution », et que c'est une faute « de nature antisocialiste et exploiteuse » (donc ce n'est plus une simple « contradiction au sein du peuple »...) Une certaine démagogie apparaît.

Voici le discours du responsable d'une équipe de travail arrivant dans un village en novembre 1964 (on est près de Canton et le discours doit être traduit en dialecte local) : « Nous sommes venus pour ouvrir le feu sur vos chefs. Nous sommes venus pour vous aider à assainir la politique, l'idéologie, l'économie, l'organisation. Nous sommes venus pour rectifier les cadres et non les masses. Notre intention est de rester ici jusqu'à ce que les insuffisances et erreurs de vos chefs soient rectifiées. Vous, les masses, devez nous aider. Après cette réunion, vous allez retourner chez vous et écrire vos « affiches en gros caractères » pour exposer les erreurs de vos chefs. Ne les laissez pas passer au travers. Parmi vos cadres il en est de bons et de mauvais... »

On pousse les paysans à écrire, en signe d'attachement à Mao Zedong ; on pousse les militants du PCC et de la Jeunesse communiste à donner l'exemple, en gage de loyauté envers le parti.

Dix jours plus tard, après que les affiches ont été placardées, lues, commentées, un nouveau meeting a lieu. Les cadres présentent à haute voix leur autocritique. Débat.

Avant il y a eu des réunions à huis clos pour s'assurer des autocritiques. Un secrétaire d'une « branche » du PCC (une section, si l'on veut) est ainsi interrogé trois jours durant par des équipes qui se relaient. Il y a des violences et des suicides. Parfois, ces rudes manières révèlent certains aspects inquiétants de la vie politique à la campagne, comme ceux de la brigade modèle de Shengshi, près de Canton, où la campagne de rectification a été menée par Zhao Ziyang (l'actuel Premier ministre) : le secrétaire de la brigade Chen Hua est un secrétaire modèle, « héros du travail », reçu par Mao Zedong en audience privée en juin 1964. Survient alors l'équipe de travail. Des ennemis du secrétaire parlent : c'est un tyran local, et de décrire ses détournements de fonds, l'oppression des masses, des viols... Un meeting d'accusations a lieu : notre homme se défend bien et s'en tire avec une légère réprimande ; mais il a perdu la face. Sitôt l'équipe partie, il fait rouer de coups, par des hommes à sa solde, ses deux accusateurs. Ces derniers se plaignent à Pékin. Une nouvelle équipe de travail dirigée par Wang Guangmei et comprenant des inspecteurs de police arrive sur les lieux. Chen Hua, affolé, s'enfuit en bateau à Hong Kong mais son navire est intercepté. Il reconnaît ses crimes lors d'un meeting qui se termine étrangement : il se précipite sur un câble à haute tension.

Une autre affaire va pousser à son comble le mécontentement face à cette véritable campagne de terreur contre les cadres. Elle concerne en effet la brigade modèle qui commence sans cesse à être citée, celle de Dazhai (Tachai) dans le Shanxi[46].

On vient de célébrer son secrétaire, Chen Yonggui, qui a été élu délégué de la province à la troisième Assemblée nationale populaire, début octobre. Les rendements de céréales obtenus par cette petite brigade de 380 paysans seulement sont en effet fabuleux : on est passé de 11 quintaux à l'hectare en 1949 à 60 en 1964. Or, fin octobre, une équipe de travail s'installe. Elle découvre des anomalies dans les statistiques (notamment une sous-estimation de la superficie ensemencée...). Début décembre, l'équipe de travail conclut qu'il faut déclasser Dazhai de « brigade modèle » à « brigade ayant de sérieux problèmes »... Entre-temps, Chen Yonggui est allé siéger à Pékin comme député. Il a été reçu par Mao Zedong et nommé à la présidence de l'Assemblée nationale populaire. Il parle le 26 décembre : Zhou En-lai a célébré dans son rapport quelques jours avant, l'expérience de Dazhai comme un « exemple de construction économique comptant sur ses propres forces ». Le 30 décembre, le *Quotidien du Peuple* paraît avec, en première page, une photographie de Mao et de Chen Yonggui... De retour à Dazhai, ce dernier est considéré comme un véritable héros. Mao, d'ailleurs, a calligraphié : « En agriculture, il faut apprendre de Dazhai. » L' « équipe de travail », peut-être manipulée par Liu Shaoqi, n'a qu'à bien se tenir... Elle a voulu frapper trop haut : elle a attenté à un symbole... La crise majeure est proche.

---

46. PAIRAULT (T.) : *Dazhai récupéré : la politique économique rurale au début des années 1970,* Paris, PUF 1977. Depuis 1980, l'expérience de Dazhai est officiellement tenue pour avoir été une tromperie : l'équipe de travail avait vu juste...

Les Directives de Mao
Les vingt-trois points de janvier 1965.

Une réunion de travail du Comité central est convoquée par Mao Zedong fin décembre 1964 — début janvier 1965. Mao y critique les excès des groupes de travail et se déclare favorable à l'indulgence envers les cadres coupables. Une nouvelle circulaire naît de ce débat : les vingt-trois points de janvier 1965.

Ce document annule les documents antérieurs et estime que le vrai problème est la contradiction entre le socialisme et le capitalisme due « à la persistance, durant toute la période de transition, de contradictions de classes et de lutte de classes entre le prolétariat et la bourgeoisie et à la lutte entre les deux routes du socialisme et du capitalisme ».

Le texte invite les équipes de travail à s'appuyer sur la majorité des cadres et sur les masses et à réaliser ainsi la « triple alliance ». Surtout, après s'être montré indulgent envers la plupart des cadres « fautifs » (qu'ils reconnaissent leurs fautes, le plus souvent vénielles... et tout sera dit, sauf pour les quelques éléments contre-révolutionnaires), Mao Zedong amorce dans le point 11 un virage décisif : il invite « à s'en prendre aux gens en positions d'autorité dans le Parti et qui suivent la voie capitaliste ». S'il le faut, on doit, pour mener cette lutte à son terme, procéder « à des prises de pouvoir ».

Au niveau du vocabulaire et au-delà, au niveau de la définition des cibles, la Révolution culturelle est commencée.

Avant que d'en suivre le déclenchement immédiat (en 1965-1966), il faut toutefois revenir sur une question difficile. En ces années charnières, qui sont ces cadres devenus ainsi l'enjeu d'une lutte de plus en plus âpre ? Le travail de Michel Oksenberg nous éclaire sur ce point.

Aux trois niveaux de cadres dans les provinces correspondent trois groupes assez distincts de personnel :

1. Les cadres au niveau *xian* et au-dessus deviennent la cible du mouvement et le resteront durant toute la Révolution culturelle. Ce sont dans leur majorité (53 % d'après les sondages de l'auteur) des cadres d'avant 1949 ou des années de la réforme agraire (1946-1953). Ces « vieux cadres » sont des vétérans révolutionnaires, attachés par des liens multiples de camaraderie aux responsables centraux du Parti. Ils ont été formés sur le tas, leur éducation scolaire moyenne étant de deux ans pour 42 % d'entre eux, de moins de six ans pour 86 %. Sans nul doute, vieillissants et fatigués, ont-ils quelques-uns des traits stigmatisés par la nouvelle de Wang Meng dont nous avons parlé à propos des « Cent Fleurs ». Sans doute aussi Liu Shaoqi, Peng Zhen, Deng Xiaoping sont-ils sensibles à leur opinion, partagent-ils leur souci d'ordre, d'efficacité.

2. A l'opposé, la masse des cadres à fonction technique — finance, économie, éducation, gestion... : ce sont des jeunes (la trentaine) dont 58 % sont diplômés récents de l'enseignement secondaire. Leur formation politique est livresque, leur attachement aux idées révolutionnaires est plus un héritage qu'une expérience, avec toute une part de carriérisme, de conformisme. Ils suivront dans les périodes de crise le parti de ceux qui ont le plus de chances de l'emporter... Pour l'instant, ils sont proches des « vieux cadres », détenteurs locaux du pouvoir. Quitte à profiter de l'occasion pour les supplanter...

3. La masse des cadres locaux. C'est le groupe le plus important. D'âge moyen, ils sont venus à la politique durant les années de la collectivisation. Leur niveau d'instruction est médiocre ; leur militantisme, par contre, est bien réel. S'ils se reconnaissent dans l'enthousiasme simplificateur des grandes initiatives de Mao Zedong, ils sont par ailleurs sensibles à la pression paysanne. C'est durant l'été et l'automne 1955 qu'ils ont flambé pour la première fois du feu de la révolution... Or, ce sont eux que la véritable terreur de la deuxième moitié de l'année 1964 frappe.

Cette analyse précise davantage ce qui oppose Liu

Shaoqi et Mao Zedong : Mao reproche à Liu « d'attaquer la majorité, pour protéger la poignée », c'est-à-
dire d'attaquer les cadres locaux en renforçant le
pouvoir des « vieux cadres » (y compris par le biais des
« équipes de travail »). Pour Mao Zedong c'est le risque
majeur de bureaucratisation, aggravé par la relative
dépolitisation des jeunes cadres techniques : le pourcen-
tage d'adhérents du Parti parmi eux semble décroître.

C'est également le sens de la prise de position de Mao
Zedong en juin 1964 sur la nécessité de « former des
continuateurs révolutionnaires ». C'est aussi, me semble-t-il, la conclusion tirée par Mao de l'échec de la
campagne d'éducation socialiste : la paysannerie veut
l'ordre, la stabilité, refuse l'aventure. Mao détourne
l'orage vers le niveau supérieur, loin de la production,
isolant Liu Shaoqi de la masse du monde rural et des
cadres ruraux.

Il est vrai que, depuis 1962, la situation internationale
avait évolué de telle façon que le contexte politique était
profondément modifié.

LA CHINE CROIT REDEVENIR
LE CENTRE DU MONDE (1962-1966)

Les dirigeants chinois sont triplement préoccupés
dans le domaine de la politique étrangère :

● Ils craignent pour la sécurité de leurs frontières et
refusent de reconnaître la situation léguée par les
« traités inégaux » à cause desquels la Chine a dû jadis
subir la loi de l'impérialisme.

● Ils désapprouvent tout ce qui peut ressembler à un
accommodement avec l'impérialisme, toute coexistence
prolongée, toute voie pacifique au socialisme.

● Ils reprennent après une brève accalmie, due à
leurs difficultés économiques, leur polémique avec le
PCUS et leur conflit avec l'URSS.

L'évolution est telle sur ces trois points que tout le

dossier doit être réexaminé à la veille de la Révolution culturelle. Nous allons donc rappeler les faits essentiels afin de procéder à ce nécessaire effort d'appréciation.

Les problèmes de l'automne 1962

L'automne 1962 est dominé par deux questions : la guerre de la frontière sino-indienne et les fusées soviétiques à Cuba. Les origines du conflit avec l'Inde sont anciennes : pour l'essentiel, elles remontent au tracé de la ligne Mac-Mahon — la frontière sino-indienne dans l'Himâlaya — par la Grande-Bretagne. La Chine conteste ce tracé non sans de très sérieuses raisons.

Après une série de mises en garde adressées au gouvernement du Pandit Nehru durant l'été 1962, la Chine, s'estimant en légitime défense, « contre-attaque » dans l'Himâlaya, engageant de violents combats entre le 20 octobre et le 22 novembre 1962. La victoire chinoise est sans appel. L'armée chinoise se retire unilatéralement sur ses bases de départ, consolidant la frontière sur un tracé en date du 7 novembre 1959.

L'Union indienne n'accepte toujours pas cette frontière qui demeure cependant une situation de fait encore de nos jours. Le monde est surpris de cette guerre entre deux puissances du tiers monde qui passent l'une et l'autre pour préférer la négociation à la violence. L'URSS, embarrassée, penche nettement en faveur de l'Union indienne.

Le 22 octobre 1962, le président Kennedy somme l'URSS de faire retourner à leur base les navires soviétiques porteurs de fusées en route vers Cuba. Le 26 octobre, après quelques jours d'une hésitation qui fit craindre le pire, Khrouchtchev ordonne le demi-tour exigé. La crise est surmontée ; la Chine critique et proteste, parlant d'une double erreur : aventurisme initial, puis capitulation devant l'impérialisme...

La crise sino-soviétique

Durant l'hiver 1962-1963, la polémique sino-soviétique reprend de plus belle. L'empoignade la plus rude a lieu en janvier 1963, lors du Congrès du Parti socialiste unifié de RDA. L'attaque chinoise contre le « révisionnisme » yougoslave aboutit à un gigantesque chahut contre le représentant chinois.

Entre décembre 1962 et mars 1963, les journaux chinois publient des articles très sévères contre les dirigeants communistes — Maurice Thorez et le « camarade Togliatti » — qui n'acceptent pas les critiques chinoises à propos de la coexistence pacifique et du passage au socialisme par d'autres voies que la voie armée.

La lettre en vingt-cinq points : la rupture idéologique avec le PCUS

Le 14 juin 1963, les dirigeants chinois publient une lettre en 25 points en réponse à divers discours de Khrouchtchev.

Deux thèmes y dominent :

● le PCUS n'est plus digne de diriger le camp socialiste car il est révisionniste et infidèle à l'internationalisme ;

● une autre stratégie de la révolution mondiale est proposée.

Le facteur décisif de la révolution mondiale est la lutte anti-impérialiste des pays et des peuples du tiers monde. Le slogan « Nations opprimées et exploitées, Etats et peuples prolétariens du monde, unissez-vous » remplace en fait le célèbre « Prolétaires de tous les pays, unissez-vous ». L'Afrique, l'Asie et l'Amérique latine deviennent ainsi la « zone des tempêtes ».

Le texte s'accompagne d'une dénonciation du « chauvinisme de grande puissance de l'URSS » qui attire la sympathie des Roumains (laquelle deviendra officielle en avril 1964).

Le ton de la polémique monte durant tout l'été tandis qu'une réunion de conciliation entre Soviétiques (Souslov, Ponomarev, Ilytchev...) et Chinois (Peng Zhen, Deng Xiaoping) échoue. On parle désormais du « pseudo-communisme de Khrouchtchev ».

La Chine veut avoir sa bombe atomique

Il est vrai qu'en août 1963 a lieu un événement attendu depuis plusieurs mois et qui est pour beaucoup dans la publication de la « lettre » des dirigeants chinois : le 5 août 1963, le traité qui interdit les essais nucléaires dans l'atmosphère est signé à Moscou entre l'URSS, la Grande-Bretagne et les USA.

A lire les déclarations chinoises à partir du 15 août 1963 et à constater l'extrême violence des critiques, une conclusion se dégage : c'est à cette époque que prend corps l'idée, chez les Chinois et peut-être aussi chez les Soviétiques, que ce qui sépare les deux pays est plus important que ce qui les réunit. Ou plutôt que cela devient l'opinion de Mao Zedong, sinon de l'ensemble de l'équipe dirigeante chinoise.

Quels sont les arguments des Chinois ? La Chine récuse le recours au parapluie atomique soviétique et insiste sur l'indépendance militaire absolue de tous les pays socialistes. On avait déjà vu avancer ces idées lors de l'affaire Peng Dehuai en août 1959. La Chine dénonce donc le monopole atomique des grandes puissances, club dont sont exclus les pays du tiers monde.

Sur cette base, l'attitude chinoise rencontre un écho certain comme en témoignent les félicitations de nombreux pays du tiers monde l'année suivante, quand la Chine, faisant exploser sa bombe atomique, brisera ce monopole (félicitations de Sukarno, d'Ho Chi Minh, de Norodom Sihanouk...).

On peut néanmoins penser que la Chine, en adoptant cette attitude, pense bien moins au tiers monde qu'à ses propres préoccupations : longue frontière commune contestée avec l'URSS (des rodomontades imprudentes de Khrouchtchev auraient été connues de Pékin à cette époque : il aurait envisagé devant le négociateur américain Harriman la destruction par des fusées soviétiques sans tête nucléaire des installations chinoises nucléaires du lac Lob Nor...) ; « complexe de la canonnière » acquis au XIXe siècle (la Chine, humiliée en ces temps-là, était déterminée à ne plus jamais manquer de l'arme la plus puissante à une époque donnée, dût-il lui en coûter très cher...).

Le désaccord frontalier sino-soviétique devient public

Désormais, la crise devient insurmontable. Des arguments extrêmes sont employés de part et d'autre. L'année 1964 est dramatique : publication du rapport Souslov en février 1964, échec des conversations frontalières sino-soviétiques le même mois. On doit verser au dossier une véritable provocation de Mao Zedong lorsqu'il déclare à des députés socialistes japonais en visite à Pékin en août 1964 : « Il y a une centaine d'années, la région à l'est du Baïkal est devenue territoire de la Russie, et depuis ce temps Vladivostok, Khabarovsk, le Kamtchatka et d'autres lieux font partie de l'URSS. Nous n'avons pas présenté encore la note sur ce chapitre... L'URSS occupe trop de territoires. Sous prétexte d'assurer l'indépendance de la Mongolie, elle a placé ce pays également sous sa domination en vertu des accords de Yalta. » Et de dénoncer aussi les « annexions soviétiques » d'après 1945, la Bessarabie, la Prusse orientale, la Pologne orientale...

La réplique soviétique est à la hauteur de la stupeur ressentie. Il est vrai que, pour ce qui est de l'Asie, c'est un peu comme si le Mexique se mettait à réclamer San Francisco ou Los Angeles aux USA... Khrouchtchev, à son habitude, va plus loin : le 14 septembre, toujours devant des parlementaires japonais, il demande : « Que font les Chinois au Xinjiang ? Le Tibet est-il un territoire chinois ? Et la Mongolie intérieure ?... »

Aux origines de la théorie des trois mondes

● *La Chine prend d'importantes initiatives.* La première est diplomatique : de décembre 1963 à février 1964 Zhou En-lai, accompagné de Chen Yi, ministre des Affaires étrangères, entreprend une tournée en Afrique (Egypte, Afrique du Nord, Afrique noire) au cours de laquelle il vante — avec un ton militant qui indispose parfois — les perspectives révolutionnaires et critique le

« néo-colonialisme » soviétique. Il présente l'aide chinoise à l'Afrique comme désintéressée et particulièrement efficace.

De fait, d'importants accords seront signés, (d'où sortira notamment la construction par la Chine du chemin de fer Tanzanie-Zambie) et les coopérants chinois surprendront par leur simplicité et leur dévouement sans limites.

● La seconde initiative est théorique. Le 21 janvier 1964, *le Quotidien du Peuple* pousse plus loin l'élaboration du concept de « zone intermédiaire » : « On voit que la tentative de l'impérialisme américain pour se saisir de la zone intermédiaire est destinée à accroître l'oppression de tous les peuples et de tous les pays de cette région du monde. Cette vaste zone intermédiaire comprend deux parties : une partie est formée par les pays indépendants et ceux qui luttent pour leur indépendance en Asie, en Afrique et en Amérique latine. On peut l'appeler première zone intermédiaire. La seconde partie consiste en la totalité de l'Europe occidentale, l'Océanie, le Canada et d'autres pays capitalistes. On peut l'appeler la seconde zone intermédiaire. Les pays de cette seconde zone intermédiaire ont un caractère double : tandis que leurs classes dirigeantes sont des exploiteurs et des oppresseurs, ces pays sont eux-mêmes soumis au contrôle américain, à ses interférences, à ses mauvais traitements. Ils essaient donc de faire leur possible pour se libérer du contrôle américain. Sous cet angle, ils ont quelque chose en commun avec les pays socialistes et les peuples des divers pays. En se plaçant en position d'antagonisme avec le monde entier, l'impérialisme américain se trouve inévitablement étroitement encerclé... »

C'est dans ce contexte que se situe la reprise des relations diplomatiques le 27 janvier 1964 entre la France et la RPC, accompagnée immédiatement de la rupture des relations diplomatiques, entre la France et Taiwan : le concept de « second monde » commence à poindre.

L'année 1964 demeure cependant dans l'ensemble

assez confuse. Elle est faite de toute une série d'initiatives chinoises, amorcées dès 1963, pour isoler l'URSS, la confiner en Europe en refusant de la tenir comme une puissance asiatique. La Chine a essayé ainsi de rassembler autour d'elle les onze Partis communistes asiatiques, un moment attirés par son intransigeance doctrinale ; elle a cherché aussi, en profitant des démêlés de l'Indonésie avec l'ONU à propos de l'Iran, à constituer un axe Djakarta-Hanoï —, Pékin-Pyong Yang. Elle a beaucoup œuvré pour une nouvelle conférence des pays non alignés avec Tito, Ben Bella et Nasser...

Son antisoviétisme systématique finit par agacer de nombreux pays du tiers monde, d'autant plus que la pression américaine sur le Viêt-nam se fait de plus en plus dangereuse. En août 1964 ont lieu les incidents du golfe du Tonkin. La provocation des Etats-Unis sert de prétexte aux premiers bombardements terroristes sur le Viêt-nam. On comprend que la mollesse de la réaction chinoise à cette agression commise aux portes mêmes du pays, par le chef de file de l'impérialisme tant de fois dénoncé, déconcerte quelque peu. Lors de la Conférence tricontinentale de La Havane en janvier 1965, la Chine est discrète et compte peu. Une contradiction apparaît : peut-on être solidaire du Viêt-nam et antisoviétique ? Il semble établi qu'un âpre débat, — il ne se terminera qu'avec le déclenchement de la Révolution culturelle — traverse alors la direction du PCC. La solidarité avec le Viêt-nam agressé est au centre, d'autant plus qu'en Chine la puissance des manifestations populaires de solidarité témoigne d'une réelle émotion dans le pays.

Une pause dans la polémique

L'éviction de Khrouchtchev le 14 septembre 1964 laisse espérer que le rapprochement sino-soviétique est à nouveau possible. Liu Shaoqi réfléchissant aux conséquences de la chute de Khrouchtchev ne déclarait-il pas au Bureau politique d'octobre, que la politique des nouveaux dirigeants soviétiques « changerait de trente degrés » ?

L'explosion de la bombe A chinoise, le 16 octobre apparaît ainsi à la fois comme un défi et une conclusion : l'URSS doit se résigner à avoir un voisin avec lequel elle est en mauvais termes et qui possède l'arme atomique. La Chine ayant conforté ses positions, les conditions semblent réunies pour une reprise du dialogue. D'autant plus que les nouveaux dirigeants soviétiques soutiennent avec force le Nord-Viêt-nam dans ses efforts de réconciliation.

Kossyguine, de passage à Pékin et en route pour Hanoï, rencontre entre le 6 et 10 février 1965 Mao Zedong. Il propose la fin de la polémique et une aide concertée au Viêt-nam. Il envisage une solution permettant le retrait des forces américaines du Sud Viêt-nam, en évitant que les Etats-Unis perdent la face complètement. Mao refuse totalement : la polémique entre nous « pourra durer mille ans » et la coexistence avec l'impérialisme est impossible. Si cela conduisait à une guerre américano-soviétique, la Chine serait aux côtés de l'URSS. Il est certain que cette attitude aggrave les tensions sur le problème vietnamien au sein du PCC. Seuls quelques points de repère permettent de cerner le débat. Il y a des discussions mal connues entre l'ambassade américaine et l'ambassade chinoise à Varsovie : la Chine n'interviendra directement dans le conflit que si le Nord Viêt-nam est envahi. Par ailleurs, une intense pression est exercée sur le Nord Viêt-nam pour qu'il s'aligne sur les thèses chinoises dénonçant la coexistence pacifique. Luo Ruiqing, le chef d'état-major chinois est, à l'inverse de Lin Biao, favorable à une intervention chinoise aux côtés du Nord Viêt-nam, au moins au plan aérien. Peng Zhen, présent en 1965 à une cérémonie anniversaire du Parti communiste d'Indonésie, témoigne, par la virulence de son antisoviétisme, de la fin des hésitations sur l'éventualité, dans le court terme, d'un rapprochement sino-soviétique. Le discours soutient par ailleurs avec force la politique menée par le PC Indonésien à cette époque.

Une stratégie de l'encerclement, d'après Lin Biao

Sans doute, Peng Zhen et d'autres dirigeants, voyaient-ils dans une poussée révolutionnaire vers le Sud, une réponse aux difficultés de la stratégie chinoise. A l'encerclement dont la Chine était menacée, on oppose ainsi un encerclement plus vaste, comme le ferait un joueur de wei-qi (l'équivalent chinois du go japonais).

Deux textes célèbres illustrent cet espoir et cette crainte. Le premier est une étonnante déclaration faite le 29 septembre 1965 par le ministre des Affaires étrangères Chen Yi : « Si les impérialistes américains sont décidés à déclencher une guerre d'agression contre nous, qu'ils viennent, et le plus tôt sera le mieux ! Qu'ils viennent donc demain !

Que les réactionnaires indiens, les impérialistes britanniques et les militaristes japonais viennent avec eux ! Que les révisionnistes modernes les secondent dans le Nord ! Nous finirons quand même par l'emporter !... Voilà seize ans que nous attendons que les impérialistes américains viennent chez nous... et j'ai des cheveux blancs à force d'attendre... »

Le second est le texte de Lin Biao publié le 2 septembre 1965 et intitulé « Vive la victorieuse guerre du peuple ! » : la paysannerie « constitue la force principale de la révolution nationale démocratique contre les impérialistes » dans le tiers monde. « En prenant le globe tout entier, si l'Amérique du Nord et l'Europe occidentale peuvent être appelées les villes du monde, alors l'Asie, l'Afrique et l'Amérique latine constituent les campagnes du monde. » Lin Biao poursuit : « Depuis la Seconde Guerre mondiale, le mouvement révolutionnaire prolétarien a, pour diverses raisons, accompli un repli temporaire dans les pays capitalistes d'Amérique du Nord et d'Europe occidentale, tandis que le mouvement révolutionnaire des peuples en Asie, Afrique et Amérique latine a crû en vigueur. En ce sens, la révolution dans le monde contemporain donne aussi l'image « d'un encerclement » des villes par les zones rurales ». Ce texte, qui dénonce par ailleurs avec vigueur l'impérialisme américain et son appui aux militarismes japonais et ouest-allemand présente tout naturellement l'exemple chinois à toutes ces luttes rurales qui sont la réalité de la révolution mondiale. Par une sorte de paradoxe, il combine ainsi un maximum d'internationalisme avec un sino-centrisme retrouvé. La Chine deviendrait ainsi le centre révolutionnaire du monde.

Mais le 30 septembre survient une véritable catastrophe qui bouleverse la situation et réduit à peu de chose les espoirs chinois dans le court terme. Malgré sa puissance, le Parti communiste indonésien est détruit par un coup d'Etat militaire dans des conditions qui demeurent confuses. Son secrétaire général Aidit est assassiné. Avec lui périront sans doute 500 000 militants. Cet horrible massacre s'accompagne de l'éviction bientôt complète de Sukarno. Un verrou, formé de la réaction la plus extrême, accompagné de la Terreur blanche, bloque toute possibilité d'évolution des forces révolutionnaires dans cette partie du monde, (sauf dans la péninsule indochinoise, mais la Chine n'a pu y faire prévaloir ses vues).

Le débat est encore plus tendu au sein de la direction du PCC. Les partisans de la recherche d'un compromis avec l'URSS se croient sans doute renforcés par cette situation nouvelle : les dents du tigre impérialiste sont dangereusement proches... Le péril est extrême en effet.

Pour la Chine, l'URSS devient l'ennemi principal

En fait, c'est le contraire qui se passe. Fin septembre-début octobre 1965, une réunion difficile du Bureau politique, élargi aux premiers secrétaires provinciaux du Parti — qui, par ailleurs (mais nous y reviendrons), lance la Révolution culturelle en décidant la critique de Wu Han — voit monter l'étoile de Lin Biao tandis que Luo Ruiqing est battu.

Lors d'une nouvelle réunion, tenue cette fois à Shanghai, ce dernier est officiellement dénoncé et destitué. Il n'y aura pas de soutien direct au Nord Viêt-nam. Malgré un déplacement à Pékin de Ho Chi minh en personne, toute unité d'action avec l'URSS contre les Américains est tenue pour une « sottise ». En février 1966, le Parti communiste japonais, proche des thèses chinoises à cette époque, rencontre Peng Zhen à Shanghai. Un communiqué commun, sans attaque anti-soviétique, est élaboré, auquel semble avoir participé Zhou En-lai. Mao Zedong lui-même empêche la signature du texte, ce qui entraîne la rupture entre le PCC et le PCJ. C'est aussi la dernière manifestation publique de Peng Zhen qui va devenir quelques semaines plus tard la première victime importante de la Révolution culturelle[47].

En mars, le PCC refuse avec vigueur l'invitation que lui adresse le PCUS à l'occasion de son 23e Congrès. Argumentant sur ce refus, le PCC déclare qu'il existe un complot ourdi par l'URSS et les USA en vue d'encercler la Chine et de dominer le monde. La scission est un fait, tandis que l'on voit apparaître le thème des deux superpuissances.

La Révolution culturelle est donc lancée parallèlement à la détérioration radicale des relations sino-soviétiques. C'est là un point important sur lequel il faudra revenir.

LE DÉCLENCHEMENT DE LA RÉVOLUTION CULTURELLE (JANVIER 1965-FIN MAI 1966)

Le mouvement d'éducation socialiste concernait aussi le monde urbain. En fait, il y avait fait fort peu de bruit. On reparle pendant quelque temps dans les usines d'un mouvement *wu fan* (les cinq anti...), s'en prenant à la corruption, au mensonge, à la coupure d'avec les masses, à la bureaucratie et au népotisme.

---

47. ESMEIN (J.) *op. cit.*, voir note 28. Confirmé par des publications de 1977 du Parti communiste japonais.

On a un peu l'impression, à partir de janvier 1965, que le grand mouvement lancé en 1962 va se perdre dans les sables immémoriaux de l'immensité chinoise. De fait, dans les villages, le résultat de la directive en vingt-trois articles est net : les membres des équipes de travail regagnent la ville pour étudier les nouvelles instructions. Les cadres, débarrassés de ces collègues encombrants, peuvent s'occuper d'une tâche urgente : la préparation des semailles de printemps.

Aussi rectifie-t-on discrètement les critiques contre les cadres locaux dont dépend le succès de la campagne céréalière : Radio-Xian, dans son émission du 24 février trouve que les cadres reçoivent trop peu de points de travail en compensation de leurs activités de gestion. La même radio conclut : « La tâche la plus importante de nos cadres ruraux est de diriger les paysans pour obtenir des succès dans la production. Tous les cadres qui ont obtenu un accroissement de la production sont de bons cadres... »

Doit-on en conclure à un second échec de Mao Zedong s'ajoutant à celui du « Grand Bond en avant ? » Ce serait être aveugle aux importantes nouveautés survenues depuis peu.

Le nouveau rôle de l'Armée populaire de Libération

La première nouveauté est apparue incidemment lors de la campagne d'éducation socialiste dans les villages : il s'agit du rôle nouveau assigné à l'Armée populaire de Libération. En février 1964, le peuple chinois est invité à la prendre pour modèle. Cette directive amplifiait un courant qui avait déjà plus d'un an d'existence.

Il s'agissait de promouvoir l'exemple de soldats qui servaient ou avaient servi le peuple avec une totale abnégation comme Lei Feng, obscure victime de son devoir, dont le journal intime, d'une navrante banalité, fut édité par millions d'exemplaires orné de la calligraphie du président Mao. On y lisait des phrases touchantes. Ainsi : « Etre une vis qui ne se rouille pas. Une vis n'attire pas l'attention, mais une machine sans vis ne fonctionne pas. »

On vante aussi des exemples collectifs comme celui de la « Bonne compagnie de la route de Nankin » l'axe commercial essentiel de Shanghai), dont un film — *Sentinelle aux lumières de néon* — décrit la frugalité, malgré les tentations de la grande ville offerte aux vainqueurs...

Des équipes de soldats allant aider les paysans pour les récoltes s'érigent en groupes de propagande de la pensée de Mao Zedong et apportent avec eux le *Petit Livre rouge* des citations de Mao mis au point par les services politiques de l'Armée de libération nationale et préfacé par Lin Biao. Sous une forme commode, en trente-trois chapitres, on trouve dans ce petit livre des citations appropriées à toutes les situations (le Parti communiste, les classes et la lutte des classes, servir le peuple, l'impérialisme est un tigre de papier...) Mao Zedong est ainsi en passe de supplanter Confucius dans la sagesse populaire...

On peut s'interroger sur les raisons du nouveau rôle de l'armée. Il ne semble pas s'expliquer directement par la situation internationale et la peur de la guerre. Cependant, l'intense campagne de mobilisation des jeunes pour soutenir le Viêt-nam (accompagnée d'une intensification de la préparation militaire) crée une situation nouvelle : ces centaines de milliers d'instructeurs encadrant les milices entraînées en 1965-1966 font connaître le *Petit Livre rouge* dont la promotion est ainsi commencée. La suppression, le 1er juin 1965, des insignes de grades, jointe à la décision de renvoyer tous les militaires sans exception un mois chaque année à la base comme simples soldats dans une compagnie, donnent un supplément de prestige à l'A.P.L.

Le rappel des heures héroïques du temps de Yanan auréole de gloire ces soldats : derrière eux se profilent le franchissement des eaux du fleuve Dadu sur un pont de câbles, les exploits de vingt ans de guerre civile. Ces récits, sans cesse répétés, font de ces hommes des saints laïcs ou des boys-scouts toujours prêts à la bonne action. L'image traditionnelle du soudard inepte s'efface d'autant...

Il ne faut pas oublier non plus que des aspects plus concrets ont redonné ce prestige à l'uniforme à l'écusson rouge : les paysans enrôlés — après une sévère sélection — apprennent à l'armée qui un métier, qui une pratique politique. Démobilisés, ils pourront devenir des cadres. L'armée est ainsi à la fois un facteur de déruralisation et de promotion sociale. Même parmi les étudiants, on envie ceux qui sont sélectionnés pour un service militaire, pourtant dur et très long.

C'est que, de plus en plus, l'armée joue le rôle que le PCC joue moins bien qu'avant. L'Armée populaire de Libération, ai-je déjà signalé, se confondait souvent avec le Parti, aux temps héroïques de Yanan : le Parti était alors le noyau dur, porteur de la pensée correcte au sein des unités combattantes. Il s'en est distingué alors que l'armée se professionnalisait jusqu'en 1959.

Depuis lors, sous l'impulsion de Lin Biao, l'Armée populaire de Libération joue un rôle civil grandissant. Propagandistes de la « pensée de Mao Zedong », les soldats le sont avec d'autant plus d'aisance qu'ils sont dégagés des entraves économiques. Le *Petit Livre rouge* et les « trois textes de Mao les plus lus » (A la mémoire du Docteur Norman Bethune, Servir le Peuple, Yu Gong déplace les montagnes) sont les bases de cette idéologie pure de toute contingence. Une lettre de Mao Zedong à Lin Biao, en date du 7 mai 1966, remplie de références à l'esprit de Yanan, invite l'armée à devenir une grande école permanente de formation politique et culturelle, parachevant ainsi une évolution déjà bien avancée.

Cette époque s'accompagne de l'ascension d'un personnage qui demeure partiellement énigmatique : Lin Biao. C'est un soldat, un brillant soldat même, né en 1907 près de Wuhan au Hubei — il en gardera un fort accent de terroir qui, joint à une voix haut perchée, en fait un exécrable orateur... Issu d'un milieu petit-bourgeois, ses bonnes études lui facilitent une fulgurante carrière à la sortie de l'académie militaire de Whampoah (Huang Pu), où il a adhéré au PCC en 1925. A vingt ans, il est chef de compagnie quand il participe à l'insurrection militaire de Nanchang le 1er août 1927. Il est ainsi l'un des fondateurs de l'Armée rouge où, très lié à Mao Zedong, il commande assez vite une division. En 1949, il est à la fois l'un des meilleurs tacticiens chinois (il a vaincu en septembre 1937 une brigade japonaise à la passe de Ping Xing), un théoricien militaire (il dirige « l'Académie militaire de lutte antija- ponaise » de Yanan), un brillant stratège (comme le démontre sa campagne de Mandchourie contre le Guo- mindang en 1947-1948). La guerre de Corée confirme ses qualités : il est l'un des dix maréchaux chinois nommés en 1955. On découvre son rôle politique croissant à partir d'août 1959 où il supplante Peng Dehuai.

Cet homme effacé, malingre, toujours malade — il a été tuberculeux — dépourvu de prestige physique, est sans nul doute un redoutable ambitieux. En témoigne l'étonnant discours qu'il prononça le 18 mai 1966 devant le Bureau politique élargi : il y fustige Peng Zhen, mais profite de l'occasion pour se livrer à une longue et érudite dissertation sur les coups d'Etat militaires, à partir de l'idée selon laquelle « le pouvoir politique est principalement pouvoir de réprimer ». Il décompte ainsi 61 coups d'Etat dans le monde depuis 1960, dont 58 l'ont emporté ! Puis, après avoir analysé longuement les coups d'Etat les plus connus de l'histoire de Chine, il passe à l'hyperbole au sujet de Mao Zedong : « Mao Zedong est le plus grand dirigeant de notre Parti et toutes ses paroles sont les normes de notre mouvement. Celui qui s'opposerait à lui, le Parti tout entier lui réglerait son compte... Mao Zedong a réglé plus d'affai- res que Marx, Engels, Lénine. Eux n'ont pas dirigé personnellement une révolution prolétarienne... Lénine n'a pas duré aussi longtemps que Mao Zedong. La population de la Chine est dix fois celle de l'Allemagne, trois fois celle de la Russie... La Chine est supérieure en tout. Dans tous les pays et dans le monde... Mao Zedong est le plus grand homme. »

Le personnage, par ailleurs, est un excellent organisa- teur. Il fait de l'Armée populaire de libération la base arrière de l'offensive préparée par Mao entre l'hiver 1964 et le printemps 1966, par une série de mesures concrètes : la Sécurité d'Etat passe sous l'autorité de l'armée ; 5 des 13 commandants de régions militaires, 7 des 13 commissaires politiques régionaux, 13 des 23 commandants militaires provinciaux et 17 des 23 commissaires politiques provinciaux sont remplacés.

Le front de la culture

L'importance du secteur culturel dans la bataille politique est la seconde nouveauté. Depuis le 26 octobre 1963 et le discours du ministre Zhou Yang à l'Académie des sciences, on parle en Chine d'une « révolution culturelle ». Ce vieux terme, souvent employé par Mao dans les années de Yanan, servait alors à inviter au rejet du fardeau de l'héritage culturel « féodal ». Liu Shaoqi l'avait employé dans un sens nouveau le 5 mai 1958 : il invita, ce jour-là, « à une révolution technique et, en même temps, à une révolution culturelle », associant ainsi les deux aspects, la culture et l'économie. Puis, on oublia ce terme. C'est Peng Zhen, par ailleurs maire de Pékin, qui est chargé de mettre en place le « groupe de travail central du Comité central pour l'éducation socialiste » qui s'occupe à nouveau de la Révolution culturelle. Il s'agit de lutter contre le courant « révisionniste » apparu depuis 1960-1961 chez de nombreux intellectuels de la capitale. Peng Zhen, qui est l'ami de la plupart des personnalités incriminées, mène mollement la critique, notamment à l'égard de Wu Han, vice-maire de Pékin et auteur de la pièce sur la *destitution de Hai Rui*, favorable à la réhabilitation politique de Peng Dehuai.

Mao Zedong s'irrite de ces lenteurs. Il évoque le « royaume des morts » formé de cette vieille culture de lettrés, ces idéaux du confucianisme, ces habitudes de soumission aux autorités académiques, qui pèsent sur l'esprit des vivants. Il esquisse des contre-attaques sans grand succès. Ainsi de la querelle de l'été 1964 sur « un se divise en deux » contre le philosophe Yang Xianzhen qui prône la formule « deux fusionnent en un ». On y parle certes de Hegel et de dialectique... mais il s'agit déjà de tout autre chose. Mao vante les mérites de la brisure, de la scission. Les partisans du « réajustement » d'après le Grand Bond en avant parlent de la synthèse nécessaire, de la stabilité indispensable...

Si le style de ces querelles demeure très académique, par contre le retour des cadres à la base (*xia fang*) s'intensifie, tandis que sont envoyés pour des stages prolongés dans les villages de très nombreux étudiants et lycéens. Un enseignement mi-étude mi-travail est mis en place dans les bourgs (à la charge des collectivités locales et plus proche des préoccupations des gens).

On a le regard attiré par contre sur la réforme de l'Opéra de Pékin où l'épouse de Mao Zedong, Jiang Qing — ancienne vedette de théâtre et de cinéma à Shanghai dans les années 1930, avant de rejoindre les communistes à Yanan — joue un rôle décisif à partir de l'automne 1964. En 1965 on ne joue plus l'ancien répertoire jugé réactionnaire et l'on commence à donner des pièces nouvelles, à thèmes contemporains, baptisées « drames socialistes » comme *Le Fanal rouge* ou *Raid sur le régiment du tigre blanc.* Les incidences politiques de cette réforme sont peu perçues à l'époque.

Rien n'est bien clair en effet et sur plus d'un point, on peut croire que le réajustement de 1961 se poursuit et se consolide. La première session de la 3e Assemblée nationale populaire réunie à Pékin entre le 21 décembre 1964 et le 4 janvier 1965 confirme cette impression. Dans son long discours, le Premier ministre Zhou En-lai estime que jusqu'en 1965 on se bornera à « consolider les résultats acquis au cours des trois années de notre « Grand Bond en avant » ininterrompu », mais qu'à partir de 1966, on entrera dans une nouvelle étape. En quinze ans (du troisième au cinquième Plan quinquennal) on confirmera le décollage économique du pays, puis, en vingt ans (entre 1981 et 2000) on procédera aux « quatre modernisations » fondamentales (agriculture, industrie, défense nationale, sciences et techniques). Vaste programme dont on n'entendra plus parler jusqu'en 1975, date où Zhou En-lai pressé par la mort qu'il

sait imminente commence à porter l'estocade à la
« bande des quatre »...

Pour le moment, ce rapport rassure car il rappelle les
objectifs fondamentaux de tous : faire de la Chine, d'ici
à la fin du siècle, un pays « puissant et prospère ».

La crise de l'hiver 1965-1966 :
Yao Wenyuan attaque Wu Han

Le Bureau politique élargi aux premiers secrétaires
provinciaux qui se réunit fin septembre-début octobre
1965 confirme l'imminence de la crise politique : il traite
du révisionnisme tant extérieur — nous en avons parlé
— qu'intérieur et rappelle la ligne apparue dans les
« vingt-trois points de janvier 1965 ». Comme le dira
quelques mois plus tard Mao Zedong, il s'agit « de
renverser le Roi de l'Enfer pour libérer les diablotins »,
c'est-à-dire de s'en prendre à des cadres hauts placés
dans le Parti.

Dans un premier temps, la cible ne semble pas encore
bien cernée et se fixe d'abord sur certains premiers
secrétaires du Parti dans les provinces ; mais de mois en
mois elle va se préciser. Déjà, Wu Han est visé, donc la
mairie de Pékin et par la force des choses — Wu Han
étant dramaturge — le secteur culturel. Le conflit
prendra ainsi un double aspect : une lutte politique au
sommet qui dépasse de beaucoup le secteur purement
culturel ; mais aussi un aspect culturel, qu'il y aurait
imprudence à oublier.

L'importance de l'idéologie, de l'éducation et de la
culture sous toutes ses formes n'est pas chose nouvelle
dans les luttes politiques en Chine : le mouvement
« *zheng feng* » de « rectification du style de travail du
Parti », lancé à Yanan en 1942, fut aussi l'occasion pour
Mao Zedong de ses « Interventions aux causeries sur
l'art et la littérature [48]. Les querelles autour du film sur
Wu Xun ou autour du *songe du Pavillon rouge* jalonnent

_____

48. Loi (M.) : *Roseau sur le mur : les poètes occidentalistes chinois
1919-1949*, Paris, Gallimard, 1977.

d'importantes crises politiques après 1949. De plus, Mao Zedong qui s'éloigne de plus en plus du modèle soviétique « révisionniste » se détache par la même occasion de la conception mécaniste des rapports entre la superstructure idéologique et la base énonomique. Enfin, le rôle des intellectuels dans l'édification du socialisme au sein d'un pays sous-développé comme la Chine est décisif : Mao Zedong ne tolère pas l'autonomie que ce secteur semble avoir conquis durant les « trois années amères ».

Cette volonté de faire passer la lutte des classes dans le domaine culturel montre aussi l'impatience provoquée par la lenteur de l'évolution chinoise et l'insupportable retard de la conscience collective sur l'être social, le poids des morts écrasant les vivants (pour reprendre la formule de Mao Zedong).

Il semble bien que, pour Mao Zedong, si l'on change l'homme et son idéologie, on changera la société. Il vient alors à l'esprit la célèbre mise en garde de Marx contenue dans la *Critique du Programme de Gotha* : « Ce à quoi nous avons affaire ici (la première étape de la Révolution) c'est à une société communiste non pas telle qu'elle s'est développée sur les bases qui lui sont propres, mais, au contraire, telle qu'elle vient de sortir de la société capitaliste, une société par conséquent qui, sous tous les rapports économiques, moraux, intellectuels, porte encore les stigmates de l'ancienne société des flancs de laquelle elle est issue... Mais ces défauts sont inévitables dans la première phase de la société communiste telle qu'elle vient de sortir de la société capitaliste, après un long et douloureux enfantement. Le droit ne peut jamais être plus élevé que l'état économique de la société et que le degré de civilisation qui y correspond. Dans une phase supérieure de la société communiste, quand auront disparu l'asservissante subordination des individus à la division du travail et, avec elle, l'opposition entre le travail intellectuel et le travail manuel, quand le travail ne sera pas seulement un moyen de vivre mais deviendra lui-même le premier besoin vital ; quand, avec le développement multiple des individus, les forces productives se seront accrues elles aussi et que toutes les sources de la richesse collective jailliront avec abondance, alors seulement l'horizon borné du droit bourgeois pourra être définitivement dépassé et la société pourra écrire sur ses drapeaux : « De chacun selon ses capacités, à chacun selon ses besoins ! »

Ce texte est sans doute un peu extrême dans sa formulation — et il faut se garder d'en donner une interprétation mécaniste, confondant étapes avec cloisons étanches —, mais il rappelle l'essentiel : le primat des forces productives et l'existence contraignante de données objectives.

Or la Révolution culturelle va faire rêver du communisme alors que la société chinoise est fort loin de l'abondance et que le socialisme commence à peine à consolider ses bases. Déjà le Grand Bond...

La crise éclate au grand jour : le 10 novembre 1965, Yao Wenyuan, journaliste de Shanghai qui a fait ses premières armes en terrassant Hu Feng déjà tombé au sol, attaque dans le plus grand journal de la ville la pièce de Wu Han, *La destitution de Hai Rui*. Sa critique est acerbe, les formules font mouche[49].

Bien vite, des bruits circulent : cette plume est inspirée, elle est tenue en fait par Zhang Chunqiao (l'un des principaux responsables du Parti à Shanghai qui fait parler de lui durant la phase utopiste du « Grand Bond en avant » par un article favorable à la suppression du salariat) et par la propre épouse du Président Mao, Jiang Qing. Derrière on devine l'ombre du Président lui-même.

Le malheureux Wu Han, submergé par un enjeu qui dépasse son envergure, multiplie les autocritiques en décembre, puis janvier. En février 1966, sévèrement réprimandé, il disparaît de la scène politique.

---

49. Voir LEYS (S.) : *Les habits neufs du président Mao* : note 12, p. 267-272 (Traduction d'un article de WU HAN sur Hai Rui en 1959).

La chute de Peng Zhen et le communiqué du 16 mai

Peng Zhen, atteint par ricochet, réunit au début de février « un groupe de cinq sur la Révolution culturelle » qui procède à une critique académique de la pièce maudite. Les conclusions du groupe sont appuyées par Liu Shaoqi, le 5 février. Déjà, Chen Boda, Kang Sheng, Jiang Qing, dont le rôle s'affirme, ont fait savoir à Mao Zedong que l'attitude de Peng Zhen protégeait le révisionnisme. Le 28 mars d'importantes décisions sont prises par Mao Zedong. Il condamne le « Schéma de février » et exige de ses partisans la dissolution et le remplacement de la municipalité de Pékin, du département de la propagande du Comité central, et du groupe des cinq. Peng Zhen, un des principaux membres du Bureau politique devait donc être destitué... Le commentaire fait par Mao à ses exigences est très révélateur des intentions : « J'ai toujours été pour appeler les administrations locales à *se rebeller et à attaquer le Comité central,* lorsque ses organes ont notoirement mal agi. Il faudrait qu'apparaissent en tout lieu un grand nombre de Rois des singes pour bouleverser le palais céleste, [on sait que dans de nombreux récits et spectacles d'opéra, le Roi des singes, Sun Wukong s'empare des pêches d'immortalité lors d'un banquet céleste et crée ainsi le plus grand trouble parmi les dieux...] A la conférence du mois de septembre dernier [la réunion élargie du Comité central dont nous avons parlé], j'ai demandé aux camarades venus de divers endroits : " Qu'allez-vous faire s'il devait y avoir *du révisionnisme au Comité central?* " Ce risque existe, et il est très dangereux. »

Comment ne pas constater par ailleurs, que c'est ce même 28 avril que, recevant la mission de bons offices du Parti communiste japonais qui avait élaboré, après des discussions avec Peng Zhen, Deng Xiaoping et Zhou En-lai, un projet de communiqué prévoyant une certaine collaboration entre le PCC et le PCUS pour porter aide au Viêt-nam, Mao Zedong ruine ces espoirs et refuse tout compromis avec le « révisionnisme soviétique » ? Dans ces conditions, les ultimes efforts de Peng Zhen pour dissiper l'orage sont vains : le 5 avril, Deng Tuo démissionne et une « note rédactionnelle » est publiée le 16 avril dans la presse de Pékin, qui est une autocritique des responsables municipaux sur leur complaisance envers Wu Han, Deng Tuo et les auteurs des « Notes du Village des trois familles » et des « Propos du soir à Yanshan ».

A cette date, ces écrivains courageux et frondeurs sont déjà arrêtés et soumis à diverses persécutions qui vont de l'humiliation aux coups et à la torture. Deng Tuo, n'y tenant plus, se suicide dès le 18 mai. Tous, sauf un, Liu Mosha, périront par suite des privations et des mauvais traitements dans les mois qui suivent. Le recteur de l'université de Pékin, Lu Ping, proche de Peng Zhen, organise un meeting à propos de cette crise ouverte à la mairie de Pékin et dans les journaux de la capitale : dès lors une ambiance houleuse s'installe dans l'université ; elle gagne peu à peu les divers établissements universitaires de la banlieue ouest de Pékin. Le 18 avril, le journal de l'Armée populaire de Libération hausse le ton. En fait, son intervention a été décidée en février dernier lors de « causeries » tenues à Changhai « sur le travail littéraire et artistique dans les forces armées » dont Lin Biao avait confié la convocation et l'animation à Jiang Qing...

Quand Liu Shaoqi rentre le 19 avril d'une série de visites officielles en Asie du sud-est, il constate la gravité de la situation. Sans doute est-ce son opposition aux mesures extrêmes voulues par Mao Zedong qui explique les quelques semaines d'hésitation qui suivent : une réunion partielle du Comité central tenue entre le 20 et le 26 avril a cautionné la chute de Deng Tuo et de ses amis et sans doute ouvert la voie à la critique contre Peng Zhen. Toujours est-il que le 28 avril, l'armée interdit à ce dernier l'accès à son bureau à la municipalité de Pékin et au siège du Parti dans la capitale... Qu'il continue à donner ses directives par téléphone ! A nouveau, c'est le *Quotidien de l'Armée* — dont l'autorité s'est sans doute renforcée, avec les mouvements de troupes discrets du mois d'avril... — qui fixe la ligne : éditorial du 4 mai sur « ne jamais oublier la lutte des classes », article du 8 mai évoquant le danger d'une « restauration », si le révisionnisme venait à l'emporter dans le domaine culturel. Le 8 mai, pour la première fois, le très officiel *Quotidien du Peuple* reprend le même thème.

Le 16 mai, un communiqué du Comité central (en fait rédigé par le seul Bureau politique) entérine ces mesures et fait planer la menace d'une vaste opération : « Les représentants bourgeois qui se sont faufilés dans le Parti, le gouvernement, l'armée et tous les secteurs du domaine culturel constituent une bande de révisionnistes contre-révolutionnaires. A la première occasion, ils prendront le pouvoir et substitueront la dictature de la bourgeoisie à la dictature du prolétariat. Certains ont déjà été démasqués par nous, d'autres pas encore et il en est qui jouissent encore de notre confiance et sont en train d'être formés pour prendre notre relève. Il y a notamment des individus du genre Khrouchtchev qui dorment à nos côtés... » Deux jours plus tard, devant le Bureau politique élargi, Lin Biao prononça son discours déjà évoqué sur la technique des coups d'état militaires et dénonça Peng Zhen et ses amis.

Le 3 juin, cette circulaire est diffusé comme une « grande victoire de la pensée de Mao Zedong ». Déjà le 25 mai, sur le campus de l'université de Pékin, une

---

50. PERKINS (D.) : Industrial planning and management in ECKSTEIN (G.) & LIU : *Economic Trends in Communist China, op. cit.*
51. Quelques ouvrages particuliers sur la Révolution culturelle. DAUBIER (J.) : *Histoire de la Révolition culturelle en Chine,* Paris, 1970. ESMEIN (J.) : *La Révolution culturelle,* Paris 1970. KAROL (K. S.) : *La seconde Révolution chinoise,* Paris, 1973. ROBINSON (J.) : *The Cultural Revolution in China,* Londres, 1969. ROUX (A.) : *La Révolution culturelle en Chine,* Paris, PUF, 1976. LEYS (S.) : *Les habits neufs du Président Mao,* Paris, 1971. RICE (E. E.) : *Mao's way,* Berkeley, 1972.
52. Cette lettre de Mao Zedong à Jiang Qing est citée dans ROUX (A.) (voir note 51), p. 73.

assistante de philosophie, Nie Yuanzi et cinq de ses collègues diffusaient, au nom de « la pensée Mao Zedong », une affiche dramatique attaquant le recteur de l'université (qui est aussi secrétaire du Comité de parti et ami de Peng Zhen). Des attroupements se forment ; la Révolution culturelle est entrée dans sa phase active.

CONCLUSION
DU PREMIER VOLUME
LE VERTIGE DU SUCCÈS

Pourquoi ?

Impérative, cette question surgit. De 1949 à 1957, la Chine opère une profonde révolution politique, sociale, économique, culturelle… Ces foules qui, lors des grandes fêtes de la Chine nouvelle, défilent nombreuses sous les plis de milliers de drapeaux rouges, sont joyeuses, heureuses même. Il y a un accord certain entre les déclarations officielles et la réalité de ce socialisme en chantier. Puis, dès l'hiver 1958, le dérapage vers l'utopie conduit aux bords du gouffre. Les slogans prennent des airs de dérision sinistre, simples paravents devant des ruines… La famine resurgit et ses séculaires séquelles, la disette s'installe dans des provinces entières. Ces énormes efforts de tout un peuple durant les mois de mobilisation intense du lancement du Grand Bond en avant débouchent sur un véritable désastre.

Je pense parfois à l'une de ces attaques satiriques écrites par Deng Touo en septembre 1960 et qui visaient Mao Zedong. Nous sommes au temps des Song en plein Moyen Age. Wang Anshi, grand homme d'Etat, était

« rempli d'idées » mais « manquait de connaissances pratiques ». Devenu Premier ministre, il imagina d'assécher le lac Taihu pour obtenir des dizaines de milliers d'hectares cultivables. Il présenta son plan à un savant qui répondit aussitôt : « C'est facile, il n'y a qu'à creuser un autre lac tout près pour accueillir les eaux du Taihu [1]. » Combien de lacs Taihu le peuple chinois assécha-t-il inutilement en ces jours d'utopie ?

Or chose stupéfiante, tout se passe comme si malgré l'évidence de l'échec, les instigateurs de la catastrophe s'obstinaient et, pis, s'en prenaient à qui cherche à les modérer, à qui tente de limiter les dégâts. Nous avons constaté non seulement un dérapage vers l'utopie, mais même une accentuation de ce mouvement après deux ou trois ans de répit.

Pourquoi ces premiers succès apparemment si faciles ? Pourquoi l'échec alors que l'air était encore tout bruissant des clameurs de ces premières victoires ? Pourquoi l'obstination dans l'échec ? Si nous laissons de côté les partisans de l'éternité du capitalisme qui, logiquement, tiennent les échecs du socialisme pour inévitables, nous rencontrons deux grands ensembles d'explications : les uns portent leur attention sur le rôle décisif de Mao ; les autres mettent en cause le modèle de développement choisi, le modèle soviétique ou, si l'on veut, stalinien.

Le rôle de Mao

Sur Mao Zedong et sa responsabilité dans le déclenchement du chaos, il existe un épais dossier. Nourri d'ailleurs, avons-nous vu, par Mao lui-même, notamment lors de son étrange autocritique de janvier 1962. Le Comité central de juin 1981 revient sur ce point : « Le camarade Mao Zedong et bon nombre de camarades dirigeants à l'échelon central comme aux échelons

---

1. « A la louange du lac Tai Hu », 7 septembre 1960, cité par Illiez (P.) : *Chine rouge, page blanche*, p. 69.

locaux, s'étaient laissé gagner par la présomption et la satisfaction devant les succès... Pendant cette période, le camarade Mao Zedong commit des erreurs de plus en plus graves dans la théorie et la pratique de la lutte de classes en société socialiste ; son comportement arbitraire nuisait peu à peu au centralisme démocratique du Parti. Le culte de la personnalité s'accentuait progressivement. » Explication classique qu'il faut prolonger quelque peu. Il serait bon en effet de réfléchir, par-delà la description d'un phénomène, aux différents facteurs de son apparition puis de son développement. Par exemple au poids des traditions confucéennes et bouddhistes en Chine. Par exemple surtout à la vision du monde que se fait une société agraire de petits producteurs, disposant de forces productives très rudimentaires.

Mao, concluant en 1945 son intervention devant le 7ᵉ Congrès du Parti communiste chinois, raconta une fable, celle de Yu Gong le « vieux fou ». Voulant raser les deux montagnes qui ôtaient tout soleil de sa maison et de son jardin, Yu Gong se mit au travail avec tous les siens, armés de pelles, de bêches et de petits paniers... Un voisin qui passait le railla sur l'inutilité d'une telle entreprise. « Non pas, dit Yu Gong, si je n'y parviens pas, mes descendants ou leurs descendants y parviendront. » Jusque-là, le récit est connu, classique. Mais a-t-on prêté attention à la fin de l'histoire ? Les dieux du ciel ont eu pitié de notre homme et ont dépêché nuitamment deux anges célestes qui ont tôt fait de déplacer les deux montagnes... Comment ne pas voir, dans cette intervention à proprement parler miraculeuse, la traduction d'une aspiration populaire quasi religieuse qui conduit tout naturellement au culte de Mao ? On attend du Président littéralement des miracles...

Car la tâche est trop ardue, le résultat trop lointain, et la capacité d'analyse des paysans trop restreinte pour ne pas se complaire aux mythes... D'autant plus que Mao a délibérément joué de ce culte comme il le reconnaît devant Edgard Snow à la veille de la révolution culturelle[2] : « Il est exact qu'en 1965, (j'avais) perdu une grande partie de (mon) influence sur l'action de propagande des comités locaux et provinciaux du Parti, en particulier du comité de la municipalité de Pékin. C'est pour cette raison que (je) m'étais alors déclaré partisan d'une intensification du culte de la personnalité, en quoi (je) voyais le stimulant indispensable pour inciter les masses à démanteler l'appareil bureaucratique hostile à (ma) doctrine ! » Il y a ainsi rencontre entre le cynisme politicien d'un dirigeant et l'aspiration naïve au bonheur de tout un peuple pressé de sortir de son extrême misère.

Cette redoutable rencontre fut favorisée par deux séries d'événements :

1. L'affaire Peng Dehuai : En août 1959, à Lushan, un dirigeant prestigieux, Peng Dehuai, critiqua le Grand Bond en avant et l'utopie maoïste. Cette critique se fondait sur les intérêts des paysans — elle pouvait donc rencontrer un vaste écho. Mais Peng Dehuai fut disgracié et le choc causé par ses propos fut si profond qu'il continua longtemps à retentir dans les réunions des instances dirigeantes. Au point que le signal annonçant la Révolution culturelle fut la critique d'une pièce de théâtre qui proposait, en fait, la réhabilitation du maréchal courageux.

On peut dire qu'à partir de l'échec du Grand Bond en avant, et surtout dès que l'on pressent la volonté de Mao de s'obstiner dans l'erreur, deux lignes politiques commencent à se préciser et à s'affronter entre les dirigeants chinois, ce dont témoigne la sinueuse campagne d'éducation socialiste entre 1962 et 1965. Le problème, c'est que seule la ligne politique de Mao peut véritablement s'exprimer dans toute son ampleur et que la ligne alternative doit manœuvrer et ne peut s'exprimer que dans le langage maoïste, ce qui la rend particulièrement vulnérable.

2. Une seconde série d'événements intervient égale-

---

2. Snow (E.) : *La longue révolution*, Stock, 1972, p. 211.

ment. Il s'agit de la crise ouverte en 1960 dans le mouvement communiste international par les dirigeants chinois. Leur critique de la coexistence pacifique au nom d'une orthodoxie figée, leur dénonciation du révisionnisme attribué aux dirigeants soviétiques faussent le débat intérieur chinois : un échec reconnu de Mao affaiblirait la position internationale du Parti communiste chinois. En même temps, toute position politique divergente par rapport aux volontés maoïstes est suspecte de révisionnisme, voire d'ignorance ou de trahison des intérêts nationaux chinois... Le piège est donc d'autant plus serré que la Chine est plus isolée.

Le modèle et ses difficultés

On aborde ainsi l'autre série d'explications, complémentaires de celles qui tournent autour des responsabilités de Mao Zedong. Il s'agit de la mise en question du modèle soviétique de construction du socialisme à partir du 20e Congrès du PCUS. Il me paraît clair en effet que la crise chinoise est une crise qui se situe dans un pays déterminé et qui donc est marqué par une certaine spécificité, mais dans un pays qui est à la fois socialiste et sous-développé. C'est dans ce cadre qu'il faut réfléchir. Il est donc inutile de se référer aux événements de mai 1968 en France ou au « mai rampant » italien : il s'agit dans ces deux cas d'une autre crise, dans d'autres sociétés.

Les réticences chinoises aux analyses du 20e Congrès du Parti communiste d'Union soviétique sont de ce point de vue particulièrement intéressantes. Tout se passe comme si les dirigeants chinois se considéraient comme cohéritiers de Staline : ils étaient donc furieux de voir le bilan de la succession dressé par les seuls dirigeants soviétiques. Mais il y a davantage que ces froissements d'amour-propre : il y a la prise de conscience des limites et des contradictions du modèle de développement choisi en 1949.

Au départ, on trouve la désillusion causée par le premier plan quinquennal : le but à atteindre était de

sortir au plus vite du sous-développement et de faire de
la Chine un pays « puissant et prospère ». Il a donc fallu
industrialiser le pays et le faire en affirmant son
autonomie de décision. De toute façon, le choix du
socialisme interdisait de compter sur l'appui du camp
capitaliste si tant est que l'impérialisme ait jamais
contribué à sortir un pays du sous-développement ! Le
camp socialiste, quant à lui, n'aurait pu suffire aux
besoins du développement d'un pays aussi immense.
Les dirigeants chinois ont donc industrialisé leur pays en
accumulant le capital par un transfert de l'agriculture —
richesse essentielle — vers les autres secteurs. Cela fut
facilité par la collectivisation accélérée dont Mao
Zedong fut l'instigateur dès juillet 1955. Par le biais des
ventes obligatoires à l'Etat à prix fixe des produits
agricoles et par l'impôt agricole, on estime que 25 %
environ des revenus agricoles sont ainsi prélevés par
l'Etat. Le taux d'accumulation du capital par rapport au
produit intérieur brut est évalué par des économistes
américains (Dwight Perkins...) à 5 % en 1933, 16 % en
1952 ; depuis lors, il aurait oscillé entre 23 % et 26 %
(sauf les années de crises graves) avec un maximum de
30 % lors du Grand Bond[3]. C'est mieux que n'importe
quel pays du tiers monde (16 % pour l'Inde entre 1952
et 1957, 17 % pour la Thaïlande, 20 % pour Taiwan...)
qui, de plus, accepte les contraintes du contrôle par les
puissances impérialistes et leurs banques, et aliène ainsi
plus ou moins profondément sa souveraineté nationale.

Cette accélération à marche forcée entraîne des
distorsions sociales graves, notamment des différences
de revenus considérables entre ville et campagne, entre
villages, entre catégories sociales... Dès avril 1956, Mao
Zedong voit bien le problème ; mais, comme son
objectif fondamental est plus national que strictement
social, il n'est pas question pour lui de ralentir le
processus. Il cherche donc des palliatifs aux contradic-

---

3. PERKINS (D.) : « Industrial planning and management in Eckstein and Liu » in *Economic Trends in Communist China, op. cit.*

tions apparues en menant des actions militantes destinées à niveler au maximum les inégalités et à exercer
une pression idéologique en faveur de la justice. Il y a là
une contradiction difficilement tenable : on sait en effet
que la campagne égalisatrice du Grand Bond, par son
utopisme et sa rencontre avec le millénarisme profond
des paysans les plus pauvres, créa une crise de production dont on ne put sortir qu'en renforçant les dangers
que l'on se proposait de contrecarrer, ceci alors que la
Chine depuis 1960 et surtout 1964 est isolée au plan
international et doit donc « compter uniquement sur ses
propres forces ».

La Révolution culturelle éclate donc en dernière
analyse comme le refus d'une contradiction fondamentale entre la logique des modèles d'industrialisation
choisis et ses conséquences sociales. C'est une mauvaise
réponse à un véritable problème. Ce qui signifie que, de
toute façon, une crise se précisait en aval, même si Mao
avait fait preuve de plus de sagesse et n'avait pas choisi
la fuite en avant. Tout se passe comme si, vers 1955-
1957, l'éclairage bouleversant du 20e Congrès du Parti
communiste d'Union soviétique avait révélé aux dirigeants chinois qu'il fallait inventer *une voie chinoise
authentique* vers le socialisme. Mais nul d'entre eux, et
surtout pas Mao, n'a su tracer cette voie dans son
ensemble. Elle n'existe que sous forme d'esquisses,
d'essais confus.

On constate en effet, en lisant divers ouvrages récents
sur la Chine, que la crise du système chinois est
antérieure au chaos et, pour une bonne part, l'explique.
Au minimum, la préexistence de cette crise aide à
comprendre la relative facilité avec laquelle des projets
désastreux ont pu être acceptés sans qu'il soit besoin
d'avoir recours au concept facile et creux de la société
totalitaire. Il y avait dans les masses et, donc, nécessairement dans le Parti lui-même, la confuse perception du
besoin d'une autre politique... On doit pour la comprendre prendre quelque distance par rapport à l'époque
étudiée ici et dégager les tendances en allant jusqu'aux
années 1970, car ces phénomènes sont lents à parvenir

au niveau de l'observation. On constate ainsi[4] une baisse sensible de la productivité du travail à la campagne. Entre 1957 et 1975, la force de travail chinoise est passée de 281,6 millions de personnes à 430,1 millions. Cet accroissement est surtout dû au gonflement (cent millions environ) des effectifs de travailleurs actifs ruraux. On constate aussi, pour la même période, malgré les drames du Grand Bond en avant et de la Révolution culturelle, une augmentation de 10 % de la production par paysan. Comme c'est alors que s'effectue ce que René Dumont a appelé la « révolution culturale » (chimisation des sols, début de motorisation, sélection des semences, etc.), on peut conclure à un certain succès. Si l'on y regarde de plus près, on découvre cependant de quoi s'interroger : les progrès de la production sont dus à l'accroissement du nombre de jours de travail des paysans dans l'année, si bien que la productivité des paysans par jour de travail a baissé (selon les calculs et les activités choisies) de 15 à 36 %... Comme tous les spécialistes tiennent le niveau de vie des paysans pour stationnaire entre 1955 et 1975, on comprend mieux alors le malaise paysan chinois. L'édification du socialisme à la campagne piétine donc, malgré les bouleversements des structures (communes populaires...) et les campagnes idéologiques...

On trouve d'ailleurs, en 1981, la trace manifeste d'un débat dans diverses revues scientifiques chinoises[5] sur l'erreur qu'aurait été le coup d'accélération à la collectivisation donné par Mao durant l'été 1955 : les paysans n'étaient pas prêts, disent ses spécialistes et l'état des forces productives ne convenait pas à un tel effort. Il aurait donc mieux valu consolider l'étape de coopéra-

---

4. Rawski (T. G.) : *Economic Growth and Employment in China*, Oxford UP, 1979, p. 194 ; *China's transition to industrialism : Producer Goods and economic development in the twentieth century*, Ann Arbor, 1980, p. 211.

5. Voir *Zhongguo shehui kexue*, 1981, n° 6, p. 13-17 (revue chinoise de sociologie) et *Lishi yanjiu*, 1981, n° 5 p. 93-96 (recherches historiques).

tion agricole volontaire et progressive qui avait donné entre 1953 et 1955 de bons résultats d'autant plus que le monopole d'Etat sur les grains évitait tout danger sérieux de polarisation sur une échelle significative. Une autre forme de croissance était donc possible, nous suggère-t-on. De fait, en 1961-1962, on voit poindre dans les villages ce que l'on appelle en Chine le « système de responsabilité ».

Ne peut-on pas faire la même constatation pour le monde ouvrier ? Les revenus ouvriers, entre 1952 et 1974, non seulement stagnent mais même diminuent[6].

Salaire moyen des ouvriers et des cadres d'entreprise
1952/1974, indice 100 : 1952

	1952	1957	1963	1971	1972	1974
Salaire nominal	100	143	*	128	141	142
Indice du coût de la vie (détail)............	100	109,1	118,5	*	*	124
Salaire réel	100	131	*	*	*	116
* Non connu.						

Parallèlement, la productivité ouvrière semble décliner. Sur ce point, il est d'un intérêt particulier de constater que ce déclin commence dès 1956. Les chiffres que nous propose un chercheur américain, Field, sont en effet les suivants, pour « l'indice de productivité directe », entre 1952 et 1957 : 1952 : 100 ; 1953 : 104,8 ; 1954 : 111,8 ; 1955 : 121,0 ; 1956 : 142,8 ; 1957 : 140,8. Or c'est précisément en 1956-1957 qu'est survenue la première tension réelle dans les rapports entre le Parti communiste chinois et la classe ouvrière. Elle a pris la forme d'une crise du travail syndical et a abouti, après quelques hésitations, au refus par le Parti communiste

6. ROUX (A.) : « La place du monde ouvrier dans le développement chinois », in revue *Tiers Monde : La Chine*, PUF, avril-juin 1981, p. 355-372.

chinois de toute véritable autonomie syndicale : on redoute l'expression indépendante de revendications par les ouvriers qui sont pourtant considérés comme les « maîtres » du pays. Sur ce point aussi, on est en fait resté dans les limites du modèle choisi sans vraiment chercher d'autre voie. Le rôle dirigeant sans conteste du parti est l'axe même d'un système où la critique des erreurs éventuelles manque d'espace.

Ce qui nous amène à la question de la démocratie et du socialisme. Paysans, ouvriers, intellectuels chinois, après quelques années durant lesquelles ils bénéficient du confort inouï pour la Chine de la paix, de la stabilité, de l'alimentation garantie, de la santé améliorée, de la dignité retrouvée, commencent à se sentir insuffisamment concernés par l'édification de la Chine nouvelle. Le Parti communiste chinois et ses dirigeants — Mao surtout — guident le peuple chinois sur une voie choisie par eux et dont on mesure mieux, avec le recul du temps, qu'elle limite son originalité au seul plan de l'idéologie et des superstructures tout en reproduisant au niveau structural le modèle soviétique. Il n'y a pas de débat véritable, pas de critique acceptée. On n'écoute pas ce qui se dit dans le pays. Pour une bonne part, au-delà du rôle de Mao et des dirigeants, au-delà de la crise du modèle de développement choisi par la Chine, on débouche ainsi sur une triple exigence commune à toutes les sociétés socialistes parvenues à un certain stade de développement et accentué par ce développement lui-même : il faut savoir conjuguer l'exigence d'une meilleure efficacité économique, l'exigence du progrès social et du progrès de la consommation populaire, l'exigence de la participation démocratique à l'exercice du pouvoir à tous les niveaux.

Le Grand Bond en avant et la Révolution culturelle sont des échecs — voire même des désastres — pour avoir voulu changer les règles de cette impérative conjugaison, ou plutôt pour avoir systématiquement préféré au mode indicatif une sorte d'impératif systématique fait de mobilisations populaires, de campagnes idéologiques et de coercition de masse.

La voie chinoise possible et nécessaire.

Je pourrais en rester là. Une sorte de constat de demi-échec. Et rejoindre ainsi avec quelques nuances le chœur des désespérés du socialisme. Ajouter quelques notes prises à la gamme chinoise à un air constamment repris. Et cela avec l'évidence des faits, des statistiques, de l'analyse scientifique. Ce serait une erreur profonde, car, à vouloir dégager ce qui ne va pas, ce qui bloque la marche en avant du socialisme, on ne doit pas omettre pour autant l'essentiel : la profondeur des mutations de la société chinoise, les ruptures avec le passé, le bouleversement réalisé dès 1956. En somme je pense que ces années 1949-1966 peuvent se caractériser par la formule : le vertige du succès. Pour avoir analysé le vertige il ne faut pas en oublier pour autant le succès.

En mai 1966, à Pékin, j'ai été surpris par le fracas soudain des gongs montés sur roues promenés sur les campus par des lycéens déchaînés et souvent agressifs. La Révolution culturelle avait commencé, que je n'avais pas pressentie. Un tel déchaînement contre les cadres d'une société qui me semblait stable, sortie du désastre du Grand Bond en avant, n'était en effet à proprement parler, pas concevable. Et nul ne l'avait conçu. Car tous les observateurs — je ne parle pas des idéologues aux idées préconçues qui ne voient dans un pays que le reflet de leurs propres idées et donc n'observent pas mais contrôlent, vérifient, règlementent... — avaient la même certitude que moi : le socialisme chinois marchait plutôt bien. Il était sans doute un peu gris, austère, irritant par sa rigidité. Mais le peuple le plus nombreux du monde était nourri, logé, instruit, gouverné, soigné... Dans le tiers monde misérable, la Chine faisait exception par ce succès évident. J'avais parcouru en dix mois près de 4 000 kilomètres, visité vingt usines, vécu plusieurs jours à la campagne. Avec des dizaines de milliers d'étudiants, de paysans, d'employés, j'avais, durant plusieurs jours, creusé un canal d'irrigation, porté à pas pressés la célèbre palanche avec à chaque bout un petit panier de terre. Nulle contrainte. Une joie certaine. Des paysans heureux de savoir qu'au printemps prochain, ils pourraient résister mieux aux risques de la sécheresse. Un évident consensus.

Avais-je tort ? Ai-je alors été le protagoniste inconscient bien que volontaire d'un vaste spectacle truqué, la vignette d'une image d'Epinal du socialisme ? Non. Les succès du socialisme chinois à la veille de la Révolution culturelle sont bien réels et tenus pour tels par tout un peuple. Si réels que malgré près de vingt ans d'errements de la part de ses dirigeants, le peuple chinois n'a jamais saisi l'occasion qui lui fut tant de fois offerte notamment lors des véritables guerres civiles locales des années 1966-1968 de secouer le joug qu'il est censé subir. Le peuple chinois, en effet, a le socialisme chevillé au corps dès les premières années de la Chine populaire. C'est sur la base des succès dans l'édification du socialisme, au sein d'un véritable consensus, que l'utopie dévastatrice a pu se développer à partir des obstacles nés du développement lui-même, d'un dogmatisme aujourd'hui reconnu, d'un volontarisme qui doit beaucoup à la personnalité de Mao. Ce n'était donc pas inévitable. Mais dans les conditions de l'époque, c'était difficile à éviter. Car il s'agit bien du vertige d'un succès.

A. Roux
Dives-sur-Mer-Paris
26-XI-1982

INTRODUCTION

essentiel

LE MARXISME AU PLURIEL
La collection de poche des Éditions Sociales

*Déjà parus
septembre 1982
à février 1983*

1.
Karl Marx, Friedrich Engels
**L'IDÉOLOGIE
ALLEMANDE**

2.
Henri Wallon
LA VIE MENTALE

3.
**1956 :
LE CHOC DU
20ᵉ CONGRÈS DU PCUS**
(Introduction et notes
de Roger Martelli)

4.
Lénine
**TEXTES
PHILOSOPHIQUES**

5.
R. Huard, Y.-C. Lequin,
M. Margairaz, C. Mazauric,
C. Mesliand, J. P. Scot,
M. Vovelle

**LA FRANCE
CONTEMPORAINE**
(Identité et mutations de 1789
à nos jours)

6.
John Reed
**10 JOURS
QUI ÉBRANLÈRENT
LE MONDE**

7.
Thomas More
L'UTOPIE

8.
Roger Bourderon,
Germaine Willard
**LA FRANCE DANS LA
TOURMENTE (1939-1944)**

9.
Louis Althusser
POSITIONS

10.
Rosa Luxemburg
TEXTES

11.
Anne Ubersfeld
LIRE LE THÉÂTRE

Achevé d'imprimer en janvier 1983
sur presse CAMERON
dans les ateliers de la S.E.P.C.
à Saint-Amand-Montrond (Cher)
pour Messidor/Éditions Sociales
146, rue du Faubourg-Poissonnière
75040 Paris

Numéro d'édition : 2072.
Numéro d'impression : 2803-1776.
Dépôt légal : Janvier 1983.
Imprimé en France